गणित एवं फलित ज्योतिषशास्त्र के दोनों ही पक्षों में 'लग्न' का बड़ा महत्त्व है। ज्योतिष में लग्न को 'बीज' कहा गया है। इसी पर फलित ज्योतिष का सारा भवन, विशाल वटवृक्ष खड़ा है। ज्योतिष में गणित की समस्या तो कम्प्यूटर ने समाप्त कर दी परन्तु फलादेश की विकटता ज्यों की त्यों मौजूद है। बिना सही फलादेश के ज्योतिष की स्थिति निर्गन्ध पुष्प के समान है कई बार विद्वान् व्यक्ति भी, व्यावसायिक पण्डित भी जन्मकुण्डली पर शास्त्रीय फलादेश करने से घबराते हैं, कतराते हैं। अतः इस कमी को दूर करने के लिए प्रस्तुत पुस्तक का लेखन प्रत्येक लग्न के हिसाब से अलग-अलग पुस्तकें लिख कर किया जा रहा है। ताकि फलित ज्योतिष क्षेत्र में एक नया मार्ग प्रशस्त हो सके।

अपनी जन्मपत्री स्वयं पढ़ें

कुंभ लग्नफल सम्पूर्ण परिचय

लेखक

डॉ. भोजराज द्विवेदी

एम. ए. पी. एच. डी. (ज्योतिष), डी. लिट् काठमांडो (नेपाल)

राष्ट्रपति द्वारा सम्मानित, स्वर्ण पदक प्राप्त

जोधपुर

सह सम्पादक

पं. रमेश द्विवेदी

एम. ए. संस्कृत (साहित्य)

डायमंड बुक्स

ISBN : 81-288-0622-X

प्रकाशक : **डायमंड पॉकेट बुक्स (प्रा.) लि.**
X-30, ओखला इंडस्ट्रियल एरिया, फेज-II
नई दिल्ली-110020
फोन : 011-41611861
फैक्स : 011-41611866
ई-मेल : sales@dpb.in
वेबसाइट : www.dpb.in
संस्करण : 2022
मुद्रक : आदर्श प्रिंटर्स, शाहदरा, दिल्ली - 32

KHUMBHA LAGANPHAL SAMPOORNA PARICHAY
By - *Dr. Bhojraj Dwivedi*

अपनी जन्मपत्री स्वयं पढ़ें

कुंभ लग्नफल सम्पूर्ण परिचय

लेखक

डॉ. भोजराज द्विवेदी

एम. ए. पी. एच. डी. (ज्योतिष), डी. लिट् काठमांडो (नेपाल)

राष्ट्रपति द्वारा सम्मानित, स्वर्ण पदक प्राप्त

जोधपुर

सह सम्पादक

पं. रमेश द्विवेदी

एम. ए. संस्कृत (साहित्य)

डायमंड बुक्स

ISBN : 81-288-0622-X

प्रकाशक : **डायमंड पॉकेट बुक्स (प्रा.) लि.**
X-30, ओखला इंडस्ट्रियल एरिया, फेज-II
नई दिल्ली-110020
फोन : 011-41611861
फैक्स : 011-41611866
ई-मेल : sales@dpb.in
वेबसाइट : www.dpb.in
संस्करण : 2022
मुद्रक : आदर्श प्रिंटर्स, शाहदरा, दिल्ली - 32

KHUMBHA LAGANPHAL SAMPOORNA PARICHAY
By - *Dr. Bhojraj Dwivedi*

अनुक्रमणिका

पुस्तक परिचय

गणित एवं फलित ज्योतिषशास्त्र के दोनों ही पक्षों में **'लग्न'** का बड़ा महत्त्व है। ज्योतिष में लग्न को बीज कहा है। इसी पर फलित ज्योतिष का सारा भवन, विशाल वटवृक्ष खड़ा है। ज्योतिष में गणित की समस्या तो कम्प्यूटर ने समाप्त कर दी परन्तु फलादेश की विकटता ज्यों की त्यों मौजूद है। बिना सही फलादेश के ज्योतिष की स्थिति निर्गन्ध पुष्प के समान है। कई बार विद्वान् व्यक्ति भी, व्यावसायिक पण्डित भी, जन्मकुण्डली पर शास्त्रीय फलादेश करने से घबराते है, कतराते हैं। अत: इस कमी को दूर करने के लिए प्रस्तुत पुस्तक का लेखन प्रत्येक लग्न के हिसाब से अलग-अलग पुस्तकें लिख कर किया जा रहा है। ताकि फलित ज्योतिष क्षेत्र में एक नया मार्ग प्रशस्त हो सके।

इस पुस्तक को लिखने का प्रयोजन फलादेश की दुनिया में एक बृहद् शोध कार्य है। प्रत्येक लग्न में एक-एक ग्रह को भिन्न-भिन्न भावों में घुमाया गया है। लग्न बारह हैं, ग्रह नौ हैं, फलत: 12 × 9 = 108 प्रकार की ग्रह-स्थितियां एक लग्न में बनीं। बारह लग्नों में 108 × 12 = 1296 प्रकार की ग्रह-स्थितियां बनीं। प्रत्येक ग्रहों की दृष्टियों को तीर द्वारा चित्रित कर, उनके फलादेशों पर भी व्यापक प्रकाश, इन पुस्तकों में डाला गया है। निश्चय ही यह बृहद् स्तरीय शोधकार्य है। जिसका ज्योतिष की दुनिया में नितान्त अभाव था।

एक और बड़ा कार्य जो ज्योतिष की दुनिया में आज तक नहीं हुआ वह है– **'संयुक्त दो ग्रहों की युति पर फलादेश।'** वैसे तो साधारण वाक्य दो ग्रह, तीन ग्रह, चतुष्ग्रह, पंचग्रह युति पर मिलते हैं पर ये युतियां कौन-सी राशि में हैं? किस लग्न में हैं? और कहां? किस भाव (घर) में हैं? इस पर कोई विचार कहीं भी नहीं किया गया!!! फलत: ज्योतिष का फलादेश कच्चा-का-कच्चा ही रह गया। इस पुस्तक की सबसे प्रमुख यह विशेषता है कि प्रत्येक लग्न में चलायमान ग्रह की अन्य दूसरे ग्रह से युति होने पर, उसका भी विचार किया गया है। इस प्रकार से 108 ग्रह स्थितियों को पुन: नौ ग्रहों की भिन्न-भिन्न युति से जोड़ा जाये तो एक लग्न में 972 प्रकार की **द्वि-ग्रह स्थितियां बनेंगी तथा बारह लग्न में कुल 972 × 12 = 11664 प्रकार की द्वि-ग्रह युतियां बनेंगी। ग्यारह हजार छ: सौ चौसठ प्रकार की द्वि-ग्रह युतियों पर फलादेश, ज्योतिष की दुनिया में पहली बार लिखा गया है। इसलिए फलादेश की दुनिया में ये पुस्तकें मील का पत्थर साबित होंगी। यही कारण है, इन किताबों का जोरदार स्वागत सर्वत्र हो रहा है।**

एक छोटा-सा उदाहरण हम **'गजकेसरी योग'**, **'बुधादित्य योग'** अथवा **'चंद्रमंगल लक्ष्मी योग'** का ले सकते हैं। क्या बृहस्पति+चंद्र की युति से बना **गजकेसरी योग** सदैव एक-सा ही फल देगा? ज्योतिष की संख्यात्मक गणित्र एवं फलित से जुड़ी दोनों ही विधियां इसका नकारात्मक उत्तर देंगी!!! **गजकेसरी योग** का फल किसी भी हालत में सदैव एक सा नहीं होगा? **गजकेसरी योग** की बारह लग्नों में बारह प्रकार की स्थितियां, अर्थात् कुल 144 प्रकार की स्थितियां बनेंगी। अकेला **गजकेसरी योग** 144 प्रकार का होगा और सबके फलादेश भी अलग-अलग प्रकार के होंगे। **गजकेसरी योग** की सर्वोत्तम स्थिति **'मीनलग्न'** या **'कर्कलग्न'** के प्रथम स्थान में होती है। इसकी निकृष्टतम स्थिति **'तुलालग्न'**, **'मकरलग्न'** या **'कुंभलग्न'** में देखी जा सकती है। यदि **'कुंभलग्न'** में **गजकेसरी योग** छठे स्थान या आठवें स्थान में हो तो जातक की पत्नी दूसरों के साथ भाग जायेगी। जातक का पराक्रम भंग होगा क्योंकि पराक्रमेश व खर्चेश होकर बृहस्पति छठे, आठवें एवं सप्तमेश होकर चंद्रमा छठे-आठवें होने से गृहस्थ सुख भंग हो जायेगा। अत: यदि प्रबुद्ध पाठक ने फलादेश के इस सूक्ष्म भेद को नहीं जाना तो मुझे खेद है कि फलादेश की सत्यता, सार्थकता व उपादेयता को नहीं पहचाना। मैंने पाराशर लाईट प्रोग्राम (ज्योतिष सॉफ्टवेयर) में इसी प्रकार के सभी योगों का समावेश किया है। जिसका अब तक ज्योतिष की दुनिया में नितान्त अभाव था।

'मेषलग्न', **'कर्कलग्न'**, **'वृषलग्न'**, **'तुलालग्न'**, **'कन्यालग्न'**, **'मकरलग्न'**, **'वृश्चिकलग्न'**, **'मिथुनलग्न'**, **'धनुलग्न'**, **'सिंहलग्न'**, **'मीनलग्न'** प्रकाशित होकर सर्वत्र वितरित हो चुकी हैं। जिसका ज्योतिष की दुनिया में जोरदार स्वागत हो रहा है। अब **'कुंभलग्न'** की पुस्तक को पाठकों के हाथों में सौपते हुए अत्यन्त हर्ष का अनुभव हो रहा है। कुंभलग्न में पैगम्बर मोहम्मद, श्री रामकृष्ण परमहंस, लंकापति रावण, प्रधानमंत्री भण्डारनायके, मोहम्मद अली जिन्ना, अब्राहिम लिंकन, मानव संसाधन मंत्री श्री मुरली मनोहर जोशी, पूर्व मुख्यमंत्री नारायणदत्त तिवारी, डॉ बी.वी. रमण (ज्योतिषी), अभिनेता अमिताभ बच्चन, शिवाजी गणेशन, प्रिंस वेल्स (इंग्लैण्ड) जैसे व्यक्तित्व इस लग्न में हुए। कुंभलग्न की इस हिन्दी पुस्तक का अंग्रेजी व गुजराती संस्करण भी शीघ्र प्रकाशित होगा। कुंभलग्न की स्त्री जातक पर हम अलग से पुस्तक लिखकर अलग प्रकार के फलादेश देने का प्रयास कर रहे हैं।

इस पुस्तक की सबसे बड़ी विशेषता अंशात्मक फलादेश है। लग्न की जीरो डिग्री से लेकर तीस (30) अंशों तक के भिन्न-भिन्न फलादेश की नई तकनीक का प्रयोग विश्व में पहली बार हुआ है। यह प्रयोग 18 विभिन्न आयामों में प्रस्तुत किया गया है। जरूरी नहीं है कि यह फलादेश सत्य हों फिर भी हमने शास्त्रीय धरातल के आधार पर कुछ नया करने का एक विनम्र प्रयास किया है। जिस पर अविरल अनुसंधान की आवश्यकता है।

एक और बड़ा फायदा इन पुस्तकों के माध्यम से ज्योतिष प्रेमियों को यह है कि संधिगत लग्न में प्राय: दो जन्मकुण्डलियों के बीच व्यक्ति दिग्भ्रमित हो जाता है। कई बार एक जातक की दो-तीन प्रकार की कुण्डलियों में भी व्यक्ति भ्रमित हो जाता है? किसे सही माने? ऐसा व्यक्ति प्राय: भिन्न-भिन्न ज्योतिषयों के पास जाता है और भिन्न-भिन्न बातों से फलादेश से व्यक्ति पूर्णत: भ्रमित हो जाता है। ऐसे में यह पुस्तक एक दीप शिखा का कार्य करेगी। आप प्रत्येक कुण्डली को लग्न के हिसाब से अलग-अलग भावों की ग्रह स्थिति-जन्म कसौटी पर कस कर देखें। आपको स्वत: ही सही रास्ता मिल जायेगा। आपको पता चल जायेगा कि आपकी सही जन्मकुण्डली, सही लग्न कौन-सा है? यदि आपको इस प्रकार के संकट से मुक्ति मिलती है तो हम समझेंगे कि हमारा परिश्रम सार्थक हो गया।

इस प्रकार के प्रयास से आम आदमी अपनी जन्मपत्री स्वयं पढ़कर एवं अपने इष्ट मित्रों की जन्मकुण्डली पर शास्त्रीय फलादेश कर सकता है। प्रत्येक दिन-रात में आकाश में बारह लग्नों का उदय होता है। एक लग्न लगभग दो घंटे का होता है। जन्म लग्न (जन्म समय) को लेकर जन्मपत्रिका के शास्त्रीय फलादेश को जानने व समझने की दिशा में उठाया गया, यह पहला कदम है। आशा है, ज्योतिष की दुनिया में इसका जोरदार स्वागत होगा। प्रबुद्ध पाठकों के लगातार आग्रह पर गणित व फलित ज्योतिष पर एक सारगर्भित सॉफ्टवेयर का प्रोग्राम **'सृष्टि' के नाम से भी बना रहे हैं जो अब तक के प्रचारित सभी सॉफ्टवेयर में अनुपम व अद्वितीय होगा। यदि प्रबुद्ध पाठकों का स्नेह एवं अविरल सम्बल इसी प्रकार मिलता रहा, तो शीघ्र ही फलित ज्योतिष में नई क्रान्ति इस सॉफ्टवेयर के माध्यम से सम्पूर्ण संसार में आयेगी। पुस्तक के अन्त में दी गई 'दृष्टान्त लग्न कुण्डलियों' से इस पुस्तक का व्यावहारिक महत्त्व कई गुना बढ़ गया है। यह एक अकाट्य सत्य है कि अपने जन्म लग्न पर फलादेश करने में प्रत्येक ज्योतिष प्रेमी 'मास्टर' होता है। आपने इस पुस्तक के माध्यम से क्या पाया और आपके अनुभव के खजाने में और क्या अवशेष ज्ञान बचा है? अनुभवों को लिपिबद्ध करें और हमें भी अपने अनुभवों से परिचित कराएं। हमें आपके पत्रों की प्रतीक्षा रहेगी परन्तु टिकट लगा, पता टाइप किया हुआ, जवाबी लिफाफा, पत्रोत्तर पाने की दिशा में आपका पहला सार्थक कदम होगा।**

—डॉ. भोजराज द्विवेदी

अज्ञातदर्शन बिल्डिंग, प्रथम बी. रोड, गोल बिल्डिंग के पीछे

श्रीमाली स्ट्रीट, सरदारपुरा, जोधपुर (राजस्थान)-342001

दूरभाष-0291-2637359, फैक्स-0291-2431883,

मोबाइल-098280-25883

लेखक परिचय

अंतर्राष्ट्रीय ख्याति प्राप्त वास्तुशास्त्री एवं ज्योतिषाचार्य डॉ. भोजराज द्विवेदी कालजयी समय के अनमोल हस्ताक्षर हैं। इन्टरनेशनल वास्तु एसोसिएशन के संस्थापक डॉ. भोजराज द्विवेदी की यशस्वी लेखनी से रचित ज्योतिष, वास्तुशास्त्र, हस्तरेखा, अंकविद्या, आकृति विज्ञान, यंत्र-तंत्र-मंत्र विज्ञान, कर्मकाण्ड व पौरोहित्य पर लगभग 258 से अधिक पुस्तकें देश-विदेश की अनेक भाषाओं में पढ़ी जाती हैं। फलित ज्योतिष के क्षेत्र में अज्ञातदर्शन (पाक्षिक) एवं श्रीचण्डमार्तण्ड (वार्षिक) के माध्यम से इनकी 3000 से अधिक राष्ट्रीय व अन्तर्राष्ट्रीय महत्त्व की भविष्यवाणियां पूर्व प्रकाशित होकर समय चक्र के साथ-साथ चलकर सत्य प्रमाणित हो चुकी हैं।

4 सितम्बर 1949 को "**कर्कलग्न**" के अन्तर्गत जन्मे डॉ. भोजराज द्विवेदी सन् 1977 से अज्ञातदर्शन (पाक्षिक) एवं श्रीचण्डमार्तण्ड (वार्षिक) का नियमित प्रकाशन व सम्पादन 26 वर्षों से करते चले आ रहे हैं। डॉ. द्विवेदी को अनेक स्वर्णपदक व सैकड़ों मानद उपाधियां विभिन्न नागरिक अभिनंदनों एवं राष्ट्रीय व अंतर्राष्ट्रीय सम्मेलनों के माध्यम से प्राप्त हो चुकी हैं। इनकी संस्था के अंतर्गत भारतीय प्राच्य विद्याओं पर अनेक अंतर्राष्ट्रीय व राष्ट्रीय सम्मेलन देश-विदेशों में हो चुकें हैं तथा इनके द्वारा ज्योतिषशास्त्र, वास्तुशास्त्र, तंत्र-मंत्र, पौरोहित्य पर अनेक पाठ्यक्रम भी पत्राचार द्वारा चलाए जा रहे हैं। जिनकी शाखाएं देश-विदेश में फैल चुकी हैं तथा इनके द्वारा दीक्षित व शिक्षित हजारों शिष्य इन दिव्य विद्याओं का प्रचार-प्रसार कर रहे हैं। भारतीय प्राच्य विद्याओं के उत्थान में समर्पित भाव से जो काम डॉ. द्विवेदी कर रहे हैं, वह एक साधारण व्यक्ति द्वारा सम्भव नहीं है वे इक्कीसवीं शताब्दी के तंत्र-मंत्र, वास्तुशास्त्र व ज्योतिष जगत् के तेजस्वी सूर्य हैं तथा कालजयी समय के अनमोल हस्ताक्षर हैं, जो कि **'युग पुरुष'** के रूप में याद किए जाएंगे। इनसे जुड़ना इनकी संस्था का सदस्य बनना आम लोगों के लिए बहुत बड़े गौरव व सम्मान की बात है।

1. हस्तरेखा विभाग–सन् 1981 में डॉ. भोजराज द्विवेदी द्वारा **'अंगुष्ठ से भविष्य ज्ञान'** एवं **'पांव तले भविष्य'** नामक दो पुस्तकें प्रकाशित हुईं। सामुद्रिक शास्त्र की दुनिया में इस नये विषय को लेकर हंगामा मच गया। पाठकों ने इन पुस्तकों को सराहा तथा इनके अनेक संस्करण छपे। सन् 1992 में **'ज्योतिष और आकृति'** तथा सन् 1996 में **'हस्तरेखाओं का गहन अध्ययन'** दो भागों में प्रकाशित हुए। अपने 40 वर्षों के सघन अनुसंधान में दो लाख से अधिक हस्तप्रिन्ट के परीक्षण व अध्ययन से अनुभूत प्रस्तुत पुस्तक पर इस विषय पर छठे पुष्प के रूप में पाठकों को समर्पित

बहुत-सा कीमती समय नष्ट हो जाता है। अपने बहुमूल्य समय का आदर करना सीखें और दूसरों को भी ऐसा करने दें। कृपा कर स्नेहिल पाठकों से निवेदन है कि कृपया अत्यन्त संक्षिप्त में सार की बात ही लिखा करें। कार्यालय द्वारा केवल उन्हीं पत्रों का जवाब दिया जाता है, जिसके साथ स्पष्ट पता लिखा हुआ, टिकट लगा लिफाफा संलग्न हो। परमपूज्य गुरुदेव से व्यक्तिगत सम्पर्क व शंका समाधान के लिए 'अज्ञातदर्शन' अथवा 'श्रीविद्या साधक परिवार' के आजीवन सदस्य का उल्लेख अवश्य होना चाहिए। कई बार ऐसे मनीऑर्डर भी प्राप्त होते हैं जिनपर पूर्ण संदेश एवं पता लिखा नहीं होता। पाठक लोग प्राय: ऐसा समझते हैं कि हमारा पत्र महत्वपूर्ण एवं कार्यालय में हमारा पत्र जन्मपत्रिकाएं एवं नक्शे सुरक्षित पड़े होंगे एवं पुराने पत्र से हमारा पता देख लेंगे, पर ऐसा संभव नहीं है। क्योंकि हमारे पास इतनी डाक आती है कि हर तीसरे-चौथे दिन डाक नष्ट करनी पड़ती है। अन्यथा ऑफिस में बैठने की जगह नहीं बच पाती। प्रबुद्ध पाठकों से निवेदन है कि जितनी बार पत्र-व्यवहार करें, अपना पूरा पता लिखा हुआ, टिकट लगा लिफाफा साथ भेंजे।

8. श्रीविद्या साधक परिवार–प्राय: सम्मोहन, यंत्र-मंत्र-तंत्र विद्या में रुचि रखने वाले अनेक जिज्ञासु सज्जनों, छात्र-छात्राओं के अनेक फोन व पत्र पूज्य गुरुदेव से मार्गदर्शन प्राप्त करने हेतु उनसे दीक्षा प्राप्त करने हेतु, मंत्र शिविरों में भाग लेने हेतु आते हैं। ऐसे जिज्ञासु साधकों को सर्वप्रथम 'श्रीविद्या साधक परिवार' का सदस्य बनना होता है। श्रीविद्या साधक परिवार से जुड़ने के बाद ही ऐसे जिज्ञासु सज्जनों को परमपूज्य गुरुदेव का पत्र या स्नेहिल सान्निध्य प्राप्त होता है। इसके अतिरिक्त सर्वधर्म सद्भाव सेवा ट्रस्ट, अन्तर्राष्ट्रीय वास्तु एसोसिएसन, लायंस क्लब इंटरनेशनल इत्यादि अनेक संस्थाओं के प्रमुख पद पर प्रतिष्थापित होकर डॉ. भोजराज द्विवेदी का बहुआयामी व्यस्त व्यक्तित्व, मानव सेवा के अनेक संगठनों व रचनात्मक कार्यों से जुड़ा हुआ है। अत: बिना पूर्व सूचना व स्वीकृति के मिलने की चेष्टा न करें।

विनम्र निवेदन–बाहर से पधारने वाले जिज्ञासु सज्जनों से विनम्र निवेदन है कि बिना कोई अत्यधिक ठोस कारण के परमपूज्य गुरुदेव से मिलने का दुराग्रह न रखें। सर्वश्री डॉ. भोजराज द्विवेदी से मिलने के लिए टेलीफोन नंबर-2431883, फैक्स 2637359, मोबाइल-098280 25883 पर पूर्व समय निश्चित करके ही मिला करें। यह आपकी और कार्यालय दोनों की सुविधा के लिए अत्यन्त जरूरी है।

इंटरनेशनल वास्तु एसोसिएशन (रजि.)–डॉ. भोजराज द्विवेदी उनके मित्रगण, अनुयायी व भक्तगणों से मिलकर 19 फरवरी, 1993 को एक ऐसे संगठन का गठन किया जिससे ज्योतिष, मंत्र-तंत्र, वास्तु विज्ञान का प्रचार-प्रसार, जात-पात से रहित मानवमात्र में सर्वधर्म सद्भाव, भाईचारा एवं मैत्रीभाव परस्पर विश्व बंधुत्व स्थापित हो सके. इस उद्देश्य से संस्था का एक भवन बन रहा है।

–आचार्य सोमतीर्थ

ज्योतिषशास्त्र की उपादेयता एवं महत्त्व

नारदीयम् में सिद्धांत, संहिता व होरा इन तीन भागों में विभाजित ज्योतिषशास्त्र को वेदभगवान् का निर्मल (पवित्र) नेत्र कहा गया है।[1] पाणिनि काल से ही ज्योतिष की गणना वेद के प्रमुख छः अंगो में की जाने लगी थी।[2]

'वेदांग ज्योतिष' नामक बहुचर्चित व प्राचीन ग्रंथ हमें प्राप्त होता है जिसके रचनाकार ने ज्योतिष को काल विधायक शास्त्र बतलाया है, साथ में कहा है कि जो ज्योतिषशास्त्र को जानता है वह यज्ञ को भी जानता है।[3] छः वेदांगों में से ज्योतिष मयूर की शिखा व नाग की मणि के समान महत्त्व को धारण किए हुए वेदांगों में मूर्धन्य स्थान को प्राप्त है।[4]

कालज्ञान की महत्ता को स्वीकार करते हुए कालज्ञ, त्रिकालज्ञ, त्रिकालविद्, त्रिकालदर्शी व सर्वज्ञ शब्दों का प्रयोग ज्योतिषी के लिए किया गया है।[5] स्वयं सायणाचार्य ने **'ऋग्वेदभाष्यभूमिका'** में लिखा है कि ज्योतिष का मुख्य प्रयोजन अनुष्ठेय यज्ञ के उचित काल का संशोधन है।[6] उदाहरणार्थ ''कृतिका नक्षत्र' में अग्नि का आधान करें।[7] कृतिका नक्षत्र में अग्नि का आधान ज्योतिष संबंधी ज्ञान के बिना संभव नहीं है। इसी प्रकार से एकाष्टका में दीक्षा को प्राप्त होवे, फाल्गुण पौर्णमास में दीक्षित होवे[8] इत्यादि अनेक श्रुति वचन मिलते हैं।

1. सिद्धांत संहिता होरा रूप स्कन्ध त्रयात्मकम्।
   वेदस्य निर्मलं चक्षुर्ज्योति: शास्त्रमकल्मषम्।। इति नारदीयम् (शब्दकल्पद्रुम) पृ. 550
2. छंद: पादौ तु वेदस्य हस्तो कल्पोऽथ पठ्यते।
   ज्योतिषामयनं चक्षुर्निरुक्तं श्रोत्रमुच्चते।।–पाणिनी शिक्षा, श्लोक/41
   मुहूर्त चिन्तामणि मोतीलाल बनारसीदास वाराणसी सन् 1972 (पृ. 7)
3. तस्मादिदं कालविधान शास्त्रं, यो ज्योतिषं वेद स वेद यज्ञम्–फ. ज्यो. वि. बृ. समीक्षा, पृ. 4
4. यथा शिखा मयूराणा नागानां मणयो यथा तद्वद्वेदांगशास्त्राणां ज्योतिषं मूर्धनि सस्थितम् –इति वेदांग ज्योतिषम् 'शब्दकल्पद्रुम' (पृ. 550)
5. शब्द कल्पद्रुम, पृ. 655
6. वेद व्रतमीमांसक ''ज्योतिषविवेक' (पृ. 4) बृहस्पतिकुल सिंहपुरा, रोहतक सन् 1976
7. कृतिकास्वग्निमाधीत–तैत्तरीय ब्राह्मण 1/1/2/1
8. एकाष्टकामां दीक्षेरन् फाल्गुनीपूर्णमासे दीक्षेरन्–तैत्तरीय संहिता 6/4/8/1

ज्योतिष के सम्यक् ज्ञान के बिना इन श्रुति वाक्यों का समुचित पालन नहीं किया जा सकता अतः वेद के अध्ययन के साथ-साथ ज्योतिष को वेदांग बतलाकर ऋषियों ने ज्योतिषशास्त्र के अध्ययन पर पर्याप्त बल दिया।

ज्योतिष के ज्ञान की सबसे अधिक आवश्यकता कृषकों को पड़ती है क्योंकि वह जानना चाहता है कि पानी कब बरसेगा, खेतों में बीज कब बोना चाहिए? जमाना कैसा जाएगा? फसलें कैसी होंगी। वगैरह-वगैरह। हिन्दू षोडश-संस्कार एवं यज्ञ-हवन, निश्चित काल, मुहूर्त में ही किए जाते हैं। श्रुति कहती है–

ते असुरा अयज्ञा अदक्षिणा अनक्षत्राः।

;Pp fo@r-oQZ lrkoB leek;oQZA1 A

अर्थात् वे यज्ञ जो करणीय हैं, वे कालानुसार (निश्चित मुहूर्त पर) न करने से देव रहित, दक्षिणा रहित, नक्षत्र रहित हो जाते हैं।

ज्योतिष से अत्यन्त स्वार्थिक अर्थ में अच् (अ) प्रत्यय–लगकर ज्योतिष शब्द निष्पन्न हुआ है। अच् प्रत्यय लगने से यह ज्योतिष शब्द पुल्लिंग में प्रयुक्त होता है।

द्युत् + इस् (इसिन्)
ज्युत + इस् = ज्योत् + इस्
ज्योतिस्

मेदिनी कोष के अनुसार ''ज्योतिष'' सकारान्त नपुंसक लिंग में 'नक्षत्र' अर्थ में तथा पुल्लिंग में अग्नि और प्रकाश अर्थ में प्रयुक्त होता है।[2]

'ज्योतिस्' में 'इनि' और 'ठक्' प्रत्यय लगा कर ज्योतिषी और ज्योतिषिकः तीन शब्द व्युत्पन्न होते हैं। जो ज्योतिषशास्त्र का नियमित रूप से अध्ययन करे अथवा ज्योतिषशास्त्र का ज्ञाता हो वह ज्योतिषी, ज्योतिषिक, ज्यौतिषिक, ज्योतिष शास्त्रज्ञ तथा दैवज्ञ कहलाता है।[3]

शब्दकल्पद्रुम के अनुसार 'ज्योतिष' ज्योतिर्मय सूर्यादि ग्रहों की गति इत्यादि को लेकर लिखा गया वेदांग शास्त्र विशेष है। अमरकोष की टीका में व्याकरणाचार्य भरत ने ग्रहों की गणना, ग्रहण इत्यादि प्रतिपाद्य विषयों वाले शास्त्र को ज्योतिष कहा है।[4]

---

1. फलित ज्योतिष विवेचनात्मक बृहत्पाराशर समीक्षा पृ. 4
2. ज्योतिषग्नौ दिवाकरे 'पुमान्नपुसंक–दृष्टौ स्यान्नक्षत्र प्रकाशयोः इति मेदिनीकोष–1929, पृ. सं. 536
3. हलायुध कोश हिन्दी समिति लखनऊ सन् 1967 (पृ. सं. 321)
4. शब्द कल्पद्रुम खण्ड-2 मोतीलाल बनारसीदास सन् 1961 पृ. स. 550

हलायुधकोष में ज्योतिष के लिए सांवत्सर, गणक, दैवज्ञ, ज्योतिषिक, ज्यौतिषिक ज्योतिषी, ज्यौतिषी, मौहूर्तिक सांवत्सरिक शब्दों का प्रयोग हुआ है।[1]

वाचस्पत्यम् के अनुसार सूर्यादि ग्रहों की गति को जानने वाले तथा ज्योतिषशास्त्र का विधिपूर्वक अध्ययन करने वाले व्यक्ति को 'ज्योतिर्विद्' कहा गया है।[2]

ज्योतिष की प्राचीनता

ज्योतिषशास्त्र कितना प्राचीन है, इसकी कोई निश्चित तिथि या सीमा स्थापित नहीं की जा सकती। यह बात निश्चित है कि जितना प्राचीन वेद है उतना ही प्राचीन ज्योतिषशास्त्र है। यद्यपि वेद कोई ज्योतिष की पुस्तक नहीं है तथापि ज्योतिष-सम्बन्धी अनेक गूढ़ तथ्यों व गणनाओं के बारे में विद्वानों में मत ऐक्यता का नितान्त अभाव है।

तारों का उदय-अस्त प्राचीन (वैदिक) काल में भी देखा जाता था। तैत्तिरीय ब्राह्मण एवं शतपथ ब्राह्मण में ऐसे अनेक संकेत व सूचनाएं मिलती हैं। लोकमान्य तिलक ने अपनी पुस्तक **'ओरायन'** के पृष्ठ 18 पर ऋग्वेद का काल ईसा पूर्व 4500 हजार वर्ष बताया है।[3] वहीं पं. रघुनन्दन शर्मा ने अपनी पुस्तक **'वैदिक-सम्पत्ति'** में मृगशिरा में हुए इसी वसन्तसम्पात को लेकर, तिलक महोदय की त्रुटियों का आकलन करते हुए अकाट्य तर्क के साथ प्रमाणपूर्वक कहा है कि ऋग्वेद काल ईसा से कम 22,000 वर्ष प्राचीन है।[4]

भारतीय ज्योतिर्गणित एवं वेध-सिद्धांतों का क्रमबद्ध सबसे प्राचीन एवं प्रमाणिक परिचय हमें **'वेदांग ज्योतिष'** नामक ग्रन्थ में मिलता है।[6] यह ग्रन्थ सम्भवत: ईसा पूर्व 1200 का है। तव से लेकर अब तक ज्योतिषशास्त्र की अक्षुण्णता कायम है।[5]

वस्तुत: फिर वे यज्ञ ही नहीं कहलाते। इसलिए जो कुछ भी यज्ञादि (धार्मिक)

---

1. हलायुध कोश, हिन्दी समिति लखनऊ 1966 पृ. सं. 703
2. वाचस्पत्यम् भाग 4, चौखम्भा सीरिज वाराणसी सन् 1962 पृ. 3162
3. भारतीय ज्योतिष का इतिहास, डॉ. गोरखप्रसाद (प्रकाशन 1974) उत्तरप्रदेश शासन लखनऊ, पृ. 10
4. वैदिक सम्पति पं. रघुनन्दन शर्मा (प्रकाशन 1930) सेठ शूरजी वल्लभ प्रकाशन, कच्छ केसल, मुम्बई पृ. 90
5. **छन्द: पादौ तु वेदस्य हस्तौ कल्पोथ पठ्यते, ज्योतिषामयनं चक्षुर्निरुक्तं श्रोत्रमुच्यते।**
   शिक्षा घ्राणं तु वेदस्य मुखं व्याकरणं स्मृतम्, तस्मात्सांगमधीत्यैव, ब्रह्म लोके महीयते।।–पाणिनीय शिक्षा, श्लोक 41-42
7. Vedic Chronology and Vedanga Jyotisa &(Pub. 1925) Messrs Tilak Bross, Gaikwar Wada, POONA CITY, page-3

कृत्य करना हो, उसे निर्दिष्ट कालानुसार ही करना चाहिए। कहा भी है–**यो ज्योतिषं वेद स वेद यज्ञान्**[1]

अतीतानागते काले, दानहोमजपादिकम् ।
उषरे वापितं बीजं, तद्वद्भवति निष्फलम् ॥2॥[2]

इस प्रकार से यह सिद्ध है कि ज्योतिष के बिना कालज्ञान का अभाव रहता है। कालज्ञान के बिना समस्त श्रौत्, स्मार्त कर्म, गर्भाधान, जातकर्म, यज्ञोपवीत, विवाह इत्यादि संस्कार ऊसर जमीन में बोए गए बीज की भांति निष्फल हो जाते हैं। तिथि, वार, नक्षत्र, योग, करण के ज्ञान के बिना तालाब, कुआं, बगीचा, देवालय-मन्दिर, श्राद्ध, पितृकर्म, व्रत-अनुष्ठान, व्यापार, गृहप्रवेश, प्रतिष्ठा इत्यादि कार्य नहीं हो सकते। अत: सभी वैदिक एवं लौकिक व्यवहारों की सार्थकता, सफलता के लिए ज्योतिष का ज्ञान अनिवार्य है।

अप्रत्यक्षाणि शास्त्राणि, विवादस्तेषु केवलम्।
प्रत्यक्षं ज्योतिषं शास्त्रं, चंद्रकौं यत्र साक्षिणौ ॥3॥[3]

संसार में जितने भी शास्त्र हैं वे केवल विवाद (शास्त्रार्थ) के विषय हैं, अप्रत्यक्ष हैं, परन्तु ज्योतिष विज्ञान ही प्रत्यक्ष शास्त्र है, जिसकी साक्षी सूर्य और चंद्रमा घूम-घूम कर दे रहे हैं। सूर्य, चंद्र-ग्रहण, प्रत्येक दिन का सूर्योदय, सूर्यास्त चंद्रोदय, चंद्रास्त, ग्रहों की श्रृंगोन्नति, वेध, गति, उदय-अस्त इस शास्त्र की सत्यता एवं सार्थकता के प्रत्यक्ष प्रमाण हैं।

ज्योतिश्चक्रे तु लोकस्य, सर्वस्योक्तं शुभाशुभम्।
ज्योतिर्ज्ञानं तु यो वेद, स याति परमां गतिम् ॥4॥[4]

ज्योतिष चक्र ने संसार के लिए शुभ व अशुभ सारे काल बतलाए हैं। जो ज्योतिष के दिव्य ज्ञान को जानता है व जन्म-मरण से मुक्त होकर परमगति (स्वर्गलोक) को प्राप्त करता है। संसार में ज्ञान-विज्ञान की जितनी भी विद्याएं हैं, वह मनुष्य को ईश्वर की ओर नहीं मोड़ती, उसे परमगति का आश्वासन नहीं देती, पर ज्योतिष अपने अध्येता को परमगति (मोक्ष) प्राप्ति की गारन्टी देता है। यह क्या कम महत्त्व की बात है।

---

1. ज्योतिर्निबन्ध-श्री शिवराज, (पृ. 1919), आनन्दाश्रम मुद्रणालय पूना, पृष्ठ।
2. ज्योतिर्निबन्ध श्लोक (2) पृ. 2
3. जातकसार दीप-चंद्रशेखरन् (पृ. 5) मद्रास गवर्मेंट ओरियण्टल सीरिज, मद्रास
4. शब्दकल्पद्रुम, द्वितीय खण्ड, पृ. 550

अर्थार्जने सहायः पुरुषाणामापदर्णवे पोतः।

यात्रा समये मन्त्री जातकमपहाय नास्त्यपरः॥5॥[1]

ज्योतिष एक ऐसा दिलचस्प विज्ञान है जो कि जीवन की अनजान राहों में मित्र व शुभचिन्तकों की लम्बी श्रृंखला खड़ी कर देता है। इसके अध्येता को समाज व राष्ट्र में भारी धन, यश व प्रतिष्ठा की प्राप्ति होती है।

जातक का ज्योतिषशास्त्र को छोड़कर कोई सच्चा मित्र नहीं है क्योंकि द्रव्योपार्जन में यह सहायता देता है, आपत्ति रूपी समुद्र में नौका का कार्य करता है तथा यात्रा काल में सुहृदय मित्र की तरह सही सम्मति देता है। जन सम्पर्क बनाता है। स्वयं वराहमिहिर कहते हैं कि देशकाल परिस्थिति को जानने वाला दैवज्ञ जो काम करता है, वह हजार हाथी और चार हजार घोड़े भी नहीं कर सकते।[2] यदि ज्योतिष न हो तो मुहूर्त, तिथि, नक्षत्र, ऋतु, अयन आदि सब विषय उलट-पलट हो जाएं।[3] बृहत्संहिता की भूमिका में ही वराहमिहिर कहते हैं कि **दीपहीन रात्रि और सूर्य हीन आकाश की तरह ज्योतिषी से हीन राजा शोभित नहीं होता, वह जीवन के दुर्गम मार्ग में अंधे की तरह भटकता रहता है।[4] अतः जय, यश, श्री, भोग और मंगल की इच्छा रखने वाले राजपुरुष को सदैव विद्वान व श्रेष्ठ ज्योतिषी का अपने पास रखना चाहिए।[5]**

ज्योतिषशास्त्र के साथ एक विडम्बना यह है कि यह शास्त्र जितना अधिक प्रचलित व प्रसिद्ध होता चला गया, अनधिकारी लोगों की संगत से यह शास्त्र उतना ही अधिक विवादास्पद होता चला गया। अनेक नास्तिकों, अनीश्वरवादी सज्जनों एवं कुतर्की विद्वानों ने अपने-अपने ढंग से ज्योतिष विद्या पर क्रूरतम कठोर प्रहार किए। सत्य की निरन्तर खोज में एवं अनवरत अनुसंधान परीक्षणों में संलग्न भारतीय ऋषियों ने अपने आपको तिल-तिल जलाकर, अपने प्राणों की आहुति देकर श्रुति परम्परा से इस दिव्य विद्या को जीवित रखा।

ज्योतिष वस्तुतः सूचनाओं और सम्भावनाओं का शास्त्र है। इसके उपयोग व महत्त्व को सही ढंग से समझने पर मानव जीवन और अधिक सफल व सार्थक हो

---

1. सुगम ज्योतिष-पं. देवीदत्त जोशी (प्रकाशन-1992) मोतीलाल बनारसीदास दिल्ली, पृ. 17
2. बृहत्संहिता सांवत्सर सूत्राध्याय 1/37
3. बृहत्संहिता सांवत्सर सूत्राध्याय 1/25
4. अप्रदीपा यथा रात्रिरनादित्यां यथा नभः।
   तथाऽसांवत्सरो राजा, भ्रमत्यन्ध इवाध्वनि।।-बृहत्संहिता, अ.1/24
5. बृहत्संहिता सांवत्सर सूत्राध्याय 1/26

सकता है। मान लीजिए ज्योतिष गणना के अनुसार अष्टमी की शाम को आठ बजे समुद्र में ज्वारभाटा आएगा। आपको पता चला तो आप अपना जहाज समुद्र में नहीं उतारेंगे और करोड़ों रुपयों के जान व माल के नुकसान से बच जाएंगे। यदि आपको पता नहीं है, तो बीच रास्ते में आप मारे जाएंगे। ज्योतिषी कहता है कि आज अमुक योग के कारण वर्षा होगी तो वर्षा तो होगी पर आपको पता है तो आप छाता तान कर चलेंगे, दुनिया अचानक वर्षा के कारण तकलीफ में आ सकती है पर आपकी सावधानी से आप भीगेंगे नहीं।

ज्योतिष का उपयोग मनुष्य के दैनिक जीवन व दिनचर्या से जुड़ा हुआ है। मारक योग में ऑपरेशन या तेज गति का वाहन न चलाकर व्यक्ति दुर्घटना से बच सकता है। ज्योतिष अंधेरे में प्रकाश की तरह मनुष्य की सहायता करता है। ज्योतिष संकेत देता है कि समय खराब है सोने में हाथ डालेंगे, मिट्टी हो जाएगा, समय शुभ है तो मिट्टी में हाथ डालोगे, सोना हो जाएगी। मौसम विज्ञान की चेतावनी की तरह ज्योतिष का उपयोग किया जाना चाहिए क्योंकि घड़ी की सुई के साथ-साथ चल रहा मानव जीवन का प्रत्येक पल ज्योतिष से जुड़ा हुआ है। यह तो मानव मस्तिष्क एवं बुद्धि की विलक्षणता है कि आप किस विज्ञान से क्या व कितना ग्रहण कर पाते हैं।

सच तो यह है कठिनाई के क्षणों में ज्योतिष विद्या मानवीय सभ्यता के लिए अमृत-तुल्य उपादेय है। घोर कठिनाई के क्षणों में, विपत्ति की घड़ियों में या ऐसे समय में जब व्यक्ति के पुरुषार्थ एवं भौतिक संसाधनों का जोर नहीं चलता, तब व्यक्ति सीधा मन्दिर-मस्जिद या गिरजाघरों में, या फिर सीधा किसी ज्योतिषी की शरण में जाकर अपने दुःख दर्द की फरियाद करता है, प्रार्थनाएं करता है। मन्दिर-मस्जिद और गिरजाघरों में पड़े निर्जीव पत्थर तो बोलते नहीं, पर ईश्वर की वाणी ज्योतिषी के मुखारविन्द से प्रस्फुटित होती है। ऐसे में इष्ट सिद्ध ज्योतिषी की जिम्मेदारी और अधिक बढ़ जाती है। भारत में विद्वान ज्योतिषी हो और ब्राह्मण हो तो लोग उसे ईश्वर तुल्य सम्मान देते हैं। भविष्यवक्ता होना अलग बात है तथा ज्योतिषी होना दूसरी बात है। भारत में भविष्यवक्ता को उतना सम्मान नहीं मिलता जितना शास्त्र ज्ञाता ज्योतिषशास्त्र के अध्येता को। स्वयं वराहमिहिर ने कहा है-

म्लेच्छा हि यवनास्तेषु, सम्यक् शास्त्रमिदं स्थितम्।
ऋषिवत्तेऽपि पूज्यन्ते, किं पुनर्दैवविद् द्विजः॥1॥[1]

अर्थात् व्यक्ति कितना भी पतित हो, शूद्र-म्लेच्छ चाहे यवन ही क्यों न हो इस ज्योतिषशास्त्र के सम्यक् (भली-भांति) अध्ययन से वह ऋषि के समान पूजनीय है

---

1. बृहत्संहिता सांवत्सर सूत्राध्याय 1/30

जाता है। इस दिव्य-ज्ञान के गंगा स्नान से व्यक्ति पवित्र व पूजनीय हो जाता है। फिर उस ब्राह्मण की क्या बात? जो ब्राह्मण भी हो, दैवज्ञ भी हो, इस दिव्य विद्या को भी जानता हो, उसकी तो अग्रपूजा निश्चित रुप से ही होती है।

इस श्लोक में 'सम्यक्' शब्द पर विशेष जोर दिया गया है। सम्यक् ज्ञान बृहस्पति कृपा से ही आता है। पुस्तक के माध्यम से आप बृहस्पति के विचारों के समीप तो जरूर पहुंचते हैं पर अन्ततोगत्वा वह किताबी ज्ञान ही कहलाता है। भारतीय वाङ्मय में बृहस्पति का बड़ा महत्त्व है। अत: ज्योतिष जैसी गूढ़ विद्या बृहस्पतिमुख से ही ग्रहण करनी चाहिए तभी उसमें सिद्धहस्तता प्राप्त होती है।

कई लोग ज्योतिष को भाग्यवाद या जड़वाद से जोड़ने की कुचेष्टा भी करते हैं परन्तु अब सिद्ध हो चुका है कि ज्योतिष पुरुषार्थवाद की युक्ति संगत व्याख्या है। पुरुषार्थवाद की सीमाओं को ठीक से समझना ही ज्योतिर्विज्ञान की उपादेयता है। ज्योतिर्विज्ञान पुरुषार्थ का शत्रु नहीं, यह व्यक्ति को पुरुषार्थ करने से रोकता भी नहीं, अपितु सही समय (काल) में सही पुरुषार्थ करने की प्रेरणा देता है।[1]

मेरे निजी शब्दों में **'ज्योतिष विद्या वह दिव्य विज्ञान है जो भूत, भविष्य तथा वर्तमान तीनों कालों को जानने समझने की कला को सिखलाता है। प्रकृति के गूढ़ रहस्यों को उद्घाटित करता है तथा इस देवविद्या के माध्यम से हम मानवीय प्राणी के शुभाशुभ भविष्य को संवारने की क्षमता भी प्राप्त कर सकते हैं।'**

अत: इस शास्त्र की उपादेयता एवं महत्त्व गूंगे के गुड़ की तरह से मिठास परिपूर्ण परन्तु शब्दों से अनिर्वचनीय है। वेदव्यास अपनी वाणी से ज्योतिषशास्त्र का महत्त्व प्रकट करते हुए कहते हैं कि काष्ठ (लकड़ी) का बना सिंह एवं कागज पर सम्राट का चित्र आकर्षक होते हुए भी निर्जीव होता है। ठीक उसी प्रकार से वेदों का अध्ययन कर लेने पर भी ज्योतिषशास्त्र का अध्ययन किए बिना ब्राह्मण निष्प्राण कहलाता है।[2]

□□□

---

1. वक्री ग्रह-(प्रकाशन-1991) डायमंड प्रकाशन, दिल्ली, पृ. 140
2. यथा काष्ठमय: सिंहो यथा चित्रमयो नृप:।
तथा वेदावधीतोऽप्यज्योतिशास्त्रं बिना द्विजा:॥-वेद व्यास, ज्योतिर्निबन्ध 20/पृ.2

लग्न प्रशंसा

लग्नं देवः प्रभुः स्वामी, लग्नं ज्योतिः परं मतम्।

लग्नं दीपा महान् लोके, लग्नं तत्वं दिशन् बृहस्पतिः॥

त्रैलोक्यप्रकाश में बताया है कि लग्न ही देवता है। लग्न ही समर्थ स्वामी, परमज्योति है। लग्न से बड़ा दीपक संसार में कोई नहीं है, क्योंकि बृहस्पति रूप ज्योतिष के ऋषियों का यही आदेश है।

न तिथिर्न च नक्षत्रं, न योगो नैन्दवं बलम्।

लग्नमेव प्रशंसन्ति, गर्गनारदकश्यपाः॥5॥

आचार्य लल्ल ने बताया है कि गर्ग, नारद, कश्यप ऋषियों ने तिथि-नक्षत्र व चंद्र बल को श्रेष्ठ न मानकर, केवल लग्न बल की ही प्रशंसा की है॥5॥

इन्दुः सर्वत्र बीजाम्भो, लग्नं च कुसुमप्रभम्।

फलेन सदृशों अंशश्च भावाः स्वादुफलं स्मृतम्॥7॥

भुवन दीपक नामक ग्रंथ में बताया है कि समस्त कार्यों में चंद्रमा बीज सदृश है। लग्न पुष्प के समान, नवमांश फल के तुल्य और द्वादश भाव स्वाद के समान होता है।

□□□

जनश्रुतियों में प्रचलित प्रत्येक लग्न की चारित्रिक विशेषताएं

राजस्थान के ग्रामीण अंचलों में जनश्रुतियों के आधार पर लावणी में प्रस्तुत यह गीत जब मैंने पहली बार समदंडी ग्राम के राजज्योतिषी पं. मगदत्त जी व्यास के मुख से राग व लय के साथ सुना तो मन्त्र-मुग्ध रह गया। इस गीत में द्वादश लग्नों में जेन्मे मनुष्य का जन्मगत स्वभाव, चरित्र, सार रूप में संकलित है। जो कि निरन्तर अनुसंधान, अनुभव एवं अकाट्य सत्य के काफी नजदीक है। प्रबुद्ध पाठकों के ज्ञानार्जन एवं संग्रह हेतु इसे ज्यों का त्यों यहां दिया जा रहा है।

ज्योतिषशास्त्र सब शास्त्र शिरोमणि, बिना भाग्य नहीं पाता है।
भूत, भविष्यत्, वर्तमान यह तीनों काल बतलाता है।। टेर ।।
जिसका जन्म हो ***मेषलग्न*** में, क्रोध युक्त और महाविकट।
सभी कुटुम्ब की करे पालना, लाल नेत्र रहते हर दम।
करे बृहस्पति की सेवा सदा नर, जिसका होता ***वृषभलग्न***।
तरह-तरह के शाल-दुशाला, पहने कण्ठ में आभूषण।
मिथुनलग्न के चतुर सदा नर, नहीं किसी से डरता है।
ज्योतिषशास्त्र सब शास्त्र शिरोमणि, बिना भाग्य नहीं पाता है।
भूत, भविष्यत्, वर्तमान यह तीनों काल बतलाता है।। टेर ।।
कर्कलग्न के देखे सदा नर, उनके रहती बीमारी।
सिंहलग्न के महापराक्रमी, करे नाग की असवारी।
कन्यालग्न के होत नपुन्सक, रोवे मात और महतारी।
तुलालग्न के तस्कर बालक, खेले जुआं और अपनी नारी।
वृश्चिकलग्न के दुष्ट पदार्थ, आप अकेले खाते हैं।

ज्योतिषशास्त्र सब शास्त्र शिरोमणि, बिना भाग्य नहीं पाता है।
भूत, भविष्यत्, वर्तमान यह तीनों काल बतलाता है।। टेर ।।
बुद्धिमान और गुणी सुखी नर, जिसका होता **धनुलग्न।**
कुंभलग्न मन्द बुद्धि के, अपनी धुन में वो भी मगन।
कुम्भलग्न के पूत बड़े अवधूत, रात-दिन करते रहते भजन।
मीनलग्न के सुत का जीना, मृत्यु लोक में बड़ा कठिन।
नहीं किसी का दोष, कर्मफल अपने आप बतलाता है।
ज्योतिषशास्त्र सब शास्त्र शिरोमणि, बिना भाग्य नहीं पाता है।
भूत, भविष्यत्, वर्तमान यह तीनों काल बतलाता है।। टेर ।।

❑❑❑

लग्न किसे कहते हैं? लग्न क्या है? लग्न का क्या महत्त्व है?

हिन्दी में 'लग्न' अंग्रेजी में जिसे ऐसेडेन्ट (Ascendent) कहते हैं। इसके पर्यायवाची शब्दों में देह, तनु, कल्प, उदय, आय, जन्म, विलग्न, होरा, अंग, प्रथम, वपु इत्यादि प्रमुख हैं। ज्योतिष की भाषा में एक "समय" विशेष की परिमापन का नाप है जो लगभग दो घंटे का होता है। ज्योतिष की भाषा में जिसे जन्मकुण्डली कहते हैं वह वस्तुतः 'लग्न' कुण्डली ही होती है। लग्न कुण्डली को जन्मांग भी कहते हैं क्योंकि "लग्न" का गणित स्पष्टीकरण जन्म समय के आधार पर ही किया जाता है।

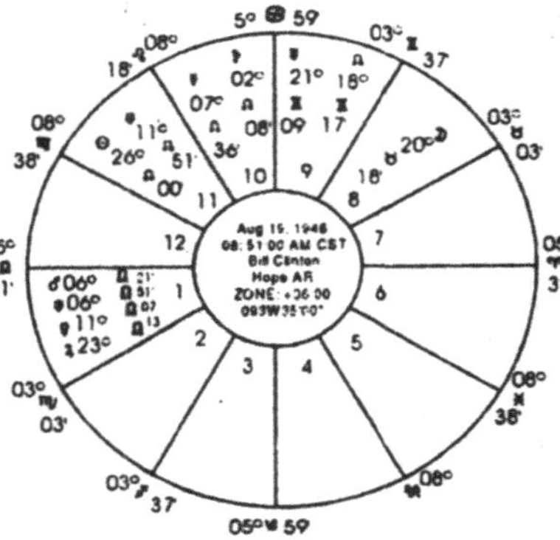

लग्न कुण्डली अभीष्ट समय में आकाश का मानचित्र है। इसकी स्पष्ट धारणा आप अंग्रेजी कुण्डली को सामने रखकर बनाएं तो साफ हो जाएगी क्योंकि अंग्रेजी में इसे हम Map of Heaven कहते हैं। बीच में पृथ्वी एवं उसके ऊपर वृत्ताकार घूमती हुई राशिमाला को विदेशों में Birth-Horoscope कहते हैं। इसलिए पारम्परिक ज्योतिष वृत्ताकार कुण्डली को ही प्राथमिकता देते हैं। परन्तु भारत में इसका प्रचलन नगण्य है। वस्तुतः आकाश में दीखने वाली बारह राशियां ही बारह लग्न हैं। जन्मकुण्डली के प्रथम भाव (पहले) घर को ही लग्न भाव, लग्न स्थान कहा जाता है। दिन और रात में 60 घटी होती है। 60 घटी में बारह लग्न होते हैं। 60 में बारह का

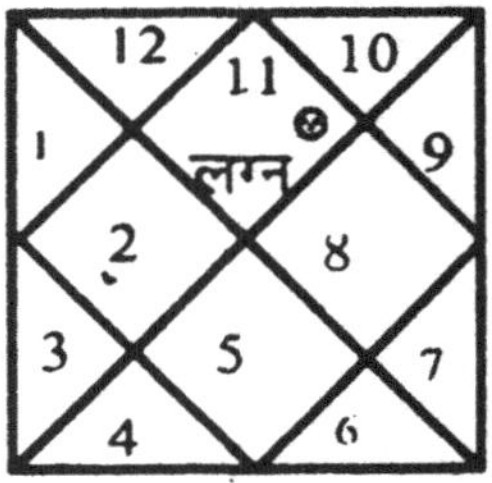

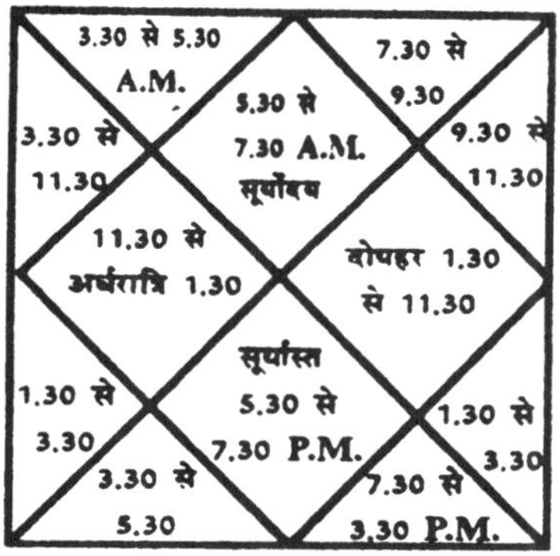

भाग देने पर 2½ घटी का एक लग्न कहलाता है। यह लग्न कुण्डली ही जन्मपत्रिका का मुख्य आधार है जो खगोलस्थ ग्रहों के द्वारा निर्मित होती है। यही ग्रह केन्द्र बिन्दु है जहां से गणित व फलित ज्योतिष सूत्रों की स्थापना प्रारम्भ होती है। उपर्युक्त खाली जन्मकुण्डली है। इसके 12 विभाजन ही ''द्वादश घर'' या ''बारह भाव'' कहलाते हैं। इसका ऊपरी मध्य घर जहां सूर्य दिखाई देता है पहला घर माना जाता है। यह घर जन्मकुण्डली का सीधा पूर्व है। चूंकि सूर्य पूर्व दिशा में उदय होता है। इसलिए सूर्योदय के समय जन्म लेने वाले व्यक्ति की जन्मकुण्डली में सूर्य उसी घर में होगा जिसे ''लग्न'' कहते हैं। चूंकि पृथ्वी अपनी धुरी पर एक चक्र 24 घंटों में पूर्ण कर लेती है, इसलिए सूर्य प्रत्येक दो घंटों में एक घर से दूसरे घर में जाता हुआ दिखलाई देगा। दूसरे अर्थों में पाठक जन्मकुण्डली को देखकर बता सकता है कि अमुक जन्मकुण्डली वाले व्यक्ति का जन्म सूर्य के किन दो घंटों के समय में हुआ था।

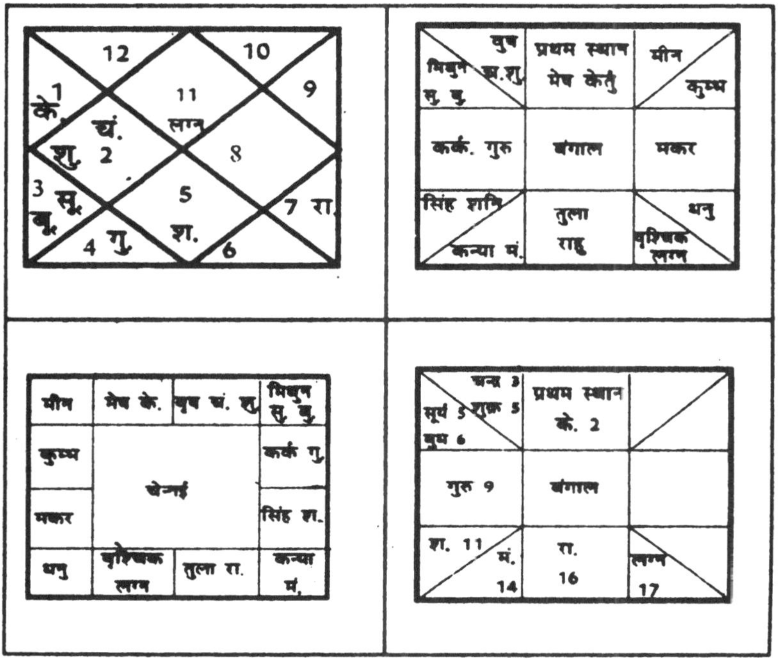

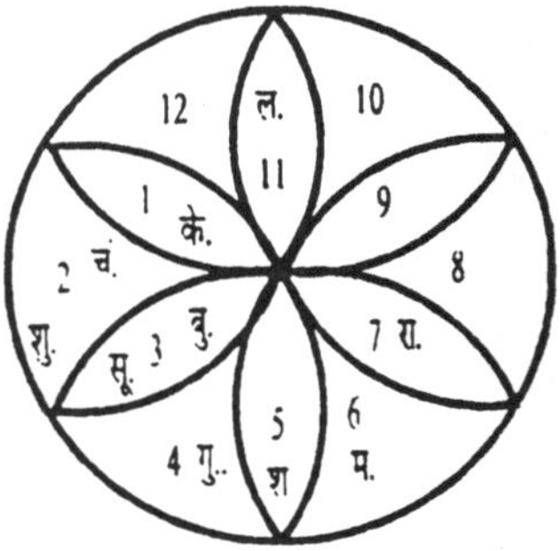

क्रमांक	लग्न	दीर्घादि	घटी पल	अवधि घ. मि.	दिशा
1.	मेष	ह्रस्व	4.00	1.36	पूर्व
2.	वृषभ	ह्रस्व	4.30	1.48	दक्षिण
3.	मिथुन	सम	5.00	2.00	पश्चिम
4.	कर्क	सम	5.30	2.12	उत्तर
5.	सिंह	दीर्घ	5.30	2.12	पूर्व
6.	कन्या	दीर्घ	5.30	2.11	दक्षिण
7.	तुला	दीर्घ	5.30	2.12	पश्चिम
8.	वृश्चिक	दीर्घ	5.30	2.12	उत्तर
9.	धनु	दीर्घ	5.30	2.12	पूर्व
10.	मकर	सम	5.00	2.00	दक्षिण
11.	कुम्भ	लघु	4.30	1.48	पश्चिम
12.	मीन	लघु	4.00	1.36	उत्तर

सही व शुद्ध लग्न साधन के लिए तीन वस्तुओं की जानकारी आवश्यक है। **1. जन्म तारीख, 2. जन्म समय 3. जन्म स्थान।**

विभिन्न पंचांगों में आजकल दैनिक ग्रह स्पष्ट के साथ-साथ, भिन्न-भिन्न देशों की दैनिक लग्न सारणियां, अंग्रेजी तारीख एवं भारतीय मानक समय में दी हुई होती हैं। जिन्हें देखकर आसानी से अभीष्ट तारीख के दैनिक लग्न की स्थापना की जा सकती है।

लग्न का महत्त्व

लग्न वह प्रारम्भ बिन्दु है जहां से जन्मपत्रिका, निर्माण की रचना प्रारम्भ होती है। इसलिए शास्त्रकारों ने ''लग्नं देहो वर्ग षट्कोऽगांनि'' लग्न कुण्डली को जातक का शरीर माना है तथा जन्मपत्रिका के अन्य षोडश वर्ग उसके सोलह अंग कहे गए हैं।

जातक ग्रन्थों के अनुसार–

यथा तनूत्वादनमन्तरैव

परागसम्पादनम् अत्र मिथ्या।

बिना विलग्नं परभाव सिद्धिः

ततः प्रवक्ष्ये हि विलग्न सिद्धिम्॥

जैसे वृक्ष के बिना फल-पुष्प-पत्र एवं पराग प्रक्रियाओं की कल्पना व्यर्थ है। उसी प्रकार लग्न साधन के बिना अन्य भावों की कल्पना एवं फल कथन प्रक्रिया भी व्यर्थ है। अतः जन्मपत्रिका निर्माण में ''बीजरूप लग्न'' ही प्रधान है तभी कहा गया है कि–**''लग्न बलं सर्वबलेषु प्रधानम्''**।

लग्न ही व्यक्ति का चेहरा

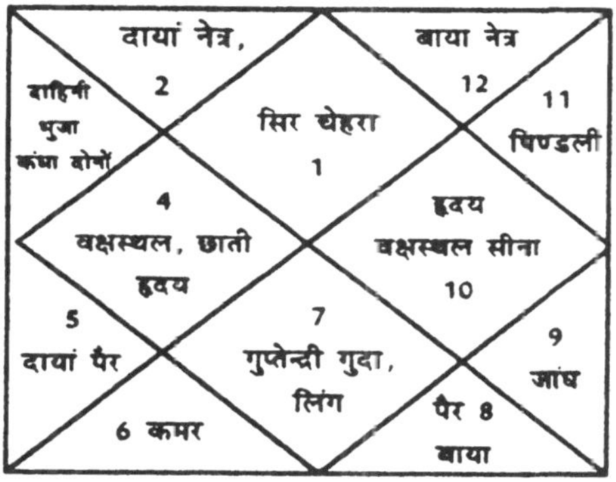

फलित ज्योतिष में कालपुरुष के शरीर के विभिन्न अंगों पर राशियों की कल्पना की गई है। लग्न कुण्डली में भी कालपुरुष के इन अंगों को विभिन्न भागों में विभाजित किया गया है।

जिसमें लग्न ही व्यक्ति का चेहरा है। जैसा लग्न होगा वैसा ही व्यक्ति का चेहरा होगा। इस पर हमारी पुस्तक **''ज्योतिष और आकृति विज्ञान''** पढ़िए। लग्न पर जिन-जिन ग्रहों का प्रभाव होगा व्यक्ति का चेहरा व स्वभाव भी उन-उन ग्रहों के स्वभाव व चरित्र से मिलता-जुलता होगा। लग्न कुण्डली में कालपुरुष का जो भाव विकृत एवं पाप

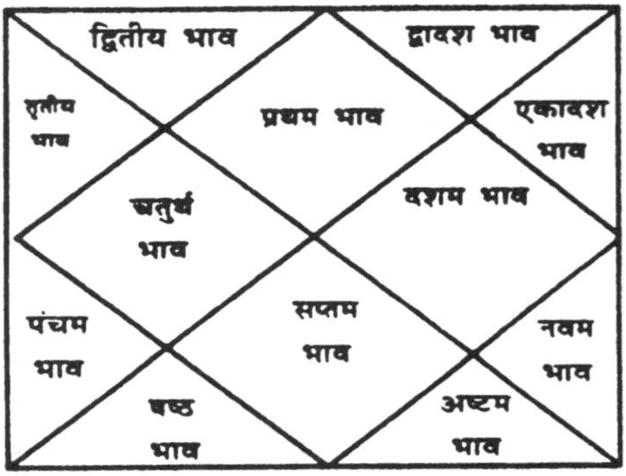

पीड़ित होगा, सम्बन्धित मनुष्य का वही अंग विशेष रूप से विकृत होगा, यह निश्चित है। अतः अकेले लग्न कुण्डली पर यदि व्यक्ति ध्यान केन्द्रित कर फलादेश करना शुरू कर दे तो वह फलित ज्योतिष का सिद्धहस्त चैम्पियन बन जाएगा।

जन्मकुण्डली का प्रथम भाव ही लग्न कहलाता है। इसे पहला घर भी कह सकते हैं। इसी प्रकार दाएं से चलते हुए कुण्डली के 12 कोष्ठक, बारह भाव या बारह घर कहलाते हैं। चाहे इस भाव में कोई भी अंक या राशि नम्बर क्यों न हो, उसमें कोई अन्तर नहीं पड़ता। अब किस भाव पर घर में क्या देखा जाता है इस पर जातक ग्रन्थों में काफी चिन्तन किया गया है। एक प्रसिद्ध श्लोक इस प्रकार है–

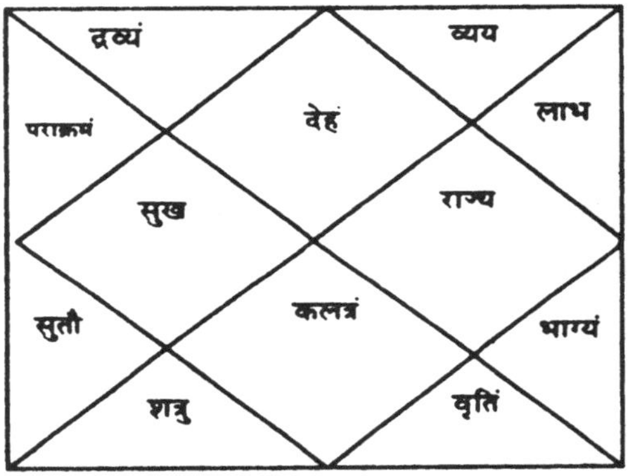

देहं द्रव्यं पराक्रमः सुखं, सुतो शत्रुकलत्रं वृत्तिः।
भाग्यं राज्यं पदे क्रमेण, गदिता लाभ-व्ययै लग्नतः॥

अर्थात् पहले भाव में देह-शरीर सुख, दूसरे में धन, तीसरे में पराक्रम, जन-सम्पर्क, भाई-बहन, चौथे में सुख, नौकर, माता, पांचवें में सन्तान एवं विद्या, छठे में शत्रु व रोग, सातवें में पत्नी, आठवें में आयु, नौवें स्थान में भाग्य, दसवें में राज्य, ग्यारहवें में लाभ एवं बारहवें स्थान में खर्च का चिन्तन करना चाहिए।

□□□

लग्न का महत्त्व

यथा तनुत्पादनमन्तरैव पराङ्ग सम्पादनपत्र मिथ्या।।
विना विलग्नं परभावसिद्धिस्ततः प्रवक्ष्ये हि विलग्नसिद्धिम्।।

जिस प्रकार स्वयं के शरीर की उपेक्षा करके अन्य पराए अंगों (दूसरे लोगों पर) पर ध्यान देना दोषपूर्ण है (उचित नहीं है) ठीक उसी प्रकार से लग्न भाव की प्रधानता व महत्त्व को ठीक से समझे बिना अन्य भावों (षोडश वर्ग) को महत्त्व देना व्यर्थ है।

लग्नवीर्यं विना यत्र, यत्कर्म क्रियते बुधैः।
तत्फलं विलयं याति, ग्रीष्मे कुसरितो यथा।।8।।

'ज्योतिर्विदाभरण' में कहा है कि जिस कार्य का आरम्भ निर्बल लग्न में किया जाता है वह कार्य नष्ट होता है, जैसे गरमी के समय में बरसाती नदियां विलीन हो जाती हैं।।8।।

आचार्य रेणुक ने बताया है कि जिस प्रकार जन्म लग्न से शुभ व अशुभ फल की प्राप्ति होती है, उसी प्रकार समस्त कार्यों में लग्न के बली होने पर कार्य की सिद्धि होती है। अतः समस्त कामों में बली लग्न का ही विचार करके आदेश देना चाहिए।।9।।

आदौ हि सम्पूर्णफलप्रदं स्यान्मध्ये पुनर्मध्यफलं विचिंत्यम्।
अतीव तुच्छं फलमस्य चान्ते विनिश्चयोऽयं विदुषामभीष्टः।।10।।

आचार्य श्रीपति जी ने बताया है कि लग्न के प्रारम्भ में संपूर्ण फल की, मध्यकाल में मध्यम फल की और लग्नान्त में अल्प फल होता है, यह विद्वानों का निर्णय है।।10।।

□□□

लग्नवाराही

प्रथमभावफलम्–

लग्नस्थितो दिनकरः कुरुतेऽङ्गपीडां
पृथ्वीसुतो वितनुते रुधिरप्रकोपम्।
छायासुतः प्रकुरुते बहुदुःखरोगं
जीवेन्दुभार्गवबुधाः सुखकान्तिदाः स्युः॥1॥

यस्या बलेन भुवनं सृजते विधाता, यस्या बलेन भुवनम्परिपाति चक्री।
यस्या बलेन भुवनं हरते पिनाकी साऽऽद्या सदा विशतु नो मनसेप्सितं यत्॥1॥

जन्मलग्न में सूर्य हो तो शरीर में पीड़ा, मंगल हो तो रक्त विकार तथा शनि हो तो अनेक प्रकार का दुःख और बृहस्पति, चंद्रमा, शुक्र तथा बुध हों तो सुख-सौन्दर्य देते हैं॥1॥

द्वितीयभावफलम्–

दुःखावहा धनविनाशकराः प्रदिष्टा
वित्तस्थितारविशनैश्चरभूमिपुत्राः ।
चंद्रो बुधः सुरबृहस्पतिर्भृगुनन्दनो वा
नानाविधं धनचयं कुरुते धनस्थाः॥2॥

सूर्य, शनि और मंगल यदि जन्मलग्न से दूसरे स्थान में हों तो अनेक प्रकार के दुखः तथा धन का नाश करते हैं तथा चंद्रमा, बुध, बृहस्पति अथवा शुक्र दूसरे भाव में हो तो अनेक प्रकार से धन की वृद्धि करते हैं॥2॥

तृतीयभावफलम्–

भानुः करोति विरुजं रजनीपतिश्च
कीर्त्त्याश्रयं क्षितिसुतः प्रचुरप्रकोपम् ।

सिद्धिर्बुधः सुधिषणं च सुनीतिप्रज्ञं
स्त्रीणां प्रियं बृहस्पतिकवी रविजस्तृतीये।।3।।

जन्मलग्न से तीसरे भाव में सूर्य हो तो सम्पूर्ण रोगों का नाश करता है, चंद्रमा हो तो यशस्वी होता है और मंगल कोपाधिक्य तथा बुध सिद्धि देता है। बृहस्पति, शुक्र एवं शनि यदि लग्न में तीसरे भाव में हों तो अच्छी बुद्धि वाला तथा नीतिशास्त्र का ज्ञाता और स्त्रियों का प्रिय होता है।।3।।

चतुर्थभावफलम्–

आदित्यभौमशनयः सुखवर्जिताङ्गं
कुर्वन्ति जन्म विफलं निहिताश्चतुर्थे।
सोमो बुधः सुरबृहस्पतिर्भृगुनन्दनो वा
सौख्यान्वितं नृपयशः कुरुते प्रवृद्धिम्।।4।।

जन्मलग्न से चतुर्थ भाव में सूर्य, मंगल, शनि हों तो सुखरहित शरीर वाला तथा निष्फल जन्म वाला होता है और चंद्रमा, बुध, बृहस्पति अथवा शुक्र हों तो सुख से युक्त, राजा से कीर्तिलाभ तथा धन की वृद्धि होती है।।4।।

पंञ्चमभावफलम्–

कोपान्वितं प्रकुरुते तपनश्च पुत्रं
निस्सन्ततिं च विधुजः कुसुतं कुजार्की।
शुक्रेन्दुदेवबृहस्पतिवः सुतधामसंस्थाः
कुर्वन्ति पुत्रबहुलं सुधियं सुरूपम।।।5।।

जिसके लग्न से पंचम स्थान में सूर्य हो उसका पुत्र क्रोधी होता है और बुध हो तो पुत्ररहित होता है। मंगल और शनि हो तो दुष्ट स्वभाव वाला पुत्र होता है, शुक्र, चंद्रमा और बृहस्पति हो तो सुंदर एवं बुद्धिमान् बहुत पुत्र होते हैं।।5।।

षष्ठभावफलम्–

मार्तण्डभूमितनयौ ह्यरिपक्षनाशं
मन्दः करोति पुरुषं बहुराज्यमानम्।
शुक्रोबुधो हि कुमतिं सरुजं च जीव-
श्चन्द्रः करोति विकलं विफलप्रयत्नम्।।6।।

जन्मलग्न से षष्ट स्थान में सूर्य और मंगल हों तो शत्रुपक्ष का नाश, शनि हो तो राजमान्य और षष्ठ भाव में शुक्र, बुध हों तो दुष्ट बुद्धि वाला होता है तथा

बृहस्पति हो तो रोगी और चंद्रमा हो तो मनुष्य का प्रयत्न विफल होता है, अतएव वह सदा ही विकल रहता है।।6।।

सप्तमभावफलम्–

तिग्मांशुभौमरविजाः किल सप्तमस्था
जायां कुकर्मनिरतां तनुसन्ततिं च।
जीवेन्दुभार्गवबुधा बहुपुत्रयुक्तां
रूपान्वितां जनमनोहरशीलरूपाम्।।7।।

यदि जन्मलग्न से सातवें स्थान में सूर्य, भौम और शनि हों तो उसकी स्त्री आचारभ्रष्टा तथा थोड़ी संतान वाली होती है और बृहस्पति, चंद्रमा, शुक्र, बुध सातवें भाव में हों तो उसकी स्त्री बहुत संतान वाली तथा अत्यंत सुन्दरी, सबको अपने गुणों से प्रसन्न करने वाली तथा सुशीला होती है।।7।।

अष्टमभावफलम्–

सर्वे ग्रहाः दिनकरप्रमुखा नितान्तं
मृत्युस्थिता विदधते किल दुष्टबुद्धिम्।
शस्त्राभिघातपरिपीडितगात्रभागं
बुद्ध्या विहीनमतिरोगगणैरुपेतम्।।8।।

सूर्यादि नव ग्रहों में से कोई भी जन्मलग्न के आठवें भाव में हो तो प्राणी दुष्ट बुद्धि वाला होता है तथा उसके किसी भी अंग पर शस्त्राभिघात होता है और बुद्धिहीन तथा अनेक रोगों से युक्त होता है।।8।।

नवमभावफलम्–

धर्मस्थिता रविशनैश्चरभूमिपुत्राः
कुर्वन्ति धर्मनिधनं जनयन्ति पापम्।
चन्द्रो बुधो भृगुसुतश्च सुरेन्द्रमन्त्री
धर्मप्रधानधिषणं कुरुते मनुष्यम्।।9।।

रवि, शनि और मंगल जन्म लग्न में नवम स्थान में हों तो धर्म का नाश तथा पाप की उत्पति करते हैं; चंद्रमा, बुध, शुक्र, बृहस्पति यदि नवम स्थान में हो तो मनुष्य की बुद्धि प्रधान रूप में धर्मकार्य में रहती है।।9।।

दशमभावफलम्–

आदित्यभौमशनयः किल कर्मसंस्थाः
कुर्य्युर्नरं बहुकुकर्मकरं दरिद्रम्।

चंद्रश्च कीर्तिमुशना बहुपुत्रयुक्तं
कुर्यात् सुकर्मनिरतं विधुजो गुरुश्च॥10॥

सूर्य, मंगल और शनि, यदि दशम भाव में हों तो मनुष्य कुत्सित कर्म करने वाला तथा दरिद्र होता है, चंद्रमा हो तो कीर्तिशाली, शुक्र हो तो बहुत पुत्रवाला तथा बुध और बृहस्पति हों तो अच्छे कार्यों में निरत रहता है।।10।।

एकादशभावफलम्–

लाभस्थितो दिनपतिर्नृपलाभकारी
तारापतिर्बहुधनं क्षितिजश्च नारीः।
सौम्यो विवेकसहितं सुभगं च जीवः
शुक्रः करोति सधनं रविजः सुकान्तिम्॥11॥

एकादश भाव में सूर्य हो तो राजा से लाभ, चंद्र हो तो बहुत धन, मंगल हो तो स्त्रीसुख, बुध हो तो उत्तम विवेक, बृहस्पति हो तो सौभाग्य, शुक्र हो तो धनयुक्त और शनि हो तो अच्छी कान्ति देते हैं।।11।।

द्वादशभावफलम्–

सूर्यः करोति पुरुषं व्ययगो विशालं
कारणं शशी क्षितिसुतो बहुपापभाजम्।
चन्द्रात्मजः प्रकुरुते निधनं धनानां
जीवः कृशं शनिकवी निजराज्यनाशम्॥12॥

यदि सूर्य जन्मलग्न से द्वादश भाव में हो तो वह पुरुष विशाल शरीर वाला होता है और चंद्रमा हो तो काना और मंगल हो तो बहुत पाप करने वाला, बुध हो तो धन का नाश करने वाला, बृहस्पति हो तो कृश शरीर तथा शनि और शुक्र व्यय भाव में हों तो अपने राज्य का नाश करने वाला होता है।।12।।

स्त्री जातक की कुण्डली

प्रथमभावफलम्–

मूर्तौ करोति विधवां दिनकृत् कुजश्च
राहुर्विनष्टतनयां रविजो दरिद्राम्।
शुक्रः शशाङ्कतनयश्च गुरुश्च साध्वी-
मायुष्मतीं प्रकुरुते च विभावरीशः॥1॥

जिस स्त्री के जन्मलग्न में सूर्य या मंगल हो वह विधवा, राहु हो तो मृतवत्सा,

शनि हो तो दरिद्रा और शुक्र, बुध, बृहस्पति में से कोई हो तो अच्छी स्वभाव वाली पतिव्रता तथा चंद्रमा हो तो दीर्घायु होती है।।1।।

द्वितीयभावफलम्—

कुर्वन्ति भास्करशनैश्चरराहुभौमाः
दारिद्रयदुःखमतुलं निहिताः द्वितीये।
वित्तेश्वरीमविधवां बृहस्पतिशुक्रसौम्या
नारीं प्रभूततनयां कुरुते शशाङ्क।।2।।

जिस स्त्री के जन्मलग्न से दूसरे स्थान में सूर्य, शनि, राहु और मंगल हो तो वह स्त्री दुःख दारिद्रय से युक्त और बृहस्पति, शुक्र, बुध हों तो धनवती तथा भाग्यवती और चंद्रमा दूसरे भाव में हो तो बहुत पुत्रों से युक्त होती है।।2।।

तृतीयभावफलम्—

शुक्रेन्दु भौमबृहस्पति सूर्यबुधास्तृतीये
कुर्यः सतीं बहुसुतां धनभोगिनीं च ।
कन्यां करोति रविजो बहुवित्तयुक्तां
पुष्टिं करोति नियतं खलु सैंहिकेयः।।3।।

जिस स्त्री के तृतीय भाव में शुक्र, चंद्रमा, भौम, सूर्य, बुध इन ग्रहों में से कोई भी हौ तो वह स्त्री पतिव्रता, बहुत पुत्रों से युक्त और धन का भोग करने वाली होती है और जिस कन्या के जन्मलग्न में तृतीय भाव में शनि हो तो वह अति धनवती और राहु हो तो पुष्ट शरीर वाली होती है।।3।।

चतुर्थभावफलम्—

स्वल्पं पयः क्षितिजसूर्यसुतौ चतुर्थे
सौभाग्यशीलरहितां कुरुते शशाङ्कः।
राहुः सपत्निसहितां क्षितिवित्तलाभं
दद्याद् बुधः सुरगुरुर्भृगुजश्च सौख्यम्।।4।।

जिस स्त्री के मंगल और शनि, चतुर्थ भाव में हों तो व अल्प दुग्ध देने वाली, चंद्रमा हो तो सौभाग्य शील से रहित, राहु हो तो सपत्नी से युक्त, बुध हो तो धन-भूमि का लाभ करने वाली और बृहस्पति तथा शुक्र हो तो सौख्यवती होती है।

पंचमभावफलम्—

नष्टात्मजां रविकुजौ खलु पञ्चमस्थौ
चन्द्रात्मजो बहुसुतां बृहस्पतिभार्गवौ च।

राहुर्ददाति मरणं रविजश्च रोगं
कन्यानिधानमुदरं कुरुते शशाङ्कः॥5॥

स्त्री के पंचम भाव में सूर्य अथवा मंगल हो तो उसकी संतति मर जाती है, यदि बुध, बृहस्पति, शुक्र हों तो पुत्र-पुत्रियों से युक्त होती है एवं पंचम भाव में राहु से मरण, शनि से रोग तथा चंद्रमा से बहुत कन्याएं होती है।।5।।

षष्ठभावफलम्–

षष्ठे शनैश्चरबुधा रविराहुजीवाः
भौमः करोति सुभगां पतिसेविनीं च।
चंद्रः करोति विधवामुशना दरिद्रां
वेश्यां शशाङ्कतनयः कलहप्रियां वा॥6॥

स्त्री के षष्ठ भाव में शनि, बुध, सूर्य, राहु, बृहस्पति और मंगल इन ग्रहों में से कोई हो तो सौभाग्यवती, पतिव्रता तथा चंद्रमा हो तो विधवा, शुक्र हो तो दरिद्रा तथा वेश्या और बुध हो तो कलह करने वाली होती है।।6।।

सप्तमभावफलम्–

सूर्यः क्षितीन्दुसुतजीवशनीन्दुशुक्राः
दद्युः प्रसह्य मरणं खलु सप्तमस्थाः।
वैधव्यबन्धनमृतिं किल वित्तनाशं
व्याधिं विदेशगमनं च यथाक्रमेण॥7॥

स्त्री के जन्मलग्न से सप्तम भाव में सूर्य, मंगल, बुध, बृहस्पति, शनि, चंद्रमा, शुक्र हो तो क्रम से मरण, वैधव्य, बन्धन, धन नाश, रोग, विदेश-गमन ये फल देते हैं।।7।।

अष्टमभावफलम्–

स्थानेऽष्टमे गुरुबुधौ निहितौ वियोगं
मृत्युं शशाङ्कभृगुजौ च तथैव राहुः।
सूर्यः करोति विधवां सुभगां महीजः
सूर्यात्मजो बहुसुतां पतिवल्लभां च॥8॥

स्त्री के जन्मलग्न में अष्टम स्थान में बृहस्पति और बुध हों तो पति से वियोग, चंद्रमा, शुक्र और राहु हों तो मरण, सूर्य हो तो वैधव्य, मंगल हो तो सौभाग्य, शनि हो तो बहुत संतान वाली तथा पति-प्रिया होती है।।8।।

नवमभावफलम्—

चन्द्रात्मजो भृगुदिवाकरदेवपूज्या
धर्मस्थिता विदधते किल धर्मनिष्ठाम्।
भौमो रुजं च खलु सूर्यसुतश्च रण्डां
नारीं प्रभूततनयां कुरुते शशाङ्कः॥9॥

जिस स्त्री के नवम भाव में बुध, शुक्र, सूर्य, बृहस्पति इनमें से कोई हो तो वह धर्म में निष्ठा रखने वाली, भौम के रहने से रोग तथा शनि से विधवा और चंद्रमा से बहुत संतान वाली होती है।।9।।

दशमभावफलम्—

राहुः करोति विधवां यदि कर्मणि स्यात्
पापे रतिं दिनकरश्च शनैश्चरश्च।
मृत्युं कुजोऽर्थरहितां कुलटां च चन्द्रः
शेषाः ग्रहा धनवतीं सुभगां च कुर्युः॥10॥

जिस स्त्री के दशम भाव में राहु हो वह विधवा; सूर्य, शनि हो तो पापकर्म करने वाली तथा मंगल हो तो अल्पायु, चंद्रमा हो तो धन रहित तथा कुलटा और शेष ग्रह (बुध, बृहस्पति, शुक्र) यदि जन्मलग्न से दशम भाव में हों तो धनवती तथा सौभाग्यवती होती है।।10।।

एकादशभावफलम्—

आये स्थितश्च तपनः कुरुते सुपुत्रां
पुत्रीमतीं च महितोऽर्थवतीं हि चंद्रः।
आयुष्मतीं सुरबृहस्पतिश्च तथैव सौम्यो
राहुः करोति विधवां भृगुरर्थयुक्ताम्॥11॥

स्त्री के एकादश भाव में सूर्य हो तो अच्छे पुत्र वाली, मंगल हो तो कन्या वाली चंद्रमा हो तो धन वाली होती है। ग्यारहवें भाव में बृहस्पति अथवा बुध हो तो दीर्घायु, राहु हो तो विधवा और शुक्र हो तो धनवती होती है।।11।।

द्वादशभावफलम्—

अन्ते गुरुर्हि विधवां दिनकृद् दरिद्रां
चन्द्रो धनव्ययकरां कुलटां च राहुः।
साध्वीं तथा भृगुबुधौ बहुपुत्रपौत्रां
प्राणेशसक्तहृदयां सुहृदां कुजश्च॥12॥

जिस स्त्री के जन्म लग्न से द्वादश स्थान में बृहस्पति हो वह विधवा, सूर्य हो तो दरिद्र, चंद्रमा हो तो धन का अधिक खर्च करने वाली, राहु हो तो व्यभिचारिणी, शुक्र तथा बुध हों तो सच्चरित्रा और मंगल हो तो बहुत पुत्र-पौत्रों से युक्त, पति में प्रेम करने वाली तथा सुशीला होती है।।12।।

अन्ययोगाः

लग्ने शौरिस्तथा चन्द्रस्त्रिकोणे जीवभास्करौ।
कर्मस्थाने भवेद् भौमो राजयोगस्तदा भवेत्।।1।।

लग्न में शनि और चंद्रमा हों, त्रिकोण अर्थात् नवम-पंचम में बृहस्पति तथा सूर्य हों और दशम भाव में मंगल हो तो राजयोग देता है।।1।।

नवमे च यदा सूर्यः स्वगृहस्थो भवेद्यदि।
तस्यः भ्राता न जीवेत एकाकी हि भवेच्च सः।।2।।

यदि अपनी राशि का होकर सूर्य नवम भाव में हो तो उसका भाई नहीं जीता है और वह एकाकी ही रहता है।।2।।

कर्मस्थाने निजक्षेत्रे रविराहू यदा गतौ।
भौमशुक्रबुधैर्युक्तौ क्षणे वृद्धिः क्षणे क्षयः।।3।।

यदि रवि और राहु अपने गृह के होकर कर्म भाव में हों और भौम, शुक्र, बुध से युक्त हों तो क्षण ही में उसका धन वृद्धि तथा ह्रास को प्राप्त होता है।।3।।

लग्ने क्रूरे व्यये क्रूरे धने सौम्ये तथैव च।
सप्तमे भवने क्रूरे परिवारक्षयंकरः।।4।।

लग्न, द्वादश तथा सप्तम भवों में पाप ग्रह हों और दूसरे भावों में शुभ ग्रह हों तो परिवार का नाश करने वाला होता है।।4।।

षष्ठे च भवने सोमः सप्तमे राहुसम्भवः।
अष्टमे च यदा शौरिर्भार्या तस्य न जीवति।।5।।

जिसके षष्ठ भाव में चंद्रमा, सप्तम में राहु, अष्टम में शनि हो तो उसकी स्त्री नहीं जीती है।।5।।

लग्नस्थाने यदा शौरी रिपुस्थाने च चंद्रमाः।
कुजश्च सप्तमे स्थाने पिता तस्य न जीवति।।6।।

यदि जन्मलग्न में शनि, षष्ठ भाव में चंद्रमा, सप्तम भाव में मंगल हो तो उसका पिता नहीं जीता है।।6।।

कर्मस्थाने यदा जीवो बुधः शुक्रोऽथ वा शशी।

सर्वकार्याणि सिद्ध्यन्ति राजमान्यो भवेन्नरः॥7॥

जिसके दशम भाव में बृहस्पति, बुध, शुक्र या चंद्रमा हो उसके सब कार्य सिद्ध होते हैं तथा वह राज्यमान्य होता है।।7।।

कुंभे शौरिधने सूर्यो मेषे भवति चंद्रमाः।

मकरे च यदा शुक्रः स भुङ्क्ते पैतृकं धनम्॥8॥

कुंभ में शनि, धन भाव में सूर्य, मेष में चंद्रमा और मकर में शुक्र हो तो पिता के धन का भोग करने वाला होता है।।8।।

शुक्रो नास्ति बुधो नास्ति नास्ति केन्द्र बृहस्पतिः।

दशमेऽङ्गारको नास्ति स जातः किं करिष्यति॥9॥

जिसके केन्द्र स्थान में शुक्र, बुध, बृहस्पति न हों और दशम भाव में मंगल न हो तो वह मनुष्य कुछ नहीं कर सकता।।9।।

त्रिभिः स्वगृहगैर्मन्त्री त्रिभिरुश्चगतैनृपः।

त्रिभिर्नीचैर्भवेद्दासः त्रिभिरस्तैर्निरर्थकः॥10॥

जन्म समय में 3 ग्रह स्वराशि के हों तो मंत्री, 3 ग्रह उच्च के हों तो राजा, 3 ग्रह नीच के हों तो दास और 3 ग्रह अस्त के हों तो निरर्थक होता है।।10।।

लग्ने शुक्रबुधौ यस्य यस्य केन्द्रे बृहस्पतिः।

दशमेऽङ्गरको यस्य स जातः कुलदीपक॥11॥

जिसके लग्न में शुक्र-बुध और केन्द्र स्थान में बृहस्पति, दशम भाव में मंगल हो वह पुरुष कुल को प्रकाशित करने वाला होता है।।11।।

आदौ जीवः सितः प्रान्ते अन्ये मध्ये निरन्तरम्।

राजयोगं विजानीयात् स्वकुटुम्बविवर्धनः॥12॥

लग्न में बृहस्पति, द्वादश में शुक्र और शेष ग्रह मध्य में निरन्तर (लगातार) हों तो राजयोग होता है और वह मनुष्य अपने कुटुम्ब को बढ़ाने वाला होता है।

क्रूराश्चतुर्थके लग्नात् यदि क्रूरा धनेषु च।

दरिद्रयोगं जानीयात् पितृपक्षक्षयङ्करः॥13॥

लग्न से चतुर्थ और द्वितीय भाव में पाप ग्रह हों तो दरिद्र योग होता है। इस योग में उत्पन्न मनुष्य पिता के कुल का नाश करने वाला होता है।।13।।

लग्ने चैव यदा जीवो धने सौरिर्यदा भवेत्।
राहुश्च सहजस्थाने तस्य माता न जीवति॥14॥

लग्न में बृहस्पति, धन भाव में शनि तथा तीसरे स्थान मे राहु हों तो उसकी माता शीघ्र मर जाती है।।14।।

सप्तमे भवने चंद्रो रवी राहुश्च मङ्गलः।
सप्तमे दिवसे मृत्युः सप्तमासे न संशयः॥15॥

जन्मलग्न से सप्तम भाव में चंद्रमा, सूर्य, राहु और मंगल हों तो जातक सात ही दिन में अथवा सात मास में ही अवश्य ही मर जाता है।।15।।

उच्चस्थाने यदा भौमो रविराहुसमन्वितः।
तीव्रपीडा भवेत्तस्यं स्वस्थानेनैव तिष्ठति॥16॥

जन्मकाल में उच्च राशि का मंगल सूर्य और राहु के साथ हो तो शरीर में बड़ी पीड़ा होती है और वह अपने स्थान में नहीं रहता है।।16।।

क्रूरक्षेत्रे गते जीवे रविराहुधरासुते।
सप्तमे भवने शुक्रे देहे कष्टं भवेदिति॥17॥

यदि रवि, राहु, मंगल और बृहस्पति क्रूर ग्रह (6/8/12) में हो और सप्तम भाव में शुक्र हो तो शरीर में कष्ट होता है।।17।।

स्वक्षेत्रस्थो यदा जीवो बुधाशौरी तथैव च।
यस्य जातस्य दीर्घायुः सम्पवस्तु पदे पदे॥18॥

यदि बृहस्पति, बुध, शनि, अपने गृह में हों तो जातक की दीर्घायु और पद-पद में धन संपत्ति देने वाला होता है।।18।।

□□□

कुंभलग्न एक परिचय

1.	लग्नेश, खर्चेश	–	शनि
2.	धनेश, लाभेश	–	बृहस्पति
3.	पराक्रमेश, राज्येश	–	मंगल
4.	सुखेश, भाग्येश	–	शुक्र
5.	पंचमेश, अष्टमेश	–	बुध
6.	षष्ठेश	–	चंद्र
7.	सप्तमेश	–	सूर्य
8.	त्रिकोणाधिपति	–	5-बुध, 9-शुक्र
9.	दुःस्थान के स्वामी	–	6-चंद्र, 8-बुध, 12-शनि
10.	केन्द्राधिपति	–	1-शनि, 4-शुक्र, 7-सूर्य, 10-मंगल
11.	पणकर के स्वामी	–	2-बृहस्पति, 5, 8-बुध, 11-बृहस्पति
12.	आपोक्लिम	–	3-मंगल, 6-चंद्रमा, 9-शुक्र, 12-शनि
13.	त्रिकेश	–	6-चंद्रमा, 8-बुध, 12-शनि
14.	उपचय के स्वामी	–	3-मंगल, 6-चंद्र, 10-मंगल, 11-बृहस्पति
15.	शुभ योग	–	1. शुक्र, 2. मंगल, 3. शुक्र+मंगल 4. बुध मध्यम फल
16.	अशुभ योग	–	1. बृहस्पति, 2. चंद्र, 3. मंगल, 4. सूर्य
17.	निष्फल योग	–	1. सूर्य+बुध
18.	सफल योग	–	1. शुक्र अकेला, 2. शुक्र+शनि सदोष 3. बुध+शुक्र सदोष, 4. सूर्य+शुक्र 5. बुध+शनि, 6. मंगल+शुक्र सदोष

19. **राजयोगकारक** – शुक्र, योगकारक-बुध

20. **मारकेश** – बृहस्पति, सूर्य, मंगल

21. **पापफलत्व** – बृहस्पति, मंगल, परम पापी-चंद्र

विशेष–कुंभलग्न वालों के लिये मुख्य मारकेश बृहस्पति है, द्वितीय मारकेश सूर्य और पाप ग्रह मंगल तृतीय मारकेश के रूप में काम करता है।

❑❑❑

लघु पाराशरी सिद्धान्त के अनुसार कुंभलग्न का ज्योतिषीय विश्लेषण

पहला पाठ

जीवचन्द्रकुजा: पापा एको दैत्यबृहस्पति: शुभ:।
राजयोगकरो भौम: कविश्चैव बृहस्पति:।।57।।
निहन्ता ध्नन्ति भौमाद्या मारकत्वेन लक्षिता:।
एवमेव फलान्युह्मान्येतानि घटजन्मन:।।58।।

दूसरा पाठ

कुजजीवेन्द्रव: पापा एको दैत्यबृहस्पति: शुभ।
राजयोगकरौ भौमकवी एको बृहस्पति:।।59।।
निहन्ता ध्नन्ति भौमाद्या मारकत्वेन निश्चिता:।
ज्ञातव्यानि बुधैरेवं फलानि घटजन्मन:।।60।।

स्पष्टीकरण

बृहस्पति, चंद्र, मंगल पाप फल उत्पन्न करने वाले होते हैं। कारण बृहस्पति मारकेश और एकादशेश है। चंद्रमा षष्ठेश है और मंगल तृतीयेश है। शुक्र शुभ फल उत्पन्न करने वाला है कारण शुक्र (त्रिकोण) और केन्द्र का स्वामी नवमेश और चतुर्थेश है। मंगल और शुक्र इनका योग हो तो राजयोग होता है। बृहस्पति मारकेश और एकादशेश होने से वह अपनी दशान्तर्दशा में मृत्युप्रद हो सकता है। इस प्रकार चंद्रमा और मंगल भी अपनी दशान्तर्दशा में मृत्युप्रद होते हैं।

दूसरे पाठ के अनुसार मंगल, बृहस्पति और चंद्रमा अशुभ फल देते है। शुक्र अकेला शुभ फल देता है। मंगल शुक्र योग राजयोग कारक होते हैं। बृहस्पति स्वयं मारक नहीं बनता मंगल आदि करके अशुभ ग्रह मारक लक्षणों से युक्त हों तो वे मारक होते हैं। कुंभलग्न में जन्म हो तो इस प्रकार शुभाशुभ फल समझना चाहिए।

मकर और कुंभलग्नों में सब ग्रह योग शुभाशुभत्व की दृष्टि से समान है सिर्फ इन दोनों लग्नों के मारक ग्रहों में जो अन्तर है वह मकरलग्न के लिए मंगल होता है तो कुंभलग्न को बृहस्पति होता है। कुंभलग्न में शुक्र अकेला शुभ फल देता है। इसका कारण वह चतुर्थ (केन्द्र) और नवम (त्रिकोण) स्थानों का स्वामी होता है। मंगल शुक्र योग राजयोग होता है ऐसा कहने का हेतु मंगल तृतीयेश और दशमेश और शुक्र चतुर्थेश और नवमेश होता है। यही है। इस लग्न में रवि का विचार किया हुआ नहीं दिखाई देता परन्तु रवि बलवान् मारक सप्तम स्थान का स्वामी होता है। इसलिए अशुभ फल देगा। परन्तु मारक नहीं होगा। बृहस्पति, चंद्र आदि करके मारक बनते हैं। यहां पर बुध शुक्र का योग केन्द्र त्रिकोण अर्थात् चतुर्थेश और पंचमेश इनका होने से शुभ फल तो मिलेगा परन्तु यह योग सदोष है। उसी प्रकार बुध के संबंध में भी इस लग्न में कुछ भी उल्लेख नहीं है। बुध त्रिकोण का स्वामी होकर वह अष्टमेश भी है।

कुंभलग्न के लिए शुभाशुभ योग

1. **शुभ योग**–शुक्र स्वयं शुभ ग्रह है। श्लोक 11 के अनुसार केन्द्राधिपतय दोष से यद्यपि दूषित है फिर भी वह नवम (त्रिकोण) स्थान का स्वामी होने से श्लोक 6 के अनुसार शुभ है और शुभ फल देने वाला है।
2. **शुभ योग**–मंगल नैसर्गिक पाप ग्रह है परन्तु श्लोक 7 के अनुसार दशम केन्द्र का स्वामी होने से शुभ है और शुभ फलदायक होता है।
3. **शुभ योग**–नवम तथा दशम पति शुक्र और मंगल के साहचर्य योग के कारण से राजयोग हो सकता है और शुभ फल देने वाला होता है।
4. **शुभ योग**–बुध स्वयं शुभ ग्रह है और यहां पर पचंम (त्रिकोण) स्थान का स्वामी होने से श्लोक 6 के अनुसार शुभ है और अष्टम स्थान का स्वामी होने से अशुभ है। यहां पर इसके शुभ फल मिलेंगे।

कुंभलग्न के लिए अशुभ योग

1. **अशुभ योग**–बृहस्पति नैसर्गिक शुभ ग्रह है परन्तु इस द्वितीय मारक स्थान का अधिपति होने से और एकादशेश होने से श्लोक 6 के अनुसार अशुभ फल देने वाला होता है।

2 **अशुभ योग**–चंद्रमा शुभ ग्रह है परन्तु षष्ठ स्थान का स्वामी होने से यहां पर अशुभ है और अशुभ फल देने वाला होता है।

3. **अशुभ योग**–मंगल नैसर्गिक पाप ग्रह है और तृतीय स्थान का स्वामी होने से श्लोक 6 के अनुसार अशुभ फल देने वाला होता है। यह दशम केन्द्र का स्वामी होने से शुभ माना गया है।

4 **अशुभ योग**–सूर्य स्वयं पाप ग्रह है और वह सप्तम (मारक) स्थान का स्वामी होने से अशुभ माना गया है। अशुभ फल देने वाला होता है।

कुंभलग्न के लिए निष्फल योग

1. सूर्य-बुध, दोनों ग्रह दूषित होते हैं।

कुंभलग्न के लिए सफल योग

1. शुक्र अकेला शुभ फलदायक है, 2. शुक्र-शनि (सदोष), 3. बुध-शुक्र (सदोष), 4. मंगल-शुक्र (सदोष), 5. सूर्य-शुक्र, 6. बुध-शनि।

❑❑❑

कुंभलग्न की प्रमुख विशेषताएं एक नजर में

1.	लग्न	–	कुंभ
2.	लग्न चिह्न	–	घड़ा लिए हुए मनुष्य
3.	लग्न स्वामी	–	शनि
4.	लग्न तत्त्व	–	वायु तत्त्व
5.	लग्न स्वरूप	–	स्थिर
6.	लग्न दिशा	–	पश्चिम
7.	लग्न लिंग व गुण	–	पुरुष, तमोगुणी
8.	लग्न जाति	–	शूद्र
9.	लग्न प्रकृति व स्वभाव	–	क्रूर स्वभाव, त्रिधातु प्रकृति
10.	लग्न का अंग	–	पैर
11.	जीवन रत्न	–	नीलम
12.	अनुकूल रंग	–	नीला, आसमानी, काला
13.	शुभ दिवस	–	शनिवार, शुक्रवार
14.	अनुकूल देवता	–	शनिदेव
15.	व्रत, उपवास	–	शनिवार
16.	अनुकूल अंक	–	आठ
17.	अनुकूल तारीखें	–	8/17/26
18.	मित्र लग्न	–	मीन, वृष व मकर
19.	शत्रु लग्न	–	मिथुन व कन्या
20.	व्यक्तित्व	–	अवधूत, योगी, साधक, तपस्वी, सत्यखोजी, अन्वेषक, यशस्वी।

21.	**सकारात्मक तथ्य**	–	संवेदनशील, समाज प्रिय, कुटुम्ब प्रेमी।
22.	**नकारात्मक तथ्य**	–	निरन्तर विचार बदलने की प्रवृत्ति।

❑❑❑

कुंभलग्न के स्वामी शनि का वैदिक स्वरूप

नवग्रहों के वैदिक मंत्रों एवं कर्मकाण्ड में शनि संबंधित जो मंत्र प्रयुक्त होता है। वह निम्न है–

ॐ शन्नो देवीरभिष्टय आपो भवन्तु पीतये

शंय्योरभि स्रवन्तु नः।

–ऋग्वेद10/9/4, यजुर्वेद 36/12

अर्थात् देदीप्यमान जल (जल रूप शनि देव) हमारे पान के लिए सुखरूप हों तथा रोगों का नाश करें। यहां शनि को जल स्वरूप कहा गया है। जल सूर्य से ही उत्पन्न हुआ अत: वह सूर्य पुत्र है। इसीलिए शनि को सम्भवत: सूर्य पुत्र कहा गया है। पञ्चविंशति ब्राह्मण 24/8/6 से शनिस्तु सौर: कहा गया है।

शम् का अर्थ पाप नाशक देवता के रूप में भी किया जाता है। 'शं' मतलब होता है कल्याणकारी, शान्ति प्रदान करने वाला ग्रह। 'शनि शमयते पापम्' शनि ग्रह हमारे पापों का शमन करता है। पापों का नाश करता है। इसलिए इसे शनि कहा गया है।

अर्थर्ववेद 19/9/7 में शनि ग्रह की प्रार्थना इस प्रकार है–

शं नो मित्र शं वरुणः शं विवस्वान् शमन्तकः।

उत्पाताः पार्थिवान्तरिक्षाः शन्नो दिविचरा ग्रहाः॥

अर्थात् मित्र, वरुण, सूर्य, अन्तक (शनि), पृथिवी और अन्तरिक्ष में होने वाले उत्पात और आकाश में विचरण करने वाले ग्रह हमारे लिए शान्तिप्रद हों।

अथर्ववेद के इसी काण्ड के एक मंत्र में नव ग्रहों का उल्लेख इस प्रकार से गूढ़ात्मक भाषा में मिलता है। मंत्र है–

शं नो ग्रहाश्चान्द्रमसाः शमादित्यश्च राहुणा।
शं नो मृत्युर्धूमकेतुः शं रुद्रास्तिग्मतेजसः॥

–(अथर्ववेद 19/9/10)

इसमें (चांद्रमसाः) चंद्रमा, बुध, आदित्य, अर्थात् सूर्य राहु, मृत्यु अर्थात् शनि, केतु, रुद्र से मंगल तथा तिग्मतेजसः से बृहस्पति ग्रह का अर्थ निकलता है।

शनि के अनेक नामों में से 'मृत्यु' यमाग्रज, शनैश्वर, मन्द, सौरि, छायासुत, तरणितनय, महिषा वाहन, खंज, सूर्य सुमन, असित, पंगु, दास, कृष्ण अश्वरोही, नीलकाय, क्रुर, कृशांग, कपिलाक्ष, कोण, रविपुत्र, नीलांजन, गिद्धवाहन, वगैरह हैं। अंग्रेजी में सैटर्न तथा उर्दू-फारसी में गृदुल या कोद्वान संस्कृत में असित, श्यामलांग, कालदृष्टि, शितिकण्ठ, शमीपुष्पप्रियः नीलश्छाया, रविनन्दनः कहा गया है।

□□□

कुंभलग्न के स्वामी शनि का पौराणिक स्वरूप

शनैश्चर की शारीरिक-कान्ति इन्द्रनीलमणि के समान है। इनके सिर पर स्वर्ण मुकुट गले में माला और शरीर पर नीले रंग के वस्त्र सुशोभित हैं। ये गीध पर सवार रहते हैं तथा हाथों में क्रमशः धनुष, बाण, त्रिशूल और वरमुद्रा धारण करते हैं।

शनि भगवान् सूर्य तथा छाया (सुवर्णा) के पुत्र हैं। ये क्रूर ग्रह माने जाते हैं। इनकी दृष्टि में जो क्रूरता है, वह इनकी पत्नी के शाप के कारण है। ब्रह्म पुराण में इनकी कथा इस प्रकार आयी है—बचपन से शनि देवता भगवान श्री कृष्ण के परम भक्त थे। वे श्रीकृष्ण के अनुराग में निमग्न रहा करते थे। वयस्क होने पर इनके पिता ने चित्ररथ की कन्याा से इनका विवाह कर दिया। इनकी पत्नी सती-साध्वी और परम तेजस्विनी थी। एक रात वह ऋतु-स्नान करके पुत्र प्राप्ति की इच्छा से इनके पास पहुंची, पर यह श्रीकृष्ण के ध्यान में निमग्न थे। इन्हें बाह्य संसार की सुधि ही नहीं थी। पत्नी प्रतीक्षा करके थक गयी। उसका ऋतुकाल निष्फल हो गया। इसीलिए उसने क्रुद्ध होकर शनिदेव को शाप दे दिया कि आज से जिसे तुम देख लोगे, वह नष्ट हो जायेगा। ध्यान टूटने पर शनि ने अपनी पत्नी को मनाया। पत्नी को भी अपनी भूल पर पश्चाताप हुआ, किन्तु शाप के प्रतीकार की शक्ति उसमें न थी, तभी से शनि देवता अपना सिर नीचा करके रहने लगे क्योंकि वह नहीं चाहते थे कि उनके द्वारा किसी को अनिष्ट हो।

ज्योतिषशास्त्र के अनुसार शनि ग्रह यदि कहीं रोहिणी-शंकट भेदन कर दे तो पृथ्वी की बारह वर्ष घोर दुर्भिक्ष पड़ता है और प्राणियों का बचना ही कठिन हो जाता है। शनि ग्रह ज़ब रोहिणी का भेदन कर बढ़ जाता है, तब यह योग आता है। यह योग महाराज दशरथ के समय में आने वाला था। जब ज्योतिषियों ने महाराज दशरथ को बताया कि यदि शनि का योग आ जायेगा तो प्रजा अन्न-जल के बिना तड़प-तड़प कर मर जायेगी। प्रजा को इस कष्ट से बचाने के लिए महाराज दशरथ अपने रथ पर

सवार होकर नक्षत्रमण्डल में पहुंचे। पहले तो महाराज दशरथ ने शनि देवता को नित्य की भांति प्रणाम किया और बाद में क्षत्रिय-धर्म के अनुसार उनसे युद्ध करते हुए उन पर संहारस्त्र का संधान किया। शनि देवता महाराज की कर्तव्यनिष्ठा से परम प्रसन्न हुए और उनसे वर मांगने के लिए कहा। शनि देव की कृपा देखकर महाराज को रोमान्च आ गया। उन्होंने रथ में धनुष डाल दिया और उनकी पूजा की। उसके बाद सरस्वती तथा गणेश का ध्यान कर स्रोत की रचना की। इस स्तुति से शनि देवता संतुष्ट हो गये तथा बाद में महाराज दशरथ ने वर मांगा कि जब तक सूर्य, नक्षत्र आदि विद्यमान हैं, तब तक आप शकट-भेदन न करें। व भगवन् देवता, मानव, पशु-पक्षी, किसी को आप कष्ट न दें। शनि देवता ने एक शर्त के साथ यह वरदान भी दे दिया शर्त यह थी कि यदि किसी की कुण्डली या गोचर में मृत्यु स्थान, जन्म स्थान अथवा चतुर्थ स्थान में मैं रहूं, तब मैं उसे मृत्यु का कष्ट दे सकता हूं किंतु यदि वह मेरी प्रतिमा की पूजा करेगा या तुम्हारे द्वारा किये गये स्त्रोत पाठ का पाठन करेगा तो उसे मैं कभी पीड़ा नहीं दूंगा।

शनि के अधिदेवता प्रजापति ब्रह्मा और प्रत्यधिदेवता यम हैं। इनका वर्ण कृष्ण, वाहन गिद्ध तथा रथ लोहे का बना हुआ है। यह एक-एक राशि में तीस-तीस महीने रहते हैं। यह मकर और कुंभ राशि का स्वामी हैं तथा इनकी महादशा 11 वर्ष की है। इनकी शांति के लिए मृत्युजंय जप, नीलम-धारण तथा ब्राह्मण को तिल, उड़द, भैंस, लोहा, तेल, काला वस्त्र, नीलम, काली, गौ, जूता, कस्तूरी और स्वर्ण का दान देना चाहिए।

इसके जप के लिए वैदिक मंत्र–

'ओ३म् शन्नो देवीरभिष्टय आपो भवन्तु पीतये।

शय्योरभि स्रवन्तु नः॥

पौराणिक मंत्र–

नीलाअन्चनसमाभांस रविपुत्र यमाग्रजम्।

छायामार्तण्डसम्भूतं तं नमामी शनैश्चरम्॥

बीज मंत्र–

'ओ३ प्रां प्रीं प्रौं सः शनैश्चराय नम॥:'

सामान्य मंत्र–

'ओ३म् शं शनैश्चराय नमः॥'

इनमें से किसी एक का श्रद्धानुसार नित्य एक निश्चित संख्या में जप करना चाहिए। जप का समय संध्याकाल तथा कुल संख्या 23000 होनी चाहिए:

उत्पत्ति–सभी पुराणों में शनि की उत्पत्ति छाया के गर्भ से व सूर्य के पुत्र के रूप में प्रदर्शित की गई है। आदि देव त्रयी (ब्रह्मा-विष्णु-महेश) में भगवान शंकर ने सृष्टि के नियमन व उसे अनुशासित करने हेतु गणों का जब प्रादुर्भाव किया तब भगवान भास्कर की एक पत्नी छाया के गर्भ से 9 पुत्रों ने जन्म लिया। उसमें शनि व यम ये भयोग्तपादक दैवी शक्तियों के रूप में प्रकट हुये। शनि बड़े पुत्र हैं यम इनके अनुज हैं। सृष्टि को दण्डित करने का काम शनि और संहार का काम यम ने लिया। दोनों ही शिव की सेवा में दत्तचित्त होने से शिवोपासना से नियंत्रित रहते हैं। ये दोनों कार्य शिवशक्ति से ही इन्हें प्राप्त हैं।

गाथाएं–शनि के बारे में अनेक गाथाएं व किंवदन्तियां प्रचलित हैं। 1. शनि एवं हरिशचन्द्र 2. शनि एवं दशरथ, 3. शनि एवं विक्रमादित्य, 4. शनि एवं नल, 5. शनि एवं पिप्लाद मुनि, 6. शनि एवं श्री हनुमान 7. शनि एवं पाण्डेय, 8. शनि व शंकर का युद्ध। अलग-अलग पुराणों में भी अन्य भिन्न-भिन्न गाथाएं दृष्टिगोचर होती हैं।

पुराणों की कथाओं से मन्तव्य–प्रत्येक व्यक्ति के जीवन में शारीरिक, कष्ट, अर्थहीनता, मानहानि, काम में रुकावटें, पलायन, निष्कासन, कभी कारावास, दरिद्रता, विनम्र शत्रुभय रोग आदि दु:खद स्थितियां आती हैं, यह ध्रुव सत्य है। इनका निवारणकर्ता भी है और इसके कारण में शनि का हाथ किसी न किसी रूप में रहता है। इसकी प्रसन्नता व शुभ ग्रह संबंध से वैभव, ऐश्वर्य और धन धान्य से भी समृद्धि आती है। अत: इन कथाओं का ज्यादातर मन्तव्य है जगत् में अचानक आई आपत्तियों का निराकरण और जीवन को सुव्यवस्थित करना है।

जगत् में मानव के जीवन में सच्चे और झूठे का भेद समझाने की शक्ति यह शनि का विशेष गुण है क्योंकि विपत्ति, कष्ट और निर्धनता ये सबसे बड़े गुरु व शिक्षक है। जब तक शनि की सीमा से प्राणी बाहर नहीं होता संसार में उन्नति संभव नहीं है।

शनि दृष्टि–पुराणों में इसकी दृष्टि भयावह है। ऐसे वर्णन मिलते हैं। इसकी दृष्टि अपने घर से तीसरे, सातवें और दसवें स्थान पर पूर्ण मानी गई है। वैसे एकपाद, द्विपाद, त्रिपाद, दृष्टियां भी पूर्णतया काम करती हैं। शनि जी की गाथाओं में आता है, ''मेरी दृष्टि बुरी है, राजा को पूजा का करूं अकाजा''।

आचार्य वरा मिहिर ने तो शनैश्चराध्याय लिखा है। उसमें शनि की विषनयी दृष्टि का वर्णन है। 1. पिता सूर्य पर दृष्टि पर पड़ी तो कुष्ठ रोग हो गया। 2. माता पार्वती के पुत्र पर पड़ी तो पुत्र का मस्तक कट गया जिससे गज मुख का जन्म हुआ। 3. सूर्य के सारथी पर पड़ी तो वह पंगु हो गया तथा उसके घोडे अंधे हो गये। ऐसी अनेक कथाएं दृष्टि के संबंध में विख्यात हैं। इसका कारण ''ब्रह्म वैवर्तपुराण'' में

इनकी पत्नी का श्राप है। तब से शनि प्राय: अद्योदृष्टि से व्यवहार करते है। शनि को पुराणों में विष्णु भक्त बताया गया है। अत: इनकी शक्ति से कृपा दृष्टि लोगों को मालामाल कर देतीं है। शनि को धनप्रदाता माना गया है। यह आनंद व सुख सर्जक दृष्टि भी शुभ संबंध से देते हैं।

शनि में त्यागमयी प्रवृत्ति होने से त्यागी, वैरागी व आध्यात्मिक लोग शनि प्रभाव से पूर्ण पाये जाते हैं। अत: यह केवल दु:ख ही नहीं सुख का सर्जक भी है। शनि जहां बैठता है वहां सुख करता हैं और जहां देखता है बिगाड़ करता है। यह एकान्त प्रिय है तथा सदा उदासीन रहता है।

शनि पनौती—राशि चक्र में यह सबसे दूर का ग्रह है। इसकी 1 राशि में परिक्रमा 29 वर्ष 5 मास 27 दिन 5 घटी में पूर्ण होती है। इसकी मध्यम गति 2 कला, 1 विकला, दैनिक गति 3 से 6 कला तक होती है। दक्षिण ओर 2 अंश 49 कला रहता है। यह 140 दिन वक्री रहता है तथा वक्री होते समय और मार्गी होते समय 5 दिन सम्मित रहता है। यह बहुत चमकीला तथा प्रकाशमान नहीं है। इसकी गति मंद है। ढाई वर्ष की इसकी पनोती है। यह 30 मास में एक राशि बदलता है।

शनि का रंग—मत्स्य पुराण में कृष्णवर्णी शनि को नीलात्जनसम का वर्णन किया गया है। मनोविज्ञान के आधार पर नीला रंग बल, पौरुष और वीर भाव का प्रतीक है। हमारे सिर पर विस्तृत आकाश नील वर्ण है। अत: शनि नीले रंग का होता है। नीला रंग सहिष्णुता का प्रतीक है। यह सर्वव्यापक रंग होने से नीले रंग वाले पौरुष के प्रतीक होते हैं। यह नाटा भी है और कहीं इसका लम्बा कद भी मिलता है। अत: नीलकण्ठ शिव शनि के आराध्य देव है। शिव भक्ति से शनि प्रसन्न होते हैं।

शनि का बलवत्ता—इसके मित्र ग्रह बुध, राहु, शुक्र हैं। समग्रह बृहस्पति है। शत्रु सूर्य, चंद्र, मंगल है। दशम में शनि कारक है। षष्ठ व आठवें द्वादश का कारक है। तुला, मकर व कुंभ राशि में, स्त्रियों के स्थान में, विषुवत् के दक्षिण अयन में द्रेषाण में स्वगृह में, शनिवार को, अपनी दिशा में, दिन के अंत में राशि के अंत भाग में, युद्ध समय में कृष्णपक्ष में वक्री होने के समय किसी भी स्थान में शनि बलवान होता है। यह मंगल से दूषित होता है। शिशिर ऋतु इसको प्रिय है। शनि मूल त्रिकोण में कुंभ राशि का तुला के 20 अंश तक उच्च होता है। शनि का मेष में नीच का स्वगृह मकर और कुंभ है। वृषभ एवं तुला लग्नों में यह प्रधान ग्रह है।

इसका वास पश्चिम दिशा में है। 12वें भाव में शनि हर्षबली और 7वें में दिग्बली होता है।

रोगों का कारक तत्त्व—दांत, दाहिना कान, चौथे दिन का बुखार, शीत ज्वर, कोढ़ रक्तपित्त क्षय, दाद-फोड़े, कामला, अधगवायु, कम्प, निरर्थक भय, पागलपन,

जलोद, घुटनों के रोग, सन्धिवात, अतिरक्तस्राव, हड्डी टूटना, लकवा, स्नायु दौर्बल्य, गुप्तेन्द्रिय रोग, व्यसन, गूंगापन, पसीने की दुर्गंध के रोग, हाथी पांव इत्यादि होते हैं।

अन्य कारक तत्व–बैंक, ब्याज, धीरण-धारण का धंधा, मला, कारखानें, मशीनरी के कार्य, आध्यात्म चिंतन, भूगर्भ, मिल मालिक, भागीदारी, प्रेस, कोयला, कंपनियां, कालेधन, खदानें, बीमा, लोहे की चीजें, तेल के व्यापारी, वैरागी, कृषि, विद्यालय, पुरात्व, स्नायुशास्त्र, न्यायालय, नगरनिगम, विधानसभा, जमींदार, स्मगलर, छोटे भाई बहिन, जेल, विदेश, मंत्री, इंजैक्शन, नीच वर्ग, हड्डियों के डॉक्टर, झूठ बोलना, भ्रमण, पतन, तामसवृति, बुरे धंधे आदि।

शनि का स्वरूप–पंचांगों में शनि की दोनों राशियों के दो स्वरूप हैं। मकर में मगरमच्छ और कुंभ में घड़ा हाथ में लिये पुरुष बताया गया है। अतः मगरमच्छ दु:ख का प्रतीक है तो पुरुष अमृत तथा धन पौरुष का प्रतीक है।

मकर में कद मध्यम, लम्बा या नाटा होगा। शनि बलवान हो तो लम्बा कद होता है। रंग गेहुंआ या कालाश लिये हुए। नाक और मुंह कुछ बड़े व चौड़े। दांत चौड़े, सुन्दर नेत्र, आंखों की भौंहों पर बड़े-बड़े बाल, सीने पर भी बड़े-बड़े बाल, सिर बड़ा तथा सीना चौड़ा होता है। बड़े होने पर कुछ झुक कर चलें। कमर से पैर तक का भाग पतला होगा।

कुंभ में प्राय: लम्बा कद, रंग गेहुंआ, होंठ मोटे, गाल फूले हुए, कूल्हों व नितम्ब का हिस्सा भारी होता है। मोटी गरदन, सिर में गंजापन भी जल्द आता है। घड़े के आकार का शरीर होता है।

ये लोग भौतिक उन्नति में विश्वास अधिक करते हैं तथा इनके पास गुप्त शक्ति होती है। गैर समझ खड़ी कर देते हैं। छिपकर पाप करते हैं। धन के लोभी होते हैं पर परिश्रमी अधिक होते हैं। प्रबल महत्वाकांक्षी होते हैं। उत्साही व जिम्मेदार होते हैं। इनकी मानसिक व आत्मिक शक्ति तीव्र होती है। मनोरंजन तथा सुगंधित पदार्थों के शौकीन होते हैं। कठिनाइयों का सामना करने, श्रम व सेवा का ठोस भाव इनमें पाया जाता है। दूसरों को चोट पहुंचाने में यह दक्ष होते हैं। विचारशील होते हैं पर जब तक कोई छेडे नहीं शांत रहते हैं। धर्म भीरू होते हैं। नवीन आविष्कार करने वाले होते हैं।

वायु तत्त्व प्रधान होते हैं बाहरी आवरण से धार्मिक पर पुण्य कर्म व ईश्वर के प्रति निष्ठा भी होती है। घूमने के शौकीन, भोजन के बाद शीघ्र आराम के इच्छुक, उच्चाभिलाषी होते हैं अपना पक्ष कमजोर देखें तो नम्र भी हो जाते हैं। लज्जाहीन होते हैं। इनके स्वभाव में ओछापन पाया जाता है। नीच वर्ग से प्रीतिवान होते हैं। इनकी

स्मरण शक्ति प्रबल होती है। कोई इनका नुकसान करे तो बदला लेने में नहीं चूकते हैं। मन से डरपोक बाहर से अभिमानी होते हैं। दूसरों को ठगने में इनकी रुचि होती है। यह अपना काम निकालने के लिए कुछ भी कर सकते हैं। खरी-खोटी कहने में हिचकते नहीं हैं। भावुक भी होते हैं। आवश्यकता हो तो ही काम करते हैं। धन की व्यवस्था में प्राय: असफल रहते हैं, पर बाहरी चमक-दमक में विश्वास नहीं रखते हैं। किसी भी काम को परिश्रम से पूरा करना इनकी विशेषता होती है पर विश्वास पात्र कम बनते हैं। इनकी आकस्मिक रूप से उन्नति और अवनति होती रहती है। प्राय: इनकों संतान पक्ष की चिंता सताती रहती है। स्त्रियों से व्यवहार भी मुसाफिरी जैसा रहता है। पर अधीनस्थ लोगों से काम कराने में चतुर होते हैं। यह हर काम में सावधानी बरततें हैं। सभी इनकी प्रशंसा करें इसके ये इच्छुक होते हैं। प्रशंसक से काम भी निकाल लेते हैं।

शनि के अचूक फल

1. शनि की दृष्टि अपने घर के सिवाय सर्वत्र हानि करती है।
2. छठे और आठवें तथा बारहवें भाव का कारक शनि इन भावों में हो तो लाभ करेगा।
3. आठवें भाव में शनि नीच का हो तो धनपति बनायेगा। शनि नीच का होकर वक्री हो तो करोड़ों का स्वामी बनायेगा।
4. शनि, मीन, मकर, तुला व कुंभ राशि में लग्नस्थ हो तो व्यक्ति चिंतनशील, सुखी एवं ख्याति प्राप्त होता है। पर भाग्योदय मंद गति से होता है।
5. वृषलग्न में शनि नवम या दशम भाव में हो तो राजयोग बनेगा। ऐसा शनि सूर्य व बुध षष्ठ संबंध में से कोई संबंध कर ले तो अति योगप्रद होगा। अगर संयोग की जन्म राशि भी मकर या कुंभ हो तो उसको जब ढैया पनौती आयेगी तो वह लाभप्रद होगी। यदि अनिष्ट का कुछ प्रभाव गोचर से बनता है तो वह अंत में होगा, क्योंकि राजयोग कारी गृह प्रारंभ प्रभाव प्रबल होता है।
6. वर्ष प्रवेश के लग्न वृष या तुला हों तो शनि शुभ फल देगा। यदि पनौती उसे चल रही हो तो भी नाम पात्र का कष्ट होगा।
7. शुक्र+शनि में अभिन्न मित्रता है। अत: वृष या तुलालग्न में शनि शुभ फल प्रदान करेगा।
8. वर्ष में वृषलग्न हो और जलराशि मकर हो तो धनु व मीन का शनि अनिष्टप्रद रहेगा। मकर व कुम्भ का शनि शुभप्रद रहेगा।

9. जन्म या वर्ष में वृषलग्न हो और **शनि+गुरु** योग बनता हो या शनि की बृहस्पति से प्रतियुति हो तो भाग्यनाशक योग होगा।

10. वृष या तुलालग्न हो और विंशोतरी शनि की महादशा चल रही हो साथ में पनौती भी आ जाये तो भी वह अधिक अनष्टिप्रद नहीं होगी।

11. शनि में शुक्र की महादशा या शुक्र में शनि की दशा हमेशा अनिष्टप्रद होगी।

12. नीचस्थ या वक्री गोचर का शनि जब जन्म राशिगत हो तो अनिष्टप्रद होगा।

13. शनि प्राय: राशि के अंत में फल देता है। सिंह लग्नस्थ शनि मंगल से दूषित हो तो जातक अपघात, आकस्मिक मृत्यु, कारावास या रिश्वत के आरोप में पकड़ा जाता है।

14. शनि+सूर्य का योग पितृ स्थान में होने से पिता से द्वेष व शत्रुता बढ़ता है।

15. चंद्र+शनि युति कर्क राशि में उत्साहहीनता व व्यसन देती है। चंद्र+शनि युति सिंह राशि में बड़ों से विवाद कराती है। चंद्र+शनि युति मेष राशि में होने से झगड़े करवाती है।

16. चंद्र+शनि युति अनिष्टप्रद है। इससे जीवन का उत्साह ओज, कार्यक्षमता पर प्रभाव पड़ता है। यह यश रोकता है।

17. सूर्य से 5, 6, 8, 9 भाव में राशि पर शनि आएं तो अनिष्टकारी होगा।

18. जन्म में शनि स्थित राशि में या उससे छठवें आठवें स्थान या त्रिकोण में गोचर का बृहस्पति आए तो अनिष्ट करेगा।

19. जन्मकालिक सूर्य से सप्तम स्थान पर गोचर का शनि आए तो रोगग्रस्त करेगा।

20. जन्मकालीन बुध तथा चंद्रमा यदि गोचर का शनि अपनी दसवीं दृष्टि से देखे तो अनिष्ट अवश्य करेगा।

21. जन्म कालिक मंगल तथा शनि स्थित राशियों पर अथवा उससे सप्तम स्थान की राशि पर ग्रहण आए तो जीवन में संकट आते हैं।

22. अष्टमेश स्थित राशि पर गोचर का शनि विशेष अनिष्ट करता है।

23. जन्म की विंशोतरी दशा से चौथी दशा शनि की हो तो अनिष्टप्रद होती है।

24. मीन, तुला और धनु राशि का शनि लग्न में हो तो जातक समृद्धशाली होता है।

25. लग्न का शनि राशि 1, 2, 5, 10 का हो या 4, 8, 12 राशि का हो तो भाषण शक्ति में बाधा करेगा।

26. शनि चतुर्थेश होकर दशम भाव में बैठे तो मनुष्य छोटी स्थिति से उठकर महान् पदवी प्राप्त करेगा।

27. शनि लग्नेश या अष्टमेश होकर बली हो तो दीर्घासुख देगा।

28. शनि की दृष्टि द्वितीय भाव, भावेश, पंचम भाव भावेश अथवा बुध पर हो तो अल्प विद्या या विघ्न युक्त विद्या प्राप्ति होगी।

29. एकादश भवन में स्थित शनि मनुष्य की मृत्यु सन्निपात व स्नायु रोगों से कराता है।

30. मकर अथवा कुंभलग्न का स्वामी शनि यदि कुण्डली में पीड़ित हो तो जंघाओं में कष्ट देगा।

31. सप्तमेश शनि हो और सप्तम भाव तथा शुक्र पर उसकी शुभ दृष्टि हो तो विवाह देरी से होता है।

32. पंचमेश शनि बलवान हो तो लड़कियों की भरमार रहती है।

33. शनि चंद्र पर अपनी दृष्टि का प्रभाव डाले तो जातक वैरागी होगा।

34. चतुर्थेश शनि बलवान हो तो जमीन जायदाद का सुख प्राप्त होगा।

35. नीच राशि में शनि प्राय: नौकरी करवाता है।

36. शनि+सूर्य युति पिता पुत्रों में मनोमालिन्य रखती है। अलग फल होते हैं, पर अष्टम भाव में दरिद्रता बनती है। यह युति पिता व पुत्रों में से एक को हानि देती है।

37. शनि+चंद्र युति योग माता-पुत्र में मनोमालिन्य देता है पर अलग-अलग भावों में अलग-अलग फल प्राप्त होता है फिर भी अष्टम भाव में जलोदर योग बनता है।

38. शनि+मंगल की युति भयंकर अवरोध योग है। अलग-अलग भावों में अलग पर पावें तो सम्पत्ति नष्ट होती है।

39. शनि+बुध युति योग इसमें व्यक्ति अन्वेषक होता है, पर निर्णय लेने में अस्थिरता रहती है। अष्टम स्थान दीर्घायुज बनती है।

40. **शनि+गुरु** युति योग इसके विचित्र परिणाम प्राप्त होते है। सुमश, सम्पत्ति व संतति में से एक का अभाव रहेगा। वंशश्रम की ज्यादा संभावना।

41. शनि+राहु युति योग महाविचित्र परिणाम आते हैं। आयु के 42वें वर्ष में भाग्योदय होता है। अकस्मात धन प्राप्ति व हानि होती है।

उपचार

1. महामृत्युंजय जप या शिव का जाप करें।
2. अमोघ शिवकवच का पाठ करें।

3. शनि संबंधी व्रत व कथा पढ़ें।
4. नीलम रत्न के साथ में पन्ना भी धारण करें। ये रत्न 5 वर्ष धारण करने के बाद प्रभावहीन हो जाते हैं।
5. मछलियों को आटे की गोलियां चुगाएं।
6. अपने खाने का अंतिम ग्रास बचाकर उसे कौवे को दे।
7. शनि संबंधी दान दें। यथा (उड़द, लोहा, तेल, चमड़ा, पत्थर, शराब, स्प्रिरिट)
8. नित्य कीडी नगरा सींचे।
9. हर शनि एवं मंगल को काले कुत्तों को मीठा दें।
10. काले कुत्ते को तेल में चुपड़ी रोटी मिष्टान रखकर हर शनिवार को खिलाएं।
11. दशरथकृत शनि स्रोत का पाठ करें।
12. नित्य सूर्योदय के समय सूर्य दर्शन करते समय यह श्लोक 7 बार पढ़ें।

सूर्यप्रुभो दीर्घदेहो विशलादा शिनप्रिराः मंदवारः प्रसन्नात्मा पीडा दहतु में शनि।

13. श्री वीर भगवान ताड़क का प्रयोग करें।
14. शनिवार को अपने हाथ के नाप का 19 हाथ काला धागा श्री माला बनाकर पहनें।
15. शनि पाताल क्रिया करें।
16. शनि को नक्षरों और काले कुत्तें को लड्डू खिलाएं।
17. प्रत्येक शनिवार को वट एवं पीपल के वृक्ष तले सूर्योदय से पूर्व कड़वे तेल का दीपक जलाकर शुद्ध दूध अर्पित करें।
18. व्रत का उद्यापन अवश्य करें, उसमें 33 ब्राह्मणों को भोजन कराना उत्तम होता है।
10. किसी शनिवार से आरम्भ करें 21 दिन में इस मंत्र का 23000 बार जाप करें या कराएं।

ओ३म् प्रां प्रीं प्रौं स शनैश्चराय नमः।

अंत में शनि की वस्तुओं को दान में दें। हवन करें।

20. वीर विक्रमादित्य व शनि की कथा का रोज पाठ करें।

❑❑❑

शनि का खगोलीय स्वरूप

बृहस्पति के बाद बड़े ग्रहों में शनि का स्थान है। नील वर्ण का यह ग्रह सूर्य से 1,42,60,00,00 कि.मी. की दूरी पर स्थित है। शनैःचर अर्थात् मन्द गति से चलने वाला यह ग्रह 29 वर्षों में सूर्य की एक परिक्रमा पूरी करता है। शनि आकार में केवल बृहस्पति से ही छोटा है। इसका व्यास 1,20,500 कि.मी. है। इसका बृहस्पतित्व पृथ्वी के बृहस्पतित्व से 65 गुणा अधिक है। नौ चंद्रमा शनि ग्रह की परिक्रमा करते हैं, उनमें से छठा चंद्र मन्दी सबसे बड़ा होता है। शनि ग्रह अस्त होने के 3 दिन बाद उदय होता है। उदय के 135 दिन बाद यह मार्गी होता है। मार्गी के 105 दिन बाद यह पश्चिम में पुनः अस्त हो जाता है। शनि को काण, अर्कपुत्र, छायात्मज, असित, नील, मन्द, खंज आदि नाम दिये गये हैं।

शनि की गति–शनि ग्रह सूर्य का परिक्रमा 29 वर्ष 5 महीने 16 दिन, 23 घण्टा और 16 मिनट में करता है। यह अपनी धुरी पर 17 घण्टा 14 मिनट 24 सैकंड में एक चक्कर लगाता है। स्थूल मान से यह एक राशि पर 30 महीना, एक नक्षत्र पर 400 दिन और एक नक्षत्र पाद पर 100 दिन रहता है। यह प्रति वर्ष चार महीने वक्री और आठ महीने मार्गी रहता है। सूर्य से 15 डिग्री अंश की दूरी पर शनि ग्रह अस्त हो जाता है। अस्त होने के 38 दिन बाद उदय होता है। उदय के 135 दिन बाद मार्गी होता है और मार्गी के 105 दिन बाद पश्चिम दिशा में पुनः अस्त हो जाता है। यह प्रायः 140 दिन तक भी वक्री रह जाता है तथा वक्री होने के 5 दिन आगे या पीछे तक यह स्थिर रहता है।

गणितागत स्पष्टीकरण से जब यह सूर्य से चौथी राशि को समाप्त करता है तो वक्री हो जाता है। जब वक्री से 120 डिग्री अंश चलता है तो मार्गी हो जाता है। जब इसकी गति 7/45 की होती है तब यह अतिचारी हो जाता है। सूर्य से दूसरी और बारहवीं राशि पर शीघ्रगामी, तीसरी और ग्यारहवीं पर समाचारी, चौथी पर मन्दचारी, पांचवीं और छठी पर वक्री, सातवीं और आठवीं पर अति वक्री तथा नवमी और दसवीं पर कुटिल गति वाला होता है।

❑❑❑

कुंभलग्न की चारित्रिक विशेषताएं

कुंभलग्न का स्वरूप

कुंभः कुंभी नरो बभ्रुवर्णो मध्यतनुर्द्विपात्।
द्युवीयों जलमध्यस्थो वातशीर्षोदयी तमः॥21॥
शूद्र पश्चिमदेशस्यः स्वामी दैवाकरिः स्मृतः।

—बृहत्पाराशरा होराशास्त्र अ. 4/श्लो. 21

घड़ा लिये हुए पुरुष, भूरे वर्ण, मध्य देह, विपद, दिनबली, जलचारी, वायु तत्त्व, शीर्षोदय, तमोगुणी, शूद्र जाति, पश्चिमदिक् स्वामी है, इसका स्वामी शनि है।।21।।

करभगलः सिरालखररोमशदीर्घतनुः,
पृथुचरणोरुपृष्ठजघनास्य कटिर्जरठः।
परवनितार्थ पापनिरतः क्षयवृद्धियुतः,
प्रियकुसुमानुलेपन सुहृद् घटजोऽध्वसहः॥11॥

—बृहज्जातकम् अ. 16/श्लो. 11

कुंभ में चंद्रमा रहने पर जातक लम्बी गर्दन वाला, दिखती नसों वाला, मोटे या कठोर रोमों वाला, लम्बे चौड़े शरीर वाला, बड़े पैर, बड़ी जांघों, चौड़ी कमर, बड़ा मुंह व मोटी कटि (बेल्ट बांधने की जगह) वाला, कठोर, दूसरे की स्त्री, दूसरे के धन को चाहने वाला पाप कार्यों में लगा रहने वाला, घटती बढ़ती अर्थात् अस्थिर या अनियमित आर्थिक स्थिति वाला, सजने-संवरने का शौकीन, मित्रों को प्यार करने वाला तथा रास्ते की थकावट को सहन कर लेने वाला अर्थात् पैदल यात्राएं करने में सक्षम होता है।

कुंभस्य लग्ने पुरुषोऽभिजातश्चलस्वभावः स्थिरसौहृउश्चः
प्रभूतधान्यार्थयुतः प्रचण्डो लुब्धोऽन्यनारीरतिलालसश्च॥11॥

—वृद्धयवन जातक अ. 24/श्लो.11/ पृ.289

यदि जन्म समय में कुंभलग्न का उदय हो रहा हो तो मनुष्य कुलीन, चंचल स्वभाव वाला, पक्की मित्रता करने वाला, खूब धन धान्य से परिपूर्ण, प्रचण्ड स्वभाव वाला, लोभी स्वभाव युक्त, अन्य स्त्री से रतिक्रिया की लालसा रखने वाला होता है।

अन्तःशठः परवधूरतिकेलिलोलः
कार्पण्यशीलधनवान् घटलग्नजातः।

–जातक पारिजात श्लो. 11/ पृ. 678

जिसके हृदय में शठता हो, दूसरों की स्त्रियों से रमण करने के लिये जिसका चित्त सदैव चंचल रहे, कृपण, धनी।

स्त्रीमानयशोभूतिः स्फीतप्रभवो घटस्याद्ये।
प्रांशुः कर्मसु निष्ठो धनवान्नृपसेवको जातः॥

–सारावली श्लो. 10/ पृ. 466

यदि जन्म लग्न में कुंभ राशि व कुंभ राशि का प्रथम द्रेष्काण हो तो जातक स्त्री, सम्मान, यश, ऐश्वर्य पराक्रम से युक्त, उन्नत, कर्मठ, धनी और राजसेवक होता है।

कुंभलग्ने नरे जातोऽचलचित्तोऽति सौहृदः।
परदाररतो नित्यं मृदुकार्ये महासुखी॥

–मानसागरी अ. 1/ श्लो. 12

कुंभलग्न वाला जीव धरी गंभीर, स्थिर गतिशील, स्पष्टवादी, कामवासना से पूर्ण परिपूर्ण मनोवृत्ति वाला, भौतिकतावादी, सुखभोक्ता, मित्रप्रेमी, आडम्बरशील होता है।

भोजसंहिता

कुंभराशि का अधिपति शनि है। शनि पाप ग्रह है तथा उसका रंग काला होता है। कुंभ राशि वाला व्यक्ति प्रायः मध्यम कद का, गेहुएं वर्ण, गोल सिर, फूले हुए नथुने व गाल वाला, दीर्घकाय तोंद-युक्त, गंभीर वाणी बोलने वाला व्यक्ति होता है। यह राशि पुरुष जाति, स्थिर संज्ञक व वायुतत्त्व प्रधान होती है। सो इस राशि वाले पुरुष का प्राकृतिक स्वभाव विचारशील, शान्त चित्त, धर्मभीरू तथा नवीन आविष्कारों का प्रजनन है।

कुंभ राशि का चिह्न जल से परिपूर्ण घट है। अतः इस राशि वाले पुरुष की आकृति घड़े के समान गोल व वाणी घट के समान गंभीर व गहरी होती है। ऐसे

व्यक्ति प्राय: बाहरी दिखावे में ज्यादा विश्वास रखते हैं। ये भीतर से खोखले व बाहरी दिखावे में सुंदर दिखलाई पड़ते हैं।

यदि आपका जन्म धनिष्ठा नक्षत्र में है तो आप भीतर ही भीतर कष्ट सहते हैं परन्तु बाहर उसकी आह तक नहीं निकालते। ये पूर्णत: रहस्यवादी व्यक्ति होते हैं। व्यापारी क्षेत्र में अपनी पूंजी का फैलाव सही पूंजी से कई गुना अधिक करते हैं। इनकी वास्तविकता को पहचान पाना बड़ा कठिन हो जाता है। ये बड़ा से बड़ा जोखिम लेने में नहीं हिचकिचाते।

सामान्यतया कुंभलग्न में उत्पन्न जातक स्वस्थ, बलवान एवं चंचल होते हैं परन्तु इनका व्यक्तित्व आकर्षक होता है जिससे अन्य जन इनसे प्रभावित रहते हैं। ये स्वभाव से ही प्रगतिशील एवं क्रांतिकारी विचारधारा से युक्त होते हैं तथा पुराने रीति रिवाजों को कम ही स्वीकार करते हैं। अन्य जनों के प्रति इनके मन में स्नेह एवं सहानुभूति का भाव विद्यमान रहता है तथा धार्मिकता की भावना में अल्पता रहती है एवं यह आधुनिकता से परिपुष्ट विचारों के होते हैं। साहित्य एवं कला में रुचि के साथ-साथ ये उत्तम वक्ता भी होते हैं।

इनका सांसारिक दृष्टिकोण विशाल होता है तथा इनके हृदय में किसी भी प्रकार का भेदभाव नहीं रहता है। अध्ययन के प्रति इनकी रुचि रहती है तथा परिश्रम पूर्वक विभिन्न शास्त्रों का ज्ञान अर्जित करके एक विद्वान के रूप में सामाजिक मान-प्रतिष्ठा एवं सम्मान अर्जित करते हैं। अवसरानुकूल इनको नेतृत्व का भी अवसर प्राप्त हो जाता है। ये भावुकता से कोई भी काम नहीं करते तथा बुद्धिमत्तापूर्वक सोच समझकर अपने कार्यों को सम्पन्न करते हैं। अत: धनैश्वर्य वैभव एवं भौतिक सुख संसाधनों को अर्जित करके आनन्दपूर्वक इनका उपभोग करते हैं।

अत: इसके प्रभाव से आप स्वस्थ्य एवं बलवान होंगे परन्तु मन में अस्थिरता का भाव होगा। आप अपनी विद्वता एवं बुद्धिमत्ता से शुभ एवं महत्वपूर्ण कार्यों को सम्पन्न करके उनमें सफलता अर्जित करेंगे फलत: आपके उन्नति मार्ग प्रशस्त रहेंगे। आपकी दृष्टि भी सूक्ष्म रहेगी तथा अन्य जनों को प्रभावित करके उनके विषय में पूर्ण ज्ञान प्राप्त करने में समर्थ होंगे।

आपका व्यक्तित्व आकर्षक होगा तथा अन्य जन आपसे प्रभावित रहेंगे। आप में पराक्रम में तेजस्विता का भाव भी रहेगा। फलत: अपने सांसारिक महत्त्व के कार्य कलापों को आप परिश्रम से सम्पन्न करेंगे तथा उनमें सफलता प्राप्त करेंगे जिससे भौतिक सुख संसाधनों तथा अन्य ऐश्वर्य से आप युक्त रहेंगे तथा आनन्दपूर्वक इनका उपभोग करेंगे। लेकिन यदा-कदा उग्रता के प्रदर्शन से आपको अनावश्यक समस्याओं तथा परेशानियों का सामना करना पड़ सकता है।

आर्थिक रुप से आपकी स्थिति सामान्यतया अच्छी रहेगी तथा आप आवश्यक मात्रा में धन एवं लाभ अर्जित करने में समर्थ होंगे। आप भ्रमण या यात्रा के भी प्रिय होंगे तथा अवसरानुकूल भ्रमण तथा यात्रा आदि पर अपना काफी समय व्यतीत करेंगे। साथ ही व्यय भी आप मुक्त भाव से करेंगे लेकिन उत्तम आय होने के कारण इसका कोई विशेष दुष्प्रभाव नहीं होगा।

धर्म के प्रति आपके मन में श्रद्धा रहेगी परन्तु धार्मिक कार्य-कलापों एवं अनुष्ठानों को आप अल्प मात्रा में ही सम्पन्न करेंगे। लेकिन यदा-कदा तीर्थ यात्रा को आप सम्पन्न कर सकते है। इस प्रकार आप पराक्रमी बुद्धिमान एवं परिश्रमी पुरुष होंगे तथा भौतिक सुखों का उपभोग करते हुए आनन्दपूर्वक अपना समय व्यतीत करेंगे।

कुंभ राशि शीर्षोदय व तमोगुणी राशि है। इस राशि वाले गुस्सा कम करते हैं, और करते हैं तो फिर गांठ बांध लेते हैं। आप एकान्त प्रिय व्यक्ति हैं तथा कुछ स्वार्थी भावनाओं से परिपूर्ण हैं, अगर आपका जन्म धनिष्ठा नक्षत्र में हुआ है तो आप सर्वदा सरल स्वभाव वाले, उदार हृदय व स्नेहयुक्त व्यवहार से कीर्ति पाने वाले व्यक्ति हैं अगर आप व्यापार वर्गीय व्यक्ति हैं तो आपके हेतु निश्चित वाहन योग 36 वर्ष की अवस्था में बनता है।

कुंभलग्न दिवाबली व पश्चिम दिशा का स्वामी है। इस राशि से पेट के भीतरी भागों पर विचार किया जाता है। आपका स्वभाव मृदु व सरल एवं सद्‌गुणों से पूर्ण है परन्तु संकोचशीलता आपकी कमी है। आपको प्रतिपल एक वहम सा रहता है। आप ऐसा सोचते हैं कि अन्य व्यक्ति आपसे ईर्ष्या कर रहे हैं और आप अकारण अजनबी से उलझ पड़ते हैं। यदि आपमें यह आदत विद्यमान है तो यह कभी भी खतरनाक साबित हो सकती है। यदि आपको किसी प्रकार के गन्दे ख्वाब आते हैं तथा अकारण खिन्नता महसूस होती हो एवं बनते कार्यों में दिक्कतें व रुकावट आती हो तो फौरन शनि मुद्रिका धारण करें। शनि मुद्रिका घोड़े के पैर की घुड़नाल से बनाई जाती है। यह लोहे की होती है। शनि का रत्न नीलम भी आपके लिए अत्यधिक अनुकूल व लाभप्रद रहेगा।

नक्षत्रानुसार फलादेश

गू गे	गो सा सी सु	से सो द
धनिष्ठा-2	शतभिषा-4	पूर्वाभाद्रपद-3

चंद्रमा धनिष्ठा नक्षत्र में

दातार्थ शूरो धनवांस्त्वरोगी,
गीतप्रियो वासव भे प्रजातः।

यदि जन्म समय पर चंद्रमा धनिष्ठा नक्षत्र में स्थित हो तो व्यक्ति दाता, धनी, शूरवीर, भोगी और गीतप्रिय होता है।

धनिष्ठा नक्षत्र का स्वामी मंगल होता है। मंगल चंद्रमा का मित्र है अत: मित्र के नक्षत्र में स्थित होकर चंद्रमा धनी और दाता और भोगी होगा ही। मंगल अपनी शूरवीरता भी देगा और भोगों की प्रवृत्ति भी। गीतप्रिय चंद्रमा के अपने स्वभाव के कारण होगा। सम्भवतया गायक न होगा।

ध्धनिष्ठा का तृतीय पाद–धनिष्ठा के तृतीय पाद में यदि जन्म समय चंद्रमा स्थित हो व्यक्ति भीरु होता है। नक्षत्र पाद का स्वामी शुक्र होता है और नक्षत्र स्वामी मंगल। दोनों शक्तिशाली ग्रह हैं। अत: उनका प्रभाव भीरु नहीं बना सकता। ऐसा प्रतीत होता है कि भीरु शब्द के पहले का 'अ' छूट गया है और तात्पर्य अभीरु से है।

धनिष्ठा का चतुर्थ पाद–धनिष्ठा के चतुर्थ पाद में यदि जन्म समय चंद्रमा हो तो जातक महानारीवरो अर्थात् महान स्त्री का पति होता है। नक्षत्र स्वामी भी यहां मंगल है और नक्षत्र पाद स्वामी भी। अत: चंद्र जो स्त्री रुप है, मंगल के गुणों को प्रभूत मात्रा में लेकर व्यक्त होगा जो नारी का महा बनायेंगे। महाशक्ति और प्रभाव ही के अर्थ में हो सकता है क्योंकि मंगल के अनुरुप ही महानता भी होती है।

चंद्रमा शतभिषा नक्षत्र में

स्यात्स्पष्टवाक् साहसिकोऽबुपर्क्षे,
दुर्ग्राहय इन्दौ व्यसनी जितारि:।

यदि जन्म समय पर चंद्रमा शतभिषा नक्षत्र में हो तो जातक स्पष्ट वाणी वाला, साहसी, मुश्किल से काबू में आने वाला, व्यसनों में लगा हुआ और शत्रुओं पर विजय प्राप्त करने वाला होता है। जातक पारिजात ने भी इसी संदर्भ में मनुष्य का साहसी होना कहा है। व्यसनी आदि होना तो राहु के दानवी स्वभाव के कारण है, क्योंकि राहु इस नक्षत्र का स्वामी है। स्पष्टवाक् क्यों कहा, यह विचारणीय है। हमारे विचार में तो राहु के नक्षत्र में आकर चंद्रमा को इस वाणी संबंधित गुण में कमी प्राप्त करनी चाहिए थी, न कि वृद्धि।

यदि आपका जन्म शतभिषा नक्षत्र में हुआ है तो आपकी ललित कलाओं में विशेष रुचि होगी। आपमें वक्तृव व श्रेष्ठ लेखन शक्ति भी विद्यमान होगी। पिता की आकस्मिक मृत्यु से धन प्राप्ति के आंसार बनते हैं। आप भय रहित व निर्मल आत्मा वाले व्यक्ति हैं। हां! आप खाने के शौकीन हैं व प्राय: आपकी खुराक आम व्यक्ति से जरा ज्यादा होनी चाहिए। आपको वैवाहिक सुख जरा देरी से मिलते हैं।

शतभिषा का प्रथम पाद–शतभिषा के प्रथम पाद में यदि जन्म समय में चंद्र स्थित हो तो व्यक्ति अच्छा बोलने वाला (Orator) होता है। इस पाद का स्वामी बृहस्पति है जो कि वागीश नाम से प्रसिद्ध है और अच्छा वक्ता है चंद्रमा पर बृहस्पति के प्रभाव के कारण इसे 'वाग्मी' कहा गया है।

शतभिषा का द्वितीय पाद–शतभिषा के द्वितीय पाद में यदि जन्म समय में चंद्र स्थित हो तो व्यक्ति धनी होता है। यहां नक्षत्र राहु का है और नक्षत्र पाद का स्वामी शनि है। दोनों पानी भी हैं और चंद्रमा के शत्रु भी। ऐसी स्थिति में वे धनदायक कैसे हो सकते हैं? यह विचारणीय है।

शतभिषा का तृतीय पाद–शतभिषा के तृतीय पाद में यदि जन्म समय पर में चंद्र स्थित हो तो मनुष्य सुखी होता है। नक्षत्र स्वामी राहु है और नक्षत्र पाद का स्वामी शनि। दोनों दु:खदायी हैं। अत: यह कैसे कहा जा सकता है कि व्यक्ति सुखी होगा। यह विषय विचारणीय है।

शतभिषा का चतुर्थ पाद–शतभिषा के चतुर्थ पाद में यदि जन्म समय पर में चंद्र स्थित हो तो व्यक्ति पुत्रयुक्त होता है। यहां नक्षत्र पाद स्वामी बृहस्पति बनता है, इसलिए पुत्र प्राप्ति की बात उपयुक्त है।

चंद्रमा पूर्वा भाद्रपद नक्षत्र में

उद्विग्नचित्तो धनवांस्त्वरोगी,
अजाधिके स्त्रीवजितो अदाता।

यदि जन्म समय पर चंद्रमा पूर्वा भाद्रपद नक्षत्र में स्थित हो तो मनुष्य क्षुब्ध मन वाला, धनी, निरोगी, स्त्री के वश में रहने वाला और कंजूस होता है।

पूर्वा भाद्रपद बृहस्पति का नक्षत्र है। इसमें स्थित होकर चंद्रमा प्राय: शुभ प्रभाव के कारण हैं। स्त्री विजितो संभवतया इसलिए कि स्त्री ग्रह चंद्रमा शुभता को प्राप्त होकर स्त्री के गुणों का संचार करेगा जिसके फलस्वरुप स्त्री व्यक्ति का मन मोह लेगी। उद्विग्न चित्तों क्यों कहा, यह विचारणीय है, क्योंकि बृहस्पति का प्रभाव मन रूपी चंद्रमा पर पड़कर मन में शान्ति उत्पन्न करेगा, न कि उद्वेग।

अगर आपका जन्म पूर्वाभाद्रपद नामक नक्षत्र में हुआ है तो आपको हृदय रोग व रक्तचाप इत्यादि बीमारियों का भय रहेगा। परन्तु यदि आपका जन्म 14 फरवरी से 13 मार्च के बीच में हुआ है तो आपको उपरोक्त बीमारियों से भय कम रहेगा परन्तु शायद आप संतान पक्ष से चिंतित विशेष रहते दिखलाई पड़ेंगे।

पूर्वाभाद्रपद का प्रथम पाद–पूर्वाभाद्रपद के प्रथम पाद में यदि जन्म समय पर चंद्र स्थित हो तो व्यक्ति शूरवीर और चोर होता है। यह नक्षत्र पाद मंगल के आधिपत्य में आता है जो चोर भी और वीर भी।

पूर्वाभाद्रपद का द्वितीय पाद–पूर्वाभाद्रपद के द्वितीय पाद में यदि जन्म पर चंद्र स्थित हो तो मनुष्य बुद्धि वाला होता है। यह नक्षत्र पाद शुक्र के आधिपत्य में है और नक्षत्र स्वामी बृहस्पति है। शुक्र और बृहस्पति दोनों बुद्धि में तीव्र हैं, दोनों आचार्य हैं। अत: महान बुद्धि का प्रभाव डालकर ये चंद्रमा को अपने अनुरूप बनाएंगें।

पूर्वाभाद्रपद का तृतीय पाद–पूर्वाभाद्रपद के तृतीय पाद में यदि जन्म पर चंद्र स्थित हो तो व्यक्ति पुर में रहने वाला होता है, ग्रामीण नहीं होता। कारण यही है कि नक्षत्र का स्वामी बृहस्पति भी पौर ग्रह है और नक्षत्र का स्वामी बुध भी।

❑❑❑

नक्षत्र चरण, नक्षत्रस्वामी एवं नक्षत्र चरणस्वामी

मेष राशि											
1. **अश्विनी** (केतु)				2. **भरणी** (शुक्र)				3. **कृतिका** (सूर्य)			
अक्षर		चरण	स्वामी	अक्षर		चरण	स्वामी	अक्षर		चरण	स्वामी
चु.	0/3/20/0	1	मं.	ली.	0/16/40/0	1	सू.	अ	0/30/0/0	1	गु.
चे.	0/6/40/0	2	शु.	लू	0/20/0/0	2	बु.	–	–	–	–
चो	0/10/0/0	3	बु.	ले.	0/23/20/0	3	शु.	–	–	–	–
ला	0/13/20/4/	4	चं.	लो	0/26/40/0	4	मं.	–	–	–	–
वृष राशि											
3. **कृत्तिका** (सूर्य)				4. **रोहिणी** (चंद्र)				5. **मृगशिरा** (मंगल)			
अक्षर		चरण	स्वामी	अक्षर		चरण	स्वामी	अक्षर		चरण	स्वामी
ई	1/30/20/0	2	श.	ओ	1/13/20/0	1	मं.	वे	0/26/40/1	1	सू.
उ	1/6/40/0	3	श.	वा	1/16/40/0	2	शु.	वो	0/30/0/0	2	बु.
				वी	1/20/0/0	3	बु.	–	–	–	–
ए	1/10/0/0	4	मं.	वू	1/23/20/0	4	चं.	–	–	–	–

मिथुन राशि

5. मृगशिरा (मंगल)				6. आर्द्रा (राहु)				7. पुनर्वसु (बृहस्पति)			
अक्षर		चरण	स्वामी	अक्षर		चरण	स्वामी	अक्षर		चरण	स्वामी
का	2/3/20/0	3	शु.	कु	2/10/0/0	1	गु.	के	2/23/20/0	1	मं.
की	2/6/40/0	4	मं.	घ	2/13/20/0	2	श.	को	2/26/40/0	2	शु.
				ड़	2/16/40/0	3	श.	हा	2/30/0/0	3	बु.
				छ	2/20/0/0	4	गु.	–	–	–	–

कर्क राशि

7. पुनर्वसु (बृहस्पति)				8. पुष्य (शनि)				9. आश्लेषा (बुध)			
अक्षर		चरण	स्वामी	अक्षर		चरण	स्वामी	अक्षर		चरण	स्वामी
ही	3/30/20/0	4	चं.	हू	3/6/40/0	1	सू.	डी	3/20/0/0	1	गु.
–	–	–	–	हे	3/10/0/0	2	बु.	डू	3/23/20/0	2	श.
–	–	–	–	हो	3/13/20/0	3	शु.	डे	3/26/40/0	3	श.
–	–	–	–	डा	3/16/40/0	4	मं.	डो	3/30/0/0	4	गु.

सिंह राशि											
10. **मघा** (केतु)				11. **पूर्वाफाल्गुनी** (शुक्र)				12. **उत्तरफाल्गुनी** (सूर्य)			
अक्षर		चरण	स्वामी	अक्षर		चरण	स्वामी	अक्षर		चरण	स्वामी
मा	4/3/20/0	1	मं.	मो	4/16/40/0	1	सू.	टे	4/30/0/0	1	गु.
मी	4/6/40/0	2	शु.	टा	4/20/0/0	2	बु.	–	–	–	–
मू	4/10/0/0	3	बु.	टी	4/23/20/0	3	शु.	–	–	–	–
मे	4/13/20/0	4	चं.	टू	4/26/40/0	4	मं.	–	–	–	–

कन्या राशि											
12. **उत्तराफाल्गुनी** (सूर्य)				13. **हस्त** (चंद्र)				14. **चित्रा** (मंगल)			
अक्षर		चरण	स्वामी	अक्षर		चरण	स्वामी	अक्षर		चरण	स्वामी
टो	5/3/20/0	2	श.	पू	5/13/20/0	1	मं.	पे	5/26/40/0	1	सू.
पा	5/6/40/0	3	श.	ष	5/16/40/0	2	शु.	पे	5/30/0/0	2	बु.
पी.	5/10/0/0	4	गु.	ण	5/20/0/0	3	बु.	–	–	–	–
–	–	–	–	ठ	5/23/20/0	4	चं.	–	–	–	–

तुला राशि

14. **चित्रा** (मंगल)				15. **स्वाति** (राहु)				16. **विशाखा** (बृहस्पति)			
अक्षर		चरण	स्वामी	अक्षर		चरण	स्वामी	अक्षर		चरण	स्वामी
रा	6/3/20/0	3	शु.	रू	6/10/0/0	1	गु.	ती	6/23/20/0	1	मं.
री	6/6/40/0	4	मं.	रे	6/13/20/0	2	श.	तू	6/26/40/0	2	शु.
–	–	–	–	रो	6/16/40/0	3	श.	ते	6/30/0/0	3	बु.
–	–	–	–	ता	6/20/0/0	4	गु.	–	–	–	–

वृश्चिक राशि

16. **विशाखा** (बृहस्पति)				17. **अनुराधा** (शनि)				18. **ज्येष्ठा** (बुध)			
अक्षर		चरण	स्वामी	अक्षर		चरण	स्वामी	अक्षर		चरण	स्वामी
तो	7/3/20/0	4	चं.	ना	7/6/40/0	1	सू.	नो	7/20/0/0	1	गु.
–	–	–	–	नी	7/10/0/0	2	बु.	या	7/23/20/0	2	श.
–	–	–	–	नू	7/13/20/0	3	शु.	यी	7/26/40/0	3	श.
–	–	–	–	ने	7/16/40/0	4	मं.	यू	7/30/0/0	4	शु.

धनु राशि

17. मूल (केतु)				18. पूर्वाषाढ़ा (शुक्र)				21. उत्तराषाढ़ा (सूर्य)			
अक्षर		चरण	स्वामी	अक्षर		चरण	स्वामी	अक्षर		चरण	स्वामी
ये	8/3/20/0	1	मं.	भू	8/16/40/0	1	सू.	भे	8/30/0/0	1	गु.
यो	8/6/40/0	2	शु.	धा	8/20/0/0	2	बु.	–	–	–	–
या	8/10/0/0	3	बु.	फा	8/23/20/0	3	शु.	–	–	–	–
यी	8/13/20/0	4	चं.	ढा	8/26/40/0	4	मं.	–	–	–	–

मकर राशि

21. उत्तराषाढ़ा (सूर्य)				22. श्रावण (चंद्र)				23. धनिष्ठा (मंगल)			
अक्षर		चरण	स्वामी	अक्षर		चरण	स्वामी	अक्षर		चरण	स्वामी
भो	9/3/20/0	2	श.	खी	9/13/20/0	1	मं.	गा	9/26/40/0	1	सू.
जा	9/6/40/0	3	श.	खू	9/16/40/0	2	शु.	गी	9/30/0/0	2	बु.
जी	9/10/0/0	4	गु.	खे	9/20/0/0	3	बु.	–	–	–	–
–	–	–	–	खो	9/23/20/0	4	चं.	–	–	–	–

कुंभ राशि

23. **धनिष्ठा** (मंगल)

अक्षर		चरण	स्वामी
गू	10/3/20/0	3	शु.
गे	10/6/40/0	4	मं.
–	–	–	–
–	–	–	–

24. **शतभिषा** (राहु)

अक्षर		चरण	स्वामी
गो	10/10/0/0	1	गु.
ता	10/13/20/0	2	श.
ती	10/16/40/0	3	श.
तू	10/19/0/04	4	गु.

26. **पूर्वाभाद्रपद** (बृहस्पति)

अक्षर		चरण	स्वामी
ते	10/23/20/0	1	मं.
तो	10/26/40/0	2	श.
दा	10/30/0/0	3	बु.
–	–	–	–

मीन राशि

26. **पूर्वाभाद्रपद** (बृहस्पति)

अक्षर		चरण	स्वामी
दी	10/3/20/0	4	चं.
–	–	–	–
–	–	–	–
–		–	–

27. **उत्तराभाद्रपद** (शनि)

अक्षर		चरण	स्वामी
दू	11/6/40/4	1	सू.
थ	11/10/0/0	2	बु.
झ	11/13/20/0	3	शु.
ञ्	11/16/40/0	4	गु.

28. **रेवती** (बुध)

अक्षर		चरण	स्वामी
दे	11/20/0/0	1	गु.
दो	11/23/20/0	2	श.
चा	11/26/40/0	3	श.
ची	11/30/0/0	4	गु.

नक्षत्रों पर विशेष फलादेश

क्र.	नक्षत्र	नक्षत्र अक्षर	राशि	स्वामी	योनि	गण	वर्ण	युन्जा	हंस	नाड़ी	वश्य	पाया	वर्ग	जन्म दशा	दशा वर्ष
1	अश्विनी	चू,चे,चो,ला	मेष	मंगल	अश्व	देव	क्षत्री	पूर्व	अग्नि	आद्य	चतु.	सोना	सिंह 3 हि. 1	केतु	7
2.	भरणी	ली,लू,ले,लो	मेष	मंगल	गज	मनु.	क्षत्री	पूर्व	अग्नि	मध्य	चतु.	सोना	हिरण	शुक्र	20
3.	कृतिका	अ	मेष	मंगल	मीढ़ा	राक्षस	क्षत्री	पूर्व	अग्नि	अन्त्य	चतु.	सोना	गरुड़	सूर्य	6
3.	कृतिका	ई,उ,ए	वृष	शुक्र	मीढ़ा	राक्षस	वैश्य	पूर्व	भूमि	अन्त्य	चतु.	सोना	गरुड़	सूर्य	6
4.	रोहिणी	ओ,वा,वी,वू	वृष	शुक्र	सर्प	मनु.	वैश्य	पूर्व	भूमि	अन्त्य	चतु.	सोना	ग. 1 हि. 3	चन्द्र	10
5.	मृगशिरा	वे,वो	वृष	शुक्र	सर्प	देव	वैश्य	पूर्व	भूमि	मध्य	चतु.	सोना	हिरण	मंगल	7
5.	मृगशिरा	का,की	मिथुन	बुध	सर्प	देव	शूद्र	पूर्व	वायु	मध्य	द्विप	सोना	बिलाड़	मंगल	7
6.	आर्द्रा	कु,घ,ड,छ	मिथुन	बुध	श्वान	मनु.	शूद्र	मध्य	वायु	आद्य	द्विप	चांदी	बि. 2 सि.1	राहु	18
7.	पुनर्वसु	के,को,ह	मिथुन	बुध	मार्जार	देव	शूद्र	मध्य	वायु	आद्य	द्विप	चांदी	बि.2 मी. 1	गुरु	16
7.	पुनर्वसु	ही	कर्क	चन्द्र	मार्जार	देव	विप्र	मध्य	जल	आद्य	द्विप	चांदी	मीढ़ा	गुरु	16

क्र.	नक्षत्र	नक्षत्र अक्षर	राशि	स्वामी	योनि	गण	वर्ण	युञ्जा	हंस	नाड़ी	वश्य	पाया	वर्ग	जन्म दशा	दशा वर्ष
8.	पुष्य	ह,हे,हो,डा	कर्क	चन्द्र	मीढ़ा	देव	विप्र	मध्य	जल	मध्य	द्विप	चांदी	मि. 3 श्वा. 1	शनि	19
9.	आश्लेषा	डी,डू,डे,डो	कर्क	चन्द्र	मार्जार	राक्षस	विप्र	मध्य	जल	आद्य	द्विप	चांदी	श्वान	बुध	17
10.	मघा	मा,मी,मू,मो	सिंह	सूर्य	मूषक	राक्षस	क्षत्रीय	मध्य	वायु	आद्य	चतु.	चांदी	मूषक	केतु	7
11.	पूर्व फा.	मो,टा,टी,टू	सिंह	सूर्य	मूषक	मनुष्य	क्षत्रीय	मध्य	वायु	मध्य	चतु.	चांदी	मू. 3 श्वा. 3	शुक्र	20
12	उ. फा.	टे	सिंह	सूर्य	गौ	मनुष्य	क्षत्रीय	मध्य	वायु	आद्य	चतु.	चांदी	श्वान	सूर्य	6
12.	उ. फा.	टो,पा,पी	कन्या	बुध	गौ	मनुष्य	वैश्य	मध्य	भूमि	आद्य	द्विपद	चांदी	श्वा. 1 मू. 2	सूर्य	6
13.	हस्त	पू,ष,ण,ठ	कन्या	बुध	भैंस	देव	वैश्य	मध्य	भूमि	आद्य	द्विपद	चांदी	मू. 1 मी. 1 श्वा. 2	चन्द्र	10
14.	चित्रा	पे,पो	कन्या	बुध	व्याघ्र	राक्षस	वैश्य	मध्य	भूमि	मध्य	द्विपद	चांदी	मूषक	मंगल	7
14.	चित्रा	रा,री	तुला	शुक्र	व्याघ्र	राक्षस	शूद्र	मध्य	वायु	मध्य	द्विपद	चांदी	हरिण	मंगल	7
15.	स्वाति	रू,रे,रो,ता	तुला	शुक्र	भैंस	देव	शूद्र	मध्य	वायु	अन्त्य	द्विपद	चांदी	हि. 3 सर्प 1	राहु	18
16.	विशाखा	ती,तू,ते	तुला	शुक्र	मध्य	राक्षस	शूद्र	मध्य	वायु	अन्त्य	द्विपद	ताम्बा	सर्प	गुरु	16
16.	विशाखा	तो	वृश्चिक	मंगल	मध्य	राक्षस	विप्र	मध्य	जल	अन्त्य	कीट	ताम्बा	सर्प	गुरु	16

क्र.	नक्षत्र	नक्षत्र अक्षर	राशि	स्वामी	योनि	गण	वर्ण	युन्जा	हंस	नाड़ी	वश्य	पाया	वर्ग	जन्म दशा	दशा वर्ष
17.	अनुराधा	ना,नी,नू,ने	वृश्चिक	मंगल	मृग	देव	विप्र	मध्य	जल	व्याघ्र	कीट	ताम्बा	सर्प	शनि	19
18.	ज्येष्ठा	नो,या,यी,यू	वृश्चिक	मंगल	मृग	राक्षस	विप्र	अन्त्य	जल	आद्य	कीट	ताम्बा	सर्प 1 हिरण 3	बुध	17
19.	मूल	भे,भो,भा,भी	धनु	गुरु	श्वान	राक्षस	क्षत्रीय	अन्त्य	अग्नि	आद्य	द्विपद	ताम्बा	हि. 2 मूषक 2	केतु	7
20.	पूर्वाषाढ़ा	भू,धा,फा,ढा	धनु	गुरु	कपि	मनुष्य	क्षत्रीय	अन्त्य	अग्नि	मध्य	द्विपद	ताम्बा	1 मू 1 स 1 मू2 1 श्वान	शुक्र	20
21.	उ. षा.	भे	धनु	गुरु	नकुल	मनुष्य	क्षत्रीय	अन्त्य	अग्नि	अन्त्य	द्विपद	ताम्बा	मूषक	सूर्य	6
21.	उ. षा.	भो,जो,जी	मकर	शनि	नकुल	मनुष्य	वैश्य	अन्त्य	भूमि	अन्त्य	चतु.	ताम्बा	1 मू. 2 सिं.	सूर्य	6
22.	अभिजित्	जू,जे,जो,खा	मकर	शनि	नकुल	मनुष्य	वैश्य	अन्त्य	भूमि	अन्त्य	चतु.	ताम्बा	सिं. 3 वि. 1	×	×
23.	श्रवण	खी,खू,खे,खो	मकर	शनि	कपि	देव	वैश्य	अन्त्य	भूमि	अन्त्य	चतु.	ताम्बा	बिलाड़	चन्द्र	10
24.	धनिष्ठा	गा,गी	मकर	शनि	सिंह	राक्षस	वैश्य	अन्त्य	भूमि	मध्य	चतु.	ताम्बा	बिलाड़	मंगल	7
24.	धनिष्ठा	गू, गे	कुम्भ	शनि	सिंह	राक्षस	शूद्र	अन्त्यं	वायु	मध्य	द्विपद	ताम्बा	बिलाड़	मंगल	7
25.	शतभिषा	गो,सा,सी,सू	कुम्भ	शनि	अश्व	राक्षस	शूद्र	अन्त्य	वायु	आद्य	द्विपद	लोहा	1 बि. 3 मी	राहु	18
26.	पूर्वा भा.	से,सो,द	कुम्भ	शनि	सिंह	मनुष्य	शूद्र	अन्त्य	वायु	आद्य	द्विपद	लोहा	2 मी. 1 सर्प	गुरु	16

क्र.	नक्षत्र	नक्षत्र अक्षर	राशि	स्वामी	योनि	गण	वर्ण	युन्जा	हंस	नाड़ी	वश्य	पाया	वर्ग	जन्म दशा	दशा वर्ष
26.	पूर्व भा.	दी	मीन	गुरु	सिंह	मनुष्य	विप्र	अन्त्य	जल	आद्य	जल	लोहा	सर्प	गुरु	16
27.	उ. भा.	दू,थ,झ,ञ	मीन	गुरु	गौ	मनुष्य	विप्र	अन्त्य	जल	मध्य	जल	लोहा	2 सर्प 2 सिंह	शनि	19
28.	रेवती	दे,दो,चा,ची	मीन	गुरु	गज	देव	विप्र	पूर्व	जल	अन्त्य	जल	सोना	2 सर्प 2 सिंह	बुध	17

विभिन्न नक्षत्रों का ग्रहों के साथ सम्बन्ध

	क्र.	नक्षत्र नाम	नक्षत्र देवता	नक्षत्र स्वामी	सूर्य	चन्द्र	मंगल	बुध	गुरु	शुक्र	शनि	राहु	केतु
मेष	1	**अश्विनी**	अश्नि कुमार	**केतु**	शत्रु	शत्रु	मित्र	मित्र	शत्रु	मित्र	मित्र	शत्रु	सम
	2.	**भरणी**	यम	**शुक्र**	शत्रु	शत्रु	सम	मित्र	शत्रु	सम	मित्र	शत्रु	शत्रु
	3.	**कृतिका**	अग्नि	**सूर्य**	सम	मित्र	मित्र	शत्रु	मित्र	शत्रु	शत्रु	शत्रु	शत्रु
वृष	4.	**रोहिणी**	ब्रह्मा	**चन्द्र**	मित्र	सम	मित्र	शत्रु	मित्र	शत्रु	शत्रु	शत्रु	शत्रु
	5.	**मृगशिरा**	चन्द्र	**मंगल**	मित्र	मित्र	सम	शत्रु	मित्र	शत्रु	शत्रु	शत्रु	शत्रु
मिथुन	6.	**आर्द्रा**	रुद्र	**राहु**	शत्रु	शत्रु	शत्रु	मित्र	शत्रु	मित्र	मित्र	सम	मित्र
	7.	**पुनर्वसु**	अदिति	**गुरु**	मित्र	मित्र	मित्र	शत्रु	सम	शत्रु	शत्रु	शत्रु	शत्रु
कर्क	8.	**पुष्य**	गुरु	**शनि**	शत्रु	शत्रु	शत्रु	मित्र	शत्रु	मित्र	सम	मित्र	मित्र
	9.	**आश्लेषा**	सूर्य	**बुध**	शत्रु	शत्रु	शत्रु	सम	शत्रु	मित्र	मित्र	मित्र	मित्र
सिंह	10.	**मघा**	पितर	**केतु**	शत्रु	शत्रु	शत्रु	मित्र	शत्रु	मित्र	मित्र	मित्र	सम
	11.	**पू. फा.**	भंग	**शुक्र**	शत्रु	शत्रु	शत्रु	मित्र	शत्रु	सम	मित्र	मित्र	मित्र
	12	**उ. फा.**	अर्यमा	**सूर्य**	सम	मित्र	मित्र	शत्रु	मित्र	शत्रु	शत्रु	शत्रु	शत्रु
कन्या	13.	**हस्त**	सूर्य	**चन्द्र**	मित्र	सम	मित्र	शत्रु	मित्र	शत्रु	शत्रु	शत्रु	शत्रु
	14.	**चित्रा**	विश्वकर्मा	**मंगल**	मित्र	मित्र	सम	शत्रु	मित्र	शत्रु	शत्रु	शत्रु	शत्रु

	क्र.	नक्षत्र नाम	नक्षत्र देवता	नक्षत्र स्वामी	सूर्य	चन्द्र	मंगल	बुध	गुरु	शुक्र	शनि	राहु	केतु
तुला	15.	स्वाति	वायु	राहु	शत्रु	शत्रु	शत्रु	मित्र	शत्रु	मित्र	मित्र	सम	मित्र
	16.	विशाखा	इन्द्राग्नि	गुरु	मित्र	मित्र	मित्र	शत्रु	सम	शत्रु	शत्रु	शत्रु	शत्रु
शनि	17.	अनुराधा	मित्र	शनि	शत्रु	शत्रु	शत्रु	मित्र	शत्रु	मित्र	सम	मित्र	मित्र
	18.	ज्येष्ठा	इन्द्र	बुध	शत्रु	शत्रु	शत्रु	सम	शत्रु	मित्र	मित्र	शत्रु	सम
धनु	19.	मूला	नैऋति	केतु	शत्रु	शत्रु	मित्र	शत्रु	मित्र	मित्र	मित्र	मित्र	सम
	20.	पू. षा.	उदक	शुक्र	शत्रु	शत्रु	शत्रु	मित्र	शत्रु	सम	मित्र	मित्र	मित्र
मकर	21.	उ. षा.	विश्वेदेवा	सूर्य	सम	मित्र	मित्र	शत्रु	मित्र	शत्रु	शत्रु	शत्रु	शत्रु
	22.	श्रवण	विष्णु	चन्द्र	मित्र	सम	मित्र	शत्रु	मित्र	शत्रु	शत्रु	शत्रु	शत्रु
	23.	धनिष्ठा	वसु	मंगल	मित्र	मित्र	सम	शत्रु	मित्र	शत्रु	शत्रु	शत्रु	शत्रु
	24.	शतभिषा	वरुण	राहु	शत्रु	शत्रु	शत्रु	मित्र	शत्रु	मित्र	मित्र	सम	मित्र
कुंभ	25.	पू. भा.	अजकचरण	गुरु	मित्र	मित्र	मित्र	शत्रु	सम	शत्रु	शत्रु	शत्रु	शत्रु
	26.	उ. भा.	अहिर्बुध्य	शनि	शत्रु	शत्रु	शत्रु	मित्र	शत्रु	मित्र	सम	मित्र	मित्र
मीन	27.	रेवती	पूषा	बुध	शत्रु	शत्रु	शत्रु	सम	शत्रु	मित्र	मित्र	मित्र	मित्र

कुंभलग्न पर अंशात्मक फलादेश

कुंभलग्न, अंश 0 से 1

1. **लग्न नक्षत्र**—धनिष्ठा
2. **नक्षत्र पद**—3
3. **नक्षत्र अंश**—13/3/20/0
4. **वर्ण**—वैश्य
5. **वश्य**—द्विपद
6. **योनि**—सिंह
7. **गण**—राक्षस
8. **नाड़ी**—अन्त्य
9. **नक्षत्र देवता**—वसु
10. **वर्णाक्षर**—गू
11. **वर्ग**—बिलाव
12. **लग्न स्वामी**—शनि
13. **लग्न नक्षत्र स्वामी**—मंगल
14. **नक्षत्र चरण स्वामी**—शुक्र
15. **लग्न स्वामी से सम्बन्ध**—शत्रु
16. **लग्न नक्षत्र से सम्बन्ध**—शत्रु
17. **नक्षत्र चरण स्वामी से सम्बन्ध**—शत्रु
18. **प्रधान विशेषता**—'भीरु'

धनिष्ठा नक्षत्र का देवता वसु एवं स्वामी मंगल है। ऐसा व्यक्ति दाता, धनी, शूरवीर, भोगी और संगीतप्रिय होता है। आपका जन्म धनिष्ठा नक्षत्र के तृतीय चरण में होने से आप थोड़ी डरपोक प्रवृत्ति के होंगे। धनिष्ठा के तृतीय चरण का स्वामी शुक्र है। शुक्र लग्नेश शनि का शत्रु और लग्न नक्षत्र मंगल का भी शत्रु है। फलतः यहां शुक्र की दशा में अपेक्षित लाभ नहीं मिल पायेगा। शनि की दशा मिश्रित फल देगी।

यहां लग्न जीरो (Zero) से एक अंश के भीतर होने से मृतावस्था (Combust) में है, कमजोर है। जातक का लग्न बली नहीं होने से उसका विकास रुका हुआ रहेगा।

कुंभलग्न, अंश 1 से 2

1. **लग्न नक्षत्र**—धनिष्ठा
2. **नक्षत्र पद**—3
3. **नक्षत्र अंश**—13/3/20/0

4. वर्ण–वैश्य
5. वश्य–द्विपद
6. योनि–सिंह
7. गण–राक्षस
8. नाड़ी–अन्त्य
9. नक्षत्र देवता–वसु
10. वर्णाक्षर–गू
11. वर्ग–बिलाव
12. लग्न स्वामी–शनि
13. लग्न नक्षत्र स्वामी–मंगल
14. नक्षत्र चरण स्वामी–शुक्र
15. लग्न स्वामी से सम्बन्ध–शत्रु
16. लग्न नक्षत्र से सम्बन्ध–शत्रु
17. नक्षत्र चरण स्वामी से सम्बन्ध–शत्रु
18. प्रधान विशेषता–'भीरु'

धनिष्ठा नक्षत्र का देवता वसु एवं स्वामी मंगल है। ऐसा व्यक्ति दाता, धनी, शूरवीर, भोगी और संगीतप्रिय होता है। आपका जन्म धनिष्ठा नक्षत्र के तृतीय चरण में होने से आप थोड़ी डरपोक प्रवृत्ति के होंगे। धनिष्ठा के तृतीय चरण का स्वामी शुक्र है। शुक्र लग्नेश शनि का शत्रु और लग्न नक्षत्र मंगल का भी शत्रु है। फलत: यहां शुक्र की दशा में अपेक्षित लाभ नहीं मिल पायेगा। शनि की दशा मिश्रित फल देगी।

लग्न एक से दो अंश के भीतर होने से 'उदित अंशों' का है, बलवान है। जातक लग्न बली एवं चेष्टावान होगा। लग्नेश की दशा शुभ फल देगी। कुंभ राशि शनि 20 अंशों तक मूलत्रिकोणी होता है। अत: शनि की दशा-अंतर्दशा शुभ फल देगी।

कुंभलग्न, अंश 2 से 3

1. लग्न नक्षत्र–धनिष्ठा
2. नक्षत्र पद–3
3. नक्षत्र अंश–10/3/20/0
4. वर्ण–वैश्य
5. वश्य–द्विपद
6. योनि–सिंह
7. गण–राक्षस
8. नाड़ी–अन्त्य
9. नक्षत्र देवता–वसु
10. वर्णाक्षर–गू
11. वर्ग–बिलाव
12. लग्न स्वामी–शनि
13. लग्न नक्षत्र स्वामी–मंगल
14. नक्षत्र चरण स्वामी–शुक्र
15. लग्न स्वामी से सम्बन्ध–शत्रु
16. लग्न नक्षत्र से सम्बन्ध–शत्रु
17. नक्षत्र चरण स्वामी से सम्बन्ध–शत्रु
18. प्रधान विशेषता–'भीरु'

धनिष्ठा नक्षत्र का देवता वसु एवं स्वामी मंगल है। ऐसा व्यक्ति दाता, धनी, शूरवीर, भोगी और संगीतप्रिय होता है। आपका जन्म धनिष्ठा नक्षत्र के तृतीय चरण में

होने से आप थोड़ी डरपोक प्रवृत्ति के होंगे। धनिष्ठा के तृतीय चरण का स्वामी शुक्र हैं। शुक्र लग्नेश शनि का शत्रु और लग्न नक्षत्र मंगल का भी शत्रु है। फलत: यहां शुक्र की दशा में अपेक्षित लाभ नहीं मिल पायेगा। शनि की दशा मिश्रित फल देगी।

लग्न यहां दो से तीन अंशों के भीतर होने से बलवान है। लग्न **उदित अंशों** में होने से लग्नेश शनि की दशा उत्तम फल देगी। कुंभ राशि के 20 अंशों तक शनि मूलत्रिकोणी कहलाता है। यहां लग्न 20 अंशों से कम होने पर लग्न बलवान होने से, लग्नेश शनि की दशा में जातक की उन्नति होगी।

कुंभलग्न, अंश 3 से 4

1. **लग्न नक्षत्र**–धनिष्ठा
2. **नक्षत्र पद**–4
3. **नक्षत्र अंश**–10/3/20/0 से 10/6/40/0
4. **वर्ण**–वैश्य
5. **वश्य**–द्विपद
6. **योनि**–सिंह
7. **गण**–राक्षस
8. **नाड़ी**–अन्त्य
9. **नक्षत्र देवता**–वसु
10. **वर्णाक्षर**–गे
11. **वर्ग**–बिलाव
12. **लग्न स्वामी**–शनि
13. **लग्न नक्षत्र स्वामी**–मंगल
14. **नक्षत्र चरण स्वामी**–मंगल
15. **लग्न स्वामी से सम्बन्ध**–शत्रु
16. **लग्न नक्षत्र से सम्बन्ध**–स्व.
17. **नक्षत्र चरण स्वामी से सम्बन्ध**–स्व
18. **प्रधान विशेषता**–'महानारीवरो'

धनिष्ठा नक्षत्र का देवता वसु एवं स्वामी मंगल है। ऐसा व्यक्ति दाता, धनी, शूरवीर, भोगी और संगीतप्रिय होता है। आपका जन्म धनिष्ठा नक्षत्र **के चतुर्थ चरण** में होने से शास्त्रों के अनुसार आप महान् नारी के पति होंगे। **धनिष्ठा नक्षत्र के** चतुर्थ चरण का स्वामी मंगल है तथा लग्न नक्षत्र स्वामी भी मंगल है। फलत: मंगल की दशा राजयोग प्रदाता होगी तथा जातक का पराक्रम बढ़ायेगी। शनि की दशा में उन्नति होगी।

लग्न यहां तीन से चार अंशों के भीतर होने से **उदित अंशों** में बलवान है। लग्न उदित अंशों में होने से, लग्नेश शनि की दशा उत्तम फल देगी। कुंभ राशि के 20 अंशों तक शनि मूलत्रिकोणी होता है। अत: शनि की दशा-अंतर्दशा शुभ फल देगी।

कुंभलग्न, अंश 4 से 5

1. **लग्न नक्षत्र**–धनिष्ठा
2. **नक्षत्र पद**–4
3. **नक्षत्र अंश**–10/3/20/0 से 10/6/40/0

4. **वर्ण**–वैश्य

5. **वश्य**–द्विपद

6. **योनि**–सिंह

7. **गण**–राक्षस

8. **नाड़ी**–अन्त्य

9. **नक्षत्र देवता**–वसु

10. **वर्णाक्षर**–गे

11. **वर्ग**–बिलाव

12. **लग्न स्वामी**–शनि

13. **लग्न नक्षत्र स्वामी**–मंगल

14. **नक्षत्र चरण स्वामी**–मंगल

15. **लग्न स्वामी से सम्बन्ध**–शत्रु

16. **लग्न नक्षत्र से सम्बन्ध**–स्व.

17. **नक्षत्र चरण स्वामी से सम्बन्ध**–स्व.

18. **प्रधान विशेषता**–'महानारीवरो'

धनिष्ठा नक्षत्र का देवता वसु एवं स्वामी मंगल है। ऐसा व्यक्ति दाता, धनी, शूरवीर, भोगी और संगीतप्रिय होता है। आपका जन्म धनिष्ठा नक्षत्र के चतुर्थ चरण में होने से शास्त्रों के अनुसार आप महान् नारी के पति होंगे। धनिष्ठा नक्षत्र के चतुर्थ चरण का स्वामी मंगल है तथा लग्न नक्षत्र स्वामी भी मंगल है। फलत मंगल की दशा राजयोग प्रदाता होगी। जातक का पराक्रम बढ़ायेगी। शनि की दशा में उन्नति होगी।

लग्न यहां चार से पांच अंशों के भीतर होने से में बलवान है। लग्न उदित अंशों में होने से लग्नेश शनि की दशा उत्तम फल देगी। कुंभ राशि के 20 अंशों तक शनि मूलत्रिकोणी कहलाता है। यहां लग्न 20 अंशों के भीतर होने से बलवान है। फलतः लग्नेश शनि की दशा-अंतर्दशा जातक को उत्तम स्वास्थ्य व उन्नति देगी।

कुंभलग्न, अंश 5 से 6

1. **लग्न नक्षत्र**–धनिष्ठा

2. **नक्षत्र पद**–4

3. **नक्षत्र अंश**–10/3/20/0 से 10/6/40/0

4. **वर्ण**–वैश्य

5. **वश्य**–द्विपद

6. **योनि**–सिंह

7. **गण**–राक्षस

8. **नाड़ी**–अन्त्य

9. **नक्षत्र देवता**–वसु

10. **वर्णाक्षर**–गे

11. **वर्ग**–बिलाव

12. **लग्न स्वामी**–शनि

13. **लग्न नक्षत्र स्वामी**–मंगल

14. **नक्षत्र चरण स्वामी**–मंगल

15. **लग्न स्वामी से सम्बन्ध**–शत्रु

16. **लग्न नक्षत्र से सम्बन्ध**–स्व.

17. **नक्षत्र चरण स्वामी से सम्बन्ध**–स्व.

18. **प्रधान विशेषता**–'महानारीवरो'

धनिष्ठा नक्षत्र का देवता वसु एवं स्वामी मंगल है। ऐसा व्यक्ति दाता, धनी, शूरवीर, भोगी और संगीतप्रिय होता है। आपका जन्म धनिष्ठा नक्षत्र के चतुर्थ चरण में होने से शास्त्रों के अनुसार आप महान् नारी के पति होंगे। धनिष्ठा नक्षत्र के चतुर्थ चरण का स्वामी मंगल है तथा लग्न नक्षत्र स्वामी भी मंगल है। फलत: मंगल की दशा राजयोग प्रदाता होगी जातक का पराक्रम बढ़ायेगी। शनि की दशा में उन्नति होगी।

लग्न यहां पांच से छ: अंशों के भीतर होने से बलवान है। लग्न उदित अंशों में होने से लग्नेश शनि की दशा उत्तम फल देगी। कुंभ राशि के 20 अंशों तक शनि मूलत्रिकोणी कहलाता है। यहां लग्न 20 अंशों के भीतर होने से बलवान है। फलत: लग्नेश शनि की दशा-अंतर्दशा जातक को उत्तम स्वास्थ्य व उन्नति देगी।

कुंभलग्न, अंश 6 से 7

1. **लग्न नक्षत्र**–धनिष्ठा
2. **नक्षत्र पद**–4
3. **नक्षत्र अंश**–10/3/20/0 से 10/6/40/0
4. **वर्ण**–वैश्य
5. **वश्य**–द्विपद
6. **योनि**–सिंह
7. **गण**–राक्षस
8. **नाड़ी**–अन्त्य
9. **नक्षत्र देवता**–वसु
10. **वर्णाक्षर**–गे
11. **वर्ग**–बिलाव
12. **लग्न स्वामी**–शनि
13. **लग्न नक्षत्र स्वामी**–मंगल
14. **नक्षत्र चरण स्वामी**–मंगल
15. **लग्न स्वामी से सम्बन्ध**–शत्रु
16. **लग्न नक्षत्र से सम्बन्ध**–स्व.
17. **नक्षत्र चरण स्वामी से सम्बन्ध**–स्व.
18. **प्रधान विशेषता**–'महानारीवरो'

धनिष्ठा नक्षत्र का देवता वसु एवं स्वामी मंगल है। ऐसा व्यक्ति दाता, धनी, शूरवीर, भोगी और संगीतप्रिय होता है। आपका जन्म धनिष्ठा नक्षत्र के चतुर्थ चरण में होने से शास्त्रों के अनुसार आप महान् नारी के पति होंगे। धनिष्ठा नक्षत्र के चतुर्थ चरण का स्वामी मंगल है तथा लग्न नक्षत्र स्वामी भी मंगल है। फलत: मंगल की दशा राजयोग प्रदाता होगी तथा जातक का पराक्रम बढ़ायेगी। शनि की दशा में उन्नति होगी।

यहां लग्न छह से सात अंशों के भीतर होने से बलवान है। लग्न उदित अंशों में होने से लग्नेश शनि की दशा अति उत्तम फल देगी। कुंभ राशि के 20 अंशों तक शनि मूलत्रिकोणी कहलाता है। यहां लग्न 20 अंशों के भीतर होने से बलवान है। फलत: लग्नेश शनि की दशा-अंतर्दशा जातक को उत्तम स्वास्थ्य व उन्नति देगी।

कुंभलग्न, अंश 7 से 8

1. लग्न नक्षत्र–शतभिषा
2. नक्षत्र पद–1
3. नक्षत्र अंश–10/6/40/0 से 10/10/0/0
4. वर्ण–वैश्य
5. वश्य–द्विपद
6. योनि–अश्व
7. गण–राक्षस
8. नाड़ी–आद्य
9. नक्षत्र देवता–वरुण
10. वर्णाक्षर–गो
11. वर्ग–बिलाव
12. लग्न स्वामी–शनि
13. लग्न नक्षत्र स्वामी–राहु
14. नक्षत्र चरण स्वामी–बृहस्पति
15. लग्न स्वामी से सम्बन्ध–शत्रु
16. लग्न नक्षत्र से सम्बन्ध–शत्रु
17. नक्षत्र चरण स्वामी से सम्बन्ध–शत्रु
18. प्रधान विशेषता–'वाग्मी'

शतभिषा नक्षत्र का देवता वरुण एवं स्वामी राहु है। ऐसा जातक स्पष्टवाणी वाला, साहसी, मुश्किल से काबू में आने वाला, व्यसनों में लगा हुआ और शत्रुओं पर विजय प्राप्त करने वाला होता है। शतभिषा नक्षत्र के प्रथम चरण में जन्म होने से ऐसा जातक 'वाग्मी' कुशल वक्ता होता है। शतभिषा के प्रथम चरण का स्वामी बृहस्पति होता है। बृहस्पति लग्नेश शनि का शत्रु है। बृहस्पति लग्न नक्षत्र स्वामी राहु का भी शत्रु है। फलत: बृहस्पति की दशा यहां अपेक्षित लाभ नहीं दे पायेगी। बृहस्पति में राहु व शनि का अन्तर कष्टदाई होगा परन्तु राहु की स्वतंत्र दशा उत्तम फल देगी।

यहां लग्न सात से आठ अंशों के भीतर होने से **उदित अंशों** में है, बलवान है। लग्नेश शनि की दशा अति उत्तम फल देगी। कुंभ राशि के 20 अंशों तक शनि मूलत्रिकोणी कहलाता है। यहां शनि की दशा शुभ फल देगी। जातक की उन्नति करायेगी।

कुंभलग्न, अंश 8 से 9

1. लग्न नक्षत्र–शतभिषा
2. नक्षत्र पद–1
3. नक्षत्र अंश–10/6/40/0 से 10/10/0/0
4. वर्ण–वैश्य
5. वश्य–द्विपद
6. योनि–अश्व
7. गण–राक्षस
8. नाड़ी–आद्य
9. नक्षत्र देवता–वरुण

10. **वर्णाक्षर**–गो
11. **वर्ग**–बिलाव
12. **लग्न स्वामी**–शनि
13. **लग्न नक्षत्र स्वामी**–राहु
14. **नक्षत्र चरण स्वामी**–बृहस्पति
15. **लग्न स्वामी से सम्बन्ध**–शत्रु
16. **लग्न नक्षत्र से सम्बन्ध**–शत्रु
17. **नक्षत्र चरण स्वामी से सम्बन्ध**–शत्रु
18. **प्रधान विशेषता**–'वाग्मी'

शतभिषा नक्षत्र का देवता वरुण एवं स्वामी राहु है। ऐसा जातक स्पष्टवाणी वाला, साहसी, मुश्किल से काबू में आने वाला, व्यसनों में लगा हुआ और शत्रुओं पर विजय प्राप्त करने वाला होता है। शतभिषा नक्षत्र के प्रथम चरण में जन्म होने से ऐसा जातक 'वाग्मी' कुशल वक्ता होता है। शतभिषा के प्रथम चरण का स्वामी बृहस्पति होता है। बृहस्पति लग्नेश शनि का शत्रु है। बृहस्पति लग्न नक्षत्र स्वामी राहु का भी शत्रु है। फलत: बृहस्पति की दशा यहां अपेक्षित लाभ नहीं दे पायेगी। बृहस्पति में राहु व शनि का अन्तर कष्टदाई होगा परन्तु राहु की स्वतंत्र दशा उत्तम फल देगी।

लग्न यहां आठ से नौ अंशों के भीतर होने से बलवान है। लग्न उदित अंशों में होने से लग्नेश शनि की दशा उत्तम फल देगी। कुंभ राशि के 20 अंशों तक शनि मूलत्रिकोणी कहलाता है। यहां लग्न 20 अंशों के भीतर होने से बलवान है। फलत: लग्नेश शनि की दशा-अंतर्दशा जातक को उत्तम स्वास्थ्य व उन्नति देगी।

कुंभलग्न, अंश 9 से 10

1. **लग्न नक्षत्र**–शतभिषा
2. **नक्षत्र पद**–1
3. **नक्षत्र अंश**–10/6/40/0 से 10/10/0/0
4. **वर्ण**–वैश्य
5. **वश्य**–द्विपद
6. **योनि**–अश्व
7. **गण**–राक्षस
8. **नाड़ी**–आद्य
9. **नक्षत्र देवता**–वरुण
10. **वर्णाक्षर**–गो
11. **वर्ग**–बिलाव
12. **लग्न स्वामी**–शनि
13. **लग्न नक्षत्र स्वामी**–राहु
14. **नक्षत्र चरण स्वामी**–बृहस्पति
15. **लग्न स्वामी से सम्बन्ध**–शत्रु
16. **लग्न नक्षत्र से सम्बन्ध**–शत्रु
17. **नक्षत्र चरण स्वामी से सम्बन्ध**–शत्रु
18. **प्रधान विशेषता**–'वाग्मी'

शतभिषा नक्षत्र का देवता वरुण एवं स्वामी राहु है। ऐसा जातक स्पष्टवाणी वाला, साहसी, मुश्किल से काबू में आने वाला, व्यसनों में लगा हुआ और शत्रुओं

पर विजय प्राप्त करने वाला होता है। शतभिषा नक्षत्र के प्रथम चरण में जन्म होने से ऐसा जातक 'वाग्मी' कुशल वक्ता होता है। शतभिषा के प्रथम चरण का स्वामी बृहस्पति होता है। बृहस्पति लग्नेश शनि का शत्रु है। बृहस्पति लग्न नक्षत्र स्वामी राहु का भी शत्रु है। फलतः बृहस्पति की दशा यहां अपेक्षित लाभ नहीं दे पायेगी। बृहस्पति में राहु व शनि का अन्तर कष्टदाई होगा परन्तु राहु की स्वतंत्र दशा उत्तम फल देगी।

लग्न यहां नौ से दस अंशों के भीतर होने से बलवान है। लग्न उदित अंशों में होने से लग्नेश शनि की दशा उत्तम फल देगी। कुंभ राशि के 20 अंशों तक शनि मूलत्रिकोणी कहलाता है। यहां लग्न 20 अंशों के भीतर होने से बलवान है। फलतः लग्नेश शनि की दशा-अंतर्दशा जातक को उत्तम स्वास्थ्य व उन्नति देगी।

कुंभलग्न, अंश 10 से 11

1. लग्न नक्षत्र–शतभिषा
2. नक्षत्र पद–2
3. नक्षत्र अंश–10/10/0/0 से 10/13/20/0
4. वर्ण–वैश्य
5. वश्य–द्विपद
6. योनि–अश्व
7. गण–राक्षस
8. नाड़ी–आद्य
9. नक्षत्र देवता–वरुण
10. वर्णाक्षर–ता
11. वर्ग–सर्प
12. लग्न स्वामी–शनि
13. लग्न नक्षत्र स्वामी–राहु
14. नक्षत्र चरण स्वामी–शनि
15. लग्न स्वामी से सम्बन्ध–शत्रु
16. लग्न नक्षत्र से सम्बन्ध–शत्रु
17. नक्षत्र चरण स्वामी से सम्बन्ध–शत्रु
18. प्रधान विशेषता–'श्रीमान्'

शतभिषा नक्षत्र का देवता वरुण एवं स्वामी राहु है। ऐसा जातक स्पष्टवाणी वाला, व्यसनी, मुश्किल से काबू में आने वाला तथा शत्रुओं पर विजय प्राप्त करने वाला होता है। आपका जन्म शतभिषा नक्षत्र के द्वितीय चरण में जन्म होने से आप अपने समाज के अग्रगण्य धनवानों में गिने जायेंगे। शतभिषा नक्षत्र के द्वितीय चरण का स्वामी शनि है। शनि लग्नेश भी है अतः शनि की दशा शुभ फल देगी। यहां राहु की स्वतंत्र दशा भी अत्यन्त शुभफल देगी परन्तु राहु में शनि या शनि में राहु की अंतर्दशा शत्रु तुल्य कष्ट देगी।

यहां लग्न दस से ग्यारह अंशों के भीतर **'आरोह अवस्था'** में है। पूर्ण बली है। लग्नेश शनि की दशा अति उत्तम फल देगी। कुंभ राशि के 20 अंशों तक शनि

मूलत्रिकोणी कहलाता है। अत: शनि की दशा में जातक की उन्नति होगी। उसका सम्पूर्ण विकास होगा।

कुंभलग्न, अंश 11 से 12

1. **लग्न नक्षत्र**–शतभिषा
2. **नक्षत्र पद**–2
3. **नक्षत्र अंश**–10/10/0/0 से 10/13/20/0
4. **वर्ण**–वैश्य
5. **वश्य**–द्विपद
6. **योनि**–अश्व
7. **गण**–राक्षस
8. **नाड़ी**–आद्य
9. **नक्षत्र देवता**–वरुण
10. **वर्णाक्षर**–ता
11. **वर्ग**–सर्प
12. **लग्न स्वामी**–शनि
13. **लग्न नक्षत्र स्वामी**–राहु
14. **नक्षत्र चरण स्वामी**–शनि
15. **लग्न स्वामी से सम्बन्ध**–शत्रु
16. **लग्न नक्षत्र से सम्बन्ध**–शत्रु
17. **नक्षत्र चरण स्वामी से सम्बन्ध**–शत्रु
18. **प्रधान विशेषता**–'श्रीमान्'

शतभिषा नक्षत्र का देवता वरुण एवं स्वामी राहु है। ऐसा जातक स्पष्टवक्ता, साहसी, मुश्किल से काबू में आने वाला तथा शत्रुओं पर विजय प्राप्त करने वाला होता है। आपका जन्म शतभिषा नक्षत्र के द्वितीय चरण में होने से आप अपने समाज के अग्रगण्य धनवानों में गिने जायेंगे। शतभिषा नक्षत्र के द्वितीय चरण का स्वामी शनि है। शनि लग्नेश भी है अत: शनि की दशा शुभ फल देगी। यहां राहु की स्वतंत्र दशा भी अत्यन्त शुभ फल देगी परन्तु राहु में शनि या शनि में राहु की अंतर्दशा शत्रु तुल्य कष्ट देगी।

यहां लग्न ग्यारह से बारह अंशों के भीतर होने से बलवान है। लग्न उदित अंशों में होने से लग्नेश शनि की दशा उत्तम फल देगी। कुंभ राशि के 20 अंशों तक शनि मूलत्रिकोणी कहलाता है। यहां लग्न 20 अंशों के भीतर होने बलवान है। फलत: लग्नेश शनि की दशा-अंतर्दशा जातक को उत्तम स्वास्थ्य व उन्नति देगी।

कुंभलग्न, अंश 12 से 13

1. **लग्न नक्षत्र**–शतभिषा
2. **नक्षत्र पद**–2
3. **नक्षत्र अंश**–10/10/0/0 से 10/13/20/0
4. **वर्ण**–वैश्य
5. **वश्य**–द्विपद

6. **योनि**–अश्व
7. **गण**–राक्षस
8. **नाड़ी**–आद्य
9. **नक्षत्र देवता**–वरुण
10. **वर्णाक्षर**–ता
11. **वर्ग**–सर्प
12. **लग्न स्वामी**–शनि
13. **लग्न नक्षत्र स्वामी**–राहु
14. **नक्षत्र चरण स्वामी**–शनि
15. **लग्न स्वामी से सम्बन्ध**–शत्रु
16. **लग्न नक्षत्र से सम्बन्ध**–शत्रु
17. **नक्षत्र चरण स्वामी से सम्बन्ध**–शत्रु
18. **प्रधान विशेषता**–'श्रीमान्'

शतभिषा नक्षत्र का देवता वरुण एवं स्वामी राहु है। ऐसा जातक स्पष्टवक्ता, साहसी, मुश्किल से काबू में आने वाला तथा शत्रुओं पर विजय प्राप्त करने वाला होता है। आपका जन्म शतभिषा नक्षत्र के द्वितीय चरण में होने से आप अपने समाज के अग्रगण्य धनवानों में गिने जायेंगे। शतभिषा नक्षत्र के द्वितीय चरण का स्वामी शनि है। शनि लग्नेश भी है अतः शनि की दशा शुभ फल देगी। यहां राहु की स्वतंत्र दशा भी अत्यन्त शुभ फल देगी परन्तु राहु में शनि या शनि में राहु की अंतर्दशा शत्रु तुल्य कष्ट देगी।

यहां लग्न बारह से तेरह अंशों के भीतर होने से बलवान है। लग्न उदित अंशों में होने से लग्नेश शनि की दशा उत्तम फल देगी। कुंभ राशि के 20 अंशों तक शनि मूलत्रिकोणी कहलाता है। यहां लग्न 20 अंशों भीतर होने से बलवान है। फलतः लग्नेश शनि की दशा-अंतर्दशा जातक को उत्तम स्वास्थ्य व उन्नति देगी।

कुंभलग्न, अंश 13 से 14

1. **लग्न नक्षत्र**–शतभिषा
2. **नक्षत्र पद**–3
3. **नक्षत्र अंश**–10/13/20/0 से 10/16/40/0
4. **वर्ण**–वैश्य
5. **वश्य**–द्विपद
6. **योनि**–अश्व
7. **गण**–राक्षस
8. **नाड़ी**–आद्य
9. **नक्षत्र देवता**–वरुण
10. **वर्णाक्षर**–ती
11. **वर्ग**–सर्प
12. **लग्न स्वामी**–शनि
13. **लग्न नक्षत्र स्वामी**–राहु
14. **नक्षत्र चरण स्वामी**–शनि
15. **लग्न स्वामी से सम्बन्ध**–शत्रु
16. **लग्न नक्षत्र से सम्बन्ध**–शत्रु
17. **नक्षत्र चरण स्वामी से सम्बन्ध**–शत्रु
18. **प्रधान विशेषता**–'सुखी'

शतभिषा नक्षत्र के देवता वरुण एवं स्वामी राहु है। इस नक्षत्र में जन्मा जातक स्पष्टवक्ता, साहसी, व्यसनी, मुश्किल से काबू में आने वाला, तथा शत्रुओं पर विजय प्राप्त करने वाला होता है। आपका जन्म शतभिषा नक्षत्र के तृतीय चरण में जन्म होने के कारण आप अपने समाज के सुखी व सम्पन्न व्यक्ति माने जायेंगे। शतभिषा नक्षत्र के तृतीय चरण का स्वामी शनि है तथा लग्नेश भी शनि है फलतः शनि की दशा-अंतर्दशा उन्नतिदायक रहेगी। राहु की स्वतंत्र दशा शुभ पर राहु में शनि अथवा शनि में राहु की अंतर्दशा अशुभ फल सूचक रहेगी।

यहां लग्न तेरह से चौदह अंशों के मध्य है। **'आरोह अवस्था'** में है। पूर्ण बली है। कुंभ राशि के 20 अंशों तक शनि मूलत्रिकोणी होता है फलतः शनि की दशा-अंतर्दशा में जातक की उन्नति होगी।

कुंभलग्न, अंश 14 से 15

1. **लग्न नक्षत्र**—शतभिषा
2. **नक्षत्र पद**—3
3. **नक्षत्र अंश**—10/13/20/0 से 10/16/40/0
4. **वर्ण**—वैश्य
5. **वश्य**—द्विपद
6. **योनि**—अश्व
7. **गण**—राक्षस
8. **नाड़ी**—आद्य
9. **नक्षत्र देवता**—वरुण
10. **वर्णाक्षर**—ती
11. **वर्ग**—सर्प
12. **लग्न स्वामी**—शनि
13. **लग्न नक्षत्र स्वामी**—राहु
14. **नक्षत्र चरण स्वामी**—शनि
15. **लग्न स्वामी से सम्बन्ध**—शत्रु
16. **लग्न नक्षत्र से सम्बन्ध**—शत्रु
17. **नक्षत्र चरण स्वामी से सम्बन्ध**—शत्रु
18. **प्रधान विशेषता**—'सुखी'

शतभिषा नक्षत्र का देवता वरुण एवं स्वामी राहु है। ऐसा जातक स्पष्टवक्ता, साहसी, व्यसनी, मुश्किल से काबू में आने वाला तथा और शत्रुओं पर विजय प्राप्त करने वाला होता है। आपका जन्म शतभिषा नक्षत्र के तृतीय चरण में जन्म होने के कारण आप अपने समाज के सुखी व सम्पन्न व्यक्ति माने जायेंगे। शतभिषा नक्षत्र के तृतीय चरण का स्वामी शनि है तथा लग्नेश भी शनि है फलतः शनि की दशा-अंतर्दशा उन्नतिदायक रहेगी। राहु की स्वतंत्र दशा शुभ पर राहु में शनि अथवा शनि में राहु की अंतर्दशा अशुभ फल सूचक रहेगी।

यहां लग्न चौदह से पन्द्रह अंशों के भीतर होने से बलवान है। लग्न उदित अंशों में होने से लग्नेश शनि की दशा उत्तम फल देगी। कुंभ राशि के 20 अंशों तक शनि

मूलत्रिकोणी कहलाता है। यहां लग्न 20 अंशों के भीतर होने से बलवान है। फलतः लग्नेश शनि की दशा-अंतर्दशा जातक को उत्तम स्वास्थ्य व उन्नति देगी।

कुंभलग्न, अंश 15 से 16

1. **लग्न नक्षत्र**–शतभिषा
2. **नक्षत्र पद**–3
3. **नक्षत्र अंश**–10/13/20/0 से 10/16/14/0
4. **वर्ण**–वैश्य
5. **वश्य**–द्विपद
6. **योनि**–अश्व
7. **गण**–राक्षस
8. **नाड़ी**–आद्य
9. **नक्षत्र देवता**–वरुण
10. **वर्णाक्षर**–ती
11. **वर्ग**–सर्प
12. **लग्न स्वामी**–शनि
13. **लग्न नक्षत्र स्वामी**–राहु
14. **नक्षत्र चरण स्वामी**–शनि
15. **लग्न स्वामी से सम्बन्ध**–शत्रु
16. **लग्न नक्षत्र से सम्बन्ध**–शत्रु
17. **नक्षत्र चरण स्वामी से सम्बन्ध**–शत्रु
18. **प्रधान विशेषता**–'सुखी'

शतभिषा नक्षत्र का देवता वरुण एवं स्वामी राहु है। इस नक्षत्र में जन्मा जातक स्पष्टवक्ता, साहसी, व्यसनी, मुश्किल से काबू में आने वाला तथा शत्रुओं पर विजय प्राप्त करने वाला होता है। आपका जन्म शतभिषा नक्षत्र के तृतीय चरण में होने के कारण आप अपने समाज के सुखी व सम्पन्न व्यक्ति माने जायेंगे। शतभिषा नक्षत्र के तृतीय चरण का स्वामी शनि है तथा लग्नेश भी शनि है फलतः शनि की दशा-अंतर्दशा उन्नतिदायक रहेगी। राहु की स्वतंत्र दशा शुभ पर राहु में शनि अथवा शनि में राहु की अंतर्दशा अशुभ फल सूचक रहेगी।

लग्न यहां पन्द्रह से सोलह अंशों के भीतर होने से बलवान है। लग्न उदित अंशों में होने से लग्नेश शनि की दशा उत्तम फल देगी। कुंभ राशि के 20 अंशों तक शनि मूलत्रिकोणी कहलाता है। यहां लग्न 20 अंशों भीतर होने से बलवान है। फलतः लग्नेश शनि की दशा-अंतर्दशा जातक को उत्तम स्वास्थ्य व उन्नति देगी।

कुंभलग्न, अंश 16 से 17

1. **लग्न नक्षत्र**–शतभिषा
2. **नक्षत्र पद**–4
3. **नक्षत्र अंश**–10/16/14/0 से 10/20/0/0
4. **वर्ण**–वैश्य
5. **वश्य**–द्विपद

6. योनि–अश्व | **7. गण**–राक्षस

8. नाड़ी–आद्य | **9. नक्षत्र देवता**–वरुण

10. वर्णाक्षर–तू | **11. वर्ग**–सर्प

12. लग्न स्वामी–शनि | **13. लग्न नक्षत्र स्वामी**–राहु

14. नक्षत्र चरण स्वामी–बृहस्पति | **15. लग्न स्वामी से सम्बन्ध**–शत्रु

16. लग्न नक्षत्र से सम्बन्ध–शत्रु | **17. नक्षत्र चरण स्वामी से सम्बन्ध**–शत्रु

18. प्रधान विशेषता–'पुत्रवान्'

शतभिषा नक्षत्र का देवता वरुण एवं स्वामी राहु है। इस नक्षत्र में जन्मा जातक स्पष्टवक्ता, साहसी, व्यसनी, मुश्किल से काबू में आने वाला तथा शत्रुओं पर विजय प्राप्त करने वाला होता है। आपका जन्म शतभिषा नक्षत्र के चतुर्थ चरण में होने से आपका पुत्र योग शक्तिशाली है। शतभिषा नक्षत्र के चौथे चरण का स्वामी बृहस्पति है। बृहस्पति की लग्नेश शनि से शत्रुता है। बृहस्पति की लग्न नक्षत्र स्वामी से भी शत्रुता है। फलतः बृहस्पति की दशा इतनी अनुकूल नहीं होगी, जितनी अपेक्षा है।

यहां लग्न सोलह से सत्रह अंशों के भीतर मध्य अवस्था में है। पूर्ण बली है। कुंभ राशि के 20 अंशों तक शनि मूलत्रिकोणी होता है। शनि की दशा जातक को उन्नति देगी, आगे बढ़ायेगी।

कुंभलग्न, अंश 17 से 18

1. लग्न नक्षत्र–शतभिषा | **2. नक्षत्र पद**–4

3. नक्षत्र अंश–10/16/14/0 से 10/20/0/0

4. वर्ण–वैश्य | **5. वश्य**–द्विपद

6. योनि–अश्व | **7. गण**–राक्षस

8. नाड़ी–आद्य | **9. नक्षत्र देवता**–वरुण

10. वर्णाक्षर–तू | **11. वर्ग**–सर्प

12. लग्न स्वामी–शनि | **13. लग्न नक्षत्र स्वामी**–राहु

14. नक्षत्र चरण स्वामी–बृहस्पति | **15. लग्न स्वामी से सम्बन्ध**–शत्रु

16. लग्न नक्षत्र से सम्बन्ध–शत्रु | **17. नक्षत्र चरण स्वामी से सम्बन्ध**–शत्रु

18. प्रधान विशेषता–'पुत्रवान्'

शतभिषा नक्षत्र का देवता वरुण एवं स्वामी राहु है। इस नक्षत्र में जन्मा जातक स्पष्टवक्ता, साहसी, व्यसनी, मुश्किल से काबू में आने वाला तथा शत्रुओं पर विजय प्राप्त करने वाला होता है। आपका जन्म शतभिषा नक्षत्र के चतुर्थ चरण में होने से आपका पुत्र योग शक्तिशाली है। शतभिषा नक्षत्र के चौथे चरण का स्वामी बृहस्पति है। बृहस्पति की लग्नेश शनि से शत्रुता है। बृहस्पति की लग्न नक्षत्र स्वामी से भी शत्रुता है। फलतः बृहस्पति की दशा इतनी अनुकूल नहीं होगी, जितनी अपेक्षा है।

लग्न यहां सत्रह से अठारह अंशों के भीतर होने से बलवान है। लग्न उदित अंशों में होने से लग्नेश शनि की दशा उत्तम फल देगी। कुंभ राशि के 20 अंशों तक शनि मूलत्रिकोणी कहलाता है। यहां लग्न 20 अंशों के भीतर होने से बलवान है। फलतः लग्नेश शनि की दशा-अंतर्दशा जातक को उत्तम स्वास्थ्य व उन्नति देगी।

कुंभलग्न, अंश 18 से 19

1. लग्न नक्षत्र–शतभिषा
2. नक्षत्र पद–4
3. नक्षत्र अंश–10/16/40/0 से 10/20/0/0
4. वर्ण–वैश्य
5. वश्य–द्विपद
6. योनि–अश्व
7. गण–राक्षस
8. नाड़ी–आद्य
9. नक्षत्र देवता–वरुण
10. वर्णाक्षर–तू
11. वर्ग–सर्प
12. लग्न स्वामी–शनि
13. लग्न नक्षत्र स्वामी–राहु
14. नक्षत्र चरण स्वामी–बृहस्पति
15. लग्न स्वामी से सम्बन्ध–शत्रु
16. लग्न नक्षत्र से सम्बन्ध–शत्रु
17. नक्षत्र चरण स्वामी से सम्बन्ध–शत्रु
18. प्रधान विशेषता–'पुत्रवान्'

शतभिषा नक्षत्र का देवता वरुण एवं स्वामी राहु है। इस नक्षत्र में जन्मा जातक स्पष्टवक्ता, साहसी, व्यसनी, मुश्किल से काबू में आने वाला तथा शत्रुओं पर विजय प्राप्त करने वाला होता है। आपका जन्म शतभिषा नक्षत्र के चतुर्थ चरण में होने से आपका पुत्र योग शक्तिशाली है। शतभिषा नक्षत्र के चौथे चरण का स्वामी बृहस्पति है। बृहस्पति की लग्नेश शनि से शत्रुता है। बृहस्पति की लग्न नक्षत्र स्वामी से भी शत्रुता है। फलतः बृहस्पति की दशा इतनी अनुकूल नहीं होगी, जितनी अपेक्षा है।

लग्न यहां अठारह से उन्नीस अंशों के भीतर होने से बलवान है। लग्न उदित अंशों में होने से लग्नेश शनि की दशा उत्तम फल देगी। कुंभ राशि के 20 अंशों

तक शनि मूलत्रिकोणी कहलाता है। यहां लग्न 20 अंशों के भीतर होने से बलवान है। फलत: लग्नेश शनि की दशा-अंतर्दशा जातक को उत्तम स्वास्थ्य व उन्नति देगी।

कुंभलग्न, अंश 19 से 20

1. लग्न नक्षत्र–शतभिषा **2. नक्षत्र पद**–4

3. नक्षत्र अंश–10/16/40/0 से 10/20/0/0

4. वर्ण–वैश्य **5. वश्य**–द्विपद

6. योनि–अश्व **7. गण**–राक्षस

8. नाड़ी–आद्य **9. नक्षत्र देवता**–वरुण

10. वर्णाक्षर–तू **11. वर्ग**–सर्प

12. लग्न स्वामी–शनि **13. लग्न नक्षत्र स्वामी**–राहु

14. नक्षत्र चरण स्वामी–बृहस्पति **15. लग्न स्वामी से सम्बन्ध**–शत्रु

16. लग्न नक्षत्र से सम्बन्ध–शत्रु , **17. नक्षत्र चरण स्वामी से सम्बन्ध**–शत्रु

18. प्रधान विशेषता–'पुत्रवान्'

शतभिषा नक्षत्र का देवता वरुण एवं स्वामी राहु है। इस नक्षत्र में जन्मा जातक स्पष्टवक्ता, साहसी, व्यसनी, मुश्किल से काबू में आने वाला तथा शत्रुओं पर विजय प्राप्त करने वाला होता है। आपका जन्म शतभिषा नक्षत्र के चतुर्थ चरण में होने से आपका पुत्र योग शक्तिशाली है। शतभिषा नक्षत्र के चौथे चरण का स्वामी बृहस्पति है। बृहस्पति की लग्नेश शनि से शत्रुता है। बृहस्पति की लग्न नक्षत्र स्वामी से भी शत्रुता है। फलत: बृहस्पति की दशा इतनी अनुकूल नहीं होगी, जितनी अपेक्षा है।

लग्न यहां उन्नीस से बीस अंशों के भीतर होने से बलवान है। लग्न उदित अंशों में होने से लग्नेश शनि की दशा उत्तम फल देगी। कुंभ राशि के 20 अंशों तक शनि मूलत्रिकोणी कहलाता है। यहां लग्न 20 अंशों के भीतर होने बलवान है। फलत: लग्नेश शनि की दशा-अंतर्दशा जातक को उत्तम स्वास्थ्य व उन्नति देगी।

कुंभलग्न, अंश 20 से 21

1. लग्न नक्षत्र–पूर्वाभाद्रपद **2. नक्षत्र पद**–1

3. नक्षत्र अंश–10/20/0/0 से 10/23/20/0

4. वर्ण–शूद्र **5. वश्य**–द्विपद

6. योनि–सिंह **7. गण**–मनुष्य

8. नाड़ी—आद्य
9. नक्षत्र देवता—अजपाद
10. वर्णाक्षर—से
11. वर्ग—मीढा
12. लग्न स्वामी—शनि
13. लग्न नक्षत्र स्वामी—बृहस्पति
14. नक्षत्र चरण स्वामी—मंगल
15. लग्न स्वामी से सम्बन्ध—शत्रु
16. लग्न नक्षत्र से सम्बन्ध—मित्र
17. नक्षत्र चरण स्वामी से सम्बन्ध—मित्र
18. प्रधान विशेषता—'शूरश्चोरो'

पूर्वाभाद्रपद नक्षत्र का देवता अजपाद एवं स्वामी बृहस्पति है। ऐसा जातक क्षुब्ध मन वाला, धनी, निरोगी, स्त्री के वश में रहने वाला तथा कंजूस होता है। आपका जन्म पूर्वाभाद्रपद नक्षत्र के प्रथम चरण में होने के कारण आप शूरवीर होंगे तथा जो वस्तु विनम्रता, प्रार्थना व खरीद से प्राप्त नहीं हो पाती, उसे हरण करने में रुचि रखेंगे। पूर्वाभाद्रपद नक्षत्र का स्वामी बृहस्पति है। बृहस्पति की शनि से शत्रुता पर मंगल से मित्रता है। अत: मंगल की दशा शुभ फल एवं भौतिक सम्पन्नता देगी परन्तु बृहस्पति की दशा में अपेक्षित शुभ फल नहीं मिल पायेंगे।

यहां लग्न बीस से इक्कीस अंशों के भीतर होने से **अवरोह अवस्था** में है। शनि की दशा-अंतर्दशा शुभ फल देगी।

कुंभलग्न, अंश 21 से 22

1. लग्न नक्षत्र—पूर्वाभाद्रपद
2. नक्षत्र पद—1
3. नक्षत्र अंश—10/20/0/0 से 10/23/20/0
4. वर्ण—शूद्र
5. वश्य—द्विपद
6. योनि—सिंह
7. गण—मनुष्य
8. नाड़ी—आद्य
9. नक्षत्र देवता—अजपाद
10. वर्णाक्षर—से
11. वर्ग—मीढा
12. लग्न स्वामी—शनि
13. लग्न नक्षत्र स्वामी—बृहस्पति
14. नक्षत्र चरण स्वामी—मंगल
15. लग्न स्वामी से सम्बन्ध—शत्रु
16. लग्न नक्षत्र से सम्बन्ध—मित्र
17. नक्षत्र चरण स्वामी से सम्बन्ध—मित्र
18. प्रधान विशेषता—'शूरश्चोरो'

पूर्वाभाद्रपद नक्षत्र का देवता अजपाद एवं स्वामी बृहस्पति है। ऐसा जातक क्षुब्ध मन वाला, धनी, निरोगी, स्त्री के वश में रहने वाला तथा कंजूस होता है। आपका जन्म पूर्वाभाद्रपद नक्षत्र के प्रथम चरण में होने के कारण आप शूरवीर होंगे तथा

जो वस्तु विनम्रता-प्रार्थना व खरीद से प्राप्त नहीं हो पाती, उसे हरण करने में रुचि रखेंगे। पूर्वाभाद्रपद नक्षत्र का स्वामी बृहस्पति है। बृहस्पति की शनि से शत्रुता पर मंगल से मित्रता है। अत: मंगल की दशा शुभ फल एवं भौतिक सम्पन्नता देगी परन्तु बृहस्पति की दशा में अपेक्षित शुभ फल नहीं मिल पायेंगे।

यहां लग्न इक्कीस से बाईस अंशों के भीतर होने से **अवरोह अवस्था** में है। लग्नेश शनि की दशा-अंतर्दशा शुभ फल देगी।

कुंभलग्न, अंश 22 से 23

1. **लग्न नक्षत्र**–पूर्वाभाद्रपद
2. **नक्षत्र पद**–1
3. **नक्षत्र अंश**–10/20/0/0 से 10/23/20/0
4. **वर्ण**–शूद्र
5. **वश्य**–द्विपद
6. **योनि**–सिंह
7. **गण**–मनुष्य
8. **नाड़ी**–आद्य
9. **नक्षत्र देवता**–अजपाद
10. **वर्णाक्षर**–से
11. **वर्ग**–मीढा
12. **लग्न स्वामी**–शनि
13. **लग्न नक्षत्र स्वामी**–बृहस्पति
14. **नक्षत्र चरण स्वामी**–मंगल
15. **लग्न स्वामी से सम्बन्ध**–शत्रु
16. **लग्न नक्षत्र से सम्बन्ध**–शत्रु
17. **नक्षत्र चरण स्वामी से सम्बन्ध**–शत्रु
18. **प्रधान विशेषता**–'शूरश्चोरो'

पूर्वाभाद्रपद नक्षत्र का देवता अजपाद एवं स्वामी बृहस्पति है। ऐसा जातक क्षुब्ध मन वाला, धनी, निरोगी, स्त्री के वश में रहने वाला तथा कंजूस होता है। आपका जन्म पूर्वाभाद्रपद नक्षत्र के प्रथम चरण में होने के कारण आप शूरवीर होंगे तथा जो वस्तु विनम्रता, प्रार्थना व खरीद से प्राप्त नहीं हो पाती, उसे हरण करने में रुचि रखेंगे। पूर्वाभाद्रपद नक्षत्र का स्वामी बृहस्पति है। बृहस्पति की शनि से शत्रुता पर मंगल से मित्रता है। अत: मंगल की दशा शुभ फल एवं भौतिक सम्पन्नता देगी परन्तु बृहस्पति की दशा में अपेक्षित शुभ फल नहीं मिल पायेंगे।

यहां लग्न बाईस से तेईस अंशों में **अवरोह अवस्था** में है। बलवान है। लग्नेश शनि की दशा-अंतर्दशा शुभ फल देगी।

कुंभलग्न, अंश 23 से 24

1. **लग्न नक्षत्र**–पूर्वाभाद्रपद
2. **नक्षत्र पद**–2
3. **नक्षत्र अंश**–10/20/0/0 से 10/23/20/0

4. **वर्ण**–शूद्र
5. **वश्य**–द्विपद
6. **योनि**–सिंह
7. **गण**–मनुष्य
8. **नाड़ी**–आद्य
9. **नक्षत्र देवता**–अजपाद
10. **वर्णाक्षर**–सो
11. **वर्ग**–मीढा
12. **लग्न स्वामी**–शनि
13. **लग्न नक्षत्र स्वामी**–बृहस्पति
14. **नक्षत्र चरण स्वामी**–शुक्र
15. **लग्न स्वामी से सम्बन्ध**–शत्रु
16. **लग्न नक्षत्र से सम्बन्ध**–शत्रु
17. **नक्षत्र चरण स्वामी से सम्बन्ध**–शत्रु
18. **प्रधान विशेषता**–'महाबुद्धि'

पूर्वाभाद्रपद नक्षत्र का **देवता अजपाद** एवं स्वामी बृहस्पति है। ऐसा जातक क्षुब्ध मन वाला, धनी, निरोगी, स्त्री के वश में रहने वाला तथा कंजूस होता है। आपका जन्म पूर्वाभाद्रपद नक्षत्र के द्वितीय चरण में होने के कारण आप अतितीव्र बुद्धिशाली जातक होंगे। पूर्वाभाद्रपद नक्षत्र के द्वितीय चरण का स्वामी शुक्र है। शुक्र लग्नेश शनि का शत्रु है। शुक्र की लग्न नक्षत्र स्वामी बृहस्पति से भी शत्रुता है। फलतः शुक्र की दशा अपेक्षित शुभ फल नहीं दे पायेगी। बृहस्पति की स्वतंत्र दशा में पराक्रम बढ़ेगा। शनि की दशा उन्नति देगी।

यहां लग्न तेईस से चौबीस अंशों में **अवरोह अवस्था** में है। बलवान है। लग्नेश शनि की दशा-अंतर्दशा शुभ फल देगी।

कुंभलग्न, अंश 24 से 25

1. **लग्न नक्षत्र**–पूर्वाभाद्रपद
2. **नक्षत्र पद**–2
3. **नक्षत्र अंश**–10/23/20/0 से 10/26/40/0
4. **वर्ण**–शूद्र
5. **वश्य**–द्विपद
6. **योनि**–सिंह
7. **गण**–मनुष्य
8. **नाड़ी**–आद्य
9. **नक्षत्र देवता**–अजपाद
10. **वर्णाक्षर**–सो
11. **वर्ग**–मीढा
12. **लग्न स्वामी**–शनि
13. **लग्न नक्षत्र स्वामी**–बृहस्पति
14. **नक्षत्र चरण स्वामी**–शुक्र
15. **लग्न स्वामी से सम्बन्ध**–शत्रु
16. **लग्न नक्षत्र से सम्बन्ध**–शत्रु
17. **नक्षत्र चरण स्वामी से सम्बन्ध**–शत्रु
18. **प्रधान विशेषता**–'महाबुद्धि'

पूर्वाभाद्रपद नक्षत्र का देवता अजपाद एवं स्वामी बृहस्पति है। ऐसा जातक क्षुब्ध मन वाला, धनी, निरोगी, स्त्री के वश में रहने वाला तथा कंजूस होता है। आपका जन्म पूर्वाभाद्रपद नक्षत्र के द्वितीय चरण में होने के कारण आप अतितीव्र बुद्धिशाली जातक होंगे। पूर्वाभाद्रपद नक्षत्र के द्वितीय चरण का स्वामी शुक्र है। शुक्र लग्नेश शनि का शत्रु है। शुक्र की लग्न नक्षत्र स्वामी बृहस्पति से भी शत्रुता है। फलतः शुक्र की दशा अपेक्षित शुभ फल नहीं दे पायेगी। बृहस्पति की स्वतंत्र दशा में पराक्रम बढ़ेगा। शनि की दशा उन्नति देगी।

यहां लग्न चौबीस से पच्चीस अंशों के मध्य **अवरोह अवस्था** में है। बलवान है। लग्नेश शनि की दशा-अंतर्दशा शुभ फल देगी।

कुंभलग्न, अंश 25 से 26

1. **लग्न नक्षत्र**–पूर्वाभाद्रपद
2. **नक्षत्र पद**–2
3. **नक्षत्र अंश**–10/23/20/0 से 16/26/40/0
4. **वर्ण**–शूद्र
5. **वश्य**–द्विपद
6. **योनि**–सिंह
7. **गण**–मनुष्य
8. **नाड़ी**–आद्य
9. **नक्षत्र देवता**–अजपाद
10. **वर्णाक्षर**–सो
11. **वर्ग**–मीढा
12. **लग्न स्वामी**–शनि
13. **लग्न नक्षत्र स्वामी**–बृहस्पति
14. **नक्षत्र चरण स्वामी**–शुक्र
15. **लग्न स्वामी से सम्बन्ध**–शत्रु
16. **लग्न नक्षत्र से सम्बन्ध**–शत्रु
17. **नक्षत्र चरण स्वामी से सम्बन्ध**–शत्रु
18. **प्रधान विशेषता**–'महाबुद्धि'

पूर्वाभाद्रपद नक्षत्र का देवता अजपाद स्वामी एवं बृहस्पति है। ऐसा जातक क्षुब्ध मन वाला, धनी, निरोगी, स्त्री के वश में रहने वाला तथा कंजूस होता है। आपका जन्म पूर्वाभाद्रपद नक्षत्र के द्वितीय चरण में होने से आप अतितीव्र बुद्धिशाली जातक होंगे। पूर्वाभाद्रपद नक्षत्र के द्वितीय चरण का स्वामी शुक्र है। शुक्र लग्नेश शनि का शत्रु है। शुक्र की लग्न नक्षत्र स्वामी बृहस्पति से भी शत्रुता है। फलतः शुक्र की दशा अपेक्षित शुभ फल नहीं दे पायेगी। बृहस्पति की स्वतंत्र दशा में पराक्रम बढ़ेगा। शनि की दशा उन्नति देगी।

यहां लग्न पच्चीस से छब्बीस अंशों के मध्य हीन बली है। लग्नेश शनि की दशा-अंतर्दशा शुभ फल देगी।

कुंभलग्न, अंश 26 से 27

1. **लग्न नक्षत्र**–पूर्वाभाद्रपद
2. **नक्षत्र पद**–3
3. **नक्षत्र अंश**–10/26/40/0 से 10/30/0/0
4. **वर्ण**–शूद्र
5. **वश्य**–द्विपद
6. **योनि**–सिंह
7. **गण**–मनुष्य
8. **नाड़ी**–आद्य
9. **नक्षत्र देवता**–अजपाद
10. **वर्णाक्षर**–द
11. **वर्ग**–सर्प
12. **लग्न स्वामी**–शनि
13. **लग्न नक्षत्र स्वामी**–बृहस्पति
14. **नक्षत्र चरण स्वामी**–बुध
15. **लग्न स्वामी से सम्बन्ध**–शत्रु
16. **लग्न नक्षत्र से सम्बन्ध**–शत्रु
17. **नक्षत्र चरण स्वामी से सम्बन्ध**–शत्रु
18. **प्रधान विशेषता**–'पौरो'

पूर्वाभाद्रपद नक्षत्र का देवता अजपाद एवं स्वामी बृहस्पति है। ऐसा जातक क्षुब्ध मन वाला, धनी, निरोगी, स्त्री के वश में रहने वाला तथा कंजूस होता है। आपका जन्म पूर्वाभाद्रपद नक्षत्र के तृतीय चरण में होने के कारण आप पौर (बड़े शहर) निवासी होंगे। गांव में आपकी उन्नति संभव नहीं। पूर्वाभाद्रपद नक्षत्र के तृतीय चरण का स्वामी बुध है। बुध की लग्न नक्षत्र स्वामी से शत्रुता है परन्तु लग्नेश शनि से मित्रता है, फलत: बुध की दशा शुभ फलदाई होगी। बृहस्पति की स्वतंत्र दशा जातक को धन देगी। शनि की दशा-अंतर्दशा में जातक की उन्नति होगी।

यहां लग्न छब्बीस से सत्ताईस अंशों के भीतर होने से हीनबली है। लग्नेश शनि की दशा-अंतर्दशा शुभ फल देगी।

कुंभलग्न, अंश 27 से 28

1. **लग्न नक्षत्र**–पूर्वाभाद्रपद
2. **नक्षत्र पद**–3
3. **नक्षत्र अंश**–10/26/40/0 से 10/30/0/0
4. **वर्ण**–शूद्र
5. **वश्य**–द्विपद
6. **योनि**–सिंह
7. **गण**–मनुष्य
8. **नाड़ी**–आद्य
9. **नक्षत्र देवता**–अजपाद
10. **वर्णाक्षर**–दा
11. **वर्ग**–सर्प
12. **लग्न स्वामी**–शनि
13. **लग्न नक्षत्र स्वामी**–बृहस्पति

14. **नक्षत्र चरण स्वामी**–बुध

15. **लग्न स्वामी से सम्बन्ध**–शत्रु

16. **लग्न नक्षत्र से सम्बन्ध**–शत्रु

17. **नक्षत्र चरण स्वामी से सम्बन्ध**–शत्रु

18. **प्रधान विशेषता**–'पौरो'

पूर्वाभाद्रपद नक्षत्र का देवता अजपाद स्वामी एवं बृहस्पति है। ऐसा जातक क्षुब्ध मन वाला, धनी, निरोगी, स्त्री के वश में रहने वाला तथा कंजूस होता है। आपका जन्म पूर्वाभाद्रपद नक्षत्र के तृतीय चरण में होने के कारण आप पौर (बड़े शहर) निवासी होंगे। गांव में आपकी उन्नति संभव नहीं। पूर्वाभाद्रपद नक्षत्र के तृतीय चरण का स्वामी बुध है। बुध की लग्न नक्षत्र स्वामी से शत्रुता है परन्तु लग्नेश शनि से मित्रता है, फलतः बुध की दशा शुभ फलदाई होगी। बृहस्पति की स्वतंत्र दशा जातक को धन देगी। शनि की दशा-अंतर्दशा में जातक की उन्नति होगी।

यहां लग्न सत्ताईस से अठ्ठाईस अंशों के भीतर होने से हीनबली है। लग्नेश शनि की दशा-अंतर्दशा शुभ फल देगी।

कुंभलग्न, अंश 28 से 29

1. **लग्न नक्षत्र**–पूर्वाभाद्रपद

2. **नक्षत्र पद**–3

3. **नक्षत्र अंश**–10/26/40/0 से 10/30/0/0

4. **वर्ण**–शूद्र

5. **वश्य**–द्विपद

6. **योनि**–सिंह

7. **गण**–मनुष्य

8. **नाड़ी**–आद्य

9. **नक्षत्र देवता**–अजपाद

10. **वर्णाक्षर**–दा

11. **वर्ग**–सर्प

12. **लग्न स्वामी**–शनि

13. **लग्न नक्षत्र स्वामी**–बृहस्पति

14. **नक्षत्र चरण स्वामी**–बुध

15. **लग्न स्वामी से सम्बन्ध**–शत्रु

16. **लग्न नक्षत्र से सम्बन्ध**–शत्रु

17. **नक्षत्र चरण स्वामी से सम्बन्ध**–शत्रु

18. **प्रधान विशेषता**–'पौरो'

पूर्वाभाद्रपद नक्षत्र का देवता अजपाद एवं स्वामी बृहस्पति है। ऐसा जातक क्षुब्ध मन वाला, धनी, निरोगी, स्त्री के वश में रहने वाला तथा कंजूस होता है। आपका जन्म पूर्वाभाद्रपद नक्षत्र के तृतीय चरण में होने के कारण आप पौर (बड़े शहर) निवासी होंगे। गांव में आपकी उन्नति संभव नहीं। पूर्वाभाद्रपद नक्षत्र के तृतीय चरण का स्वामी बुध है। बुध की लग्न नक्षत्र स्वामी से शत्रुता है परन्तु लग्नेश शनि से मित्रता है, फलतः बुध की दशा शुभ फलदाई होगी। बृहस्पति की स्वतंत्र दशा जातक को धन देगी। शनि की दशा-अंतर्दशा में जातक की उन्नति होगी।

यहां लग्न अट्ठाईस से उन्तीस अंशों वाला अवरोही अवस्था में होकर **'हीनबली'** है। सारा तेज समाप्ति की ओर है। लग्नेश शनि की दशा-अंतर्दशा शुभ फल देगी।

कुंभलग्न, अंश 29 से 30

1. **लग्न नक्षत्र**–पूर्वाभाद्रपद
2. **नक्षत्र पद**–3
3. **नक्षत्र अंश**–10/26/40/0 से 10/30/0/0
4. **वर्ण**–शूद्र
5. **वश्य**–द्विपद
6. **योनि**–सिंह
7. **गण**–मनुष्य
8. **नाड़ी**–आद्य
9. **नक्षत्र देवता**–अजपाद
10. **वर्णाक्षर**–दा
11. **वर्ग**–सर्प
12. **लग्न स्वामी**–शनि
13. **लग्न नक्षत्र स्वामी**–बृहस्पति
14. **नक्षत्र चरण स्वामी**–बुध
15. **लग्न स्वामी से सम्बन्ध**–शत्रु
16. **लग्न नक्षत्र से सम्बन्ध**–शत्रु
17. **नक्षत्र चरण स्वामी से सम्बन्ध**–शत्रु
18. **प्रधान विशेषता**–'पौरो'

पूर्वाभाद्रपद नक्षत्र का देवता अजपाद एवं स्वामी बृहस्पति है। ऐसा जातक क्षुब्ध मन वाला, धनी, निरोगी, स्त्री के वश में रहने वाला तथा कंजूस होता है। आपका जन्म पूर्वाभाद्रपद नक्षत्र के तृतीय चरण में होने के कारण आप पौर (बड़े शहर) निवासी होंगे। गांव में आपकी उन्नति संभव नहीं। पूर्वाभाद्रपद नक्षत्र के तृतीय चरण का स्वामी बुध है। बुध की लग्न नक्षत्र स्वामी से शत्रुता है परन्तु लग्नेश शनि से मित्रता है, फलतः बुध की दशा शुभ फलदाई होगी। बृहस्पति की स्वतंत्र दशा जातक को धन देगी। शनि की दशा-अंतर्दशा में जातक की उन्नति होगी।

यहां लग्न उन्तीस से तीस अंशों वाला अवरोही अवस्था में जाकर मृतावस्था में है। निस्तेज है। लग्नेश शनि की दशा-अंतर्दशा शुभ फल देगी।

❑❑❑

कुंभलग्न और आयुष्य योग

1. कुंभलग्न वालों के लिये बृहस्पति लाभेश होने से मारकेश का कार्य नहीं करेगा। मंगल मारकेश का भूमिका करेगा। सूर्य सप्तमेश होने से सहायक मारकेश है क्योंकि यह लग्नेश का शत्रु ग्रह है। षष्टेश चंद्रमा इस लग्न के लिए पाप फलदायक है। आयुष्य प्रदाता ग्रह शनि है।
2. कुंभलग्न में जन्म लेने वाले की मृत्यु किसी स्त्री से, विलासिता के कारण, अपनी सम्पत्ति के कारण, हृदय, गठिया के वायु विकार के कारण, अपने पर ही आश्रित व्यक्ति व नौकर के कारण होती है।
3. कुंभलग्न में जन्म लेने वाले की औसत आयु 61 वर्ष मानी गई है तथा इन्हें आयु के 1, 6, 18, 26, 32, 39, 44, 49, 52, 55 और 61वें वर्ष में शारीरिक कष्ट या मृत्यु होती है।
4. कुंभलग्न में बुध गोपुरांश में होकर पंचम स्थान में बैठा हो तो जातक ब्रह्मा के समान यशस्वी एवं चिरंजीवी होता है।
5. कुंभलग्न में शनि केन्द्र स्थानों (1/4/7/10) में हो, शुक्र एवं चंद्रमा चौथे या नवम स्थान में हो तो जातक 120 वर्ष की परमायु को भोगता है।
6. कुंभलग्न में शनि हो, शुक्र या बृहस्पति केन्द्र में हो, सभी पाप ग्रह तीसरे, छठे, या ग्यारहवें स्थान में हो तो जातक 120 वर्ष की परमायु को भोगता है।
7. कुंभलग्न में बृहस्पति मीन का, शुक्र मकर का बारहवें तथा सूर्य कुंभ का लग्न स्थान में हो तो ऐसा जातक जड़ी-बूटी, औषधि व योग के सहारे 120 वर्ष की परमायु को भोगता है।
8. कुंभलग्न में अष्टमेश बुध लग्न में बैठा हुआ बृहस्पति एवं शुक्र से दृष्ट हो तो जातक सौ वर्ष की स्वस्थ आयु को प्राप्त करता है।
9. कुंभलग्न में चंद्रमा मेष, मिथुन, सिंह, तुला, धनु या कुंभ राशि में हो अन्य सभी ग्रह भी इन्हीं राशियों में हों तो जातक नब्बे वर्ष की उत्तम आयु को प्राप्त करता है।

10. कुंभलग्न में चंद्रमा छठे कर्क का हो, अष्टम स्थान में कोई पाप ग्रह न हो तथा सभी शुभ ग्रह केन्द्रवर्ती हों तो जातक 86 वर्ष की स्वस्थ आयु को प्राप्त करता है।

11. कुंभलग्न में मेष का मंगल दशम भाव को देखता हो तथा बुध एवं शुक्र की युति केन्द्र-त्रिकोण में हो तो जातक 85 वर्ष की आयु भोगता है।

12. कुंभलग्न में मंगल पांचवे मिथुन का, शनि मेष का एवं सूर्य सातवें हो तो जातक 70 वर्ष की निरोग आयु को प्राप्त करता है।

13. कुंभलग्न में सूर्य+मंगल+शनि हो, चंद्रमा पंचम या द्वादश भाव में हो, बृहस्पति बलहीन हो तो जातक की आयु 70 वर्ष होती है।

14. कुंभलग्न में बृहस्पति पाप ग्रहों के साथ लग्न में हो तो ऐसा जातक ख्याति प्राप्त विद्वान होता हुआ 60 वर्ष की आयु में गुजर जाता है।

15. शनि लग्न में, वृष का चंद्र चौथे, मंगल सातवें एवं दशम भाव में सूर्य अन्य किसी शुभ ग्रह के साथ हो तो जातक राजातुल्य ऐश्वर्य को भोगता हुआ 60 वर्ष की आयु में गुजर जाता है।

16. कुंभलग्न में अष्टमेश बुध सातवें एवं चंद्रमा पाप ग्रहों के साथ छठे या आठवें में हो तो व्यक्ति 58 वर्ष की आयु में गुजर जाता है।

17. कुंभलग्न में शनि किसी भी अन्य ग्रह के साथ लग्नस्थ हो तथा चंद्रमा पाप ग्रहों के साथ आठवें या द्वादश भाव में हो तो ऐसा जातक चरित्रवान एवं विद्वान होते हुए 52 वर्ष की आयु में गुजर जाता है।

18. कुंभलग्न में लग्नेश शनि पाप ग्रहों के साथ आठवें हो तथा अष्टमेश बुध पाप ग्रहों के साथ छठे, अन्य शुभ ग्रह से दृष्ट न हो तो ऐसा जातक मात्र 45 वर्ष तक ही जी पाता है।

19. कुंभलग्न शनि+मंगल लग्न में हों, चंद्रमा आठवें एवं बृहस्पति पाप ग्रहों के साथ छठे हो तो ऐसा जातक मात्र 32 वर्ष की अल्पायु को भोगता है।

20. कुंभलग्न के द्वितीय और द्वादश भाव में पाप ग्रह हो, लग्नेश शनि निर्बल हो तथा लग्न, द्वितीय या द्वादश भाव शुभ ग्रहों से दृष्ट न हो तो जातक मात्र 32 वर्ष की अल्पायु को भोगता है।

21. कुंभलग्न में सूर्य+चंद्रमा कन्या राशि में शुभ ग्रहों से दृष्ट न हो तो **'बालारिष्ट योग'** बनता है। ऐसे बालक की मृत्यु नौ वर्ष की आयु तक हो जाती है।

22. कुंभलग्न में राहु+शनि+बुध द्वादश में हो, बृहस्पति अष्टम में हो तो ऐसे बालक जन्म लेते ही शीघ्र मृत्यु को प्राप्त हो जाते हैं।

23. कुंभलग्न में चंद्रमा आठवें एवं सूर्य बारहवें भाव में शुभ ग्रहों से दृष्ट न हो तो जातक की तत्काल मृत्यु होती है।

24. कुंभलग्न के प्रथम या द्वादश भाव में सूर्य+शनि+मंगल+राहु की युति हो तो ऐसा जातक बहुत कष्ट से जीता है। उसे कोई न कोई शारीरिक बीमारी लगी रहती है।

25. कुंभलग्न में छठे भाव में स्थित मंगल के साथ राहु या केतु हो तो ऐसा बालक मातृघातक होता है।

26. कुंभलग्न में तृतीयस्थ शनि के साथ राहु या केतु हो तो ऐसा बालक मातृघातक होता है।

27. कुंभलग्न में लग्नेश शनि एवं लग्न दोनों पाप ग्रहों के मध्य हों, सप्तम में भी पाप ग्रह हो तथा आत्मकारक सूर्य निर्बल हो तो ऐसा जातक जीवन से निराश होकर आत्महत्या करता है।

28. कुंभलग्न में चंद्रमा पाप ग्रहों के साथ हो, सप्तम में शनि हो तो जातक देवता के शाप या शत्रुकृत अभिचार से पीड़ित रहता है।

29. कुंभलग्न में षष्ठेश चंद्रमा सप्तम या दशम भाव में हो, लग्न पर मंगल की दृष्टि हो तो व्यक्ति शत्रुकृत अभिचार रोग से पीड़ित रहता है।

30. कुंभलग्न में निर्बल चंद्रमा अष्टम स्थान में शनि के साथ हो तो जातक प्रेत बाधा एवं शत्रुकृत अभिचार रोग से पीड़ित होता हुआ अकाल मृत्यु को प्राप्त करता है।

❑❑❑

कुंभलग्न और रोग

1. कुंभलग्न में षष्टेश चंद्रमा लग्न में पाप ग्रहों से दृष्ट हो तो व्यक्ति जलस्राव से अंधा होता है।
2. कुंभलग्न के चौथे भाव में पाप ग्रह हो, चतुर्थेश शुक्र पाप ग्रहों के मध्य हो तो जातक को हृदय रोग होता है।
3. कुंभलग्न में चतुर्थेश शुक्र यदि अष्टमेश बुध के साथ अष्टम स्थान में हो तो जातक को हृदय रोग होता है।
4. कुंभलग्न में चतुर्थेश शुक्र कन्या राशि में निर्बल या अस्तगत हो तो जातक को हृदय रोग होता है।
5. कुंभलग्न में चतुर्थ स्थान में शनि, षष्टेश बुध एवं सूर्य पाप ग्रहों के साथ हो तो जातक को हृदय रोग होता है।
6. जातक पारिजात के अनुसार कुंभलग्न के चौथे एवं पांचवें भावों में पाप ग्रह हो तो जातक को हृदय रोग होता है।
7. कुंभलग्न के चतुर्थ स्थान में वृष का शनि एवं लग्न में कुंभ का सूर्य हो तो जातक को हृदय रोग होता है।
8. कुंभलग्न के चतुर्थ भाव में राहु अन्य पाप ग्रहों से दृष्ट हो तो जातक को तीव्र हृदय शूल (हार्ट-अटैक) होता है।
9. कुंभलग्न में वृश्चिक का सूर्य दो पाप ग्रहों के मध्य हो तो जातक को तीव्र हृदयशूल (हार्ट-अटैक) होता है।
10. कुंभलग्न में शनि+शुक्र+बुध की युति एक साथ, दु:स्थानों में हो तो जातक की वाहन दुर्घटना में मृत्यु होती है।
11. कुंभलग्न में पाप ग्रह हो, लग्नेश शनि बलहीन हो तो व्यक्ति रोगी रहता है।

12. कुंभलग्न में क्षीण लग्नस्थ हो, लग्न पर पाप ग्रह की दृष्टि हो व्यक्ति रोगग्रस्त रहता है।

13. कुंभलग्न में अष्टमेश बुध लग्न में एवं लग्नेश शनि अष्टम में हो, लग्न पाप ग्रह से दृष्ट हो तो व्यक्ति दवाई लेने पर भी ठीक नहीं होता, सदैव रोगी रहता है।

14. कुंभलग्न में मंगल पांचवे मिथुन का, शनि मेष का एवं सूर्य सातवें हो तो जातक 70 वर्ष की निरोग आयु को प्राप्त करता है।

15. कुंभलग्न में सूर्य+मंगल+शनि हो, चंद्रमा पंचम या द्वादश भाव में हो, बृहस्पति बलहीन हो तो जातक की आयु 70 वर्ष होती है।

16. कुंभलग्न में बृहस्पति पाप ग्रहों के साथ लग्न में हो तो ऐसा जातक ख्याति प्राप्त विद्वान होता हुआ 60 वर्ष की आयु में गुजर जाता है।

17. शनि लग्न में, वृष का चंद्र चौथे, मंगल सातवें एवं दशम भाव में सूर्य अन्य किसी शुभ ग्रह के साथ हो तो जातक राजातुल्य ऐश्वर्य को भोगता हुआ 60 वर्ष की आयु में गुजर जाता है।

18. कुंभलग्न में अष्टमेश बुध सातवें एवं चंद्रमा पाप ग्रहों के साथ छठे या आठवें हो तो व्यक्ति 58 वर्ष की आयु में गुजर जाता है।

19. कुंभलग्न में शनि किसी भी अन्य ग्रह के साथ लग्नस्थ हो, चंद्रमा पाप ग्रहों के साथ आठवें या द्वादश भाव में हो तो ऐसा जातक चरित्रवान एवं विद्वान होते हुए 52 वर्ष की आयु में गुजर जाता है।

20. कुंभलग्न में लग्नेश शनि पाप ग्रहों के साथ आठवें हो तथा अष्टमेश बुध पाप ग्रहों के साथ छठे, अन्य शुभ ग्रहों से दृष्ट न हो तो ऐसा जातक मात्र 45 वर्ष तक ही जी पाता है।

21. कुंभलग्न शनि+मंगल लग्न में हो, चंद्रमा आठवें एवं बृहस्पति पाप ग्रहों के साथ छठे हो तो ऐसा जातक मात्र 32 वर्ष की अल्पायु को भोगता है।

22. कुंभलग्न के द्वितीय और द्वादश भाव में पाप ग्रह हो, लग्नेश शनि निर्बल हो तथा लग्न, द्वितीय या द्वादश भाव शुभ ग्रहों से दृष्ट न हो तो जातक मात्र 32 वर्ष की अल्पायु को भोगता है।

23. कुंभलग्न में सूर्य+चंद्रमा कन्या राशि में शुभ ग्रहों से दृष्ट न हो तो **'बालारिष्ट योग'** बनता है। ऐसे बालक की मृत्यु नौ वर्ष की आयु तक हो जाती है।

24. कुंभलग्न में राहु+शनि+बुध द्वादश में हो, बृहस्पति अष्टम में हो तो ऐसे बालक जन्म लेते ही **शीघ्र मृत्यु** को प्राप्त हो जाते हैं।

25. कुंभलग्न में चंद्रमा आठवें एवं सूर्य बारहवें भाव में, शुभ ग्रहों से दृष्ट न हो तो जातक की **'तत्काल मृत्यु'** होती है।

26. कुंभलग्न के प्रथम या द्वादश भाव में सूर्य+शनि+मंगल+राहु की युति हो तो ऐसा जातक बहुत कष्ट से जीता है। उसे कोई न कोई शारीरिक बीमारी लगी रहती है।

27. कुंभलग्न में छठे भाव में स्थित मंगल के साथ राहु या केतु हो तो ऐसा बालक **'मातृघातक'** होता है।

28. कुंभलग्न में द्वितीयस्थ शनि के साथ राहु या केतु हो तो ऐसा बालक **'मातृघातक'** होता है।

29. कुंभलग्न में शनि एवं लग्न दोनों पाप ग्रहों के मध्य हो, सप्तम में भी पाप ग्रह हो तथा आत्मकारक सूर्य निर्बल हो तो ऐसा जातक जीवन से निराश होकर **'आत्महत्या'** करता है।

30. कुंभलग्न में चंद्रमा पाप ग्रहों के साथ हो, सप्तम में शनि हो तो जातक देवता के शाप या शत्रुकृत अभिचार से पीड़ित रहता है।

31. कुंभलग्न में षष्ठेश बुध सप्तम या दशम भाव में हो, लग्न पर मंगल की दृष्टि हो तो व्यक्ति शत्रुकृत अभिचार रोग से पीड़ित रहता है।

32. कुंभलग्न में निर्बल चंद्रमा अष्टम स्थान में शनि के साथ हो तो जातक प्रेत बाधा एवं शत्रुकृत अभिचार रोग से पीड़ित होता हुआ, अकाल मृत्यु को प्राप्त करता है।

❑❑❑

कुंभलग्न और धन योग

कुंभलग्न में जन्म लेने वाले व्यक्तियों के लिए धनप्रदाता ग्रह बृहस्पति है। धनेश बृहस्पति की शुभाशुभ स्थिति, धन स्थान से सम्बन्ध स्थापित करने वाले ग्रहों की स्थिति, योगायोग, बृहस्पति तथा धन भाव पर पड़ने वाले ग्रहों की दृष्टि से व्यक्ति की आर्थिक स्थिति, आय के स्रोतों तथा चल-अचल सम्पत्ति का पता चलता है। इसके अतिरिक्त पंचमेश बुध, भाग्येश शुक्र, लग्नेश शनि की अनुकूल-प्रतिकूल परिस्थितियां भी कुंभलग्न में जन्मे जातकों के धन, ऐश्वर्य एवं वैभव को घटाने-बढ़ाने में महत्वपूर्ण भूमिका निभाती है।

वैसे कुंभलग्न के लिए बृहस्पति, चंद्र, मंगल अशुभ हैं। शुक्र शुभ फलदायक है। बृहस्पति मारकेश होकर भी मारक नहीं है। घातक ग्रह का कार्य मंगल करेगा। सूर्य सप्तमेश एवं लग्नेश का शुभ होने से सह मारकेश का काम करेगा। षष्टेश चंद्रमा इस लग्न के लिये परम पापी है। अकेला शुक्र योगकारक है।

राजयोग कारक– मंगल+शुक्र.

शुभ व सफल योग–1. शुक्र+शनि 2. बुध+शुक्र, 3. मंगल+शुक्र 4. सूर्य+शुक्र 5. बुध+शनि

निष्फल योग– 1. सूर्य+बुध

अशुभ योग– 1. **शनि+गुरु** 2. शनि+चंद्र, 3. शनि+मंगल, 4. शनि+सूर्य

लक्ष्मी योग–बृहस्पति द्वितीय या एकादश में, शुक्र केन्द्र-त्रिकोण में मंगल दशम भाव में।

विशेष योगायोग

1. कुंभलग्न में शुक्र, वृष, तुला या मीन का हो तो जातक को अल्प प्रयत्न से अधिक धन की प्राप्ति होती है। ऐसा जातक धन के मामले में पूर्ण भाग्यशाली होता है।

2. कुंभलग्न में बृहस्पति धनु, मीन या कर्क राशि में हो तो जातक भारी धनपति होता है तथा लक्ष्मी ऐसे जातक का पीछा नहीं छोड़ती।

3. कुंभलग्न में बृहस्पति शुक्र के घर में तथा शुक्र बृहस्पति के घर में परस्पर परिवर्तन योग बनाकर बैठे हों अर्थात् बृहस्पति वृष या तुला राशि में हो तथा शुक्र, धनु या मीन राशि में हो तो व्यक्ति महाभाग्यशाली होता है ऐसा व्यक्ति खूब धन कमाता तथा लक्ष्मी दासी के समान उसकी सेवा करती है।

4. कुंभलग्न में बृहस्पति यदि मंगल के घर में एवं मंगल बृहस्पति के घर में परस्पर परिवर्तन योग करके बैठा हो अर्थात् बृहस्पति मेष या वृश्चिक राशि में हो तथा मंगल धनु या मीन राशि में हो तो व्यक्ति महाभाग्यशाली होता है। ऐसा व्यक्ति खूब धन कमाता है तथा लक्ष्मी उसकी अनुचरी होती है।

5. कुंभलग्न हो पंचम भाव में बुध हो, बृहस्पति धनु राशि का लाभ स्थान में चंद्रमा या मंगल के साथ हो तो ''**महालक्ष्मी योग**'' बनता है। ऐसे जातक के पास अटूट लक्ष्मी होती है। अपने भुजबल से शत्रुओं को परास्त करता हुआ ऐसा व्यक्ति अखण्ड राज्यलक्ष्मी को भोगता है।

6. कुंभलग्न में मंगल यदि केन्द्र-त्रिकोण में हो तथा बृहस्पति स्वगृही हो तो जातक कीचड़ से कमल की तरह खिलता है अर्थात् धीरे-धीरे अपने पुरुषार्थ व पराक्रम से लक्षाधिपति व कोट्याधिपति हो जाता है। ऐसे जातक का भाग्योदय प्राय: 28 व 32 की आयु के मध्य होता है।

7. कुंभलग्न हो, पंचम भाव में बुध हो तथा लाभस्थान में अर्थात् धनु राशि में चंद्र, मंगल हो तो जातक महाधनी होता है।

8. कुंभलग्न हो, लग्न में शनि मंगल एवं बृहस्पति की युति हो तो ''**महालक्ष्मी योग**'' बनता है ऐसे जातक प्रबल पराक्रमी, अतिधनवान, ऐश्वर्यमान एवं महाप्रतापी होता है।

9. कुंभलग्न में शनि धनु राशि में तथा लाभेश बृहस्पति लग्न में हो तो जातक आयु के 33वें वर्ष में पांच लाख रुपये कमा लेता है तथा शत्रुओं का नाश करते हुए स्वअर्जित धनलक्ष्मी को भोगता है। ऐसे व्यक्ति को जीवन में अचानक रुपया मिलता है।

10. कुंभलग्न हो, लग्नेश शनि, धनेश व लाभेश बृहस्पति, भाग्येश शुक्र अपनी-अपनी उच्च राशि या स्व राशि में हो तो जातक करोड़पति होता है।

11. कुंभलग्न में धनेश बृहस्पति यदि छठे, आठवें, बारहवें स्थान में हो तो ''**धनहीन योग**'' की सृष्टि होती है। जिस प्रकार घड़े में छिद्र होने के कारण उसमें पानी नहीं ठहर पाता, ठीक उसी प्रकार से ऐसे जातक के पास रुपया

नहीं ठहर पाता। उसे सदैव धन की तंगी बनी रहती है। इस दुर्योग की निवृत्ति हेतु जातक अभिमंत्रित ''बृहस्पति यन्त्र'' धारण करना चाहिए। पाठक चाहे तो 'बृहस्पति यंत्र' हमारे कार्यालय से प्राप्त कर सकते हैं।

12. कुंभलग्न में धनेश बृहस्पति आठवे हो तथा सूर्य यदि लग्न को देखता हो तो जातक को पृथ्वी में गढ़ा हुआ धन मिलता है या लॉटरी से रुपया मिलता है पर रुपया उसके पास टिकता नहीं।

13. कुंभलग्न में मंगल यदि दशम भाव में वृश्चिक का हो तो **''रुचक योग''** बनता है। ऐसा जातक राजा तुल्य ऐश्वर्य को भोगता हुआ अथाह भूमि, सम्पत्ति व धन का स्वामी होता है।

14. कुंभलग्न में सुखेश शुक्र, लाभेश बृहस्पति की युति नवम भाव में मंगल से दृष्ट हो तो व्यक्ति अचानक धन की प्राप्ति होती है।

15. कुंभलग्न में बृहस्पति+चंद्र की युति मीन, वृष, मिथुन या तुला राशि में हो तो इस प्रकार के '**गजकेसरी योग**' के कारण व्यक्ति को अनायास उत्तम धन की प्राप्ति होती है। ऐसे व्यक्ति को लॉटरी, शेयर मार्केट या अन्य व्यापारिक स्रोत के कारण अकल्पनीय धन की प्राप्ति होती है।

16. कुंभलग्न में धनेश बृहस्पति अष्टम में एवं अष्टमेश बुध धन स्थान में परस्पर परिवर्तन करके बैठे हो तो ऐसा जातक गलत तरीके से धन कमाता है। ऐसा व्यक्ति ताश, जुआ, मटका, घुडरेस, स्मगलिंग एवं अनैतिक कार्यों से धन अर्जित करता है।

17. कुंभलग्न में तृतीयेश मंगल लाभ स्थान में एवं लाभेश बृहस्पति तृतीय स्थान में परस्पर परिवर्तन करके बैठा हो तो ऐसे व्यक्ति को भाई, भागीदारों, कुटम्बीजनों एवं मित्रों के द्वारा धन लाभ होता है।

18. कुंभलग्न में बलवान बृहस्पति यदि चतुर्थेश शुक्र से युति करके बैठा हो तो ऐसे व्यक्ति की माता, मातृपक्ष, वाहन व नौकरी द्वारा धन की प्राप्ति होती है।

19. केन्द्र में बुध, सूर्य, राहु, शनि आदि हों तथा 2 ग्रह त्रिकोण स्थान में हों तो जातक परम भाग्यशाली, प्रभावी, धनवान, शक्ति सम्पन्न होता है।

20. दशम भाव में अर्थात् वृश्चिक राशि में चंद्र-शनि का योग हो तो वह जातक कुबेर तुल्य ऐश्वर्य सम्पन्न होता है।

21. कुंभलग्न हो, शनि लग्न में स्व का स्थित हो मंगल की 8वीं दृष्टि शनि पर हो तो **राजराजेश्वर योग** होने से जातक पूर्णरूपेण सम्पन्न, सुखी, धनवान, दीर्घायु होता है।

22. द्वितीय भाव में बृहस्पति तथा 11वें भाव में शुक्र हो तो जातक कंगाल के घर में जन्म लेकर भी लक्ष्याधिपति बनता है।

23. बृहस्पति नवम भाव में तथा शुक्र दशम भावस्थ हो, ऐसे शुक्र पर शनि की दृष्टि हो तो जातक लखपति बनता है।

24. यदि सूर्य और मंगल अष्टम भाव में अर्थात् कन्या राशि में हों तो दोनों ही दशाएं घोर कष्ट देती हैं। लक्ष्याधिपति व्यक्ति भी दरिद्र जीवन व्यतीत करता है।

25. दशम भाव में शनि अकेला हो तो व्यक्ति निश्चित रुप से करोड़पति होता है।

26. बृहस्पति धन भाव अथवा धनेश केन्द्र, त्रिकोण या 11वें भाव में हो तो जातक धनवान होता है।

27. बृहस्पति धनेश होकर कहीं भी मंगल के साथ हो तो वह जातक धनवान होता है।

28. दशमेश व धनेश केन्द्र भाव अथवा त्रिकोण 5, 9वें भाव में हो तो जातक को अनायास अर्थ लाभ होता है।

29. लग्नेश बृहस्पति अष्टम भाव में और अष्टमेश बुध लाभ स्थान में हो तो भूमि द्वारा धन लाभ होता है।

30. शुक्र, सप्तमेश सूर्य तथा भाग्येश एक साथ हो तो जातक का ससुराल से धन की प्राप्ति होती है।

31. शनि, राहु अथवा केतु धन भावस्थ हो तो कभी धन की प्राप्ति हो जाती है कभी नहीं। धन को लेकर संघर्ष बना रहता है।

32. यदि तृतीयेश पंचमस्थ पंचमेश से युक्त हो तो जातक का भाई उच्च पद पर होता है अथवा स्वयं सत्ता प्राप्त व्यक्ति होता है अथवा ईश्वर कृपा से सम्पत्तिवान् होता है।

33. जन्म अथवा चंद्र से दशम भावस्थ बृहस्पति धनवान भ्राता से आर्थिक लाभ का द्योतक है।

34. कुंभलग्न में व्यय स्थान का स्वामी शनि बारहवें (व्ययस्थान में) ही हो तो व्यक्ति का धन पाप कार्य में खर्च होता है।

35. कुंभलग्न बृहस्पति बारहवें हो, लग्न पर शुभ ग्रह की दृष्टि न हो तो अकस्मात् धन हानि होती है।

36. कुंभलग्न में यदि बलवान बृहस्पति की पंचमेश बुध से युति हो, द्वितीय भाव शुभ ग्रहों से दृष्ट हो तो ऐसे व्यक्ति को पुत्र द्वारा धन की प्राप्ति होती है। किंवा पुत्र जन्म के बाद ही जातक का भाग्योदय होता है।

37. कुंभलग्न में बलवान बृहस्पति की षष्टेश चंद्रमा से युति हो, धनभाव मंगल या शनि से दृष्ट हो तो जातक को शत्रुओं के द्वारा धन की प्राप्ति होती है। ऐसा जातक कोर्ट-कचहरी में शत्रुओं को हराता है तथा शत्रुओं के कारण ही उसे धन व यश की प्राप्ति होती है।

38. कुंभलग्न में बलवान बृहस्पति की यदि सप्तमेश सूर्य से युति हो तो जातक का भाग्योदय विवाह के बाद होता है तथा उसे पत्नी, ससुराल पक्ष से धन की प्राप्ति होती है।

39. कुंभलग्न में बलवान बृहस्पति की यदि नवमेश शुक्र से युति हो तो जातक राजा से, राज्य सरकार से, सरकारी अधिकारियों, सरकारी ठेकों से काफी धन कमाता है।

40. कुंभलग्न में बलवान बृहस्पति की दशमेश मंगल से युति हो तो जातक को पैतृक सम्पत्ति, पिता द्वारा रक्षित धन की प्राप्ति होती है अथवा पिता का व्यवसाय जातक के भाग्योदय में सहायक होता है।

41. कुंभलग्न में दशम भाव का स्वामी मंगल यदि छठे, आठवें या बारहवें स्थान में हो तो जातक को परिश्रम का पूरा लाभ नहीं मिलता, जन्म स्थान में जातक नहीं कमा पाता तथा उसे सदैव धन की कमी बनी रहती है।

42. कुंभलग्न में लग्नेश शनि यदि छठे, आठवें या बारहवें स्थान में हो एवं सूर्य छठे या बारहवें स्थान में हो तो व्यक्ति कर्जदार होता है तथा धन के मामले में कमजोर होता है।

43. कुंभलग्न के धन स्थान में पाप ग्रह हो तथा लाभेश बृहस्पति यदि छठे, आठवें या बारहवें स्थान में हो तो व्यक्ति दरिद्र होता है।

44. कुंभलग्न में केन्द्र स्थानों को छोड़कर चंद्रमा बृहस्पति से यदि छठे, आठवें या बारहवें स्थान में हो तो शकट योग बनता है। जिसके कारण व्यक्ति को सदैव धन का अभाव बना रहता है।

45. कुंभलग्न में धनेश बृहस्पति यदि अस्त हो, नीच राशि (मकर) में हो तथा धन स्थान में अष्टम भाव में कोई पाप ग्रह हो व्यक्ति सदैव ऋणग्रस्त रहता है, कर्ज उसके सिर से उतरता ही नहीं।

46. कुंभलग्न में लाभेश बृहस्पति यदि छठे, आठवें या बारहवें स्थान में हो तथा लाभेश अस्तगत तथा पापपीड़ित हो तो जातक महादरिद्री होता है।

47. कुंभलग्न में अष्टमेश बुध वक्री होकर कहीं बैठा हो तथा अष्टम स्थान में कोई भी ग्रह वक्री होकर बैठा हो तो अकस्मात् धनहानि का योग बनता है अर्थात्

ऐसे व्यक्ति को धन के मामले में परिस्थितिवश अचानक भारी नुकसान हो सकता है, अत: सावधान रहें।

48. कुंभलग्न में अष्टमेश बुध शत्रुक्षेत्री, नीच का या अस्तगत हो तो व्यक्ति को अचानक धन की प्राप्ति होती है।

49. कुंभलग्न हो, धनेश बृहस्पति केन्द्रवर्ती होकर धन भाव को देखता हो तथा लग्न स्थान में शनि+मंगल+चंद्र+सूर्य की युति हो तो जातक अरबपति होता है तथा विवाह के बाद इतना धन कमाता है जिसकी वह स्वयं कल्पना नहीं कर सकता।

❑❑❑

कुंभलग्न और विवाह योग

1. सप्तम भाव में सूर्य हो तो जातक की स्त्री साहसी, लड़ाकू एवं दृढ़ विचारों वाली होती है।
2. कुंभलग्न की कुण्डली में सप्तमेश सूर्य यदि पंचम भाव में अर्थात् मिथुन राशि में हो तो जातक पुत्र-रहित या स्त्री-रहित होता है।
3. शुक्र, सप्तमेश सूर्य और भाग्येश एक साथ हों तो जातक को ससुराल से धन प्राप्त होता है।
4. कुंभलग्न में शनि, चंद्रमा के साथ लग्न में हो, सप्तम में सूर्य हो तो ऐसे जातक के विवाह में भयंकर बाधा आती है। विलम्ब विवाह तो निश्चित है पर अविवाह की स्थिति भी बन सकती है।
5. कुंभलग्न में शनि द्वादशस्थ हो, द्वितीय में सूर्य हो और पापग्रस्त हो तो जातक का विवाह नहीं होता।
6. कुंभलग्न में शनि छठे, सूर्य अष्टम में पाप पीड़ित हो तो ऐसे जातक का विवाह नहीं होता।
7. कुंभलग्न में सूर्य, शनि और शुक्र एक साथ कहीं भी बैठे हों तो जातक को दाम्पत्य सुख नहीं मिलता।
8. कुंभलग्न में शुक्र कर्क या सिंह राशि का हो तथा सूर्य या चंद्रमा शुक्र से द्वितीय या द्वादश स्थान में हों तो जातक का विवाह नहीं होता।
9. कुंभलग्न में द्वितीयेश बृहस्पति वक्री हो अथवा द्वितीय स्थान में कोई भी ग्रह वक्री होकर बैठा हो तो विवाह में अत्यधिक अवरोध उत्पन्न होता है।
10. राहु या केतु सप्तम भाव या नवम भाव में क्रूर ग्रहों से युक्त होकर बैठे हों तो निश्चित रुप से जातक का विवाह विलम्ब से होता है। ऐसा जातक प्राय: अन्तर्जातीय विवाह करता है।

11. कुंभलग्न में सूर्य निर्बल हो, सप्तम भाव में कोई ग्रह वक्री हो अथवा किसी भी वक्री ग्रह की सप्तम भाव पर दृष्टि हो तो विवाह में अवरोध आता है और विवाह समय पर सम्पन्न नहीं होता।

12. कुंभलग्न हो, लग्न में चंद्रमा व शुक्र स्थित हों, पाप ग्रह उन्हें देखते हों तो ऐसी स्त्री परपुरुष गामिनी होती है। उसके इस व्यभिचार कर्म में उसकी माता या मातृतुल्य अन्य वृद्धा स्त्री का पूर्ण सहयोग होता है।

13. कुंभलग्न में चंद्रमा स्थिर राशि (वृष, सिंह, वृश्चिक कुंभ) में हो तो ऐसी स्त्री अक्षतयोनि होती है।

14. कुंभलग्न के सप्तम भाव में मंगल हो, सप्तमेश सूर्य बुध व राहु के साथ पांचवें हो तो जातक के सर्वसमर्थ सुन्दर व भाग्यशाली होते हुए भी जातक का विवाह सही समय पर नहीं होता।

15. कुंभलग्न में शनि सातवें हो, सप्तमेश सूर्य आठवें हो तो जातक एक पत्नी के होते हुए दूसरा विवाह करता है। भले ही शुभ ग्रह सप्तम भाव को देखते हो तो भी जातक को पहली पत्नी से धोखा मिलता है या तलाक होता है।

16. कुंभलग्न में शनि व मंगल लग्नस्थ हो, सप्तमेश सूर्य बारहवें हो, चतुर्थ या दशम में पाप ग्रह हो तो ऐसी स्त्री एक पति को त्याग कर दूसरा वरण करती है एवं स्वच्छन्द यौनाचार में विश्वास रखती है। वैवाहिक जीवन में उसे निराशा हाथ लगती है। ऐसी महिला पति पर हुक्म चलाती है तथा पति को हीन दृष्टि से देखती है।

17. कुंभलग्न में पाप ग्रहों से दृष्ट शुक्र एवं चंद्रमा कहीं भी बैठे हों तो ऐसी स्त्री व्यभिचारिणी होती है।

18. कुंभलग्न में शनि एवं मंगल सप्तम भाव में शुभ ग्रहों से दृष्ट न हों तो ऐसी स्त्री उत्तम कुल में जन्म लेने पर भी पति को त्याग कर व्यभिचारिणी हो जाती है अथवा विधवा भी हो सकती है।

19. कुंभलग्न में चंद्रमा यदि (1/3/5/7/8/11) राशि में हो तो ऐसी स्त्री पुरुष के समान कठोर स्वभाव वाली, साहसिक प्रकृति की महिला होती है।

20. कुंभलग्न में यदि सूर्य, मंगल, बृहस्पति, चंद्र, बुध, शुक्र एवं शनि बलवान हो तो ऐसी स्त्री गलत सोहबत या परिस्थितिवश परपुरुष की अंकशायिनी बन सकती है।

21. कुंभलग्न लग्न में लग्नस्थ चंद्रमा व शुक्र पाप ग्रहों से दृष्ट हों तो ऐसी स्त्री माता सहित परपुरुष गामिनी होती है।

22. कुंभलग्न में चंद्रमा और शुक्र लग्नस्थ हो तथा पंचम भाव पाप ग्रहों से दृष्ट हों तो ऐसी नारी बन्ध्या होती है।

23. कुंभलग्न में चंद्रमा आठवें उच्च के बुध के साथ हो तो ऐसी स्त्री काकवन्ध्या होती है अर्थात् एक बार ही प्रसूता होती है।

24. कुंभलग्न में सप्तमेश सूर्य स्थिर राशि (वृष, सिंह, वृश्चिक या कुंभ) में हो तथा चंद्रमा चर राशि (मेष, कर्क, तुला या मकर) में हो तो ऐसे जातक का विवाह विलम्ब से होता है।

25. कुंभलग्न में लग्नस्थ शनि के साथ अष्टमेश बुध हो तो **''द्विभार्या योग''** बनता है। ऐसा जातक दो नारियों के साथ रमण करता है।

26. कुंभलग्न में सप्तमेश सूर्य यदि द्वितीय या द्वादश स्थान में हो तो पूर्ण **''व्यभिचारी योग''** बनता है। ऐसा पुरुष जीवन में अनेक स्त्रियों के साथ सम्भोग करता है।

27. कुंभलग्न में सूर्य यदि पाप ग्रह की राशि में हो, पाप ग्रस्त या पाप दृष्ट हो तो ऐसे पुरुष की पत्नी कलहप्रिया एवं झगड़ालू होती है। जिससे जातक स्वयं दु:खी हो जाता है।

❑❑❑

कुंभलग्न और संतान योग

1. कुंभलग्न में चंद्रमा तुला का नवम भाव में हो तो जातक के एक पुत्र होता।
2. कुंभलग्न में पंचमेश बुध यदि आठवें हो तो जातक के अल्प संतति होती है।
3. कुंभलग्न में पंचमेश बुध अस्त हो या पापग्रस्त, पाप पीड़ित होकर छठे, आठवें या बारहवें हो तो व्यक्ति के पुत्र नहीं होता।
4. कुंभलग्न में पंचमेश बुध लग्न (कुंभ राशि) में हो तथा बृहस्पति से युत किंवा दृष्ट हो तो व्यक्ति के प्रथम पुत्र ही होता है।
5. कुंभलग्न में पंचमेश बुध लग्न में हो एवं लग्नेश शनि पंचम में परस्पर परिवर्तन करके बैठे हों तो जातक दूसरों की संतान गोद में लेकर अपने पुत्र की तरह पालता है।
6. कुंभलग्न में बुध यदि पंचम भाव में हो तो जातक की तीन कन्याएं होती हैं। यदि साथ में सूर्य हो तो चार कन्याएं होती है।
7. कुंभलग्न में सूर्य हो, सूर्य पाप ग्रह से युत किंवा दृष्ट पाप पीड़ित हो तो ऐसे व्यक्ति की कुलदेवता के शाप के कारण संतान नहीं होती।
8. राहु, सूर्य एवं मंगल पंचम भाव में हो तो ऐसे जातक को शल्यचिकित्सा द्वारा कष्ट से पुत्र संतान की प्राप्ति होती है। आज की भाषा में ऐसे बालक को ''सिजेरियन चाइल्ड'' कहते हैं।
9. कुंभलग्न में पंचमेश बुध कमजोर हो तथा राहु ग्यारहवें स्थान में हो तो जातक को वृद्धावस्था में संतान होती है।
10. पंचम स्थान में राहु, केतु या शनि इत्यादि पाप ग्रह हो तो गर्भपात अवश्य होता है।
11. कुंभलग्न में लग्नेश शनि द्वितीय स्थान में हो तथा पंचमेश बुध पापग्रस्त या पाप पीड़ित हो तो ऐसे जातक की पुत्र संतान उत्पन्न होकर नष्ट हो जाती है।

12. कुंभलग्न में पंचमेश शुक्र बारहवें स्थान में शुभ ग्रहों से युत या दृष्ट हो तो ऐसे जातक के पुत्र की वृद्धावस्था में अकाल मृत्यु हो जाती है। जिससे जातक संसार से विरक्त होकर वैराग्य की ओर उन्मुख होता है।

13. पंचमेश यदि वृष, कर्क, कन्या या तुला राशि में हो तो जातक को प्रथम संतति के रूप में कन्या रत्न की प्राप्ति होती है।

14. कुंभलग्न में पंचमेश बुध की सप्तमेश सूर्य के साथ युति हो तो जातक को प्रथम संतान के रूप में कन्या रत्न की प्राप्ति होती है।

15. लग्नेश शनि यदि 1/2/5/7/9/11 वें भाव में हो तो प्रथम पुत्र एवं 4/6/8/10/12वें भाव में हो तो प्रथम संतान कन्या होती है।

16. पति-पत्नी दोनों की कुण्डली में तुला राशिस्थ शनि हो तो संतान-सुख नहीं होता।

17. समराशि (2, 4, 6, 8, 10, 12) में गया हुआ बुध कन्या संतति की बाहुल्यता देता है। यदि चंद्रमा और शुक्र का भी पंचम भाव पर प्रभाव हो तो यह योग अधिक पुष्ट हो जाता है।

18. पंचमेश बुध निर्बल हो, लग्नेश शनि भी निर्बल हो, पंचम भाव में राहु हो तो सर्पदोष के कारण पुत्र संतान नहीं होती।

19. पंचम भाव में राहु हो और एकादश स्थान में स्थित केतु के मध्य सारे ग्रह हों तो पद्मनामक "**कालसर्प योग**" के कारण जातक के पुत्र संतान नहीं होती। ऐसे जातक को वंश वृद्धि की चिंता एवं मानसिक तनाव रहता है।

20. सूर्य अष्टम हो, पंचम भाव में शनि हो, पंचमेश राहु से युत हो तो जातक को पितृदोष होता है तथा पितृशाप के कारण पुत्र संतान नहीं होती।

21. लग्न में मंगल, अष्टम में शनि, पंचम में सूर्य एवं बारहवें स्थान में राहु या केतु हो तो "**वंशविच्छेद योग**" बनता है। ऐसे जातक का स्वयं का वंश समाप्त हो जाता है आगे पीढ़ियां नहीं चलतीं।

22. कुंभलग्न के चतुर्थ भाव में पाप ग्रह हो तथा चंद्रमा जहां बैठा हो उससे आठवें स्थान में पाप ग्रह हो तो "**वंशविच्छेद योग**" बनता है। ऐसे जातक का स्वयं का वंश समाप्त हो जाता है, उसके आगे पीढ़ियां नहीं चलती।

23. तीन केन्द्रों में पाप ग्रह हो तो व्यक्ति को "**इलाख्य नामक**" सर्प योग बनता है। इस दोष के कारण जातक को पुत्र संतान का सुख नहीं मिलता। दोष निवृत्ति पर शांति हो जाती।

24. कुंभलग्न में पंचमेश पंचम, षष्ठ या द्वादश भाव में हो तथा पंचम भाव शुभ ग्रहों से दृष्ट न हो तो "**अनपत्य योग**" बनता है। ऐसे जातक को निर्बीज पृथ्वी की तरह संतान उत्पन्न नहीं होती पर उपाय से दोष शांत हो जाता है।

25. पंचम भाव मंगल बुध की युति हो तो जातक के जुड़वां संतान होती है। पुत्र या पुत्री की कोई शर्त नहीं।

26. जिस स्त्री की जन्म कुण्डली में सूर्य लग्न में और शनि यदि सातवें हो, अथवा सूर्य+शनि की युति सातवें हो, तथा दशम भाव पर बृहस्पति की दृष्टि हो तो "**अनगर्भा योग**" बनता है ऐसी स्त्री गर्भधारण करने योग्य नहीं होती।

27. जिस स्त्री की जन्म कुण्डली में शनि+मंगल छठे या चौथे स्थान में हो तो "**अनगर्भा योग**" बनता है ऐसी स्त्री गर्भधारण करने योग्य नहीं होती।

28. शुभ ग्रहों के साथ सूर्य+चंद्रमा यदि पंचम स्थान में हो तो "**कुलवर्द्धन योग**" बनता है। ऐसी स्त्री दीर्घजीवी, धनी एवं ऐश्वर्यशाली संतानों को उत्पन्न करती है।

29. पंचमेश मिथुन या कन्या राशि में हो, बुध से युत हो, पंचमेश और पंचम भाव पर पुरुष ग्रहों की दृष्टि न हो तो जातक को "केवल कन्या योग" होता है। पुत्र संतान नहीं होती।

❑❑❑

कुंभलग्न और राजयोग

1. यदि कुंभलग्न अपने पूर्णांश पर हो और शनि उसमें उच्चांश पर बैठा हो, बृहस्पति मीन का स्वगृही धन स्थान में बली हो, मंगल मेष का पराक्रम स्थान में हो और शुक्र वृष का स्वगृही चतुर्थ स्थान में हो तो राजयोग होता है। तो जातक राजा के समान ऐश्वर्य एवं वैभव को भोगता है।
2. इसके अतिरिक्त यदि उच्च का शुक्र धन भाव में, उच्च का सूर्य पराक्रम स्थान में और उच्च का शनि भाग्य स्थान में तथा उच्च का शुक्र स्वगृही बृहस्पति के साथ धन स्थान में हो तो जातक राजा के समान ऐश्वर्य एवं वैभव को भोगता है।
3. उच्च का सूर्य स्वगृही मंगल के साथ पराक्रम स्थान में हो तो जातक राजा के समान ऐश्वर्य एवं वैभव को भोगता है।
4. उच्च का चंद्रमा स्वगृही शुक्र के साथ चतुर्थ स्थान में हो तो जातक राजा के समान ऐश्वर्य एवं वैभव को भोगता है।
5. उच्च का शनि स्वगृही शुक्र के साथ भाग्य स्थान में हो तो जातक राजा के समान ऐश्वर्य एवं वैभव को भोगता है।
6. स्वगृही मिथुन का बुध पंचम स्थान में, स्वगृही सिंह का सूर्य सप्तम स्थान में, स्वगृही मंगल वृश्चिक का राज्य स्थान में और स्वगृही बृहस्पति धनु राशि का लाभ स्थान में हो तो जातक राजा के समान ऐश्वर्य एवं वैभव को भोगता है।
7. चार, पांच, छः स्वगृही ग्रह या उच्च के ग्रह केन्द्र या त्रिकोण में अथवा केन्द्र और त्रिकोण दोनों में बलवान हों, अस्त न हों तो राजयोग कारक होते हैं।
8. कुंभलग्न हो, शनि लग्न में स्व का स्थित हो, मंगल की 8वीं दृष्टि शनि पर हो तो '**राजराजेश्वर योग**' होने से जातक पूर्णरूपेण सम्पन्न, सुखी, धनवान दीर्घायु होता है।
9. शुक्र स्व राशिस्थ चतुर्थ भाव में बैठा हो तो वह जातक तीव्र मस्तिष्क वाला तथा उच्च पद को प्राप्त करने में सफल होता है।

10. यदि तृतीयेश पंचमस्थ पंचमेश से युक्त हो तो जातक का भाई उच्च पद पर होता है अथवा स्वयं सत्ता प्राप्त व्यक्ति होता है अथवा ईश्वर कृपा से सम्पत्तिवान् होता है।

11. सिंह में बृहस्पति, कन्या में शुक्र, मिथुन में शनि, अपने घर का मंगल चौथे स्थान में हो तो जातक राजा होता है।

12. कुंभलग्न के दशम स्थान में बृहस्पति, बुध, शुक्र, चंद्रमा हो तो जातक का सब कार्य सिद्ध होता है और वह राजमान्य होता है।

13. कुंभलग्न में शनि, चंद्रमा हो और आठवें स्थान में शुक्र हो तो इस योग में उत्पन्न मनुष्य मानी और सबका प्रिय राजा होता है।

14. कुंभलग्न में द्वितीय स्थान में शुक्र, दशम स्थान में बृहस्पति और छठे में राहु हो तो राजा पराक्रमी होता है।

15. कुंभलग्न में सूर्य तीसरे स्थान में, चौथे स्थान में शुक्र, बुध पांचवें स्थान या द्वितीय स्थान में हो और कोई ग्रह नीच में नहीं हो तथा दसवें, बारहवें घर में कोई ग्रह न हो जातक तीन समुद्र का राजा होता है।

16. कुंभलग्न में लग्न हो चतुर्थ स्थान में शुक्र और दशम स्थान में मंगल सूर्य-शनैश्चर के साथ हों तो वह निश्चित राजा होता है।

17. कुंभलग्न में पंचम नवम तृतीय घर में बृहस्पति चंद्रमा और सूर्य हो तो वह मनुष्य धन में कुबेर के समान होता है।

18. कुंभलग्न में त्रिकोण में बुध, बृहस्पति शुक्र हों और बुध, शनि क्रम से तीसरे, छठे हों और सप्तम में पूर्ण बली चंद्रमा हो तो इस योग में जन्म लेने वाला राजा के समान होता है।

19. कुंभलग्न में बृहस्पति शुक्र और चंद्रमा ये तीनों मीन राशि के हों तो इस योग जन्म में लेने वाले को राज्य प्राप्ति होती है और उसकी पत्नी अनेक पुत्र वाली होती है।

20. कुंभलग्न में राश्याधिपति नवम स्थान में हो और चंद्रमा लग्न में हो तो राजयोग होता है।

21. कुंभ का शुक्र, मेष का मंगल, कर्क का बृहस्पति हो तो कीर्तिमान राजयोग होता है।

22. कुंभलग्न में जलचर राशि में छठा चंद्रमा हो, लग्न में उदित शुभ ग्रह और केन्द्र में पाप ग्रह न हो तो राजयोग होता है।

कुंभलग्न में सूर्य की स्थिति

कुंभलग्न में सूर्य की स्थिति प्रथम स्थान में

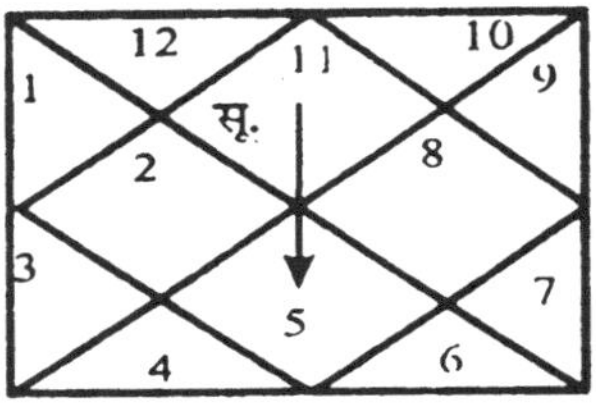

कुंभलग्न में सूर्य सप्तमेश होने से अशुभ फलदाता है। सूर्य लग्नेश शनि का शत्रु है, फलत: द्वितीय मारकेश का काम करेगा। सूर्य यहां प्रथम स्थान में कुंभ (शत्रु) राशि में होगा। सूर्य पितृ कारक होकर पितृ स्थान से कोण में एवं अपने घर (सिंह राशि) से सातवें होने से सातवें व नवम भाव का फल ठीक देगा। ऐसा जातक तुनकमिजाजी होगा, पर उसे पिता की सम्पत्ति मिलेगी। ऐसा जातक परदेश जायेगा तो उसे अच्छा मान-सम्मान मिलेगा व वह धन कमायेगा। भागीदारी के कार्यों में भी सफलता मिलेगी। पर संघर्ष के बिना कोई सफलता नहीं मिलेगी।

दृष्टि–लग्नस्थ सूर्य की दृष्टि सप्तम भाव अपने ही घर (सिंह राशि) पर होगी। फलत: जातक का भाग्योदय विवाह के बाद होगा।

निशानी–जातक मध्यम कद, गोलाकार मुख एवं आकर्षक चेहरे वाला होगा। जातक की संतानें जातक से अलग व दूर रहेंगी।

दशा–सूर्य की दशा-अंतर्दशा मिश्रित फल देगी।

सूर्य का अन्य ग्रहों से सम्बन्ध–

1. **सूर्य+चंद्र**–'भोजसंहिता' के अनुसार कुंभलग्न में सूर्य+चंद्र की युति प्रथम स्थान में होने के कारण जातक का जन्म फाल्गुन कृष्ण अमावस्या को प्रात: सूर्योदय के समय (6 से 8 बजे के मध्य) होता है। षष्टेश व सप्तमेश की युति लग्न में होने से जातक का जीवनसाथी अत्यधिक सुन्दर, आकर्षक व्यक्तित्व का धनी एवं वफादार होगा।

2. **सूर्य+मंगल**–सूर्य के साथ मंगल होने से जातक पराक्रमी होगा। क्रोधी होगा एवं बड़ी भू-सम्पत्ति का स्वामी होगा।

3. **सूर्य+बुध**–'भोजसंहिता' के अनुसार कुंभलग्न में सूर्य सप्तमेश होगा। प्रथम स्थान में कुंभ राशिगत यह युति वस्तुतः सप्तमेश सूर्य की पंचमेश+अष्टमेश बुध के साथ युति कहलायेगी। यहां बैठकर दोनों ग्रह सप्तम भाव को देखेंगे जो कि सूर्य का स्वयं का घर है। ऐसा जातक बुद्धिशाली एवं धनवान होगा। विवाह के बाद जातक का भाग्योदय होगा। जातक अपने कुल-कुटुम्ब का नाम रोशन करेगा। जातक समाज का लब्ध-प्रतिष्ठित व्यक्ति होगा।

4. **सूर्य+गुरु**–सूर्य के साथ बृहस्पति होने से ससुराल से धन मिलेगा, जातक की पत्नी धार्मिक व पतिव्रता होगी।

5. **सूर्य+शुक्र**–सूर्य के साथ शुक्र होने से राज-सरकार से लाभ होगा। जातक वड़ा पद व प्रतिष्ठा प्राप्त करेगा।

6. **सूर्य+शनि**–यहां दोनों ग्रह कुंभ राशि में होंगे। सूर्य शत्रुक्षेत्री तो शनि यहां स्वगृही होगा। लग्नेश शनि एवं सप्तमेश सूर्य की यह युति लग्न में होने से जातक आकर्षक व्यक्तित्व वाला होगा। जातक की पत्नी सुन्दर होगी परन्तु दुर्घटना से अंग-भंग होने का खतरा बना रहेगा। जातक का सही उन्नति पिता की मृत्यु के बाद होगी।

7. **सूर्य+राहु**–सूर्य के साथ राहु जातक को स्थापित होने में दिक्कतें डालेगा। जातक नास्तिक होगा।

8. **सूर्य+केतु**–सूर्य के साथ केतु कीर्तिदायक है। जातक विदेशी लोगों से मित्रता बढ़ायेगा।

कुंभलग्न में सूर्य की स्थिति द्वितीय स्थान में

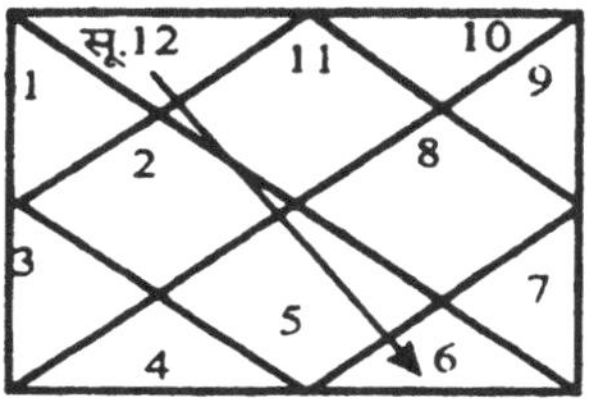

कुंभलग्न में सूर्य सप्तमेश होने से अशुभ फलदाता है। सूर्य लग्नेश शनि का शत्रु है, फलतः द्वितीय मारकेश का काम करेगा। सूर्य यहां द्वितीय स्थान में मीन (मित्र) राशि में होगा। सूर्य अपने घर से आठवें एवं पितृ कारक स्थान नवम भाव से छठे होने से जातक की पिता का सुख एवं पिता की सम्पत्ति नहीं मिलेगी। जातक का भाषा कठोर होगी। उसकी दाईं आंख कमजोर होगी। जातक को दंत रोग संभव है।

दृष्टि–द्वितीयस्थ सूर्य की दृष्टि अष्टम भाव (कन्या राशि) पर होगी। ऐसा जातक अपने शत्रुओं का नाश करने में पूर्णतः सक्षम होता है।

निशानी–'लोमेश संहिता' के अनुसार ऐसा व्यक्ति आलसी व कामी होता है। उसके हृदय में सदैव महिलाओं का ही ध्यान रहता है तथा वह प्रत्येक कार्य सुस्ती से प्रारम्भ करता है।

दशा–सूर्य की दशा-अंतर्दशा कष्टदायक होगी।

सूर्य का अन्य ग्रहों से सम्बन्ध–

1. **सूर्य+चंद्र**–**'भोजसंहिता'** के अनुसार कुंभलग्न में सूर्य+चंद्र की युति द्वितीय स्थान (मीन राशि) में होने के कारण जातक का जन्म चैत्र कृष्ण अमावस्या को प्रात: सूर्योदय के पूर्व 4 से 6 बजे के मध्य होता है। षष्टेश व सप्तमेश की युति द्वितीय स्थान में होने से जातक को ससुराल से धन मिलेगा।
2. **सूर्य+मंगल**–सूर्य के साथ मंगल जातक को भूमि व भाइयों से धन दिलायेगा। जातक को ससुराल से भी धन मिलता रहेगा।
3. **सूर्य+बुध**–'भोजसंहिता' के अनुसार कुंभलग्न में सूर्य सप्तमेश होगा। द्वितीय स्थान में मीन राशिगत यह युति वस्तुत: सूर्य की पंचमेश+अष्टमेश बुध के साथ युति कहलायेगी। बुध यहां नीच राशि का होगा। यहां बैठकर दोनों ग्रह अष्टम स्थान को देखेंगे। फलत: जातक बुद्धिशाली व धनवान होगा। उसकी आमदनी के जरिए दो-तीन प्रकार के रहेंगे। विवाह के बाद जातक धनवान होगा। जातक की आयु लम्बी होगी। जातक समाज का लब्ध-प्रतिष्ठित व्यक्ति होगा।
4. **सूर्य+गुरु**–स्वगृही बृहस्पति के साथ सूर्य **'कलत्रमूल धन योग'** बनायेगा। जातक को ससुराल की सम्पत्ति विरासत में मिलेगी।
5. **सूर्य+शुक्र**–सूर्य के साथ उच्च का शुक्र जातक को माता व पत्नी का पूर्ण सुख देगा। माता व पत्नी दोनों धनवान होंगी।
6. **सूर्य+शनि**–यहां दोनों ग्रह 'मीन राशि' में होंगे। सूर्य यहां मित्र क्षेत्री तो शनि शत्रु क्षेत्री होगा। लग्नेश शनि एवं सप्तमेश सूर्य की यह युति धन भाव में होने से जातक को पत्नी द्वारा धन मिलेगा। धन संग्रह में कठिनाइयां आयेंगी। पिता की मृत्यु के बाद जातक धनी होगा।
7. **सूर्य+राहु**–सूर्य के साथ राहु धन प्राप्ति में बाधक है।
8. **सूर्य+केतु**–सूर्य के साथ केतु धन संग्रह में बाधक है।

कुंभलग्न में सूर्य की स्थिति तृतीय स्थान में

कुंभलग्न में सूर्य सप्तमेश होने से अशुभ फलदाता है। सूर्य लग्नेश शनि का शत्रु है, फलत: द्वितीय मारकेश का काम करेगा। सूर्य यहां तृतीय स्थान में उच्च का

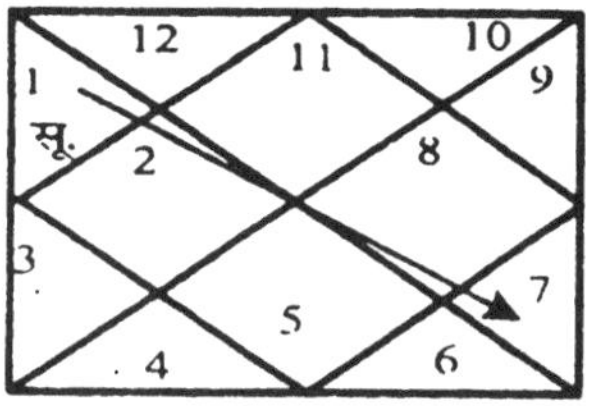

होगा। मेष राशि के दस अंशों तक सूर्य परमोच्च का कहलाता है। जातक स्वयं धनी व पराक्रमी होगा। जातक का जीवनसाथी भी धनी व पराक्रमी होगा। फलत: पति-पत्नी दोनों में अहम् का टकराव होता रहेगा। गृहस्थ जीवन में नोक-झोंक बनी रहेगी। जातक अपने प्रयत्न से खूब यश-कीर्ति अर्जित करेगा।

दृष्टि–सूर्य अपने स्थान से नवमे होकर नवम भाव (तुला राशि) को पूर्ण दृष्टि से देख रहा है। ऐसे जातक को पिता का सुख एवं पिता की सम्पत्ति मिलेगी।

निशानी–जातक का ससुराल धनवान होगा। ऐसे जातक को पड़ौसी व मित्र अच्छे मिलेंगे।

दशा–सूर्य की दशा-अंतर्दशा में पराक्रम बढ़ेगा। जनसम्पर्क से लाभ होगा।

सूर्य का अन्य ग्रहों से सम्बन्ध–

1. **सूर्य+चंद्र**–'भोजसंहिता' के अनुसार कुंभलग्न में सूर्य+चंद्र की युति तृतीय स्थान (मेष राशि) में होने के कारण जातक का जन्म वैशाख कृष्ण अमावस्या को रात्रि 2 से 4 बजे के मध्य होता है। षष्टेश व सप्तमेश की युति तृतीय स्थान में होने से जातक महान् पराक्रमी होगा। पर बड़े भाई का सुख नहीं होगा।
2. **सूर्य+मंगल**–सूर्य के साथ मंगल '**किम्बहुना नामक राजयोग**' बनायेगा। जातक को परिजनों व मित्रों से लाभ होगा। जातक महान् पराक्रमी होगा।
3. **सूर्य+बुध**–'भोजसंहिता' के अनुसार कुंभलग्न में सूर्य सप्तमेश होगा। तृतीय स्थान में मेष राशिगत यह युति वस्तुत: सप्तमेश सूर्य की पंचमेश+अष्टमेश बुध के साथ युति कहलायेगी। सूर्य यहां उच्च का होगा। जहां बैठ कर दोनों ग्रह भाग्य भवन को पूर्ण दृष्टि से देखेंगे। फलत: जातक महान् पराक्रमी होगा। जातक भाई-बहनों, मित्र-परिजनों का सहयोग जीवन में मिलता रहेगा। जातक को पिता की सम्पत्ति मिलेगी। जातक धनवान होगा तथा समाज में अग्रगण्य लब्ध-प्रतिष्ठित व्यक्ति होगा।
4. **सूर्य+गुरु**–सूर्य के साथ बृहस्पति ससुराल से धन लाभ करायेगा।
5. **सूर्य+शुक्र**–सूर्य के साथ शुक्र भाई-बहनों का सुख एवं पराक्रम में वृद्धि करेगा।
6. **सूर्य+शनि**–यहां दोनों ग्रह 'मेष राशि' में होंगे। सूर्य यहां उच्च का, शनि नीच का होकर '**नीचभंग राजयोग**' बनायेगा। जातक पराक्रमी होगा। उसे छोटे-बड़े

दोनों भाइयों का सुख नहीं रहेगा। जाति के अलावा अन्य लोगों में बड़ी कीर्ति होगी।

7. **सूर्य+राहु**–सूर्य के साथ राहु भाइयों में मनमुटाव एवं छोटे भाई के सुख को नष्ट करेगा।
8. **सूर्य+केतु**–सूर्य के साथ केतु समाज में बेहद कीर्ति देगा।

कुंभलग्न में सूर्य की स्थिति चतुर्थ स्थान में

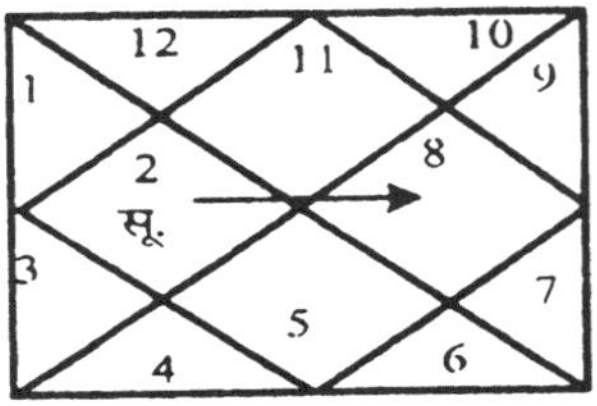

कुंभलग्न में सूर्य सप्तमेश होने से अशुभ फलदाता है। सूर्य लग्नेश शनि का शत्रु है, फलतः द्वितीय मारकेश का काम करेगा। सूर्य यहां चतुर्थ स्थान में वृष (शत्रु) राशि में होगा। सूर्य पितृ स्थान नवम भाव से आठवें स्थान पर होने से पिता के साथ मतभेद-मनमुटाव करायेगा। ऐसे जातक को जीवनसाथी अच्छा मिलेगा। जातक को मकान का सुख भी उत्तम मिलेगा।

दृष्टि–सूर्य अपने स्थान से दसवें बैठकर दशम भाव (वृश्चिक राशि) पर दृष्टि करेगा, फलतः सरकारी नौकरी या सरकारी द्वारा आर्थिक लाभ मिलेगा।

निशानी–ऐसे जातक के दांतों में कोई-न-कोई रोग अवश्य होगा।

दशा–सूर्य की दशा-महादशा अच्छी जायेगी पर सूर्य की दशा में हृदय रोग की संभावना प्रबल रहेगी।

सूर्य का अन्य ग्रहों से सम्बन्ध–

1. **सूर्य+चंद्र**–'भोजसंहिता' के अनुसार कुंभलग्न में सूर्य+चंद्र की युति चतुर्थ स्थान (वृष राशि) में होने के कारण जातक का जन्म ज्येष्ठ कृष्ण अमावस्या को मध्यरात्रि 12 से 2 बजे के मध्य होता है। षष्टेश व सप्तमेश की युति चतुर्थ भाव में होने से '**यामिनीनाथ योग**' बनेगा। जातक को ससुराल से धन मिलेगा।
2. **सूर्य+मंगल**–सूर्य के साथ मंगल जातक को माता की सम्पत्ति दिलायेगा। जातक के पास एक से अधिक वाहन होंगे।
3. **सूर्य+बुध**–'भोजसंहिता' के अनुसार कुंभलग्न में सूर्य सप्तमेश होगा। चतुर्थ स्थान में वृष राशिगत यह युति वस्तुतः सप्तमेश सूर्य की पंचमेश+अष्टमेश बुध के साथ युति कहलायेगी। बुध चतुर्थ होने से '**कुलदीपक योग**' बनेगा। यहां से दोनों ग्रह दशम भाव को देखेंगे। फलतः जातक पढ़ा-लिखा एवं पराक्रमी

होगा तथा उसकी बुद्धि तेज रहेगी। जातक के पास एक से अधिक वाहन होंगे। भवन का सुख भी उत्तम होगा। जातक अपने कुल का नाम उत्तम कार्यों के कारण रोशन करेगा एवं समाज का लब्ध प्रतिष्ठित व्यक्ति होगा।

4. **सूर्य+गुरु**–सूर्य के साथ बृहस्पति जातक को धनी बनायेगा। जातक के पास एक से अधिक मकान होगा।

5. **सूर्य+शुक्र**–सूर्य के साथ स्वगृही शुक्र '**मालव्य योग**' बनायेगा। जातक राजा के समान ऐश्वर्यशाली व पराक्रमी होगा। माता-पिता का सुख पूर्ण रहेगा।

6. **सूर्य+शनि**–यहां दोनों ग्रह 'वृष राशि' में हैं। सूर्य शत्रु क्षेत्री तो शनि मित्र क्षेत्री होगा। लग्नेश शनि एवं सप्तमेश सूर्य की युति चतुर्थ भाव में होने से जातक को माता-पिता की सम्पत्ति नहीं मिलेगी। माता की मृत्यु छोटी आयु में होगी।

7. **सूर्य+राहु**–सूर्य के साथ राहु जातक की माता व सासु को बीमार करेगा।

8. **सूर्य+केतु**–सूर्य के साथ केतु जातक की माता व पत्नी को बीमारी देगा।

कुंभलग्न में सूर्य की स्थिति पंचम स्थान में

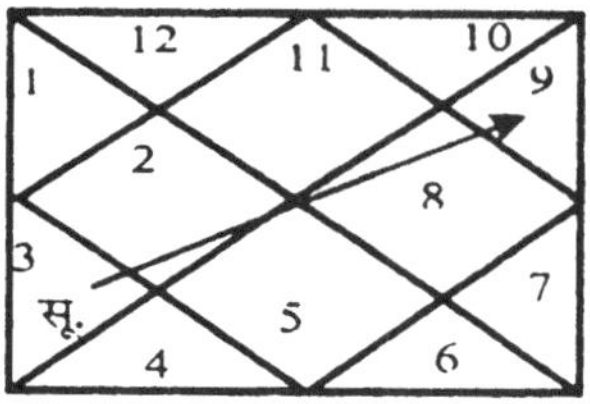

कुंभलग्न में सूर्य सप्तमेश होने से अशुभ फलदाता है। सूर्य लग्नेश शनि का शत्रु है, फलतः द्वितीय मारकेश का काम करेगा। सूर्य यहां पंचम स्थान में मिथुन (सम) राशि में होगा। पितृ कारक तरीके नवम भाव से नवम स्थान पर होने से पिता के साथ अच्छे संबंध होंगे। जातक को पिता की सम्पत्ति मिलेगी। ऐसे जातक को जीवनसाथी बहुत अच्छा मिलेगा। जिसके साथ खूब निभेगी। जातक के मित्र भी अच्छे होंगे।

दृष्टि–सूर्य अपने स्थान से ग्यारहवें हाकर ग्यारहवें स्थान (धनु राशि) पर दृष्टि करेगा। जातक को व्यापार से लाभ होगा। यदि कुण्डली में बृहस्पति की स्थिति अच्छी है तो जातक शेयर बाजार, लॉटरी, सट्टा से रुपया कमायेगा।

निशानी–जातक का भाग्योदय विवाह के बाद होगा।

दशा–सूर्य की दशा-अंतर्दशा शुभ फल देगी।

सूर्य का अन्य ग्रहों से सम्बन्ध–

1. **सूर्य+चंद्र**–'भोजसंहिता' के अनुसार कुंभलग्न में सूर्य+चंद्र की युति पंचम स्थान (मिथुन राशि) में होने के कारण जातक का जन्म आषाढ़ कृष्ण अमावस्या

की रात्रि 10 से 12 बजे के मध्य होता है। षष्टेश व सप्तमेश की युति पंचम भाव में होने से प्रथम संतति कन्या होगा अथवा प्रथम संतति का नाश होगा।

2. **सूर्य+मंगल**–सूर्य के साथ मंगल संतान सुख में वृद्धि करेगा। जातक के चार पुत्र होंगे।
3. **सूर्य+बुध**–'भोजसंहिता' के अनुसार कुंभलग्न में सूर्य सप्तमेश होगा। पंचम स्थान में मिथुन राशिगत यह युति वस्तुत: सप्तमेश सूर्य की पंचमेश+अष्टमेश बुध के साथ युति कहलायेगी। पंचम स्थान में बुध स्वगृही होकर लाभ भवन को देखेगा। फलत: जातक बुद्धिमान एवं शिक्षित होगा। जातक प्रजावान होगा। कन्या संतति की बाहुल्यता रहेगी। जातक की संतति भी शिक्षित रहेगी। जातक समाज का गणमान्य व प्रतिष्ठित व्यक्ति होगा।
4. **सूर्य+गुरु**–सूर्य के साथ बृहस्पति जातक को विद्या से लाभ देगा। जातक के पांच पुत्र दो कन्या होगी।
5. **सूर्य+शुक्र**–सूर्य के साथ शुक्र जातक को उद्योगपति बनायेगा। जातक की संतान तेजस्वी होगी।
6. **सूर्य+शनि**–यहां दोनों ग्रह 'मिथुन राशि' में हैं। सूर्य सम राशि में तो शनि मित्र राशि में होगा। लग्नेश शनि एवं सप्तमेश सूर्य की युति पंचम भाव में होने से जातक की प्रथम संतति की अकाल मृत्यु संभव है। एकाध गर्भपात संभव है।
7. **सूर्य+राहु**–सूर्य के साथ राहु पुत्र संतान में बाधक ग्रह का काम करेगा।
8. **सूर्य+केतु**–सूर्य के साथ केतु गर्भपात करायेगा। प्रथम संतति शल्य चिकित्सा से होगी।

कुंभलग्न में सूर्य की स्थिति षष्टम स्थान में

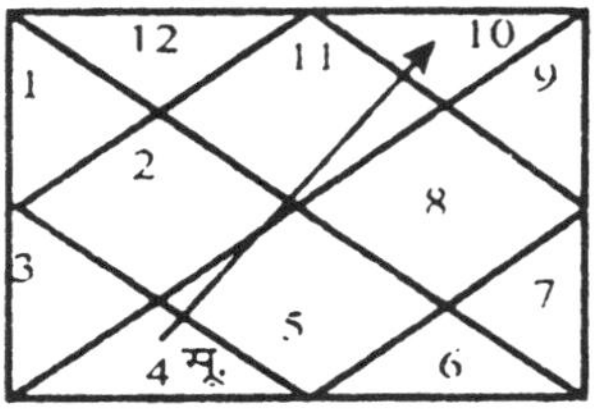

कुंभलग्न में सूर्य सप्तमेश होने से अशुभ फलदाता है। सूर्य लग्नेश शनि का शत्रु है, फलत: द्वितीय मारकेश का काम करेगा। सूर्य यहां छठे स्थान में कर्क (शत्रु) राशि में होगा। सूर्य यहां अपने घर से बारहवें है अत: वैवाहिक सुख में बाधक है। सूर्य यहां '**विलम्बविवाह योग**' बना रहा है। प्रथमत: जातक का विवाह देरी से होगा अथवा विवाह होने पर भी वैवाहिक जीवन कलहपूर्ण होगा। पितृ कारक सूर्य नवम भाव से दसवें स्थान पर स्थित होने से पिता का सुख एवं सम्पत्ति जातक को मिलेगी पर जातक उसका उपयोग नहीं कर पायेगा।

दृष्टि–षष्टमस्थ सूर्य की दृष्टि व्यय भाव (मकर राशि) पर होगी। ऐसा जातक मुसाफिरी खूब करेगा व परेदश में कमायेगा।

निशानी–दाईं आंख कमजोर होगी। 'लोमेश संहिता' के अनुसार ऐसे जातक की स्त्री सदैव बीमार रहेगी।

दशा–सूर्य की दशा-अंतर्दशा अशुभ फल देगी।

सूर्य का अन्य ग्रहों से सम्बन्ध–

1. **सूर्य+चंद्र**–'भोजसंहिता' के अनुसार कुंभलग्न में सूर्य+चंद्र की युति छठे स्थान (कर्क राशि) में होने के कारण जातक का जन्म श्रावण कृष्ण अमावस्या की रात्रि 8 से 10 बजे के मध्य होता है। षष्टेश व सप्तमेश की युति छठे स्थान में होने से चंद्रमा स्वगृही होकर '**विपरीत राजयोग**' बनायेगा। जातक धनी-मानी, अभिमानी होगा।

2. **सूर्य+मंगल**–सूर्य के साथ मंगल '**पराक्रम भंगयोग**' एवं '**राजभंग योग**' बनायेगा। जातक का विवाह विलम्ब से होगा।

3. **सूर्य+बुध**–'भोजसंहिता' के अनुसार कुंभलग्न में सूर्य सप्तमेश होगा। छठे स्थान में कर्क राशिगत यह युति वस्तुत: सप्तमेश सूर्य की पंचमेश+अष्टमेश बुध के साथ युति कहलायेगी। छठे स्थान में बुध की शत्रु राशि है। जहां बैठकर दोनों ग्रह व्यय भाव को देखेंगे। अष्टमेश बुध के छठे जाने से '**हर्षयोग**' बना। फलत: जातक अपने शत्रु-समूह को नष्ट करने में सक्षम होगा। जातक बुद्धिमान होगा। सप्तमेश सूर्य के छठे जाने से '**विलम्ब विवाह योग**' बनता है। जातक समाज का अग्रगण्य व प्रतिष्ठित व्यक्ति होगा।

4. **सूर्य+गुरु**–सूर्य के साथ बृहस्पति '**धनहीन योग**' एवं '**लग्नभंग योग**' बनायेगा। जातक को धन प्राप्ति हेतु भारी संघर्ष करना पड़ेगा।

5. **सूर्य+शुक्र**–सूर्य के साथ शुक्र '**सुखहीन योग**' एवं '**भाग्यभंग योग**' बनायेगा। जातक को भौतिक उपलब्धियों की प्राप्ति हेतु संघर्ष करना पड़ेगा।

6. **सूर्य+शनि**–यहां दोनों ग्रह 'कर्क राशि' में हैं। सूर्य यहां मित्र क्षेत्री तो शनि शत्रु क्षेत्री है। लग्नेश शनि एवं सप्तमेश सूर्य की इस युति में '**लग्नभंग योग**', '**विवाहभंग योग**' भी बनेगा। जातक को परिश्रम का लाभ नहीं मिल पायेगा। विवाह विलम्ब से होगा अथवा जातक का दाम्पत्य जीवन कलहपूर्ण रहेगा। विवाह विच्छेद की संभावना है।

7. **सूर्य+राहु**–सूर्य के साथ राहु गुप्तेन्द्रिय में बीमारी देगा।

8. **सूर्य+केतु**–सूर्य के साथ केतु मूत्र संबंधी रोग या गुर्दे में रोग देगा।

कुंभलग्न में सूर्य की स्थिति सप्तम स्थान में

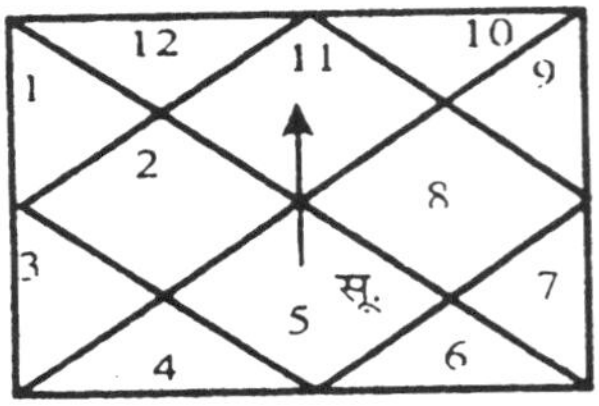

कुंभलग्न में सूर्य सप्तमेश होने से अशुभ फलदाता है। सूर्य लग्नेश शनि का शत्रु है, फलतः द्वितीय मारकेश का काम करेगा। सूर्य यहां सप्तम स्थान में सिंह राशि का होकर स्वगृही है। ऐसे जातक का विवाह शीघ्र होता है। उसके संतान भी शीघ्र होती हैं। जातक का ससुराल व पत्नी तेजस्वी होंगे, फलत: अहंकार का टकराव होता रहेगा। पत्नी तर्कीली स्वभाव की होगी। पितृ कारक सूर्य नवम भाव से ग्यारहवें स्थान पर होने के कारण पिता से बनेगी। जातक को पिता की सम्पत्ति एवं राज (सरकार) की मदद भी मिलेगी।

दृष्टि–सप्तमस्थ सूर्य की दृष्टि लग्न स्थान पर होने से जातक उग्र (तेज) स्वभाव का होगा पर कार्य में सफलता मिलेगी।

निशानी–'लोमेश संहिता' के अनुसार जातक वाचाल होगा एवं हृदयरोगी होगा।

दशा–सूर्य की दशा-अंतर्दशा मिश्रित फल देगी।

सूर्य का अन्य ग्रहों से सम्बन्ध–

1. **सूर्य+चंद्र–'भोजसंहिता'** के अनुसार कुंभलग्न में सूर्य+चंद्र की युति सातवें स्थान (सिंह राशि) में होने के कारण जातक का जन्म भाद्रकृष्ण अमावस्या की सायं 6 से 8 बजे के मध्य होता है। षष्टेश व सप्तमेश की युति सातवें स्थान में होने से सूर्य स्वगृही होगा। जातक की पत्नी धनी होगी। जातक को ससुराल से लाभ होता रहेगा।
2. **सूर्य+मंगल**–सूर्य के साथ मंगल विवाह में विलम्ब करायेगा। पति-पत्नी के मध्य अहम् का टकराव होता रहेगा।
3. **सूर्य+बुध**–'भोजसंहिता' के अनुसार कुंभलग्न में सूर्य सप्तमेश होगा। सप्तम स्थान में सिंह राशिगत यह युति वस्तुत: सप्तमेश सूर्य की पंचमेश+षष्टेश बुध के साथ युति कहलायेगी। सूर्य यहां स्वगृही होगा। बलवान सप्तमेश की पंचमेश से युति होने के कारण जातक की संतति उत्तम होगी। पत्नी धनवान होगी। जातक का भाग्योदय प्रथम संतति के बाद होगा। जातक बुद्धिमान होगा तथा बुद्धिबल से अपने कुटुम्ब परिवार का नाम दीपक के समान रोशन करेगा। जातक समाज का अग्रगण्य एवं लब्ध-प्रतिष्ठित व्यक्ति होगा।

4. **सूर्य+गुरु**–सूर्य के साथ बृहस्पति '**कलत्रमूल धनयोग**' बनायेगा। जातक को ससुराल की सम्पत्ति मिलेगी।

5. **सूर्य+शुक्र**–सूर्य के साथ शुक्र जातक को सुन्दर पत्नी देगा। विवाह के बाद जातक की नौकरी लगेगी या भाग्योदय होगा।

6. **सूर्य+शनि**–यहां दोनों ग्रह 'सिंह राशि' में हैं। सूर्य यहां स्वगृही तो शनि शत्रु क्षेत्री होगा। लग्नेश शनि व सप्तमेश सूर्य की इस युति से पति-पत्नी के बीच अहम् का टकराव होगा। जातक की पत्नी कमाऊ एवं प्रभावशाली महिला होगी।

7. **सूर्य+राहु**–सूर्य के साथ राहु विवाह विच्छेद या जीवन में बिछोह करा सकता है।

8. **सूर्य+केतु**–सूर्य के साथ केतु गृहस्थ सुख में विलम्ब उत्पन्न करेगा।

कुंभलग्न में सूर्य की स्थिति अष्टम स्थान में

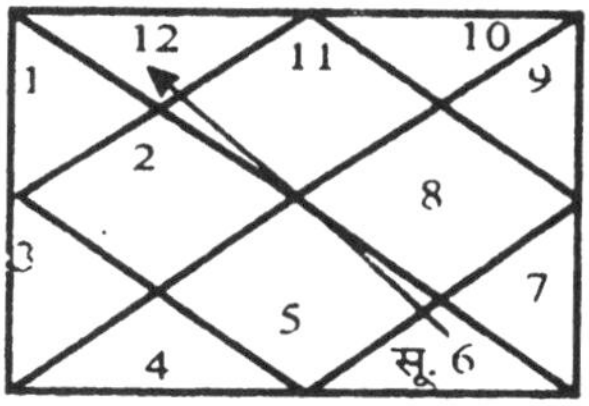

कुंभलग्न में सूर्य सप्तमेश होने से अशुभ फलदाता है। सूर्य लग्नेश शनि का शत्रु है, फलत: द्वितीय मारकेश का काम करेगा। सूर्य यहां आठवें स्थान में कन्या (सम) राशि में होगा। सूर्य अपनी राशि से दूसरे एवं नवम भाव से बारहवें स्थान पर होगा। ऐसा जातक अनीति मार्ग (गलत कार्यों) से द्रव्योपार्जन करेगा। जातक के पिता की मृत्यु छोटी आयु में हो सकती है। जातक को पिता की सम्पत्ति, पिता का सुख नहीं मिल पायेगा। राजपक्ष से भी अपेक्षित सहयोग नहीं मिल पायेगा।

दृष्टि–अष्टमस्थ सूर्य की दृष्टि द्वितीय भाव (मीन राशि) पर होगी। ऐसा जातक खर्चीले स्वभाव का होगा।

निशानी–'लोमेश संहिता' के अनुसार जातक की स्त्री सदैव बीमार रहेगी। जातक की बाईं आंख कमजोर रहेगी।

दशा–सूर्य की दशा-अंतर्दशा अशुभ फल देगी।

सूर्य का अन्य ग्रहों से सम्बन्ध–

1. **सूर्य+चंद्र**–'भौजसंहिता' के अनुसार कुंभलग्न में सूर्य+चंद्र की युति आठवें स्थान (कन्या राशि) में होने के कारण जातक का जन्म आश्विन कृष्ण अमावस्या को सायं 4 से 6 बजे के मध्य होता है। षष्ठेश व सप्तमेश की युति आठवें होने पर अंग-भंग का योग बनता है। अचानक दुर्घटना सम्भव है।

2. **सूर्य+मंगल**–सूर्य के साथ मंगल विलम्ब विवाह करायेगा। **'पराक्रमभंग योग'** एवं **'राज्यभंग योग'** के कारण जातक परेशान रहेगा।

3. **सूर्य+बुध–'भोजसंहिता'** के अनुसार कुंभलग्न में सूर्य सप्तमेश होगा। अष्टम भाव में कन्या राशिगत यह युति वस्तुतः सप्तमेश सूर्य की पंचमेश+षष्टेश बुध के साथ युति होगी। बुध यहां उच्च का होगा। जहां बैठकर दोनों ग्रह धनभाव को पूर्ण दृष्टि से देखेंगे। फलतः जातक बुद्धिमान एवं धनवान होगा। अष्टम स्थान स्वामी बुध के अष्टम में स्वगृही होने से **'सरल योग'** बनेगा। ऐसा जातक दीर्घजीवी होगा। रोग व शत्रु का नाश करने में सक्षम होगा। सप्तमेश सूर्य के छठे जाने से **'विलम्ब विवाह योग'** बनेगा। जातक के शीघ्र विवाह व भाग्योदय में कुछ रुकावटें आ सकती हैं। पर फिर भी जातक समाज का लब्ध-प्रतिष्ठित व्यक्ति होगा।

4. **सूर्य+गुरु**–सूर्य के साथ बृहस्पति **'धनहीन योग'** व **'लाभभंग योग'** करायेगा। जातक आर्थिक विषमताओं में घिरा रहेगा।

5. **सूर्य+शुक्र**–सूर्य के साथ शुक्र **'सुखहीन योग'** एवं **'भाग्यहीन योग'** बनायेगा। जातक को भौतिक सुखों की प्राप्ति हेतु संघर्ष करना पड़ेगा।

6. **सूर्य+शनि**–यहां दोनों ग्रह 'कन्या राशि' में है। सूर्य यहां शत्रु क्षेत्री तो शनि मित्र क्षेत्री है। लग्नेश शनि एवं सप्तमेश सूर्य की इस युति में **'लग्नभंग योग'** एवं **'विवाहभंग योग'** बनेगा। जातक को मेहनत का फल नहीं मिलेगा। विवाह विलम्ब से होगा अथवा दाम्पत्य जीवन कलहपूर्ण रहेगा। पति-पत्नी में दूरियां रहेंगी।

7. **सूर्य+राहु**–सूर्य के साथ राहु जातक को विधुर बनायेगा। जातक की पत्नी की मृत्यु जातक के आखों के सामने होगी।

8. **सूर्य+केतु**–सूर्य के साथ केतु जातक के गृहस्थ सुख में बाधक है।

कुंभलग्न में सूर्य की स्थिति नवम स्थान में

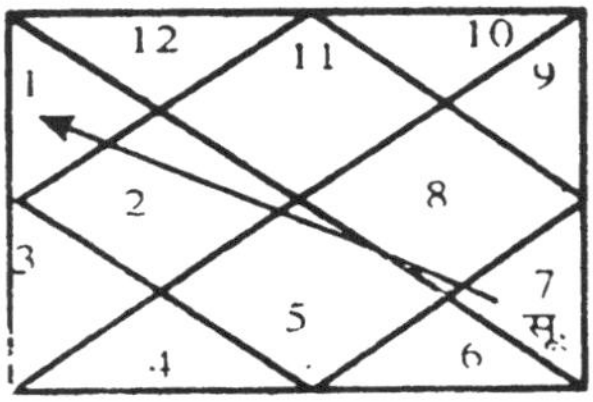

कुंभलग्न में सूर्य सप्तमेश होने से अशुभ फलदाता है। सूर्य लग्नेश शनि का शत्रु है, फलतः द्वितीय मारकेश का काम करेगा। सूर्य यहां नवम स्थान में नीच का होगा। तुला राशि के दस अंशों में सूर्य परम नीच का होगा। ऐसे जातक का जीवन साथी उससे कम (कक्षा) स्तर का होगा। पिता के

लिए यह सूर्य शुभ नहीं है। पिता की आर्थिक स्थिति कमजोर होगी। जातक पिता से अलग रहेगा।

दृष्टि–नवमस्थ सूर्य की दृष्टि पराक्रम स्थान (मेष राशि) पर होगी। जातक पराक्रमी होगा। जातके के मित्र सब प्रकार से सक्षम व समर्थ होंगे।

निशानी–जातक का सही भाग्योदय विवाह के बाद होगा। पर जातक की पत्नी थोड़ी-थोड़ी बीमार रहेगी।

दशा–सूर्य की दशा-अंतर्दशा शुभ फल देगी।

सूर्य का अन्य ग्रहों से सम्बन्ध–

1. **सूर्य+चंद्र**–**'भोजसंहिता'** के अनुसार कुंभलग्न में सूर्य+चंद्र की युति नवम स्थान (तुला राशि) में होने के कारण जातक का जन्म कार्तिक कृष्ण अमावस्या की दोपहर 2 से 4 बजे के मध्य होता है। षष्टेश व सप्तमेश की युति नवम स्थान पर होने से सूर्य नीच का होगा पर जातक भाग्यशाली एवं प्रभावशाली व्यक्तित्व का धनी होगा।
2. **सूर्य+मंगल**–सूर्य के साथ मंगल जातक को परम पराक्रमी बनायेगा। जातक धनवान होगा।
3. **सूर्य+बुध**–**'भोजसंहिता'** के अनुसार कुंभलग्न में सूर्य सप्तमेश होगा। नवम स्थान में तुला राशिगत यह युति वस्तुत: सप्तमेश सूर्य की पंचमेश+षष्टेश बुध के साथ युति होगी। दोनों ग्रह यहां बैठकर पराक्रम भाव को पूर्ण दृष्टि से देखेंगे फलत: जातक बुद्धिमान तथा भाग्यशाली होगा। जातक का भाग्योदय 26 वर्ष की आयु में होगा। जातक पराक्रमी होगा। उसे परिजनों-मित्रों का सहयोग बराबर मिलता रहेगा। जातक धनी होगा एवं समाज के अग्रगण्य व्यक्तियों में गिना जायेगा।
4. **सूर्य+गुरु**–सूर्य के साथ बृहस्पति ससुराल से धन दिलायेगा।
5. **सूर्य+शुक्र**–सूर्य के साथ शुक्र स्वगृही होने से **'नीचभंग राजयोग'** बनेगा। जातक राजा के समान पराक्रमी एवं धनी होगा।
6. **सूर्य+शनि**–यहां दोनों ग्रह 'तुला राशि' में है। सूर्य यहां नीच का तो शनि उच्च का होने से **'नीचभंग राजयोग'** बना। लग्नेश व सप्तमेश की नवम भाव में यह युति जातक को राजातुल्य ऐश्वर्यशाली व पराक्रमी बनायेगी। जातक का भाग्योदय विवाह के बाद होगा पर पिता की मृत्यु के बाद जातक की किस्मत विशेष रुप से चमकेगी।

7. **सूर्य+राहु**–सूर्य के साथ राहु जातक को सरकारी नौकरी से वंचित करायेगा।

8. **सूर्य+केतु**–सूर्य के साथ केतु जातक को व्यापार में ले जायेगा।

विशेष–यहां शुक्र यदि केन्द्रस्थ हो तो जातक प्रेमविवाह करेगा।

कुंभलग्न में सूर्य की स्थिति दशम स्थान में

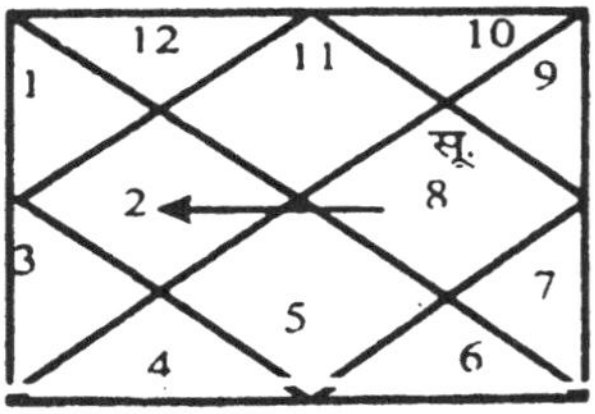

कुंभलग्न में सूर्य सप्तमेश होने से अशुभ फलदाता है। सूर्य लग्नेश शनि का शत्रु है, फलत: द्वितीय मारकेश का काम करेगा। सूर्य यहां दशम स्थान में वृश्चिक (मित्र) राशि का होगा। सूर्य अपने स्थान से चौथे व पितृ भाव से दूसरे स्थान पर स्थित होकर जातक को सभी प्रकार की भौतिक सुख-सुविधाएं एवं संपन्नता देगा। जातक को जीवनसाथी अच्छा मिलेगा। जातक को भागीदारी से लाभ होगा। जातक को अच्छी नौकरी, सरकार में ऊंचा पद मिलेगा।

दृष्टि–दशमस्थ सूर्य की दृष्टि चतुर्थ भाव (वृष राशि) पर होगी। जातक को अच्छा मकान मिलेगा। अच्छे सहयोगी (नौकर) मिलेंगे।

निशानी–**'लोमेश संहिता'** के अनुसार ऐसे जातक को दंत रोग अवश्य होगा।

दशा–सूर्य की दशा-अंतर्दशा शुभ फल देगी। सूर्य जातक को रोजी रोजगार के नये अवसर प्रदान करेगा।

सूर्य का अन्य ग्रहों से सम्बन्ध–

1. **सूर्य+चंद्र**–**'भोजसंहिता'** के अनुसार कुंभलग्न में सूर्य+चंद्र की युति दशम स्थान (वृश्चिक राशि) में होने के कारण जातक का जन्म मार्गशीर्ष कृष्ण अमावस्या की दोपहर 12 से 2 बजे के मध्य होता है। षष्टेश व सप्तमेश की युति दशम स्थान में होगी जहां चंद्रमा नीच का होगा। फिर भी ऐसा जातक पराक्रमी व प्रभावशाली होगा।

2. **सूर्य+मंगल**–सूर्य के साथ मंगल यहां **'रुचक योग'** बनायेगा। जातक राजा के समान पराक्रमी एवं ऐश्वर्यवान होगा।

3. **सूर्य+बुध**–'भोजसंहिता' के अनुसार कुंभलग्न में सूर्य सप्तमेश होगा। दशम स्थान में वृश्चिक राशिगत यह युति वस्तुत: सप्तमेश सूर्य की पंचमेश+षष्टेश बुध के साथ युति होगी। जहां बैठकर दोनों ग्रह सुख भाव को पूर्ण दृष्टि से देखेंगे। **'कुलदीपक योग'** के कारण जातक अपने कुटुम्ब-परिवार का नाम

दीपक के समान रोशन करेगा। जातक धनी, बुद्धिमान होगा एवं समाज के अग्रण्य प्रतिष्ठित व्यक्तियों में से एक होगा।

4. **सूर्य+गुरु**–सूर्य के साथ बृहस्पति ससुराल से धन दिलायेगा। जातक स्वयं भी धनवान होगा।

5. **सूर्य+शुक्र**–सूर्य के साथ शुक्र जातक को परम भाग्यशाली बनायेगा। व्यक्ति सरकार से मान-सम्मान अर्जित करेगा।

6. **सूर्य+शनि**–यहां दोनों ग्रह 'वृश्चिक राशि' में हैं। सूर्य यहां मित्र क्षेत्री तो शनि शत्रु क्षेत्री है। लग्नेश शनि और सप्तमेश सूर्य की यह युति दशम भाव में होने से जातक को करोड़पति बनायेगी। जातक का भाग्योदय विवाह के बाद होगा परन्तु सही अर्थों में भाग्योदय पिता की मृत्यु के बाद होगा।

7. **सूर्य+राहु**–सूर्य के साथ राहु राज-सरकार से दण्ड दिला सकता है।

8. **सूर्य+केतु**–सूर्य के साथ केतु सरकारी कार्य में बाधा डालेगा।

कुंभलग्न में सूर्य की स्थिति एकादश स्थान में

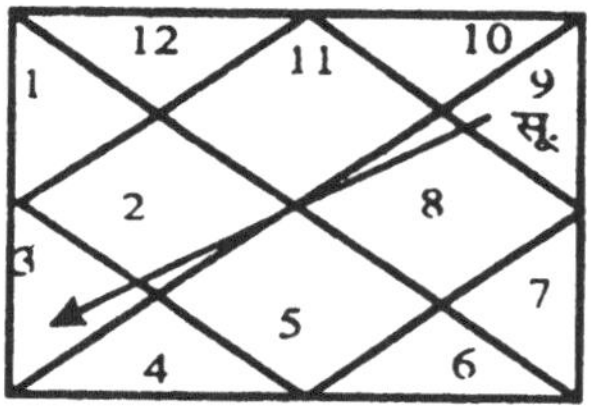

कुंभलग्न में सूर्य सप्तमेश होने से अशुभ फलदाता है। सूर्य लग्नेश शनि का शत्रु है, फलतः द्वितीय मारकेश का काम करेगा। सूर्य यहां एकादश स्थान में धनु (मित्र) राशि में है। सूर्य यहां अपने स्थान से पांचवे एवं पितृ भाव से तीसरे स्थान पर है। जातक बुद्धिजीवी होगा तथा उसका वैवाहिक जीवन सुखी होगा। जातक को पिता की सम्पत्ति मिलेगी एव भागीदारी के धंधे में लाभ होगा।

दृष्टि–एकादश भावगत सूर्य की दृष्टि पंचम भाव (मिथुन राशि) पर होगी। जातक को उच्च शैक्षणिक उपाधि (Higher Educational Degree) मिलेगी।

निशानी–जातक को एक पुत्र जरुर होगा। **'लोमेश संहिता'** अ. 7/श्लोक 5 के अनुसार ऐसे जातक का पुत्र जीवित नहीं रहेगा। पुत्र यदि कन्या संतति के बाद में हो तो ही जीवित रहेगा।

दशा–जातक को सूर्य की दशा-अंतर्दशा में शुभ फल देगी।

सूर्य का अन्य ग्रहों से सम्बन्ध–

1. **सूर्य+चंद्र**–'भोजसंहिता' के अनुसार कुंभलग्न में सूर्य-चंद्र की युति एकादश स्थान (धनु राशि) में होने के कारण जातक का जन्म पौष कृष्ण अमावस्या

को दिन के 10 से 12 बजे के मध्य होता है। षष्टेश व सप्तमेश की युति एकादश स्थान में होने से जातक का व्यवसाय में लाभ होगा।

2. **सूर्य+मंगल**–सूर्य के साथ मंगल जातक को उद्योगपति एवं बड़ी भूमि का स्वामी बनायेगा।

3. **सूर्य+बुध–'भोजसंहिता'** के अनुसार कुंभलग्न में सूर्य सप्तमेश होगा। एकादश स्थान में धनु राशिगत यह युति वस्तुतः सप्तमेश सूर्य की पंचमेश+षष्टेश बुध के साथ युति होगी। यहां बैठकर दोनों ग्रह पंचम भाव को पूर्ण दृष्टि से देखेंगे। फलतः जातक तीव्र बुद्धिशाली तथा व्यापार-वर्गीय होगा। जातक शिक्षित होगा एवं उसकी संतति भी शिक्षित होगी। जातक को जीवन में सभी प्रकार के ऐश्वर्य-संसाधनों की प्राप्ति होगी। जातक समाज का अग्रगण्य लब्ध-प्रतिष्ठित व्यक्ति होगा।

4. **सूर्य+गुरु**–सूर्य के साथ बृहस्पति यहां **'कलत्रमूल धनयोग'** बनायेगा। जातक को ससुराल की सम्पत्ति विरासत में मिलेगी।

5. **सूर्य+शुक्र**–सूर्य के साथ शुक्र जातक को व्यापार में जबरदस्त लाभ देगा। जातक उच्च शैक्षणिक उपाधि प्राप्त करेगा।

6. **सूर्य+शनि**–यहां दोनों ग्रह 'धनु राशि' में है। सूर्य यहां मित्र क्षेत्री तो शनि शत्रु क्षेत्री है। लग्नेश शनि एवं सप्तमेश सूर्य की यह युति एकादश स्थान में होने से जातक को उद्योगपति बनायेगी। जातक के व्यापार-व्यवसाय में उन्नति विवाह के बाद होगी पर जातक सही अर्थों में धनपति पिता की मृत्यु के बाद होगा।

7. **सूर्य+राहु**–सूर्य के साथ राहु उद्योग या चलते व्यापार में रुकावट डालेगा। एक बार व्यापार बन्द करायेगा।

8. **सूर्य+केतु**–सूर्य के साथ केतु की युति विद्या एवं व्यापार में बाधक है।

कुंभलग्न में सूर्य की स्थिति द्वादश स्थान में

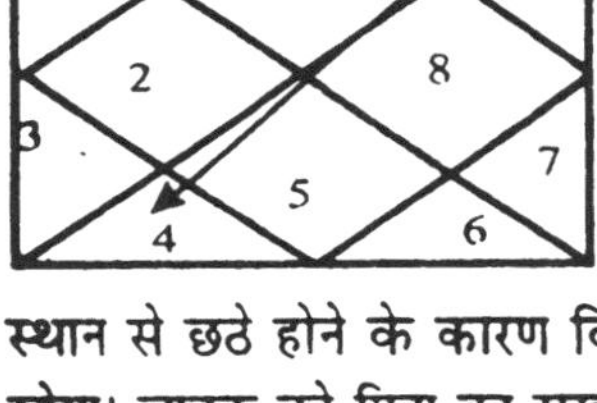

कुंभलग्न में सूर्य सप्तमेश होने से अशुभ फलदाता है। सूर्य लग्नेश शनि का शत्रु है, फलतः द्वितीय मारकेश का काम करेगा। सूर्य यहां द्वादश स्थान में मकर (शत्रु) राशि में होगा। सूर्य के कारण यहां **'विलम्ब विवाह योग'** बनेगा। प्रथमतः ऐसे जातक का विवाह देरी से होगा। सूर्य अपने स्थान से छठे होने के कारण विवाह होने पर भी गृहस्थ सुख में विवाद (कलह) रहेगा। जातक को पिता का सुख नहीं मिलेगा। पिता छोटी उम्र में ही गुजर जायेगा।

दृष्टि–द्वादशस्थ सूर्य की दृष्टि छठे भाव (कर्क राशि) पर होगी। ऐसा जातक अच्छी कमाई न कर सकेगा फलत: सदैव ऋणग्रस्त रहेगा।

निशानी–**'लोमेश संहिता'** के अनुसार ऐसे जातक की स्त्री सदैव बीमार रहेगी। उसकी बाईं आंख कमजोर रहेगी।

दशा–सूर्य की दशा-अंतर्दशा प्रतिकूल फल देगी।

सूर्य का अन्य ग्रहों से सम्बन्ध–

1. **सूर्य+चंद्र**–**'भोजसंहिता'** के अनुसार कुंभलग्न में सूर्य+चंद्र की युति द्वादश स्थान (मकर राशि) में होने के कारण जातक का जन्म माघ कृष्ण अमावस्या को प्रात: 8 से 10 बजे के मध्य होता है। षष्टेश व सप्तमेश की युति द्वादश स्थान में नेत्र पीड़ा एवं व्यर्थ की यात्राएं देगी।
2. **सूर्य+मंगल**–सूर्य के साथ उच्च का मंगल **'पराक्रमभंग योग'** एवं **'राजभंग योग'** बनायेगा। जातक को विवाह सुख में भयंकर दिक्कतें आयेंगी।
3. **सूर्य+बुध**–'भोजसंहिता' के अनुसार कुंभलग्न में सूर्य सप्तमेश होगा। द्वादश भाव में मकर राशिगत यह युति वस्तुत: सप्तमेश सूर्य की पंचमेश+षष्टेश बुध के साथ युति होगी। यहां बैठकर दोनों ग्रह छठे स्थान को पूर्ण दृष्टि से देखेंगे। सूर्य यहां शत्रुक्षेत्री होगा। फलत: जातक तीव्र बुद्धिशाली एवं यात्रा-प्रिय होगा। जातक को जीवन में सभी सुख-सुविधाएं मिलेंगी। अष्टमेश बुध बारहवें होने से **'सरल योग'** बना। ऐसे जातक में रोग से लड़ने की शक्ति होती है तथा वह दीर्घजीवी होता है। सूर्य बारहवें होने से जातक का विवाह विलम्ब से होगा। फिर भी जातक समाज का अग्रगण्य एवं लब्ध-प्रतिष्ठित व्यक्ति होगा।
4. **सूर्य+गुरु**–सूर्य के साथ नीच का बृहस्पति **'धनहीन योग'** एवं **'लाभभंग योग'** बनायेगा। जातक आर्थिक विषमताएं भोगेगा।
5. **सूर्य+शुक्र**–सूर्य के साथ शुक्र **'सुखहीन योग'** एवं **'भाग्यभंग योग'** की सृष्टि करेगा। जातक भौतिक सुखों की प्राप्ति हेतु परेशान रहेगा।
6. **सूर्य+शनि**–यहां दोनों ग्रह 'मकर राशि' में हैं। सूर्य यहां शत्रु क्षेत्री तो शनि स्वगृही होगा। लग्नेश शनि एवं सप्तमेश सूर्य की इस युति से **'लग्नभंग योग'** एवं **'विवाहभंग योग'** बनेगा। जातक को परिश्रम का फल नहीं मिलेगा। जातक का विवाह विलम्ब से होगा अथवा दाम्पत्य जीवन में बिछोह व तनाव की स्थिति रहेगी।
7. **सूर्य+राहु**–सूर्य के साथ राहु यात्रा में चोरी, पत्नी की मृत्यु या पत्नी से तलाक करायेगा।
8. **सूर्य+केतु**–सूर्य के साथ केतु विवाह में विवाद या विच्छेद करायेगा।

❑❑❑

कुंभलग्न में चंद्रमा की स्थिति

कुंभलग्न में चंद्रमा की स्थिति प्रथम स्थान में

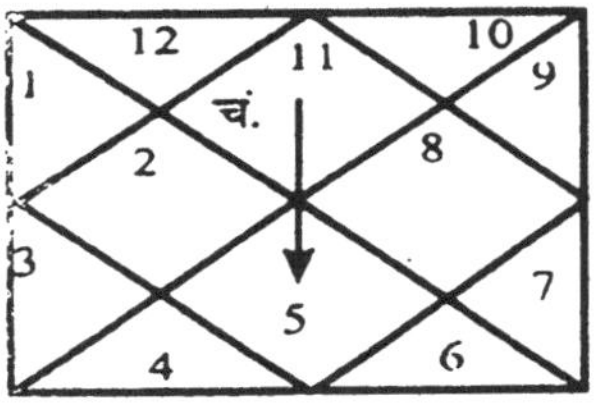

कुंभलग्न में चंद्रमा षष्टेश होने से परम पापी एवं अशुभ फल प्रदाता है। चंद्रमा यहां प्रथम स्थान में कुंभ (सम) राशि में होगा। चंद्रमा यहां अपने स्थान (कर्क राशि) में **'षडाष्टक योग'** करके बैठा है। ऐसा जातक नाजुक शरीर तथा स्वतंत्र विचारों वाला होता है। ऐसा जातक ऋण व रोग से त्रस्त रहेगा। जातक में व्यवहार कुशलता एवं उच्च सामाजिक स्तर का अभाव होता है। जिसके कारण उसके विरोधी उत्पन्न होते रहते हैं।

दृष्टि–लग्नस्थ चंद्रमा की दृष्टि सप्तम भाव (सिंह राशि) पर है। जातक के गृहस्थ जीवन में खटपट रहेगी। जातक को माता का सुख कमजोर मिलेगा। जातक परदेश जाकर बसेगा।

निशानी–जातक की पत्नी सुंदर होगी पर पति-पत्नी दोनों में वैचारिक मतभेद रहेंगे।

दशा–चंद्रमा की दशा-अन्तर्दशा शुभ फल नहीं देगी।

चंद्रमा का अन्य ग्रहों से सम्बन्ध–

1. **चंद्र+सूर्य**–'भोजसंहिता' के अनुसार कुंभलग्न में सूर्य+चंद्र की युति प्रथम स्थान में होने के कारण जातक का जन्म फाल्गुन कृष्ण अमावस्या को प्रातः सूर्योदय के समय (6 से 8 बजे के मध्य) होता है। षष्टेश व सप्तमेश की युति लग्न में होने से जातक का जीवनसाथी अत्यधिक सुन्दर, आकर्षिक व्यक्तित्व का धनी एवं वफादार होगा।

2. **चंद्र+मंगल**–चंद्रमा के साथ मंगल **'लक्ष्मी योग'** बनायेगा। जातक धनी होगा। यहां प्रथम स्थान में दोनों ग्रह कुंभ राशि में होंगे। यहां बैठकर दोनों ग्रह चतुर्थ स्थान (वृष राशि), सप्तम भाव (सिंह राशि) एवं अष्टम भाव (कन्या राशि) को देखेंगे। ऐसा जातक धनवान होगा। उसको भौतिक उपलब्धियों सुख-साधनों की प्राप्ति होगी। जातक लम्बी उम्र का स्वामी होगा परन्तु उसकी आर्थिक उन्नति विवाह के बाद ही होगी।

3. **चंद्र+बुध**–चंद्रमा के साथ बुध जातक को प्रखर कल्पना शक्ति के साथ तेज बुद्धि देगा।

4. **चंद्र+गुरु**–आपका जन्म कुंभलग्न में शुभ है। **'भोजसंहिता'** के अनुसार कुंभलग्न के प्रथम स्थान में यह युति कुंभ राशि में ही होगी। बृहस्पति+चंद्र की युति वस्तुत: षष्टेश चंद्रमा की धनेश+लाभेश बृहस्पति के साथ युति होगी। यहां बैठकर ये दोनों शुभ ग्रह पंचम भाव, सप्तम भाव एवं भाग्य भाव को पूर्ण दृष्टि से देखेंगे। यहां **'यामिनीनाथ योग'** एवं **'कुलदीपक योग'** की सृष्टि हो रही है। फलत: ऐसे जातक का पहला भाग्योदय विवाह के बाद होता है। दूसरा भाग्योदय संतति के बाद होगा। जातक सौभाग्यशाली होगा तथा उसकी गिनती समाज के अग्रगण्य प्रतिष्ठित लोगों में होगी।

5. **चंद्र+शुक्र**–चंद्रमा के साथ शुक्र जातक को माता का सुख देगा। ऐसा जातक ऐश्वर्य पूर्ण जीवन जीयेगा।

6. **चंद्र+शनि**–चंद्रमा के साथ शनि **'शश योग'** बनायेगा। जातक राजातुल्य पराक्रमी व ऐश्वर्यशाली होगा।

7. **चंद्र+राहु**–चंद्रमा के साथ राहु जातक को पूर्वाग्रही बनायेगा एवं रोग एवं शत्रु से जातक परेशान रहेगा।

8. **चंद्र+केतु**–ऐसा जातक स्थाई रूप से रोगी रहेगा।

कुंभलग्न में चंद्रमा की स्थिति द्वितीय स्थान में

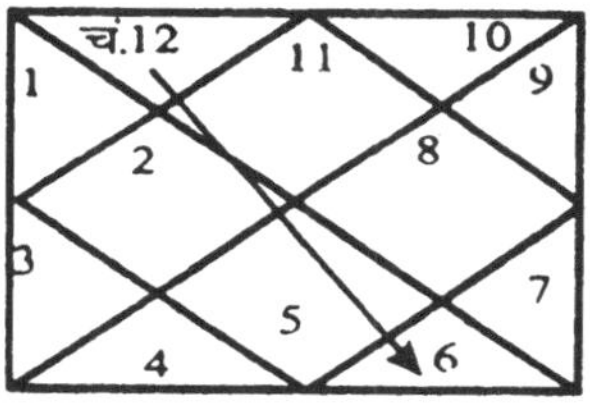

कुंभलग्न में चंद्रमा षष्टेश होने से परम पापी एवं अशुभ फल प्रदाता है। चंद्रमा यहां द्वितीय स्थान में मीन (मित्र) राशि में होगा। चंद्रमा यहां अपने घर से नवम स्थान पर होने से शुभ फलदाई है। जातक की वाणी विनम्र होगी। माता के साथ अच्छे सबंध होंगे। मामापक्ष या ननिहाल से जातक को आर्थिक सहायता मिलेगी। जातक साहित्य का शौकीन व अनेक भाषाओं का जानकार होगा।

दृष्टि–द्वितीयस्थ चंद्रमा की दृष्टि अष्टम स्थान (कन्या राशि) पर होगी। ऐसे जातक को जलभय रहेगा। जल से दूर रहना ही हितकर है।

निशानी–ऐसा जातक युद्ध, कलह एवं विवाद से दूर रहना पसंद करेगा।

दशा–चंद्रमा की दशा सामान्य जायेगी। पाप ग्रहों के सान्निध्य व प्रभाव से चंद्रमा मारक बन सकता है।

चंद्रमा का अन्य ग्रहों से सम्बन्ध–

1. **चंद्र+सूर्य**–**'भोजसंहिता'** के अनुसार कुंभलग्न में सूर्य+चंद्र की युति द्वितीय स्थान (मीन राशि) में होने के कारण जातक का जन्म चैत्र कृष्ण अमावस्या को प्रातः सूर्योदय के पूर्व 4 से 6 के मध्य होता है। षष्टेश व सप्तमेश की युति द्वितीय स्थान में होने से जातक को ससुराल से धन मिलेगा।
2. **चंद्र+मंगल**–चंद्रमा के साथ मंगल **'लक्ष्मीयोग'** बनायेगा। जातक धनवान होगा। यहां द्वितीय स्थान में दोनों ग्रह मीन राशि में होंगे। यहां बैठकर दोनों ग्रह की दृष्टि पंचम स्थान (मिथुन राशि), अष्टम स्थान (कन्या राशि) एवं भाग्य स्थान (तुला राशि) पर होगी फलतः जातक धनवान होगा। सौभाग्यशाली भी होगा एवं लम्बी उम्र का मालिक होगा। परन्तु जातक की आर्थिक उन्नति प्रथम संतति के बाद ही होगी।
3. **चंद्र+बुध**–चंद्रमा के साथ बुध होने से जातक धनी तथा विद्यावान होगा एवं विनम्र वाणी का स्वामी होगा।
4. **चंद्र+गुरु**–आपका जन्म कुंभलग्न में हुआ है। भोजसंहिता के अनुसार कुंभलग्न के द्वितीय स्थान में यह युति 'मीन राशि' के अंतर्गत होगी। बृहस्पति+चंद्र की यह युति वस्तुतः षष्टेश चंद्रमा की धनेश+लाभेश बृहस्पति के साथ है। ये दोनों शुभ ग्रह षष्टम् स्थान, अष्टम स्थान एवं दशम भाव को पूर्ण दृष्टि से देखेंगे। फलतः जातक को ऋण-रोग व शत्रु का भय नहीं रहेगा। जातक इस योग के कारण दुर्घटना व अपघात से बचा रहेगा शत्रुओं का नाश करेगा। जातक को राज्य सरकार में मान-सम्मान मिलेगा। कोर्ट-कचहरी में विजय श्री का वरण होगा।
5. **चंद्र+शुक्र**–चंद्रमा के साथ उच्च का शुक्र व्यक्ति को धनी एवं परम सौभाग्यशाली बनायेगा।
6. **चंद्र+शनि**–चंद्रमा के साथ शनि होने से जातक अपने पुरुषार्थ पराक्रम से काफी धन कमायेगा।
7. **चंद्र+राहु**–चंद्रमा के साथ राहु धन की बरक़त नहीं होने देगा। जातक आर्थिक परेशानियों में रहेगा।

8. **चंद्र+केतु**–चंद्रमा के साथ केतु आर्थिक विषमताओं का द्योतक है।

कुंभलग्न में चंद्रमा की स्थिति तृतीय स्थान में

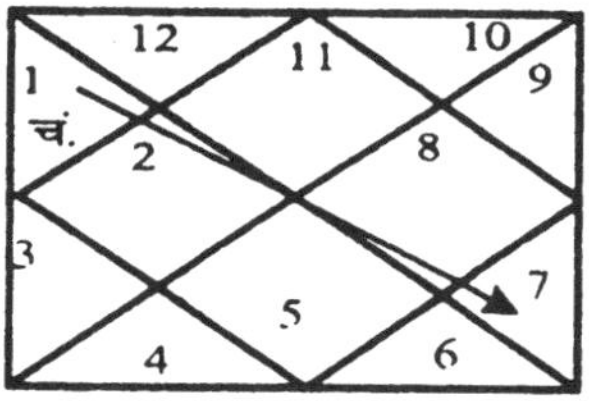

कुंभलग्न में चंद्रमा षष्टेश होने से परम पापी एवं अशुभ फल प्रदाता है। चंद्रमा यहां तृतीय स्थान में मेष (सम) राशि में होगा। चंद्रमा अपने घर से दशम स्थान पर होगा अत: ऊर्जावान होगा। यहां चंद्रमा को षष्टेश होने का दोष नहीं रहता। जातक क्रान्तिकारी विचारों वाला एवं पराक्रमी होता है। चंद्रमा मातृ कारक, तरीके चौथे भाव से बारहवें स्थान पर होने के कारण, माता का सुख कमजोर होगा। माता की मृत्यु छोटी उम्र में ही संभव है।

दृष्टि–तृतीयस्थ चंद्रमा की दृष्टि नवम भाव (तुला राशि) पर होगी। ऐसे जातक का भाग्योदय तीव्र गति से होता है। जातक विरोध एवं विरोधियों से नहीं धबराता।

निशानी–ऐसे जातक का पिता धनवान तथा यशस्वी होगा। जातक की बहनें अधिक होंगी।

दशा–चंद्रमा की दशा-अंतर्दशा शुभ फल देगी।

चंद्रमा का अन्य ग्रहों से सम्बन्ध–

1. **चंद्र+सूर्य**–**'भोजसंहिता'** के अनुसार कुंभलग्न में सूर्य+चंद्र की युति तृतीय स्थान (मेष राशि) में होने के कारण जातक का जन्म वैशाख कृष्ण अमावस्या को रात्रि 2 से 4 बजे के मध्य होता है। षष्टेश व सप्तमेश की युति तृतीय स्थान में होने से जातक महान् पराक्रमी होगा। जातक को बड़े भाई का सुख प्राप्त नहीं होगा।

2. **चंद्र+मंगल**–यहां दोनों ग्रह तृतीय स्थान में मेष राशि के होंगे। मेष राशि में मंगल स्वगृही होगा। फलत: **'महालक्ष्मी योग'** की सृष्टि होगी। यहां बैठकर दोनों ग्रह षष्टम भाव (कर्क राशि), भाग्य भाव (तुला राशि) एवं दशम भाव को पूर्ण दृष्टि से देखेंगे। फलत: जातक यहां धनवान होगा तथा ऋण-रोग व शत्रुओं का नाश करने में सक्षम होगा। जातक परम सौभाग्यशाली होगा तथा कोर्ट-कहचरी में सदैव विजय प्राप्त करने वाला भाई-बहनों से युक्त होगा।

3. **चंद्र+बुध**–चंद्रमा के साथ बुध होने से भाई-बहनों का पूर्ण सुख होगा। जातक के मित्र बहुत होंगे।

4. **चंद्र+गुरु**–आपका जन्म कुंभलग्न में हुआ है। भोजसंहिता के अनुसार कुंभलग्न के तृतीय स्थान में यह युति 'मेष राशि' के अंतर्गत हो रही है। बृहस्पति-चंद्र

की यह युति षष्टेश चंद्रमा की धनेश+लाभेश बृहस्पति के साथ युति है। यहां बैठकर दोनों शुभ ग्रह सप्तम भाव, भाग्यभवन एवं लाभस्थान को देखेंगे। फलत: ऐसे जातक का भाग्योदय 24वें वर्ष में अथवा विवाह के तत्काल बाद होता है। व्यापार-व्यवसाय द्वारा धन की प्राप्ति होगी। ऐसा जातक सौभाग्यशाली होता है। उसकी गिनती समाज के गिने-चुने भाग्यशाली व्यक्तियों में होगी।

5. **चंद्र+शुक्र**—चंद्रमा के साथ शुक्र जातक को उत्तम पराक्रम के साथ परम सौभाग्यशाली भी बनायेगा।
6. **चंद्र+शनि**—चंद्रमा के साथ शनि की युति जीर्ण रोग उत्पन्न करेगी। वायु विकार रहेगा।
7. **चंद्र+राहु**—चंद्रमा के साथ राहु की युति से जातक को क्षय रोग होगा। फेफड़ों में बीमारी रहेगी।
8. **चंद्र+केतु**—चंद्रमा के साथ केतु की युति छाती में दर्द देगी।

कुंभलग्न में चंद्रमा की स्थिति चतुर्थ स्थान में

कुंभलग्न में चंद्रमा षष्टेश होने से परम पापी एवं अशुभ फल प्रदाता है। चंद्रमा यहां चौथे स्थान में उच्च का है। वृष राशि के तीन अंशों में चंद्रमा परमोच्च का कहलाता है। ऐसे जातक की कुण्डली में **'यामिनीनाथ योग'** की सृष्टि होती है। जातक को मकान, वाहन का सुख श्रेष्ठ होता है पर मातृ कारक तरीके कारक में होने से माता का सुख कमजोर मिलेगा।

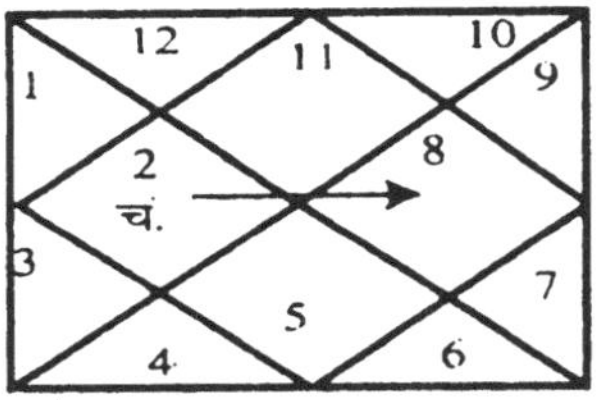

दृष्टि—चतुर्थ भावगत चंद्रमा की दृष्टि दशम भाव (वृश्चिक राशि) पर होने से जातक को चंद्रमा से संबंधित धंधों में लाभ होगा। यथा मेडिकल, दवा, केमिकल, जल से उत्पन्न वस्तु, रत्न-ज्वेलरी, होटल के कार्य, खाद्य सामग्री के धंधों में लाभ होगा।

निशानी—ऐसा जातक अपने शत्रु को भी क्षमा कर, उससे प्रेम करता है। जातक क्षमाशील होता है।

दशा—चंद्रमा की दशा-अंतर्दशा शुभ फल देगी।

चंद्रमा का अन्य ग्रहों से सम्बन्ध—

1. **चंद्र+सूर्य**—**'भोजसंहिता'** के अनुसार कुंभलग्न में सूर्य+चंद्र की युति चतुर्थ स्थान (वृष राशि) में होने के कारण जातक का जन्म ज्येष्ठ कृष्ण अमावस्या

को मध्यरात्रि 12 से 2 बजे के मध्य होता है। षष्टेश व सप्तमेश की युति चतुर्थ भाव में होने से **'यामिनीनाथ योग'** बनेगा। जातक को ससुराल से धन मिलेगा।

2. **चंद्र+मंगल**–यहां चतुर्थ स्थान में दोनों ग्रह वृष राशि में होंगे। वृष राशि में चंद्रमा उच्च का होकर **'यामिनीनाथ योग'** बनायेगा। मंगल यहां दिक्बली होने से **'महालक्ष्मी योग'** की सृष्टि होगी। यहां बैठकर दोनों ग्रह सप्तम भाव (सिंह राशि), दशम भाव (वृश्चिक राशि) एवं एकादश भाव (धनु राशि) को पूर्ण दृष्टि से देखेंगे फलत: जातक महाधनी होगा। जातक व्यापार-व्यवसाय व उद्योग में प्रतिष्ठित होगा तथा राज्य (सरकार) या राजनीति में पद-प्रतिष्ठा प्राप्त करेगा। जातक का आर्थिक विकास विवाह के बाद होगा।

3. **चंद्र+बुध**–चंद्रमा के साथ बुध जातक को माता, भवन एवं वाहन का पूर्ण सुख देगा। ऐसा जातक बहुत अच्छा 'प्लानिंग मास्टर' होगा।

4. **चंद्र+गुरु**–आपका जन्म कुंभलग्न में है। 'भोजसंहिता' के अनुसार बृहस्पति+चंद्र की युति यहां चतुर्थ भाव में वृष राशि के अंतर्गत हो रही है। यह युति वस्तुत षष्टेश चंद्रमा की धनेश+लाभेश बृहस्पति के साथ युति है। यहां चंद्रमा उच्च का होगा तथा केन्द्र स्थान में इन तीनों ग्रहों की उपस्थिति के कारण **'यामिनीनाथ योग'** एवं **'कुलदीपक योग'** की सृष्टि होगी। ये दोनों ग्रह यहां अष्टम स्थान, दशम भाव एवं व्यय भाव का पूर्ण दृष्टि से देखेंगे। फलत: जातक का दुर्घटना एवं आघात से बचाव होता रहेगा। जातक समाज के शुभकार्य, परोपकार एवं धार्मिक कार्यों में रुपया खर्च करता रहेगा। जातक का राज्यपक्ष (सरकार) कोर्ट-कचहरी में दबदबा बना रहेगा।

5. **चंद्र+शुक्र**–चंद्रमा के साथ शुक्र **'किम्बहुना नामक'** उत्तम कोटि का राजयोग बनायेगा। ऐसा जातक राजा के समान पराक्रमी व ऐश्वर्यशाली, सौभाग्यशाली होगा।

6. **चंद्र+शनि**–चंद्रमा के साथ शनि जातक को भौतिक सुख-सुविधाओं से युक्त करेगा। जातक परिश्रमी होगा। ऐसा जातक कहीं भी हो मरते वक्त स्वदेश जरुर लौटेगा।

7. **चंद्र+राहु**–चंद्रमा के साथ राहु जातक की माता को अकाल मृत्यु देगा।

8. **चंद्र+केतु**–चंद्रमा के साथ केतु वाहन दुर्घटना दे सकता है।

कुंभलग्न में चंद्रमा की स्थिति पंचम स्थान में

कुंभलग्न में चंद्रमा षष्टेश होने से परम पापी एवं अशुभ फल प्रदाता है। चंद्रमा यहां पंचम स्थान में मिथुन (शत्रु) राशि में होगा। **चंद्रमा अपने घर** (कर्क राशि)

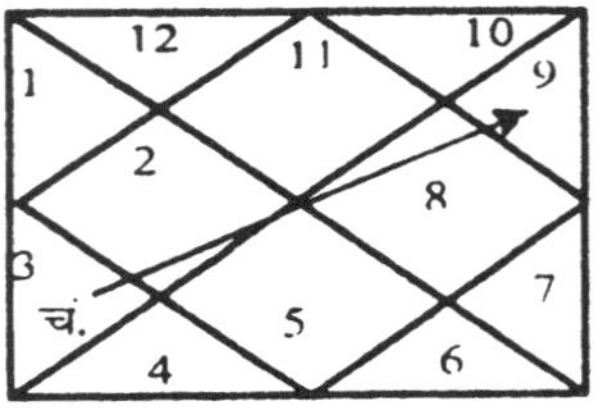

से बारहवें स्थान पर होंगे। ऐसे जातक प्राय: चंचल व चपल होते हैं तथा अपनी बात को बदलने में देरी नहीं लगती। पुरुषार्थ की कमी रहती हैं। जातक की प्रारम्भिक शिक्षा में बाधा आयेगी। जातक मंत्र-तंत्र का जानकार होगा।

दृष्टि–पंचमस्थ चंद्रमा की दृष्टि एकादश स्थान (धनु राशि) पर होगी। ऐसे जातक को व्यापार से लाभ होगा। जातक का मित्र वर्तुल विस्तृत होगा। सड़क चलते लोग जातक के अनायास मित्र बन जाते हैं।

निशानी–ऐसे जातक के कन्या संतति अधिक होगी एवं पुत्र संतान का प्राय: जब तक कोई शुभ योग न हो अभाव बना रहेगा।

दशा–चंद्रमा की दशा-अंतर्दशा मिश्रित फल देगी।

चंद्रमा का अन्य ग्रहों से सम्बन्ध–

1. **चंद्र+सूर्य–'भोजसंहिता'** के अनुसार कुंभलग्न में सूर्य+चंद्र की युति पंचम स्थान (मिथुन राशि) में होने के कारण जातक का जन्म आषाढ़ कृष्ण अमावस्या की रात्रि 12 से 10 बजे के मध्य होता है। षष्टेश व सप्तमेश की युति पंचम भाव में होने से प्रथम संतति कन्या होगी अथवा प्रथम संतति का नाश होगा।
2. **चंद्र+मंगल**–यहां पंचम स्थान में दोनों ग्रह मिथुन राशि में होंगे। चंद्रमा यहां शत्रुक्षेत्री होगा। यहां बैठकर दोनों ग्रह अष्टम भाव (कन्या राशि), लाभ स्थान (धनु राशि) एवं व्यय भाव (मकर राशि) को देखेंगे। फलत: जातक धनी होगा। प्रजावान होगा। लम्बी उम्र का स्वामी होगा। अच्छे व्यापार व्यवसाय का स्वामी होगा। परन्तु जींवन में खर्च की बाहुल्यता रहेगी।
3. **चंद्र+बुध**–चंद्रमा के साथ बुध जातक को उच्च शैक्षणिक उपाधि दिलायेगा। जातक को कन्या संतति अधिक होगी।
4. **चंद्र+गुरु**–आपका जन्म कुंभलग्न में हुआ है। 'भोजसंहिता' के अनुसार कुंभलग्न के पांचवे स्थान में यह युति 'मिथुन राशि' में होगी। यह युति वस्तुत: षष्टेश चंद्रमा की धनेश+लाभेश बृहस्पति के साथ युति है। चंद्रमा यहां शत्रुक्षेत्री होगा। यहां बैठकर ये दोनों शुभ ग्रह दशम भाव, व्यय भाव एवं धन स्थान को देखेंगे। फलत: जातक परिश्रमी होगा तथा उसे धन की यथेष्ट प्राप्ति होती रहेगी परन्तु धन का खर्च शुभ कार्यों में, परोपकार के कार्यों में होता रहेगा। जातक का राज्यपक्ष सरकार से सम्मान मिलता रहेगा। कोर्ट-कचहरी में विजय मिलेगी।

5. **चंद्र+शुक्र**–चंद्रमा के साथ शुक्र जातक को विद्या, संगीत, अभिनय व लेखन कार्य में सफलता दिलायेगा।
6. **चंद्र+शनि**–चंद्रमा के साथ शनि जातक को उत्तम संतति का सुख देगा।
7. **चंद्र+राहु**–चंद्रमा के साथ राहु की युति संतान प्राप्ति में बाधक है।
8. **चंद्र+केतु**–चंद्रमा के साथ केतु गर्भपात करायेगा।

कुंभलग्न में चंद्रमा की स्थिति षष्टम स्थान में

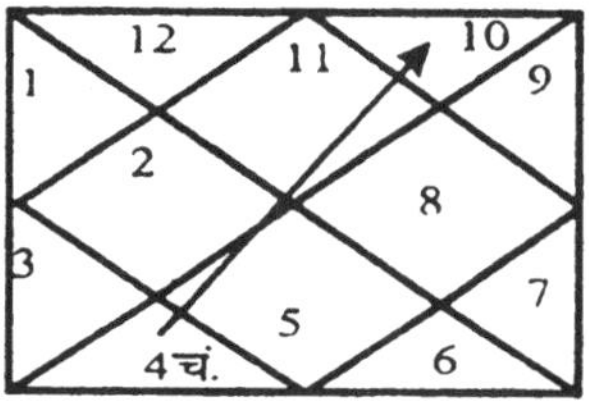

कुंभलग्न में चंद्रमा षष्टेश होने से परम पापी एवं अशुभ फल प्रदाता है। चंद्रमा यहां छठे स्थान में स्वगृही होगा। षष्टेश के षष्टम में स्वगृही होने से **'हर्षनामक विपरीत राजयोग'** बनेगा। जातक धनवान व भौतिक सुख-सुविधाएं से युक्त होगा। जातक की माता छोटी उम्र मे गुजर जायेगी। जातक को माता का सुख नहीं मिल पायेगा। चंद्रमा यहां जलतत्त्व में होने से जातक नशेबाज (शराबी) होगा।

दृष्टि–षष्टमस्थ चंद्रमा की दृष्टि व्यय भाव (मकर राशि) पर होगी। जातक खर्चीले स्वभाव का होगा। गुप्त शत्रु जातक को परेशान करेंगे। जातक को मामा व मौसी का सुख प्राप्त होता है।

निशानी–'लोमेश संहिता' अ. 6/श्लोक 1 के अनुसार ऐसा मनुष्य अपनी जाति, स्वजन, इष्टमित्र, संबंधियों के साथ शत्रु (दुश्मन) जैसा व्यवहार करता है।

दशा–चंद्रमा की दशा-अंतर्दशा अनिष्ट फल देगी।

चंद्रमा का अन्य ग्रहों से सम्बन्ध–

1. **चंद्र+सूर्य**–**'भोजसंहिता'** के अनुसार कुंभलग्न में सूर्य+चंद्र की युति छठे स्थान (कर्क राशि) में होने के कारण जातक का जन्म श्रावण कृष्ण अमावस्या की रात्रि 8 से 10 बजे के मध्य होता है। षष्टेश व सप्तमेश की युति छठे स्थान में होने से चंद्रमा स्वगृही होकर **'विपरीत राजयोग'** बनायेगा। जातक धनी मानी, अभिमानी होगा।
2. **चंद्र+मंगल**–यहां षष्टम स्थान में दोनों ग्रह कर्क राशि में होंगे। कर्क राशि में चंद्रमा स्वगृही एवं मंगल नीच का होने से **'नीचभंग राजयोग'** बनेगा। षष्टेश के छठे स्थान में स्वगृही होने से **'हर्षनामक विपरीत राजयोग'** भी बनेगा। फलत: जातक धनवान होगा। यहां बैठकर दोनों ग्रहों की दृष्टि भाग्य स्थान

(तुला राशि), व्यय भाव (मकर राशि) एवं लग्न भाव (कुंभ राशि) पर होगी। फलतः जातक भाग्यशाली तथा लगातार उन्नति मार्ग की ओर आगे बढ़ने वाला होगा। परन्तु अत्यधिक खर्चीले स्वभाव का जातक होगा।

3. **चंद्र+बुध**—चंद्रमा के साथ बुध **'संतानहीन योग'** एवं **सरल नामक विपरीत राजयोग** बनायेगा। ऐसा जातक धनी होगा। पर प्रारंभिक विद्या प्राप्ति में बाधा आयेगी।
4. **चंद्र+गुरु**—आपका जन्म कुंभलग्न में हुआ है। **'भोजसंहिता'** के अनुसार कुंभलग्न के छठे स्थान में यह युति कर्क राशि में हो रही है। यह युति वस्तुतः षष्टेश चंद्रमा की धनेश+लाभेश बृहस्पति के साथ युति है। यहां चंद्रमा स्वगृही एवं बृहस्पति उच्च का होगा। दु:स्थान में दु:स्थान के स्वामी का जाना शुभ माना गया है। यहां बैठकर ये दोनों शुभ ग्रह दशम भाव, व्यय भाव एवं धनभाव को देखेंगे। फलतः जातक धन तो कमायेगा पर धन शुभ कार्यों में खर्च होता रहेगा। बचत कम होगी। राज्यपक्ष सरकार से, सरकारी अधिकारियों से लाभ होगा। इस शुभ योग के कारण जीवन में संघर्ष के बाद सफलता अवश्य मिलेगी।
5. **चंद्र+शुक्र**—चंद्रमा के साथ शुक्र **'सुखहीन योग'** एवं **'भाग्यभंग योग'** बनायेगा। ऐसे जातक को भौतिक सुखों की प्राप्ति हेतु काफी परेशानी उठानी पड़ेगी।
6. **चंद्र+शनि**—चंद्रमा के साथ शनि जातक की आयु को घटायेगा।
7. **चंद्र+राहु**—चंद्रमा के साथ राहु होने से जातक के प्रकट शत्रु बहुत होंगे।
8. **चंद्र+केतु**—चंद्रमा के साथ केतु गुप्त शत्रुओं की संख्या में वृद्धि करेगा।

विशेष—चंद्रमा छठे और शनि आठवें हों तो जातक की उम्र कम होगी।

कुंभलग्न में चंद्रमा की स्थिति सप्तम स्थान में

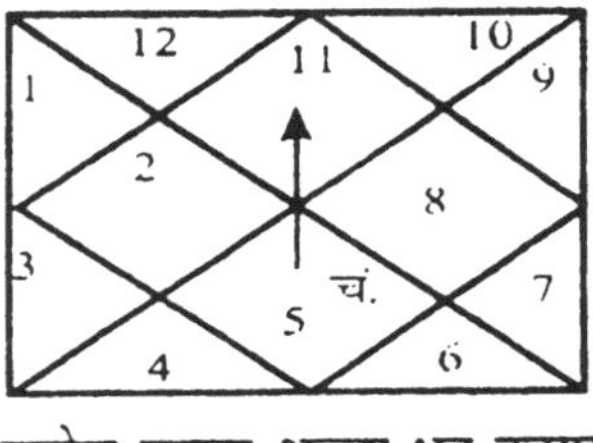

कुंभलग्न में चंद्रमा षष्टेश होने से परम पापी एवं अशुभ फल प्रदाता है। चंद्रमा यहां सातवें स्थान में सिंह (मित्र) राशि में है। यहां चंद्रमा अपने घर (कर्क राशि) से दूसरे स्थान पर है। जातक को माता का सुख मिलेगा। जातक को जीवनसाथी सुन्दर मिलेगा। वैवाहिक सुख उत्तम होगा। जातक परदेश जाकर अच्छा धन कमायेगा। भागीदारी के धंधे में लाभ होगा।

दृष्टि—सप्तमस्थ चंद्रमा की दृष्टि लग्न स्थान (कुंभ राशि) पर होगी। जातक **की उन्नति विवाह के बाद होगी।**

निशानी–ऐसा जातक प्रेम विवाह करेगा। **'लोमेश संहिता'** अ. 6/श्लोक 2 के अनुसार ऐसा जातक धनवान एवं कीर्तिवान् होता है।

दशा–चंद्रमा केन्द्रस्थ होने से उसकी दशा-अंतर्दशा शुभ फल देगी।

चंद्रमा का अन्य ग्रहों से सम्बन्ध–

1. **चंद्र+सूर्य–'भोजसंहिता'** के अनुसार कुंभलग्न में सूर्य+चंद्र की युति सातवें स्थान (सिंह राशि) में होने के कारण जातक का जन्म भाद्रकृष्ण अमावस्या की सायं 6 से 8 बजे के मध्य होता है। षष्टेश व सप्तमेश की युति सातवें होने से सूर्य स्वगृही होगा। जातक की पत्नी धनी होगी। जातक को ससुराल से लाभ होता रहेगा।
2. **चंद्र+मंगल**–यहां सप्तम स्थान में दोनों ग्रह सिंह राशि में होंगे। यहां बैठकर दोनों ग्रह दशम भाव (वृश्चिक राशि), लग्न स्थान (कुंभ राशि) एवं धन स्थान (मीन राशि) को देखेंगे। फलत: जातक धनी होगा जातक उद्यम करके धन कमायेगा तथा निरन्तर उन्नति मार्ग की ओर बढ़ता रहेगा। जातक की आर्थिक स्थिति में सुधार विवाह के बाद होगा। जातक का राजनीति में भी वर्चस्व रहेगा।
3. **चंद्र+बुध**–चंद्रमा के साथ बुध जातक को सुन्दर एवं पढ़ी-लिखी पत्नी देगा।
4. **चंद्र+गुरु**–आपका जन्म कुंभलग्न में हुआ है। भोजसंहित के अनुसार कुंभलग्न के सप्तम स्थान में यह युति सिंह राशि के अंतर्गत होगी। सिंह राशि में यह युति वस्तुत: षष्टेश चंद्रमा की धनेश+लाभेश बृहस्पति के साथ युति है। यहां बैठकर ये दोनों शुभ ग्रह लाभ स्थान, लग्न स्थान एवं धन स्थान को पूर्ण दृष्टि से देखेंगे। फलत: जातक को धन लाभ होगा तथा उसके व्यक्तित्व का सम्पूर्ण विकास होगा। उसे व्यापार-व्यवसाय में बराबर लाभ होता रहेगा। जातक जीवन में सफल व्यक्ति होगा।
5. **चंद्र+शुक्र**–चंद्रमा के साथ शुक्र होने से जातक का जीवनसाथी सौभाग्यशाली एवं सुंदर शरीर वाला होगा।
6. **चंद्र+शनि**–चंद्रमा के साथ शनि **'लग्नाधिपति योग'** बनायेगा। जातक को परिश्रमपूर्वक किये गये प्रत्येक कार्य में सफलता मिलेगी।
7. **चंद्र+राहु**–चंद्रमा के साथ राहु दाम्पत्य सुख में कटुता लायेगा। बिछोह की स्थिति भी आ सकती है।
8. **चंद्र+केतु**–चंद्रमा के साथ केतु दाम्पत्य सुख में विषमता उत्पन्न करेगा।

कुंभलग्न में चंद्रमा की स्थिति अष्टम स्थान में

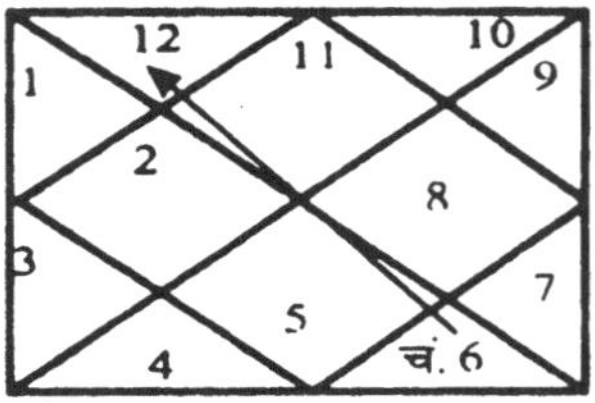

कुंभलग्न में चंद्रमा षष्टेश होने से परम पापी एवं अशुभ फल प्रदाता है। चंद्रमा यहां छठे स्थान में कन्या (शत्रु) राशि में है। चंद्रमा की इस स्थिति में **'हर्षनामक विपरीत राजयोग'** बना। जातक धनवान एवं भौतिक सुख सुविधाओं से युक्त सम्पन्न व्यक्ति होगा। ऐसा जातक परदेश जाकर अच्छा कमाता है। जातक को माता का सुख नहीं के बराबर होगा। 'लोमेश संहिता' अ. 6/श्लोक 3 के अनुसार ऐसा जातक सदैव बीमार रहता है।

दृष्टि–अष्टमस्थ चंद्रमा की दृष्टि धन भाव (मीन राशि) पर होगी। जातक की भाषा मीठी व विनम्र होगी।

निशानी–जातक को पेट, प्रोस्टेट, मूत्राशय की बीमारी होगी।

दशा–चंद्रमा की दशा-अंतर्दशा अशुभफल देगी।

चंद्रमा का अन्य ग्रहों से सम्बन्ध–

1. **चंद्र+सूर्य–'भोजसंहिता'** के अनुसार कुंभलग्न में सूर्य+चंद्र की युति आठवें स्थान (कन्या राशि) में होने के कारण जातक का जन्म आश्विन कृष्ण अमावस्या को सायं 6 से 4 बजे के मध्य होता है। षष्टेश व सप्तमेश की युति आठवें होने पर अंग-भंग का योग बनता है। अचानक दुर्घटना संभव है।
2. **चंद्र+मंगल**–यहां अष्टम स्थान में दोनों ग्रह कन्या राशि में होंगे। कन्या राशि में चंद्रमा शत्रुक्षेत्री होगा पर षष्टेश होकर चंद्रमा के अष्टम स्थान में जाने से **'हर्षनामक विपरीत राजयोग'** बनेगा। मंगल के कारण **'पराक्रमभंग योग'** एवं **'राज्यभंग योग'** भी बनेगा। यहां बैठकर दोनों ग्रहों की दृष्टि लाभ स्थान (धनु राशि), धन स्थान (मीन राशि) एवं पराक्रम स्थान (मेष राशि) पर होगी। निसन्देह मंगल की यह स्थिति ज्यादा सुखद नहीं है। जातक धनवान तो होगा पर भाई कुटम्बियों से त्रस्त रहेगा। कोर्ट-कचहरी में शत्रु परेशान करते रहेंगे।
3. **चंद्र+बुध**–चंद्रमा के साथ बुध **'संतानहीन योग'** एवं **'सरल नामक विपरीत राजयोग'** उत्पन्न करता है। जातक को संतान संबंधी चिंता व परेशानी रहेगी।
4. **चंद्र+गुरु**–आपका जन्म कुंभलग्न में हुआ है। 'भोजसंहिता' के अनुसार कुंभलग्न के आठवें स्थान में यह युति कन्या राशि के अंतर्गत हो रही है। कुंभलग्न में बृहस्पति+चंद्र की यह युति वस्तुत: षष्टेश चंद्रमा की धनेश+लाभेश बृहस्पति के साथ युति है। बृहस्पति+चंद्रमा के अष्टम स्थान में जाने से **'धनभंग**

योग' एवं 'लाभभंग योग' बना। चंद्रमा शत्रु क्षेत्री है। परन्तु षष्टेश चंद्र का आठवें जाना शुभ संकेत है। ये दोनों ग्रह व्यय भाव, धन भाव एवं सुख स्थान पर है। फलत: ऐसे जातक को धन प्राप्ति हेतु संघर्ष करना पड़ेगा। जातक दीर्घायु होगा। उसमें रोग से संघर्ष करने की पूर्ण शक्ति होती है। जातक को भौतिक सुख संसाधनों की प्राप्ति सहज में होगी। जातक को उत्तम वाहन सुख मिलेगा।

5. **चंद्र+शुक्र**–चंद्रमा के साथ शुक्र **'सुखहीन योग'** एवं **'भाग्यभंग योग'** की सृष्टि करेगा। जातक को भौतिक सुख की प्राप्ति कठिनता से होगी।
6. **चंद्र+शनि**–चंद्रमा के साथ शनि **'लग्नभंग योग'** एवं **'विमल नामक विपरीत राजयोग'** बनायेगा। जातक निश्चय ही धनी एवं साधन सम्पन्न होगा।
7. **चंद्र+राहु**–चंद्रमा के साथ राहु गुप्त एवं प्रकट शत्रुओं की वृद्धि करेगा।
8. **चंद्र+केतु**–चंद्रमा के साथ केतु जातक को गुप्त रोग या गुप्त बीमारी देगा।

कुंभलग्न में चंद्रमा की स्थिति नवम स्थान में

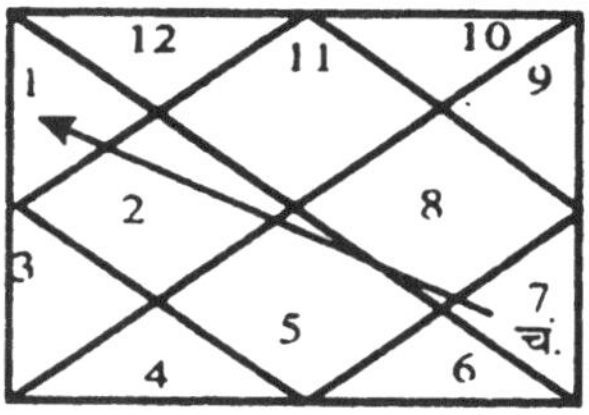

कुंभलग्न में चंद्रमा षष्टेश होने से परम पापी एवं अशुभ फल प्रदाता है। चंद्रमा यहां नवम स्थान में तुला (सम) राशि में है। यहां चंद्रमा अपनी राशि में चौथे स्थान पर है। फलत: माता के साथ संबंध ठीक होंगे। 'लोमेश संहिता अ. 6/श्लोक 4 के अनुसार ऐसे जातक को कभी व्यापार में हानि नहीं होती। जीवन में उतार-चढ़ाव आते रहेंगे।

दृष्टि–नवमस्थ चंद्रमा की दृष्टि पराक्रम स्थान (मेष राशि) पर होगी। ऐसा जातक पराक्रमी होगा तथा उसे धन, यश, पद-प्रतिष्ठा, माता-पिता का पूरा-पूरा सुख मिलेगा।

निशानी–जातक को मामा के यहां से लाभ, अपने से नीचे काम करने वाले से लाभ प्राप्त होगा।

दशा–चंद्रमा की दशा-अंतर्दशा शुभ फल देगी।

चंद्रमा का अन्य ग्रहों से सम्बन्ध–

1. **चंद्र+सूर्य**–**'भोजसंहिता'** के अनुसार कुंभलग्न में सूर्य+चंद्र की युति नवम स्थान (तुला राशि) में होने के कारण जातक का जन्म कार्तिक कृष्ण अमावस्या की दोपहर 4 से 2 बजे के मध्य होता है। षष्टेश व सप्तमेश की युति नवमें स्थान

पर होने से सूर्य नीच का होगा पर जातक भाग्यशाली एवं प्रभावशाली व्यक्तित्व का धनी होगा।

2. **चंद्र+मंगल**–यहां नवम स्थान में दोनों ग्रह तुलाराशि में होंगे। यहां बैठकर दोनों ग्रह व्यय भाव (खर्च स्थान), पराक्रम स्थान (मेष राशि) एवं चतुर्थ स्थान (वृष राशि) को देखेंगे। फलत: जातक धनवान होगा। पराक्रमी होगा। खर्चीले स्वभाव का होगा। जीवन में सभी प्रकार के भौतिक उपलब्धियों की प्राप्ति सहज में ही हो जायेगी।
3. **चंद्र+बुध**–चंद्रमा के साथ बुध जातक का भाग्योदय अर्जित विद्या द्वारा होगा। जातक बुद्धिबल से आगे बढ़ेगा।
4. **चंद्र+गुरु**–आपका जन्म कुंभलग्न में है। भोजसंहिता के अनुसार कुंभलग्न के नवमें स्थान में बृहस्पति+चंद्र की युति तुलाराशि में होंगी। कुंभलग्न में बृहस्पति+चंद्र की युति वस्तुत: षष्टेश चंद्रमा की धनेश+लाभेश बृहस्पति के साथ युति है। यहां बैठकर दोनों शुभ ग्रह लग्नस्थान, पराक्रमस्थान एवं पंचम भाव को पूर्ण दृष्टि से देखेंगे। फलत: जातक खुद पढ़ा-लिखा होगा। उसको पिता की सम्पत्ति मिलेगी तथा उसकी संतानें भी पढ़ी लिखी होगी। जातक का सर्वांगीण विकास चहुं ओर से होगा। जातक महान् पराक्रमी एवं यशस्वी होगा।
5. **चंद्र+शुक्र**–चंद्रमा के साथ स्वगृही शुक्र जातक को माता-पिता का सुख व सम्पत्ति दिलायेगा।
6. **चंद्र+शनि**–चंद्रमा के साथ शनि उच्च का होगा। जातक परम सौभाग्यशाली होगा। उसके पास उत्तम वाहन होंगे।
7. **चंद्र+राहु**–चंद्रमा के साथ राहु जातक के भाग्योदय में बाधक है।
8. **चंद्र+केतु**–चंद्रमा के साथ केतु जातक को महत्वाकांक्षी बनायेगा। जातक की महत्वाकांक्षाएं सार्थक होगी।

कुंभलग्न में चंद्रमा की स्थिति दशम स्थान में

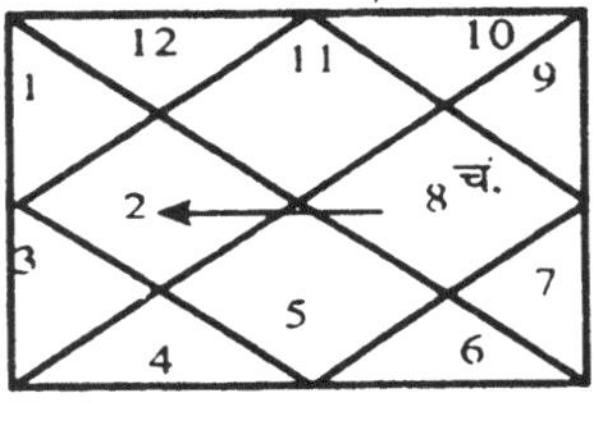

कुंभलग्न में चंद्रमा षष्टेश होने से परम पापी एवं अशुभ फल प्रदाता है। चंद्रमा यहां दशम स्थान में नीच का होगा। वृश्चिक के तीन अंशों पर चंद्रमा परम नीचक का होता है। चंद्रमा यहां **'दिग्बल'** से शून्य होता है। फलत: सांसारिक सुख एवं संतान सुख में न्यूनता देता है। जातक को विद्या का सुख उत्तम। जातक को विषभोजन का भय रहता है।

दृष्टि–दशमस्थ चंद्रमा की दृष्टि चतुर्थभाव (वृष राशि) पर होगी। फलत: जातक को निजी भवन एवं वाहन का सुख मिलेगा। जातक चंद्रमा संबंधी कार्यों से धन लाभ प्राप्त करेगा।

निशानी–'लोमेश संहिता' अ. 6/श्लोक 5 के अनुसार ऐसे जातक को परदेश में अच्छा लाभ मिलेगा। जातक प्रखर वक्ता होगा।

दशा–यहां केन्द्रवर्ती होने से चंद्रमा की दशा-अन्तर्दशा शुभ फल देगी।

चंद्रमा का अन्य ग्रहों से सम्बन्ध–

1. **चंद्र+सूर्य**–'**भोजसंहिता**' के अनुसार कुंभलग्न में सूर्य+चंद्र की युति दशवें स्थान (वृश्चिक राशि) में होने के कारण जातक का जन्म मार्गशीर्ष कृष्ण अमावस्या की दोपहर 2 से 12 बजे के मध्य होता है। षष्टेश व सप्तमेश की युति दशमें स्थान में होगी। जहां चंद्रमा नीच का होगा। फिर भी ऐसा जातक पराक्रमी व प्रभावशाली होगा।
2. **चंद्र+मंगल**–यहां दशम स्थान में दोनों ग्रह वृश्चिक राशि में होंगे। मंगल यहां स्वगृही एवं चंद्रमा नीच का होने से '**नीचभंग राजयोग**' बनेगा। मंगल दिक्बली होकर '**कुलदीपक योग**' भी बनायेगा। 'पद्मसिंहासन योग' होने से यहां **महालक्ष्मी योग** की सृष्टि हुई। फलत: ऐसा जातक महाधनी होगा। दोनों ग्रह की दृष्टि लग्न स्थान (कुंभ राशि), चतुर्थ भाव (वृष राशि) एवं पंचम भाव (मिथुन राशि) पर होगी। फलत: जातक निरन्तर उन्नति मार्ग की ओर आगे बढ़ता हुआ उत्तम वाहन व भौतिक सुखों को प्राप्त करेगा। जातक की संतान भी प्रतिष्ठित होगी।
3. **चंद्र+बुध**–चंद्रमा के साथ बुध जातक को उत्तम वाहन भवन एवं नौकर का सुख मिलेगा।
4. **चंद्र+गुरु**–आपका जन्म कुंभलग्न में है। 'भोजसंहिता' के अनुसार कुंभलग्न के दसवें स्थान में बृहस्पति+चंद्र की युति वृश्चिक राशि में हो रही है। कुंभलग्न में बृहस्पति+चंद्र की यह युति, वस्तुत: षष्टेश चंद्रमा की धनेश+लाभेश बृहस्पति के साथ युति है। यहां चंद्रमा नीच राशि में होगा। ये दोनों ग्रह केन्द्रस्थ होकर '**कुलदीपक योग**', '**यामिनीनाथ योग**' बनाते हुए धनस्थान, सुखस्थान एवं षष्टम स्थान को पूर्ण दृष्टि से देखेंगे। फलत: जातक को राज्यपक्ष से लाभ होगा। धनप्राप्ति होती रहेगी। जातक सांसारिक सभी सुख संसाधन सहज में प्राप्त होंगे। जातक के पास एक से अधिक वाहन होंगे। जातक शत्रु का

सम्पूर्ण नाश करने में सक्षम होगा। जातक की गिनती समाज के अग्रगण्य व्यक्ति में होगी।

5. **चंद्र+शुक्र**—चंद्रमा के साथ शुक्र जातक को एक से अधिक वाहन एवं मकान दिलायेगा।
6. **चंद्र+शनि**—चंद्रमा के साथ शनि जातक को करोड़पति बनायेगा।
7. **चंद्र+राहु**—चंद्रमा के साथ राहु राजसुख में बाधक है। जातक को सरकारी कर्मचारी परेशान करेंगे।
8. **चंद्र+केतु**—चंद्रमा के साथ केतु जातक को उच्च महत्वाकांक्षी बनायेगा। जातक कीर्तिवान् होगा।

कुंभलग्न में चंद्रमा की स्थिति एकादश स्थान में

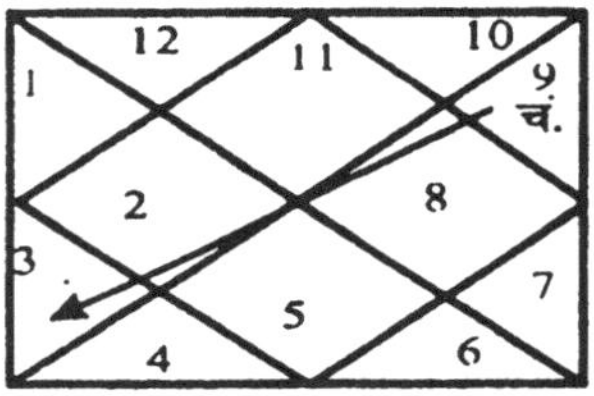

कुंभलग्न में चंद्रमा षष्टेश होने से परम पापी एवं अशुभ फल प्रदाता है। चंद्रमा यहां एकादश स्थान में धनु (सम) राशि में होगा। चंद्रमा अपने घर से छठे स्थान पर होकर 'षडाष्टक योग' बनायेगा। जातक विद्यावान होगा तथा मंत्र-यंत्र-तंत्र विद्या का जानकार होगा।

दृष्टि—एकादश भावगत चंद्रमा की दृष्टि पंचम भाव (मिथुन राशि) पर होगी। ऐसे जातक को कन्या संतति की बाहुल्यता रहेगी।

निशानी—लोमेश संहिता अ. 6/श्लोक 2 के अनुसार ऐसे जातक के पास बहुत धन होगा। जातक कीर्तिवान् होगा, गुणवान व साहसी होगा।

दशा—चंद्रमा की दशा-अन्तर्दशा मिश्रित फल देगी।

चंद्रमा का अन्य ग्रहों से सम्बन्ध—

1. **चंद्र+सूर्य**—**'भोजसंहिता'** के अनुसार कुंभलग्न में सूर्य+चंद्र की युति एकादश स्थान (धनु राशि) में होने के कारण जातक का जन्म पौष कृष्ण अमावस्या को दिन के 12 से 10 बजे के मध्य होता है। षष्टेश व सप्तमेश की युति एकादश स्थान में होने से जातक का व्यवसाय में लाभ होगा।
2. **चंद्र+मंगल**—यहां एकादश स्थान में दोनों ग्रह धनुराशि में होंगे। यहां बैठकर दोनों ग्रहों की दृष्टियां धन स्थान (मीन राशि) पंचम स्थान (मिथुन राशि) एवं षष्टम् स्थान (कर्क राशि) पर होगी। फलतः जातक धनवान होगा। ऋण-रोग

व शत्रुओं का नाश करने में सक्षम होगा। जातक की आर्थिक सम्पन्नता पुत्र जन्म के बाद बढ़ेगी। ऐसे जातक की संतति भी धनवान होगी।

3. **चंद्र+बुध**–चंद्रमा के साथ बुध जातक को बड़े भाई का सुख देगा। जातक उत्तम संतति का पिता होगा।

4. **चंद्र+गुरु**–आपका जन्म कुंभलग्न में है। '**भोजसंहिता**' के अनुसार कुंभलग्न के के चंद्र+बृहस्पति की युति एकादश स्थान में धनु राशि के अंतर्गत होगी। यह युति वस्तुत: षष्टेश चंद्रमा की धनेश+लाभेश बृहस्पति के साथ युति होगी। बृहस्पति यहां स्वगृही होगा तथा उसकी दृष्टि पराक्रम स्थान, पंचम भाव एवं सप्तम भाव पर होगी। जातक का भाग्योदय विवाह के बाद होगा तथा प्रथम संतति के बाद जातक का दूसरा भाग्योदय होगा। जातक को व्यापार व्यवसाय से लाभ होगा। जातक के परिजन व मित्र जातक के सहायक रहेंगे। जातक महान पराक्रमी व यशस्वी होगा।

5. **चंद्र+शुक्र**–चंद्रमा के साथ शुक्र जातक को बड़ा उद्योगपति बनायेगा।

6. **चंद्र+शनि**–चंद्रमा के साथ शनि जातक को व्यापार एवं परिश्रम का लाभ दिलायेगा।

7. **चंद्र+राहु**–चंद्रमा के साथ राहु व्यापार में नुकसान एवं बड़े भाई की हानि करायेगा।

8. **चंद्र+केतु**–चंद्रमा के साथ केतु व्यापार में उतार-चढ़ाव लाता रहेगा।

कुंभलग्न में चंद्रमा की स्थिति द्वादश स्थान में

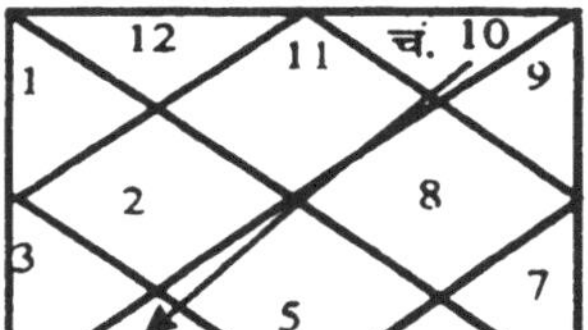

कुंभलग्न में चंद्रमा षष्टेश होने से परम पापी एवं अशुभ फल प्रदाता है। चंद्रमा यहां द्वादश स्थान में मकर (सम) राशि में है। चंद्रमा की इस स्थिति से '**हर्ष नामक विपरीत राजयोग**' बना रहा है। ऐसा जातक धनवान, भौतिक सुख-सुविधाओं से युक्त, सम्पन्न व्यक्ति होता है। '**लोमेश संहिता**' अध्याय 6/श्लोक 3 के अनुसार ऐसा जातक सदैव बीमार रहता है तथा मनीषियों से द्वेष रखता है। जातक को माता का सुख नहीं मिलेगा। जातक को देश-परदेश की यात्रा से लाभ होगा।

दृष्टि–द्वादश भावगत चंद्रमा की दृष्टि अपने ही घर छठे स्थान (कर्क राशि) पर होगी। फलत: जातक गुप्त शत्रुओं से परेशान रहेगा।

निशानी–जातक को डाईबीटिज की बीमारी, गुप्त रोग होंगे।

दशा–चंद्रमा की दशा-अन्तर्दशा अनिष्ट फल देगी।

चंद्रमा का अन्य ग्रहों से सम्बन्ध–

1. **चंद्र+सूर्य**–'**भोजसंहिता**' के अनुसार कुंभलग्न में सूर्य+चंद्र की युति द्वादश स्थान (मकर राशि) में होने के कारण जातक का जन्म कृष्ण अमावस्या को प्रात: 10 से 8 बजे के मध्य होता है। षष्टेश व सप्तमेश की युति द्वादश स्थान में नेत्रपीड़ा एवं व्यर्थ की यात्राएं देगी।
2. **चंद्र+मंगल**–यहां द्वादश स्थान में दोनों ग्रह मकर राशि में होंगे। मकर में मंगल उच्च का होगा। यहां चंद्रमा षष्टेश होकर द्वादश में होने से '**हर्षनामक विपरीत राजयोग**' बनायेगा। यहां बैठकर दोनों ग्रह षष्टम् स्थान (कर्क राशि) एवं सप्तम स्थान (सिंह राशि) को पूर्ण दृष्टि से देखेंगे। फलत: ऐसा जातक धनी होगा। ऋण-रोग एवं शत्रुओं का सम्पूर्ण नाश करने में सक्षम होगा पर जातक का आर्थिक विकास विवाह के बाद होगा।
3. **चंद्र+बुध**–चंद्रमा के साथ बुध '**संतानहीन योग**' एवं '**सरल नामक विपरीत राजयोग**' करायेगा। ऐसा जातक धनी होगा। ऐश्वर्य सम्पन्न होगा। पर उसे संतान की चिंता रहेगी।
4. **चंद्र+गुरु**–आपका जन्म कुंभलग्न में है। 'भोजसंहिता' के अनुसार कुंभलग्न में चंद्र+बृहस्पति की यह युति द्वादश भाव मकर राशि के अंतर्गत है। बृहस्पति+चंद्र की यह युति वस्तुत: षष्टेश चंद्रमा की धनेश+लाभेश बृहस्पति के साथ युति है। बृहस्पति यहां द्वादश भाव में नीच का होगा। जहां से बृहस्पति सुखस्थान, षष्टम भाव एवं अष्टम भाव को पूर्ण दृष्टि से देखेगा। फलत: धन में कमी, लाभ में कमी महसूस करेंगे। फिर भी जातक को ऋण, रोग व शत्रु को भय नहीं रहेगा। जातक दीर्घायु होगा। उसे प्राकृतिक, आकस्मिक आपदाओं से बचाव होगा। जातक को वाहन सुख मिलेगा एवं भौतिक संसाधनों की प्राप्ति सहज में होती रहेगी। जातक को कोई भी वस्तु जीवन में आसानी से नहीं मिलेगी, सफलता निश्चित है पर संघर्ष के बाद।
5. **चंद्र+शुक्र**–चंद्रमा के साथ शुक्र '**सुखहीन योग**' एवं '**भाग्यभंग योग**' बनायेगा। ऐसा जातक जीवन में काफी कष्ट उठायेगा।
6. **चंद्र+शनि**–चंद्रमा के साथ शनि '**लग्नभंग योग**' एवं '**विमल नामक विपरीत राजयोग**' बनायेगा। जातक धनी, मानी होगा पर परिश्रम का फल नहीं मिलेगा।
7. **चंद्र+राहु**–चंद्रमा के साथ राहु भारी आर्थिक परेशानियां एवं दिक्कतें पैदा करेगा।

8. **चंद्र+केतु**–चंद्रमा के साथ केतु जातक को धार्मिक एवं परोपकारी जीवन जीयेगा।

❑❑❑

कुंभलग्न में मंगल की स्थिति

कुंभलग्न में मंगल की स्थिति प्रथम स्थान में

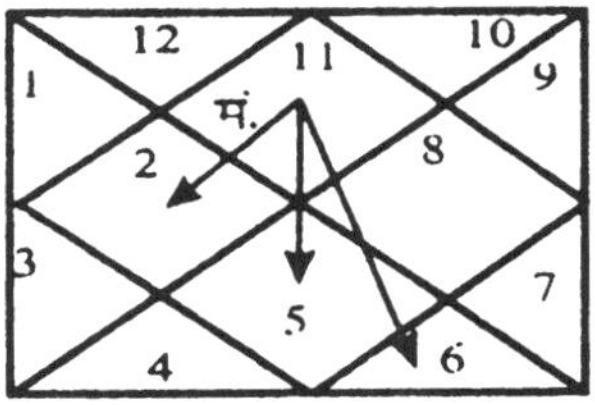

कुंभलग्न में मंगल तृतीयेश एवं राज्येश है। कुंभलग्न में मंगल शुभ और अशुभ दोनों फल देता है। कुंभलग्न में मंगल तृतीय मारकेश के रूप में काम करता है। मंगल यहां प्रथम स्थान में कुंभ (शत्रु) राशि में है। ऐसा जातक उग्र स्वभाव का स्वतंत्र प्रेमी, महत्वाकांक्षी व साहसी होता है। मंगल की इस स्थिति में कुण्डली **मांगलिक** बनती है। मंगल की यह स्थिति वैवाहिक सुख के लिए ठीक नहीं मानी गई है। जातक को मकान का सुख उत्तम मिलेगा। जातक शत्रु का पराक्रम नष्ट करने में सक्षम होगा।

दृष्टि–लग्नस्थ मंगल की दृष्टि चतुर्थ स्थान (वृष राशि), सप्तम स्थान (सिंह राशि) एवं अष्टम स्थान (कन्या राशि) पर होगी। जातक की माता छोटी उम्र में गुजर जावें या बीमार रहे। विवाह में अनपेक्षित विलम्ब संभव है। जातक को अकस्मात् दुर्घटना का भय रहेगा।

निशानी–ऐसे जातक के शरीर या चेहरे पर गिरने से, शस्त्र से स्थाई चोट का निशाना बना हुआ मिलेगा। **'पद्मसिंहासन योग'** के कारण जातक निम्न परिवार में जन्म लेकर भी उच्च पद को प्राप्त करेगा।

दशा–मंगल की दशा अंतर्दशा शुभ फल देगी।

मंगल का अन्य ग्रहों से सम्बन्ध–

1. **मंगल+चंद्र**–यहां प्रथम स्थान में दोनों ग्रह कुंभ राशि में होंगे। यहां बैठकर दोनों ग्रह चतुर्थ स्थान (वृष राशि), सप्तम भाव (सिंह राशि) एवं अष्टम भाव (कन्या राशि) को देखेंगे। ऐसा जातक धनवान होगा। उसको भौतिक

उपलब्धियों सुख-साधनों की प्राप्ति होगी। जातक लम्बी उम्र का स्वामी होगा परन्तु आर्थिक उन्नति विवाह के बाद ही होगी।

2. **मंगल+सूर्य**–मंगल के साथ सूर्य होने से जातक की पत्नी सुंदर, आकर्षक व धनवान होगी। जातक का दाम्पत्य जीवन सुखमय होगा।
3. **मंगल+बुध**–मंगल के साथ बुध जातक को प्रखर बुद्धिशाली एवं व्यापार प्रिय बनायेगा।
4. **मंगल+गुरु**–मंगल के साथ बृहस्पति जातक को भाई-कुटम्बी एवं मित्रजनों से लाभ दिलायेगा।
5. **मंगल+शुक्र**–मंगल के साथ शुक्र होने से जातक को उत्तम वाहन एवं भवन का सुख मिलेगा।
6. **मंगल+शनि**–मंगल के साथ शनि स्वगृही होने से '**शश योग**' बनेगा। ऐसा जातक राजा के समान पराक्रमी एवं प्रभावशाली व्यक्तित्व का धनी होगा।
7. **मंगल+राहु**–मंगल के साथ राहु जातक को उच्छंखृल बनायेगा। ऐसा जातक किसी के नियंत्रण में नहीं रहता।
8. **मंगल+केतु**–मंगल के साथ केतु जातक को प्रभावशाली व्यक्तित्व देगा। जातक लड़ाकू होगा।

कुंभलग्न में मंगल की स्थिति द्वितीय स्थान में

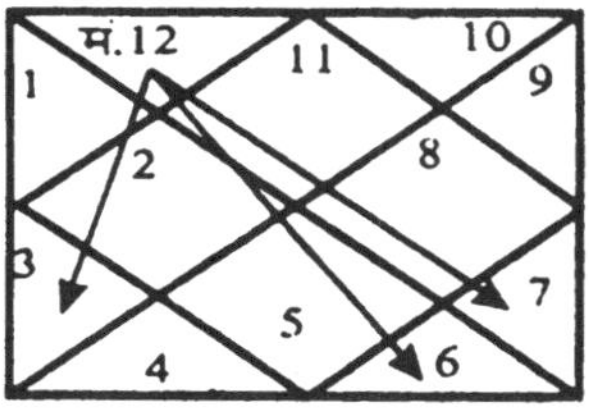

कुंभलग्न में मंगल तृतीयेश एवं राज्येश है। कुंभलग्न में मंगल शुभ और अशुभ दोनों फल देता है। कुंभलग्न में मंगल तृतीय मारकेश के रूप में काम करता है। मंगल यहां द्वितीय स्थान में मीन (मित्र) राशि में होगा। ऐसे जातक की वाणी कठोर होगी तथा जातक धन भी कठिनता से कमायेगा। जातक की आंखें कमजोर होंगी। जातक की अपने भाई-बहनों के साथ कम पटेगी। कुटुम्ब में अशान्ति रहेगी। जातक को यश, धन, पद-प्रतिष्ठा इत्यादि का सामान्य लाभ होगा।

दृष्टि–द्वितीयस्थ मंगल की दृष्टि पंचम भाव (मिथुन राशि), अष्टम भाव (कन्या राशि) एवं भाग्य स्थान (तुला राशि) पर होगी। जातक की प्रथम संतति शल्य चिकित्सा से होगी। संतान संबंधी चिंता रहेगी। अकस्मात् दुर्घटना का भय रहेगा। जातक को पिता की सम्पत्ति नहीं मिल पायेगी।

निशानी–ऐसे ज्योतिषी (जातक) द्वारा दी गई अशुभ भविष्यवाणियां सचोट सच साबित होंगी। वकीलों व डॉक्टरों के लिए मंगल की यह स्थिति शुभ है। उनकी अंतर्प्रेरणा व सोच सही होगी।

दशा–मंगल की दशा मारक का काम करेगी। मंगल में सूर्य एवं बृहस्पति के अन्तर विशेष मारक होंगे।

मंगल का अन्य ग्रहों से सम्बन्ध–

1. **मंगल+चंद्र**–यहां द्वितीय स्थान में दोनों ग्रह मीन राशि में होंगे। यहां बैठकर दोनों ग्रह की दृष्टि पंचम स्थान (मिथुन राशि), अष्टम स्थान (कन्या राशि) एवं भाग्य स्थान (तुला राशि) पर होगी। फलतः जातक धनवान तथा सौभाग्यशाली भी होगा एवं लम्बी उम्र का मालिक होगा। जातक की आर्थिक उन्नति प्रथम संतति के बाद ही होगी।
2. **मंगल+सूर्य**–मंगल के साथ सूर्य जातक को धनी ससुराल देगा। जातक की भाषा कड़क होगी।
3. **मंगल+बुध**–मंगल के साथ बुध जातक को प्रखर वक्ता बनायेगा। जातक की सोच नकारात्मक होगी।
4. **मंगल+गुरु**–मंगल के साथ बृहस्पति **'भ्रातृमूल धनयोग'** एवं **'राजमूल धनयोग'** बनायेगा। ऐसे जातक को भाइयों से एवं सरकार से धन की प्राप्ति होगी।
5. **मंगल+शुक्र**–मंगल के साथ शुक्र उच्च का होकर जातक को महाधनी एवं सौभाग्यशाली बनायेगा।
6. **मंगल+शनि**–मंगल के साथ शनि जातक को धनी, घमण्डी एवं षड्यंत्रकारी बनायेगा।
7. **मंगल+राहु**–मंगल के साथ राहु, धन के घड़े में छेद एवं आर्थिक दिक्कतें देगा।
8. **मंगल+केतु**–मंगल के साथ केतु धन प्राप्ति हेतु संघर्ष करायेगा।

कुंभलग्न में मंगल की स्थिति तृतीय स्थान में

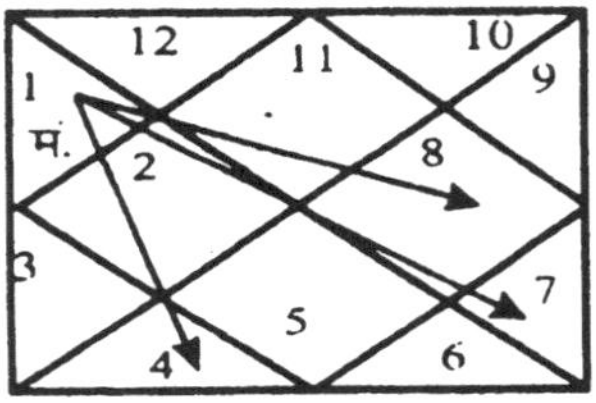

कुंभलग्न में मंगल तृतीयेश एवं राज्येश है। कुंभलग्न में मंगल शुभ और अशुभ दोनों फल देता है। कुंभलग्न में मंगल तृतीय मारकेश के रूप में काम करता है। मंगल यहां स्वगृही होगा। ऐसा जातक प्रबल पराक्रमी होगा। जातक युद्ध प्रिय एवं

दृढ़ निश्चयी होता है। जातक को भूमि-भवन, ठेकेदारी के कार्यों में फायदा होगा। जातक के संभवत: तीन भाई होंगे। जातक के मित्र जातक के लिए मददगार साबित होंगे।

दृष्टि–तृतीयस्थ मंगल की दृष्टि छठे भाव (कर्क राशि), भाग्य भवन (तुला राशि) एवं दशम भाव (वृश्चिक राशि) पर होगी। ऐसे जातक के नौकर ठीक नहीं होंगे। मामा के घर से संबंध ठीक नहीं होंगे। जातक का भाग्योदय 28 वर्ष की आयु के बाद होगा। दशम भाव पर दृष्टि होने से जातक को मंगल संबंधी कार्यों से लाभ होगा।

निशानी–ऐसा जातक स्व प्रयत्न से आगे बढ़ता है तथा जन्म स्थान से दूर जाकर अपनी किस्मत चमकाता है।

दशा–मंगल की दशा-अंतर्दशा शुभ फल देगी।

मंगल का अन्य ग्रहों से सम्बन्ध–

1. **मंगल+चंद्र**–यहां दोनों ग्रह तृतीय स्थान में मेष राशि के होंगे। मेष राशि में मंगल स्वगृही होगा। फलत: **'महालक्ष्मी योग'** की सृष्टि होगी। यहां बैठकर दोनों ग्रह षष्टम भाव (कर्क राशि), भाग्य भाव (तुला राशि) एवं दशम भाव को पूर्ण दृष्टि से देखेंगे। फलत: जातक यहां धनवान होगा तथा ऋण-रोग व शत्रुओं का नाश करने में सक्षम होगा। जातक परम सौभाग्यशाली होगा तथा कोर्ट-कचहरी में सदैव विजय प्राप्त करने वाला एवं भाई-बहनों से युक्त होगा।
2. **मंगल+सूर्य**–मंगल के साथ सूर्य **'किम्बहुना नामक राजयोग'** बनायेगा। जातक महान पराक्रमी होगा। जातक का ससुराल पराक्रमी एवं धनवान होगा।
3. **मंगल+बुध**–मंगल के साथ बुध जातक को भाई+बहन का सुख देगा। जातक स्वयं एवं उसके रिश्तेदार सुसभ्य एवं शिक्षित होंगे।
4. **मंगल+गुरु**–मंगल के साथ बृहस्पति **'राजमूल धनयोग'** बनायेगा। ऐसे जातक को राज सरकार से वित्तीय सहायता व सम्मान मिलेगा।
5. **मंगल+शुक्र**–मंगल के साथ शुक्र जातक को स्त्री-मित्रों से लाभ देगा।
6. **मंगल+शनि**–मंगल के साथ शनि **'नीचभंग राजयोग'** बनायेगा। जातक राजा के समान पराक्रमी एवं यशस्वी होगा।
7. **मंगल+राहु**–मंगल के साथ राहु भाइयों में विग्रह-विद्वेष उत्पन्न करेगा।
8. **मंगल+केतु**–मंगल के साथ केतु जातक को जनता से यश एवं कीर्ति दिलायेगा।

विशेष–मंगल तीसरे एवं शुक्र चौथे स्थान में हो तो जीवन में राजयोग शक्तिशाली बना रहेगा।

कुंभलग्न में मंगल की स्थिति चतुर्थ स्थान में

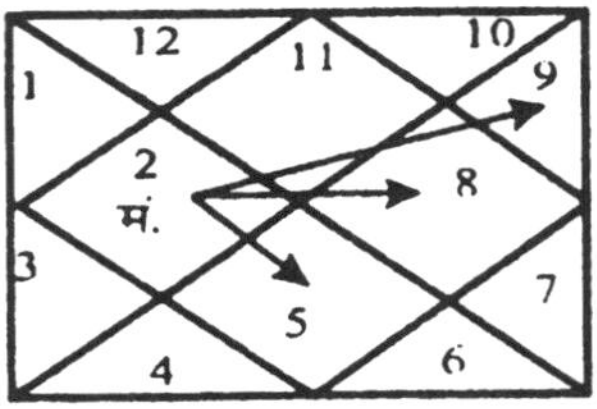

कुंभलग्न में मंगल तृतीयेश एवं राज्येश है। कुंभलग्न में मंगल शुभ और अशुभ दोनों फल देता है। कुंभलग्न में मंगल तृतीय मारकेश के रूप में काम करता है। मंगल यहां चतुर्थ स्थान में वृष (सम राशि) में होगा। मंगल यहां '**मांगलिक योग**' बनायेगा। ऐसा जातक आप अकेला न होगा। उसके छोटे भाई-बहन जरूर होंगे पर उनसे बनेगी नहीं। जातक के विलम्ब विवाह का योग बनता है। जातक को मकान सुख उत्तम मिलेगा। यहां '**पद्मसिंहासन योग**' के कारण जातक निम्न परिवार में जन्म लेकर भी कीचड़ में कमल की तरह उच्च पद व प्रतिष्ठा को प्राप्त करेगा।

दृष्टि–चतुर्थ भावगत मंगल की दृष्टि सप्तम भाव (सिंह राशि), दशम भाव (वृश्चिक राशि) एवं एकादश भाव (धनु राशि) पर होगी। ऐसे जातक को जीवन साथी उत्तम (अच्छा) मिलेगा, परन्तु उनमें परस्पर मतभेद रहेगा। जातक को मंगल के धंधों से लाभ होगा। एकादश स्थान पर दृष्टि होने के कारण जातक को अच्छे मित्र मिलेंगे।

निशानी–ऐसे जातक स्वार्थी होगा। '**लोमेश संहिता**' के अनुसार ऐसा जातक असत्यवक्ता होता है तथा अपने स्वार्थ के लिए कुछ भी कर सकता है।

दशा–मंगल की दशा-अंतर्दशा में शुभ फलों की प्राप्ति होगी।

मंगल का अन्य ग्रहों से सम्बन्ध–

1. **मंगल+चंद्र**–यहां चतुर्थ स्थान में दोनों ग्रह वृष राशि में होंगे। वृष राशि में चंद्रमा उच्च का होकर '**यामिनीनाथ योग**' बनायेगा। मंगल यहां दिक्बली होने से '**महालक्ष्मी योग**' की सृष्टि होगी। यहां बैठकर दोनों ग्रह सप्तम (सिंह राशि), दशम भाव (वृश्चिक राशि) एवं एकादश भाव (धनु राशि) को पूर्ण दृष्टि से देखेंगे। फलतः जातक महाधनी तथा व्यापार-व्यवसाय व उद्योग में प्रतिष्ठित होगा राज्य (सरकार) या राजनीति में पद-प्रतिष्ठा प्राप्त करेगा। जातक का आर्थिक विकास विवाह के बाद होगा।
2. **मंगल+सूर्य**–मंगल के साथ सूर्य जातक को पत्नी से स्थाई सम्पत्ति का लाभ दिलायेगा।
3. **मंगल+बुध**–मंगल के साथ बुध जातक को उच्च शिक्षा दिलायेगा। जातक के पास निजी भवन होगा।

4. **मंगल+गुरु**–मंगल के साथ बृहस्पति माता से धन दिलायेगा। जातक को भूमि से लाभ होगा।
5. **मंगल+शुक्र**–मंगल के साथ स्वगृही शुक्र '**मालव्य योग**' बनायेगा। जातक राजा के समान पराक्रमी होगा। उसके पास अनेक वाहन होंगे।
6. **मंगल+शनि**–मंगल के साथ शनि जातक को परिश्रम का लाभ एवं सांसारिक सुखों को दिलायेगा।
7. **मंगल+राहु**–मंगल के साथ राहु की युति माता के लिए घातक है।
8. **मंगल+केतु**–मंगल के साथ केतु मातृभूमि छुड़ायेगा।

कुंभलग्न में मंगल की स्थिति पंचम स्थान में

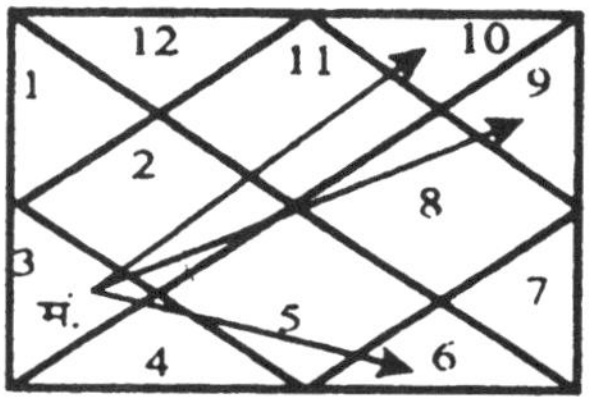

कुंभलग्न में मंगल तृतीयेश एवं राज्येश है। कुंभलग्न में मंगल शुभ और अशुभ दोनों फल देता है। कुंभलग्न में मंगल तृतीय मारकेश के रूप में काम करता है। मंगल यहां पंचम स्थान में मिथुन (शत्रु) राशि में होगा। ऐसा जातक प्रायः डॉक्टर, इंजीनियर, वकील अथवा तर्कशास्त्री होगा। जातक के मित्र अच्छे होंगे। छोटे भाई के लिए यह मंगल शुभ फलदायक है। यहां '**पद्मसिंहासन योग**' के कारण जातक कीचड़ में कमल की तरह खिलता हुआ उच्च पद व प्रतिष्ठा को प्राप्त करेगा।

दृष्टि–पंचमस्थ मंगल की दृष्टि अष्टम भाव (कन्या राशि), एकादश भाव (धनु राशि) एवं द्वादश भाव (मकर राशि) पर होगी। जातक को अकस्मात दुर्घटना का भय रहेगा। जातक को व्यापार-व्यवसाय में लाभ होगा। जातक व्यर्थ के कार्य में फालूत खर्च बहुत करेगा।

निशानी–जातक के तीन पुत्र होंगे परन्तु ज्येष्ठ संतति की मृत्यु होगी। 'लोमेश संहिता' के अनुसार ऐसे जातक के पुत्र जरूर होंगे। जातक स्वयं धनवान होगा।

दशा–मंगल की दशा-अंतर्दशा पराक्रम बढ़ायेगी तथा उन्नति दायक होगी।

मंगल का अन्य ग्रहों से सम्बन्ध–

1. **मंगल+चंद्र**–यहां पंचम स्थान में दोनों ग्रह मिथुन राशि में होंगे। चंद्रमा यहां शत्रुक्षेत्री होगा। यहां बैठकर दोनों ग्रह अष्टम भाव (कन्या राशि), लाभ स्थान (धनु राशि) एवं व्यय भाव (मकर राशि) को देखेंगे। फलतः जातक धनी,

प्रजावान, लम्बी उम्र का स्वामी होगा। जातक अच्छे व्यापार व्यवसाय का स्वामी होगा। परन्तु जीवन में खर्च की बाहुल्यता रहेगी।

2. **मंगल+सूर्य**–मंगल के साथ सूर्य जातक को पुत्र संतति अवश्य देगा। जातक विद्यावान होगा।
3. **मंगल+बुध**–मंगल के साथ बुध जातक को दो कन्या, तीन पुत्र देगा।
4. **मंगल+गुरु**–मंगल के साथ बृहस्पति जातक को उच्च शिक्षा देगा तथा राजकीय पद-प्रतिष्ठा दिलायेगा।
5. **मंगल+शुक्र**–मंगल के साथ शुक्र भौतिक सुखों में वृद्धि करेगा। जातक को भूमि लाभ होगा।
6. **मंगल+शनि**–मंगल के साथ शनि जातक को परिश्रम का लाभ दिलायेगा। जातक तकनीकि व्यक्तित्व एवं विद्या का धनी होगा।
7. **मंगल+राहु**–मंगल के साथ की युति राहु पुत्र संतति में बाधक है।
8. **मंगल+केतु**–मंगल के साथ केतु संतति सुख देगा पर धार्मिक अनुष्ठान अनिवार्य है।

कुंभलग्न में मंगल की स्थिति षष्टम स्थान में

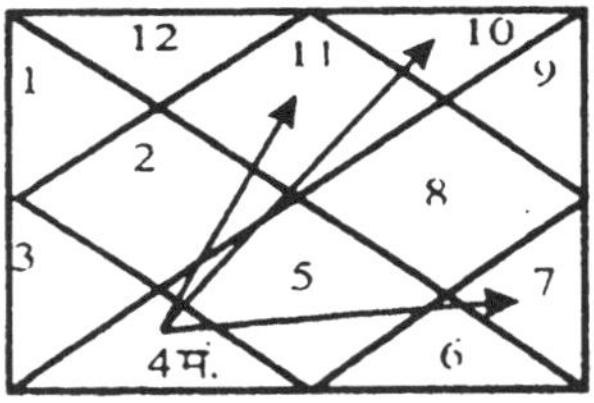

कुंभलग्न में मंगल तृतीयेश एवं राज्येश है। कुंभलग्न में मंगल शुभ और अशुभ दोनों फल देता है। कुंभलग्न में मंगल तृतीय मारकेश के रूप में काम करता है। मंगल यहां छठे स्थान में नीच राशि का होगा। कर्क राशि के 20 अंशों में मंगल परम नीच का होता है। मंगल के कारण यहां **'पराक्रम भंगयोग'** एवं **'राजभंग योग'** बनेगा। एंसे जातक को पिता की सम्पत्ति नहीं मिलती। जातक के जन्म के बाद पिता को थोड़ा कष्ट होगा। जातक की बाईं आंख कुछ कमजोर होगी।

दृष्टि–षष्टम भावगत मंगल की दृष्टि भाग्य स्थान (तुला राशि), व्यय भाव (मकर राशि) एवं लग्न भाव (कुंभ राशि) पर होगी। जातक का भाग्य कमजोर होगा। जातक खर्चीले स्वभाव का होगा। परिश्रम निष्फल होंगे।

निशानी–'लोमेश संहिता' के अनुसार जातक का भाई जातक से शत्रुता रखता है। उसे मामा का सुख प्राप्त नहीं होगा।

दशा–मंगल की दशा-अंतर्दशा मिश्रित फल देगी।

मंगल का अन्य ग्रहों से सम्बन्ध–

1. **मंगल+चंद्र**–यहां षष्टम स्थान में दीनों ग्रह कर्क राशि में होंगे। कर्क राशि में चंद्रमा स्वगृही एवं मंगल नीच का होने से '**नीचभंग राजयोग**' बनेगा। षष्टेश के छठे स्थान में स्वगृही होने से '**हर्षनामक विपरीत राजयोग**' भी बनेगा। फलत: जातक धनवान होगा। यहां बैठकर दोनों ग्रहों की दृष्टि भाग्य स्थान (तुला राशि), व्यय भाव (मकर राशि) एवं लग्न भाव (कुंभ राशि) पर होगी। फलत: जातक भाग्यशाली एवं लगातार उन्नति मार्ग की ओर आगे बढ़ने वाला होगा। परन्तु जातक अत्यधिक खर्चीले स्वभाव का जातक होगा।
2. **मंगल+सूर्य**–मंगल के साथ सूर्य '**विवाहबाधा योग**' बनाता है। प्रथमत: जातक का विवाह विलम्ब से होगा। विवाह होने पर भी वैवाहिक सुख में कुछ न कुछ कमी बनी रहेगी।
3. **मंगल+बुध**–मंगल के साथ बुध '**संततिहीन योग**' एवं '**सरलनामक विपरीत राजयोग**' बनायेगा। जातक धनी, मानी एवं समाज का प्रतिष्ठित व्यक्ति होगा।
4. **मंगल+गुरु**–मंगल के साथ बृहस्पति '**नीचभंग राजयोग**' बनायेगा। जातक राजा के समान पराक्रमी होगा। जातक को आर्थिक संकटों का सामना करना पड़ेगा।
5. **मंगल+शुक्र**–मंगल के साथ शुक्र '**सुखभंग योग**' एवं '**भाग्यभंग योग**' बनायेगा। जातक को भौतिक सुखों की प्राप्ति हेतु पग-पग पर बाधाएं आयेंगी।
6. **मंगल+शनि**–मंगल के साथ शनि '**लग्नभंग योग**' एवं '**विमल नामक विपरीत राजयोग**' बनायेगा। जातक धनी होगा, परन्तु उसे परिश्रम का लाभ नहीं मिलेगा।
7. **मंगल+राहु**–मंगल के साथ राहु होने से जातक के गुप्त व प्रकट शत्रु बढ़ेंगे।
8. **मंगल+केतु**–मंगल के साथ केतु जातक को गुप्त रोग देगा।

कुंभलग्न में मंगल की स्थिति सप्तम स्थान में

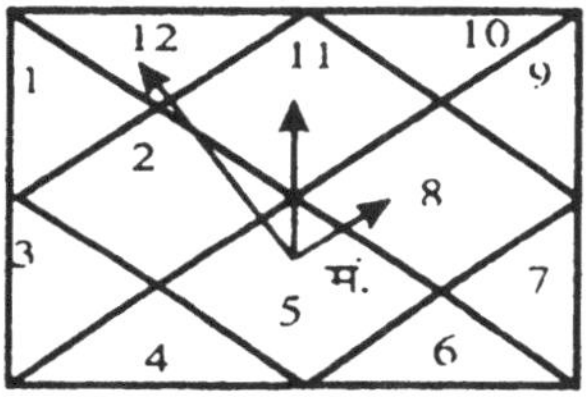

कुंभलग्न में मंगल तृतीयेश एवं राज्येश है। कुंभलग्न में मंगल शुभ और अशुभ दोनों फल देता है। कुंभलग्न में मंगल तृतीय मारकेश के रूप में काम करता है। मंगल यहां सप्तम स्थान में सिंह (मित्र) राशि में होगा। मंगल की इस स्थिति से कुण्डली '**मांगलिक**' होगी। ऐसे जातक को दो विवाह हो सकते हैं। जातक को नौकर-चाकर अच्छे मिलेंगे। छोटे भाई-बहनों के लिए मंगल ठीक है। भागीदारी व्यवसाय के लिए भी यह मंगल ठीक है। यहां

'पद्मसिंहासन योग' के कारण जातक कीचड़ में कमल की तरह खिलता हुआ उच्च पद व प्रतिष्ठा को प्राप्त करेगा।

दृष्टि–सप्तमस्थ मंगल की दृष्टि दशम भाव (वृश्चिक राशि), लग्न भाव (कुंभ राशि) एवं धन भाव (मीनराशि) पर होगी। फलत: जातक का राज (सरकार) में प्रभाव होगा। जातक को परिश्रम का लाभ मिलेगा। जातक धनी होगा।

निशानी–**'लोमेश संहिता'** अध्याय 3/श्लोक 5 के अनुसार तृतीयेश सातवें स्थान में हो तो जातक की मृत्यु राजदण्ड से होगी।

दशा–मंगल की दशा-अंतर्दशा शुभ फल देगी।

मंगल का अन्य ग्रहों से सम्बन्ध–

1. **मंगल+चंद्र**–यहां सप्तम स्थान में दोनों ग्रह सिंह राशि में होंगे। यहां बैठकर दोनों ग्रह दशम भाव (वृश्चिक राशि), लग्न स्थान (कुंभ राशि) एवं धन स्थान (मीन राशि) को देखेंगे। फलत: जातक धनी होगा। जातक उद्यम करके धन कमायेगा तथा निरन्तर उन्नति मार्ग की ओर बढ़ता रहेगा। जातक की आर्थिक स्थिति में सुधार विवाह के बाद होगा। जातक का राजनीति में भी वर्चस्व रहेगा।
2. **मंगल+सूर्य**–मंगल के साथ सूर्य स्वगृही होगा। जातक का जीवनसाथी प्रभावशाली एवं कमाऊ होगा। जातक को ससुराल से लाभ मिलेगा।
3. **मंगल+बुध**–मंगल के साथ बुध होने से जातक को पत्नी व संतान के उत्तम सुख की प्राप्ति होगी।
4. **मंगल+गुरु**–मंगल के साथ बृहस्पति उत्तम दाम्पत्य सुख के साथ धन की प्राप्ति करायेगा।
5. **मंगल+शुक्र**–मंगल के साथ शुक्र जातक को रंगीन मिजाज का जीवन साथी देगा। जातक कामी होगा।
6. **मंगल+शनि**–मंगल के साथ शनि **'लग्नाधिपति योग'** बनायेगा। जातक के बिगड़े कार्य सुधरेंगे तथा परिश्रम निरर्थक नहीं जायेगा।
7. **मंगल+राहु**–मंगल के साथ राहु विलम्ब विवाह अथवा विवाह के बाद दाम्पत्य सुख में परेशानी खड़ी करेगा।
8. **मंगल+केतु**–मंगल के साथ केतु विवाह में विषाद उत्पन्न करेगा।

कुंभलग्न में मंगल की स्थिति अष्टम स्थान में

कुंभलग्न में मंगल तृतीयेश एवं राज्येश है। कुंभलग्न में मंगल शुभ और अशुभ दोनों फल देता है। कुंभलग्न में मंगल तृतीय मारकेश के रूप में काम करता है। मंगल

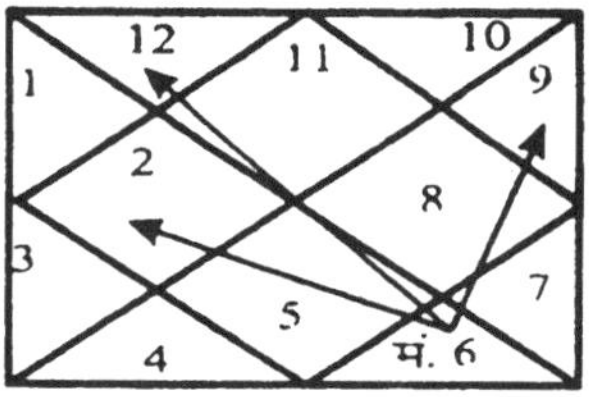

यहां अष्टम स्थान में कन्या (शत्रु) राशि में होगा। यहां कुण्डली **'मांगलिक'** होगी। मंगल की इस स्थिति के कारण **'पराक्रम भंगयोग'** एवं **'राजभंग योग'** बनेगा। जातक का वैवाहिक जीवन दु:खी होगा तथा छोटे भाई का सुख प्राप्त नहीं होगा। जातक को व्यापार में नुकसान होगा। कुटुम्ब सुख कमजोर रहेगा।

दृष्टि–अष्टमस्थ मंगल की दृष्टि लाभ स्थान (धनु राशि), धन भाव (मीन राशि) एवं पराक्रम भाव (मेष राशि) पर होगी। जातक को रोजी-रोजगार की प्राप्ति हेतु दिक्कतें आयेंगी। जातक की भाषा कड़वी होगी। जातक को भाइयों से लाभ नहीं होगा।

निशानी– **'लोमेश संहिता'** अध्याय 3/श्लोक 5 के अनुसार तृतीयेश यदि आठवें हो तो जातक की मृत्यु राजदण्ड से होगी।

दशा–मंगल की दशा-अंतर्दशा अनिष्ट फल देगी।

मंगल का अन्य ग्रहों से सम्बन्ध–

1. **मंगल+चंद्र**–यहां अष्टम स्थान में दोनों ग्रह कन्या राशि में होंगे। कन्या राशि में चंद्रमा शत्रुक्षेत्री होगा पर षष्टेश होकर चंद्रमा के अष्टम स्थान में जाने से **'हर्षनामक विपरीत राजयोग'** बनेगा। मंगल के कारण **'पराक्रमभंग योग'** एवं **'राज्यभंग योग'** भी बनेगा। यहां बैठकर दोनों ग्रहों की दृष्टि लाभ स्थान (धनु राशि), धन स्थान (मीन राशि) एवं पराक्रम स्थान (मेष राशि) पर होगी। निसन्देह मंगल की यह स्थिति ज्यादा सुखद नहीं है। जातक धनवान तो होगा पर भाई कुटम्बियों से त्रस्त रहेगा। कोर्ट-कचहरी में शत्रु परेशान करते रहेंगे।
2. **मंगल+सूर्य**–मंगल के साथ सूर्य **'विवाहभंग योग'** बनाता है। जातक के जीवन में अविवाह की स्थिति बनेगी अथवा विवाह होने पर भी गृहस्थ सुख की ओर से जातक उदासीन रहेगा।
3. **मंगल+बुध**–मंगल के साथ बुध जातक को विवाह सुख एवं संतान सुख दोनों के लिए बाधा खड़ी करेगा।
4. **मंगल+गुरु**–मंगल के साथ बृहस्पति **'धनहीन योग'** एवं **'लाभभंग योग'** बनायेगा। ऐसा जातक धन प्राप्ति हेतु किये गये प्रयत्नों में बाधा महसूस करेगा।
5. **मंगल+शुक्र**–मंगल के साथ शुक्र होने से **'सुखहीन योग'** एवं **'भाग्यभंग योग'** की सृष्टि होगी। ऐसा जातक भाग्योदय व उन्नति न होने के कारणों को लेकर परेशान रहेगा।
6. **मंगल+शनि**–मंगल के साथ शनि **'लग्नभंग योग'** एवं **'विमलनामक विपरीत राजयोग'** बनायेगा। ऐसा जातक धनवान तो होगा पर परिश्रम सार्थक नहीं होगा।

7. **मंगल+राहु**–मंगल के साथ राहु होने से जातक के जीवन में **'द्विभार्या योग'** बनता है।

8. **मंगल+केतु**–मंगल के साथ केतु **'दुर्घटना योग'** बनाता है।

कुंभलग्न में मंगल की स्थिति नवम स्थान में

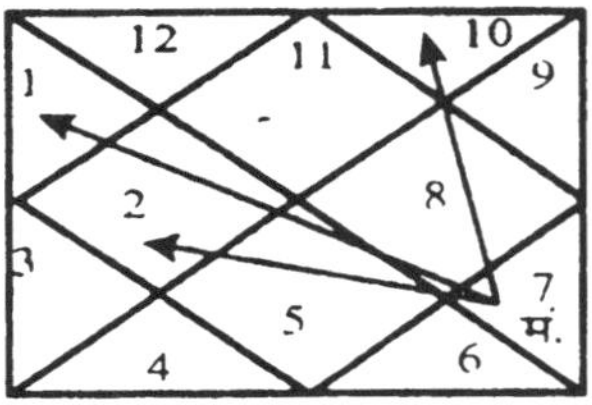

कुंभलग्न में मंगल तृतीयेश एवं राज्येश है। कुंभलग्न में मंगल शुभ और अशुभ दोनों फल देता है। कुंभलग्न में मंगल तृतीय मारकेश के रूप में काम करता है। मंगल यहां नवम स्थान में तुला (सम) राशि में है। यह मंगल छोटे भाई के लिए ठीक नहीं होगा। माता का सुख भी कमजोर होगा, माता बीमार रहेगी। जातक को पिता का सुख फिर भी ठीक मिलेगा, पर मिता की सम्पत्ति नहीं मिलेगी। जातक पराक्रमी होगा। उसे धन, यश, पद-प्रतिष्ठा की प्राप्ति बराबर होगी। यहां **'पद्मसिंहासन योग'** के कारण जातक कीचड़ में कमल की तरह खिलता हुआ उच्च पद व प्रतिष्ठा को प्राप्त करेगा।

दृष्टि–नवमस्थ मंगल की दृष्टि व्यय भाव (मकर राशि), पराक्रम स्थान (मेष राशि) एवं सुख स्थान (वृष राशि) पर होगी। जातक खर्चीले स्वभाव का तथा पराक्रमी होगी। जातक को मकान-वाहन का सुख प्राप्त होगा।

निशानी–**'लोमेश संहिता'** अध्याय 3/श्लोक 9 के अनुसार जातक का भाग्योदय स्त्री के द्वारा होगा।

दशा–मंगल की दशा-अंतर्दशा शुभ फल देगी।

मंगल का अन्य ग्रहों से सम्बन्ध–

1. **मंगल+चंद्र**–यहां नवम स्थान में दोनों ग्रह तुला राशि में होंगे। यहां बैठकर दोनों ग्रह व्यय भाव (खर्च स्थान), पराक्रम स्थान (मेष राशि) एवं चतुर्थ स्थान (वृष राशि) को देखेंगे। फलत: जातक धनवान, पराक्रमी तथा खर्चीले स्वभाव का होगा। जातक को जीवन में सभी प्रकार के भौतिक उपलब्धियों की प्राप्ति सहज में ही हो जायेगी।

2. **मंगल+सूर्य**–मंगल के साथ सूर्य जातक को विवाह के बाद भाग्योदय के उत्तम अवसर प्रदान करेगा।

3. **मंगल+बुध**–मंगल के साथ बुध होने से जातक विद्या व ज्ञान के बल से भाग्योदय की ओर आगे बढ़ेगा। प्रथम संतति के बाद जातक का विशेष भाग्योदय होगा।

4. **मंगल+गुरु**–मंगल के साथ बृहस्पति होने से भूमि से पैसा मिलेगा। जातक को मित्रों से लाभ रहेगा।

5. **मंगल+शुक्र**–मंगल के साथ स्वगृही शुक्र जातक को माता एवं वाहन का सुख उत्तम तरीके से दिलायेगा।

6. **मंगल+शनि**–मंगल के साथ शनि उच्च का होने से जातक धनी-मानी व्यक्ति होगा तथा अपने कठोर परिश्रम से अपनी किस्मत चमकायेगा।

7. **मंगल+राहु**–मंगल के साथ राहु जातक के भाग्य में रुकावट डालेगा।

8. **मंगल+केतु**–मंगल के साथ केतु की युति कीर्तिदायक है।

कुंभलग्न में मंगल की स्थिति दशम स्थान में

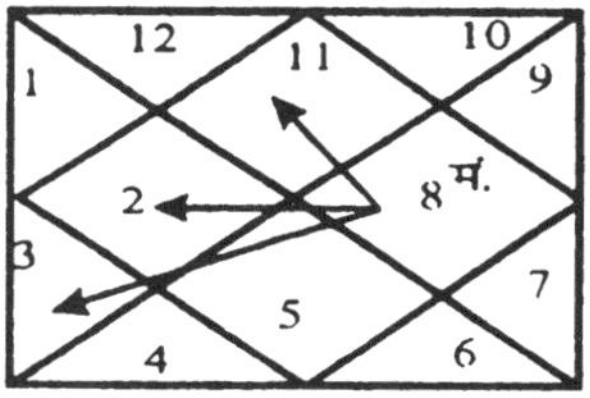

कुंभलग्न में मंगल तृतीयेश एवं राज्येश है। कुंभलग्न में मंगल शुभ और अशुभ दोनों फल देता है। कुंभलग्न में मंगल तृतीय मारकेश के रूप में काम करता है। मंगल यहां दशम स्थान में स्वगृही एवं दिक्बली होगा। जिसके कारण **'कुलदीपक योग'** एवं **'रुचक योग'** बनेगा। जातक राजा के समान पराक्रमी व ऐश्वर्यशाली होगा। जातक शत्रुहन्ता होगा एवं पिता का सम्मान करेगा। जातक बड़ी भू-सम्पत्ति का स्वामी होगा। यहां **'पद्मसिंहासन योग'** के कारण जातक कीचड़ में कमल की तरह खिलता हुआ उच्च पद व प्रतिष्ठा को प्राप्त करेगा।

दृष्टि–दशमस्थ मंगल की दृष्टि लग्न स्थान (कुंभ राशि), चतुर्थ भाव (वृष राशि) एवं पंचम भाव (मिथुन राशि) पर होगी। जातक को परिश्रम का लाभ तथा माता-पिता का सुख मिलेगा। जातक को पुत्र संतति भी होगी।

निशानी–**'लोमेश संहिता'** अध्याय 3/श्लोक 2 अनुसार जातक की पत्नी बड़ी क्रूर व क्रोधी स्वभाव की होगी।

दशा–मंगल की दशा-अंतर्दशा अत्यंत शुभ फल देगी।

मंगल का अन्य ग्रहों से सम्बन्ध–

1. **मंगल+चंद्र**–यहां दशम स्थान में दोनों ग्रह वृश्चिक राशि में होंगे। मंगल यहां स्वगृही एवं चंद्रमा नीच का होने से **'नीचभंग राजयोग'** बनेगा। मंगल दिक्बली होकर **'कुलदीपक योग'** भी बनायेगा। **'पद्मसिंहासन योग'** होने से यहां **महालक्ष्मी योग** की सृष्टि हुई। फलतः ऐसा जातक महाधनी होगा। दोनों ग्रह की दृष्टि लग्नस्थान (कुंभ राशि), चतुर्थ भाव (वृष राशि) एवं पंचम भाव

(मिथुन राशि) पर होगी। फलतः जातक निरन्तर उन्नति मार्ग की ओर आगे बढ़ता हुआ उत्तम वाहन व भौतिक सुखों को प्राप्त करेगा। जातक की संतान भी प्रतिष्ठित होगी।

2. **मंगल+सूर्य**–मंगल के साथ सूर्य जातक को तेजस्वी व्यक्तित्व देगा। जातक की विशेष उन्नति विवाह के बाद होगी।
3. **मंगल+बुध**–मंगल के साथ बुध जातक को दो से अधिक भवनों का स्वामी बनायेगा।
4. **मंगल+गुरु**–मंगल के साथ बृहस्पति भाइयों से, भूमि से धन-प्राप्ति के अवसर दिलायेगा।
5. **मंगल+शुक्र**–मंगल के साथ शुक्र माता की सम्पत्ति दिलायेगा। जातक के पास दो से अधिक वाहन होंगे।
6. **मंगल+शनि**–मंगल के साथ शनि धन प्राप्ति हेतु किये गये प्रयासों में सफलता देगा। जातक करोड़पति होगा। आवक के जरिए दो-तीन प्रकार के रहेंगे।
7. **मंगल+राहु**–मंगल के साथ राहु वाहन दुर्घटना के गंभीर योग करायेगा। तेज गति के वाहन से बचे।
8. **मंगल+केतु**–मंगल के साथ केतु दुर्घटना के हल्के योग करायेगा।

कुंभलग्न में मंगल की स्थिति एकादश स्थान में

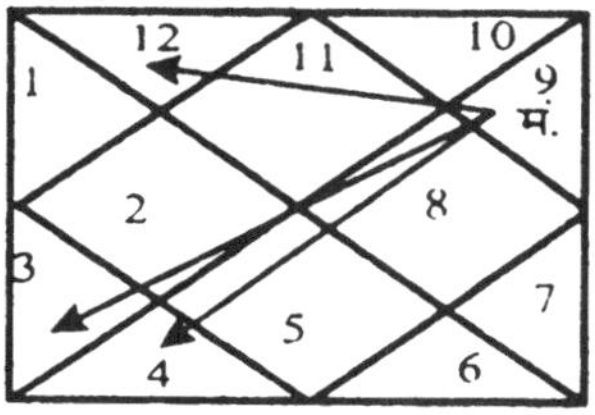

कुंभलग्न में मंगल तृतीयेश एवं राज्येश है। कुंभलग्न में मंगल शुभ और अशुभ दोनों फल देता है। कुंभलग्न में मंगल तृतीय मारकेश के रूप में काम करता है। मंगल यहां एकादश स्थान में धनु (मित्र) राशि में होगा। जातक को भाई-बहनों व मित्रों का पूर्ण सुख मिलेगा। जातक की भाषा कठोर होगी। जातक का वैवाहिक जीवन सुखी होगा। जातक उद्योगपति होगा।

दृष्टि–एकादश स्थान में स्थित मंगल की दृष्टि धन भाव (मीन राशि), पंचम भाव (मिथुन राशि) एवं अष्टम भाव (कर्क राशि) पर होगी। जातक को धन तथा संतान की प्राप्ति होगी। जातक शत्रुहन्ता होगा।

निशानी–**'लोमेश संहिता'** अध्याय 3/श्लोक 11 के अनुसार ऐसा जातक धनवान, उद्यमी, चतुर व सुखी होता है।

दशा–मंगल की दशा-अंतर्दशा जातक को मिश्रित फल देगी।

मंगल का अन्य ग्रहों से सम्बन्ध–

1. **मंगल+चंद्र**–यहां एकादश स्थान में दोनों ग्रह धनु राशि में होंगे। यहां बैठकर दोनों ग्रहों की दृष्टियां धन स्थान (मीन राशि), पंचम स्थान (मिथुन राशि) एवं षष्टम् स्थान (कर्क राशि) पर होगी। फलत: जातक धनवान होगा तथा ऋण-रोग व शत्रुओं का नाश करने में सक्षम होगा। जातक की आर्थिक सम्पन्नता पुत्र जन्म के बाद बढ़ेगी। ऐसे जातक की संतति भी धनवान होगी।
2. **मंगल+सूर्य**–मंगल के साथ सूर्य विवाह के उपरान्त जातक के धंधे-व्यापार को बढ़ायेगा।
3. **मंगल+बुध**–मंगल के साथ बुध विद्या एवं संतान का भरपूर सुख देगा।
4. **मंगल+गुरु**–मंगल के साथ बृहस्पति धन प्राप्ति के सरकारी स्रोत खोलेगा।
5. **मंगल+शुक्र**–मंगल के साथ शुक्र जातक का भाग्योदय नवीन वाहन खरीदने के बाद करायेगा।
6. **मंगल+शनि**–मंगल के साथ शनि जातक को उद्योगपति बनायेगा।
7. **मंगल+राहु**–मंगल के साथ राहु लाभ प्राप्ति में बाधक का कार्य करेगा। जातक को बड़े भाई का सुख प्राप्त नहीं होगा।
8. **मंगल+केतु**–मंगल के साथ केतु व्यापार में उतार-चढ़ाव लाता रहेगा।

कुंभलग्न में मंगल की स्थिति द्वादश स्थान में

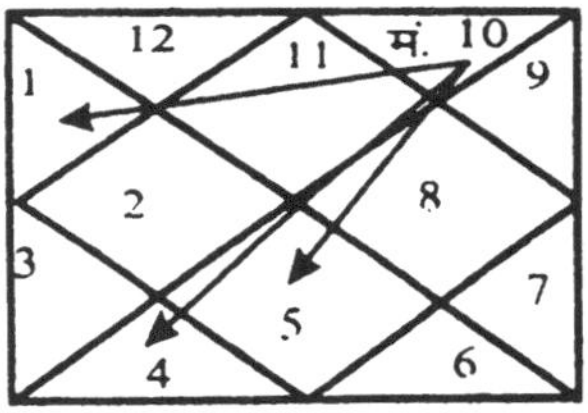

कुंभलग्न में मंगल तृतीयेश एवं राज्येश है। कुंभलग्न में मंगल शुभ और अशुभ दोनों फल देता है। कुंभलग्न में मंगल तृतीय मारकेश के रूप में काम करता है। मंगल यहां द्वादश स्थान में उच्च का होगा। मकर राशि के 28 अंशों में मंगल परमोच्च का होता है। मंगल के कारण यहां कुण्डली 'मांगलिक' बनी है। मंगल की इस स्थिति के कारण **'पराक्रमभंग योग'** एवं **'राजभंग योग'** बनेगा। जातक का वैवाहिक जीवन कष्टमय होगा। जातक व्यसनी होगा। जातक की दाईं आंख कमजोर होगी। जातक को विदेश यात्रा से लाभ होगा।

दृष्टि–द्वादशस्थ मंगल की दृष्टि पराक्रम स्थान (मेष राशि), छठे भाव (कर्क राशि) एवं सप्तम भाव (सिंह राशि) पर होगी। जातक के मित्र उसे दगा देंगे। जातक के शत्रु नष्ट होंगे। जातक का अपने जीवनसाथी के साथ मनमुटाव होगा।

निशानी–**'लोमेश संहिता'** अध्याय 3/श्लाक 8 के अनुसार तृतीयेश यदि बारहवें हो तो जातक का ज्येष्ठ पुत्र जीवित नहीं रहता।

दशा–मंगल की दशा-अंतर्दशा अशुभ फल देगी।

मंगल का अन्य ग्रहों से सम्बन्ध–

1. **मंगल+चंद्र**–यहां द्वादश स्थान में दोनों ग्रह मकर राशि में होंगे। मकर में मंगल उच्च का होगा। यहां चंद्रमा षष्टेश होकर द्वादश में होने से **'हर्ष नामक विपरीत राजयोग'** बनायेगा। यहां बैठकर दोनों ग्रह षष्टम् स्थान (कर्क राशि) एवं सप्तम स्थान (सिंह राशि) को पूर्ण दृष्टि से देखेंगे। फलत: ऐसा जातक धनी होगा ऋण-रोग एवं शत्रुओं का सम्पूर्ण नाश करने में सक्षम होगा पर जातक का आर्थिक विकास विवाह के बाद होगा।
2. **मंगल+सूर्य**–मंगल के साथ सूर्य **'विवाहभंग योग'** बनाता है। जातक का विवाह देरी से होगा अथवा विवाह का सुख नहीं होगा।
3. **मंगल+बुध**–मंगल के साथ बुध **'संतानहीन योग'** बनाता है। जातक को विद्या का लाभ नहीं मिलेगा। संतान विषयक चिंता बनी रहेगी।
4. **मंगल+गुरु**–मंगल के साश बृहस्पति **'धनहीन योग'** एवं **'लाभभंग योग'** बनायेगा। जातक खर्च को लेकर परेशान रहेगा। यद्यपि **'नीचभंग राजयोग'** उत्तम होगा।
5. **मंगल+शुक्र**–मंगल के साथ शुक्र **'सुखहीन योग'** एवं **'भाग्यभंग योग'** बनायेगा। जातक **'सेक्स स्कैण्डल'** में फंसेगा तथा वह कामी होगा।
6. **मंगल+शनि**–मंगल के साथ शनि **'किम्बहुना नामक राजयोग'** बनायेगा। ऐसा व्यक्ति अत्यधिक खर्चीले स्वभाव के कारण ऋणी होगा तथा परेशान रहेगा, पर विदेश में कमायेगा।
7. **मंगल+राहु**–मंगल के साथ राहु जातक को उद्दण्ड व गलत कार्यों को करने का दुस्साहस उत्पन्न करेगा।
8. **मंगल+केतु**–मंगल के साथ केतु जातक को दुस्साहसी बनायेगा परन्तु जातक धर्मप्रिय, सिद्धान्तप्रिय होगा।

❑❑❑

कुंभलग्न में बुध की स्थिति

कुंभलग्न में बुध की स्थिति प्रथम स्थान में

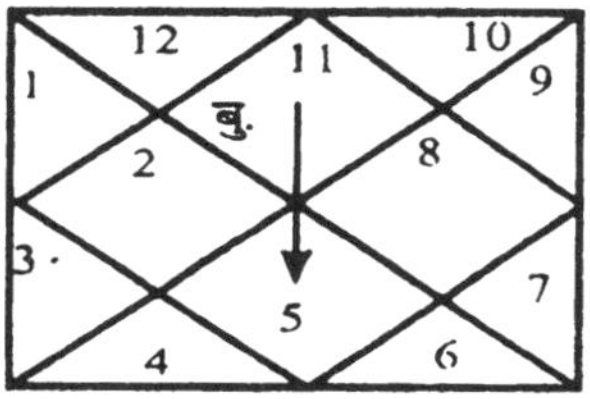

कुंभलग्न में बुध पंचमेश एवं अष्टमेश है। बुध लग्नेश शनि का मित्र होने से योगकारक तथा शुभ फलदायक है। बुध यहां प्रथम स्थान में कुंभ (मित्र) राशि में है। बुध के कारण **'कुलदीपक योग'** बना। ऐसा जातक प्रखर बुद्धिशाली होगा। जातक सुगठित देह व सुन्दर शरीर वाला होगा। ऐसा जातक अपने कुटुम्ब परिवार का नाम दीपक के समान रोशन करेगा। बुध 'दिग्बली' होने से जातक दार्शनिक होगा।

दृष्टि–लग्नस्थ बुध की दृष्टि सप्तम भाव (सिंह राशि) पर है। जातक की पत्नी सुन्दर होगी।

निशानी–'लोमेश संहिता' अध्याय 8/श्लोक 6 के अनुसार अष्टमेश यदि लग्न में हो तो जातक के दो विवाह होते हैं।

दशा–बुध की दशा-अंतर्दशा शुभ फल देगी।

बुध का अन्य ग्रहों से सम्बन्ध–

1. **बुध+चंद्र**–बुध के साथ चंद्रमा जातक को सुन्दर जीवनसाथी देगा। जातक की बुद्धि कल्पना मिश्रित होने से जातक **'प्लानिंग मास्टर'** होगा।
2. **बुध+सूर्य**–'भोजसंहिता' के अनुसार कुंभलग्न में सूर्य सप्तमेश होगा। प्रथम स्थान में कुंभ राशिगत यह युति वस्तुत: सप्तमेश सूर्य की पंचमेश+अष्टमेश बुध के साथ युति कहलायेगी। यहां बैठकर दोनों ग्रह सप्तम भाव को देखेंगे जो कि सूर्य का स्वयं का घर है। ऐसा जातक बुद्धिशाली तथा धनवान होगा। विवाह के बाद जातक का भाग्योदय होगा। जातक अपने कुल-कुटुम्ब का नाम रोशन करेगा। जातक समाज का लब्ध-प्रतिष्ठित व्यक्ति होगा।

3. **बुध+मंगल**–बुध के साथ मंगल जातक को व्यवहारिक बनायेगा। जातक परिवार-कुटुम्ब को साथ लेकर चलेगा। जातक की नौकरी अच्छी होगी।

4. **बुध+गुरु**–बुध के साथ बृहस्पति विद्या से लाभ दिलायेगा। जातक धनी होगा।

5. **बुध+शुक्र**–बुध के साथ शुक्र माता का सुख देगा। जातक को वाहन एवं मकान का सुख प्राप्त होगा।

6. **बुध+शनि**–बुध के साथ शनि यहां संतान सुख में बाधक है।

7. **बुध+राहु**–बुध के साथ राहु जातक की बुद्धि कुण्ठित करेगा।

8. **बुध+केतु**–बुध के साथ केतु जातक को यशस्वी बनायेगा।

कुंभलग्न में बुध की स्थिति द्वितीय स्थान में

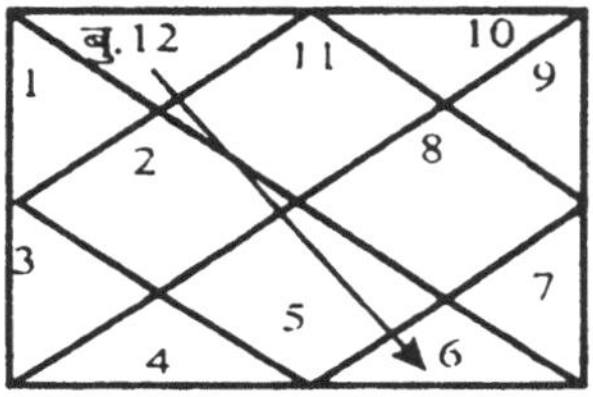

कुंभलग्न में बुध पंचमेश एवं अष्टमेश है। बुध लग्नेश शनि का मित्र होने से योगकारक तथा शुभ फलदायक है। बुध यहां द्वितीय स्थान में नीच का होगा। मीन राशि के 15 अंशों में बुध परम नीच का होगा। ऐसा जातक धनी होगा। जातक की भाषा नरम होगी। जातक को कौटुम्बिक सुख प्राप्त होगा। जातक को उत्तम विद्या सुख मिलेगा। जातक को उच्च पद प्रतिष्ठा मिलेगी।

दृष्टि–द्वितीयस्थ बुध की दृष्टि अष्टम भाव (कन्या राशि) पर होगी। जातक की आयु लम्बी होगी। जातक वाक्पटु होगा।

निशानी–'लोमेश संहिता' अध्याय 8/श्लोक 7 के अनुसार ऐसे जातक को खोया हुआ धन वापस नहीं मिलता।

दशा–बुध की दशा-अंतर्दशा शुभ फल देगी।

बुध का अन्य ग्रहों से सम्बन्ध–

1. **बुध+चंद्र**–बुध के साथ चंद्रमा जातक की वाणी में हकलाहट देगा।

2. **बुध+सूर्य**–'भोजसंहिता' के अनुसार कुंभलग्न में सूर्य सप्तमेश होगा। द्वितीय स्थान में मीन राशिगत यह युति वस्तुत: सूर्य की पंचमेश+अष्टमेश सूर्य के साथ युति कहलायेगी। बुध यहां नीच राशि का होगा। यहां बैठकर दोनों ग्रह अष्टम स्थान को देखेंगे। फलत: जातक बुद्धिशाली एवं धनवान होगा। जातक की आमदनी के जरिए दो-तीन प्रकार के रहेंगे। विवाह के बाद जातक धनवान होगा। जातक की आयु लम्बी होगी। जातक समाज का लब्ध-प्रतिष्ठित व्यक्ति होगा।

3. **बुध+मंगल**–बुध के साथ मंगल जातक को ओजस्वी वक्ता बनायेगा।

4. **बुध+गुरु**–बुध के साथ बृहस्पति **'नीचभंग राजयोग'** बनायेगा। जातक महाधनी होगा।

5. **बुध+शुक्र**–बुध के साथ शुक्र **'नीचभंग राजयोग'** बनायेगा। जातक राजातुल्य पराक्रमी होगा। जातक महाधनी होगा।

6. **बुध+शनि**–बुध के साथ शनि पुरुषार्थ द्वारा धन की प्राप्ति करायेगा।

7. **बुध+राहु**–बुध के साथ राहु धन के घड़े में छेद का काम करेगा। रुपया एकत्रित नहीं होगा।

8. **बुध+केतु**–बुध के साथ केतु आर्थिक विषमताएं देगा।

कुंभलग्न में बुध की स्थिति तृतीय स्थान में

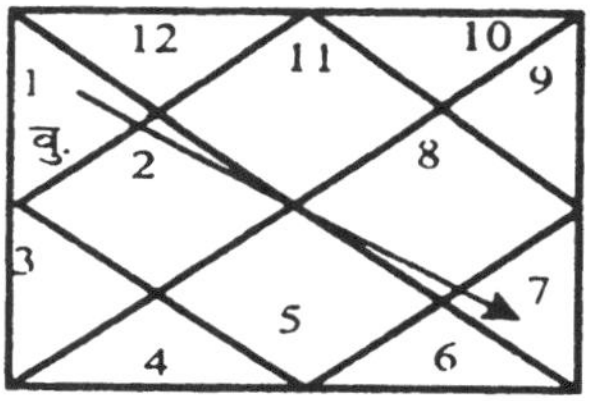

कुंभलग्न में बुध पंचमेश एवं अष्टमेश है। बुध लग्नेश शनि का मित्र होने से योगकारक तथा शुभ फलदायक है। बुध यहां तृतीय स्थान में मेष (सम) राशि में है। ऐसा जातक पराक्रमी होता है। जातक का चरित्र संदेहास्पद होता है। जातक को भाई-बहनों से वांछित सम्मान नहीं मिलता। जातक विद्या-बुद्धि, दाम्पत्य सुख, यश व धन का अभाव महसूस करेगा।

दृष्टि–तृतीयस्थ बुध की दृष्टि भाग्य भवन (तुला राशि) पर होगी। जातक को पिता की सम्पत्ति मिलेगी पर जातक उसका सुख भोग न सकेगा।

निशानी–**'लोमेश संहिता'** अध्याय 8/श्लोक 3 के अनुसार अष्टमेश तृतीय में हो तो जातक चुगलखोर होगा एवं भाई रहित होता है।

दशा–बुध की दशा-अंतर्दशा मिश्रित फल देगी।

बुध का अन्य ग्रहों से सम्बन्ध–

1. **बुध+चंद्र**–बुध के साथ चंद्रमा भाई-बहनों में मनमुटाव करायेगा।

2. **बुध+सूर्य**–'भोजसंहिता' के अनुसार कुंभलग्न में सूर्य सप्तमेश होगा। तृतीय स्थान में मेष राशिगत यह युति वस्तुतः सप्तमेश सूर्य की पंचमेश+अष्टमेश बुध के साथ युति कहलायेगी। सूर्य यहां उच्च का होगा। जहां बैठ कर दोनों ग्रह भाग्य भवन को पूर्ण दृष्टि से देखेंगे। फलतः जातक महान् पराक्रमी होगा तथा उसे भाई-बहनों, मित्र-परिजनों का सहयोग जीवन में मिलता रहेगा। जातक को

पिता की सम्पत्ति मिलेगी। जातक धनवान होगा तथा समाज में अग्रगण्य लब्ध-प्रतिष्ठित व्यक्ति होगा।

3. **बुध+मंगल**–बुध के साथ मंगल जातक को प्रबल पराक्रमी बनायेगा। जातक जनसम्पर्क से लाभ होगा।
4. **बुध+गुरु**–बुध के साथ बृहस्पति जातक को बुद्धिबल से धनवान बनायेगा। जातक को भाई-बहनों व परिजनों से सहयोग मिलता रहेगा।
5. **बुध+शुक्र**–बुध के साथ शुक्र जातक भाग्यशाली बनायेगा। जातक को स्त्री-मित्रों से लाभ होगा।
6. **बुध+शनि**–बुध के साथ शनि नीच का होकर जातक को उच्च महत्वाकांक्षी बनायेगा तथा उसे कठोर परिश्रम का अल्प फल मिलेगा।
7. **बुध+राहु**–बुध के साथ राहु जातक का भाइयों से विग्रह करायेगा।
8. **बुध+केतु**–बुध के साथ केतु जातक को महान् पराक्रमी एवं यशस्वी बनायेगा।

कुंभलग्न में बुध की स्थिति चतुर्थ स्थान में

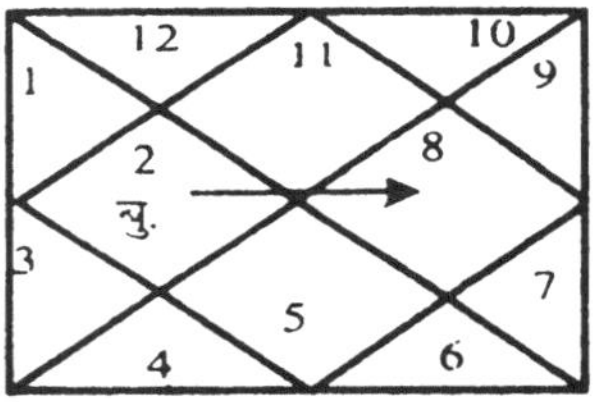

कुंभलग्न में बुध पंचमेश एवं अष्टमेश है। बुध लग्नेश शनि का मित्र होने से योगकारक तथा शुभ फलदायक है। बुध यहां चतुर्थ स्थान में वृष (मित्र) राशि में है। बुध के कारण **'कुलदीपक योग'** बना। पंचमेश केन्द्र में होने से जातक को उच्च विद्या Educational Degree मिलेगी। जातक साहित्य-संगीत, अभिनय के क्षेत्र में आगे बढ़ेगा। कम्प्यूटर व मेडिकल लाईन में सफलता मिलेगी। जातक का दाम्पत्य जीवन सुखी होगा तथा उसे संतान सुख उत्तम मिलेगा।

दृष्टि–चतुर्थ भावगत बुध की दृष्टि दशम भाव (वृश्चिक राशि) पर होगी। ऐसा जातक व्यापार प्रिय एवं साहित्कार होगा। ऐसा जातक प्रोफेसर, मैनेजर, कम्प्यूटर जैसे बुद्धियुक्त धंधों से कमाता है।

निशानी–**'लोमेश संहिता'** अध्याय 8/श्लोक 3 के अनुसार अष्टमेश चौथे हो तो जातक चुगलखोर होगा तथा माता-पिता से खुन्दक रखेगा।

दशा–बुध की दशा-अंतर्दशा शुभ फल देगी।

बुध का अन्य ग्रहों से सम्बन्ध–

1. **बुध+चंद्र**–यहां बुध के साथ चंद्रमा उच्च का होगा तथा **'यामिनीनाथ योग'** बनायेगा। जातक की रचनात्मक शक्ति (Creative Energy) बढ़ जायेगी।

2. **बुध+सूर्य**–'भोजसंहिता' के अनुसार कुंभलग्न में सूर्य सप्तमेश होगा। चतुर्थ स्थान में वृष राशिगत यह युति वस्तुत: सप्तमेश सूर्य की पंचमेश+अष्टमेश बुध के साथ युति कहलायेगी। बुध चतुर्थ स्थान में होने से **'कुलदीपक योग'** बनेगा। यहां से दोनों ग्रह दशम भाव को देखेंगे। फलत: जातक पढ़ा-लिखा एवं पराक्रमी होगा तथा बुद्धि तेज रहेगी। जातक के पास एक से अधिक वाहन होंगे। भवन का सुख भी उत्तम होगा। जातक अपने कुल का नाम उसे उत्तम कार्यों के कारण रोशन करेगा एवं वह समाज का लब्ध प्रतिष्ठित व्यक्ति होगा।

3. **बुध+मंगल**–बुध के साथ मंगल माता-पिता का सुख देगा। जातक का निजी मकान उत्तम श्रेणी का होगा।

4. **बुध+गुरु**–बुध के साथ बृहस्पति माता से धन दिलायेगा। जातक के पास उत्तम वाहन होगा।

5. **बुध+शुक्र**–बुध के साथ शुक्र स्वगृही होने से **'मालव्य योग'** बनेगा। जातक राज्य तुल्य पराक्रमी होगा। उसकी रचनात्मक शक्ति बहुत बढ़ी-चढ़ी होगी।

6. **बुध+शनि**–बुध के साथ शनि परिश्रम का लाभ देगा। जातक शिक्षित होगा।

7. **बुध+राहु**–बुध के साथ राहु माता की मृत्यु अल्प आयु में देगा।

8. **बुध+केतु**–बुध के साथ केतु भौतिक सुखों में बाधक है।

कुंभलग्न में बुध की स्थिति पंचम स्थान में

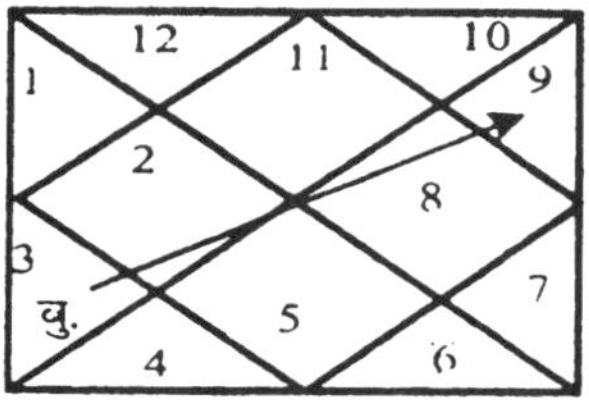

कुंभलग्न में बुध पंचमेश एवं अष्टमेश है। बुध लग्नेश शनि का मित्र होने से योगकारक तथा शुभ फलदायक है। बुध यहां पंचम स्थान में स्वगृही होगा। बुध यहां 21 से 30 अंशों के मध्य विशेष बलवान होता है। बुध की इस स्थिति से जातक उच्च शैक्षणिक उपाधि प्राप्त करेगा। जातक की संतति उत्तम तथा शिक्षित होगी। जातक का मित्र 'सर्किल' उत्तम श्रेणी का होगा। जातक यंत्र, मंत्र, तंत्र, आयुर्वेद इत्यादि गूढ़ विद्याओं का जानकार होगा।

दृष्टि–पंचमस्थ बुध की दृष्टि एकादश स्थान (धनु राशि) पर होगी। ऐसे जातक को धंधे व्यापार में खूब लाभ होगा। जातक को शेयर बाजार, रेस, अंक, केसिनो के प्रति आकर्षण रहेगा।

निशानी–**'लोमेश संहिता'** अध्याय 8/श्लोक 5 के अनुसार अष्टमेश यदि पांचवें स्थान पर हो तो ऐसे जातक को सदैव धन की कमी सतायेगी।

दशा–बुध की दशा-अंतर्दशा अति उत्तम फल देगी।

बुध का अन्य ग्रहों से सम्बन्ध–

1. **बुध+चंद्र**–बुध के साथ चंद्रमा विद्या के संघर्ष के बाद उत्तम सफलता देगा।
2. **बुध+सूर्य**–**'भोजसंहिता'** के अनुसार कुंभलग्न में सूर्य सप्तमेश होगा। पंचम स्थान में मिथुन राशिगत यह युति वस्तुत: सप्तमेश सूर्य की पंचमेश+अष्टमेश बुध के साथ युति कहलायेगी। पंचम स्थान में बुध स्वगृही होकर लाभ भवन को देखेगा। फलत: जातक बुद्धिमान एवं शिक्षित होगा। जातक प्रजावान होगा। कन्या संतति की बाहुल्यता रहेगी। जातक की संतति भी शिक्षित रहेगी। जातक समाज का गणमान्य प्रतिष्ठित व्यक्ति होगा।
3. **बुध+मंगल**–बुध के साथ मंगल होने से जातक तकनीकी एवं मैकेनिकल कार्यों में रुचि रखेगा।
4. **बुध+गुरु**–बुध के साथ बृहस्पति विद्या में धन लाभ, स्कालरशिप दिलायेगा। जातक की उन्नति सपूत होगी।
5. **बुध+शुक्र**–बुध के साथ शुक्र जातक को कला, साहित्य, संगीत व अभिनय में अग्रणी स्थान दिलायेगा।
6. **बुध+शनि**–बुध के साथ शनि संतान सुख में वृद्धि करेगा। जातक पुरुषार्थी होगा।
7. **बुध+राहु**–बुध के साथ राहु संतान एवं विद्या दोनों की श्रेष्ठता में बाधक है।
8. **बुध+केतु**–बुध के साथ केतु गर्भपात करायेगा।

कुंभलग्न में बुध की स्थिति षष्टम स्थान में

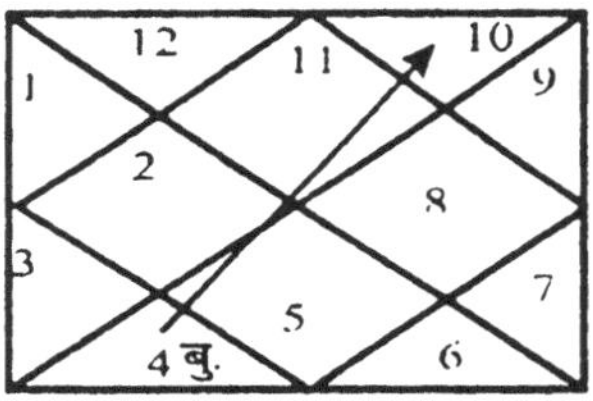

कुंभलग्न में बुध पंचमेश एवं अष्टमेश है। बुध लग्नेश शनि का मित्र होने से योगकारक है। शुभ फलदायक है। बुध यहां छठे स्थान में कर्क (शत्रु) राशि में होगा। बुध के कारण **'संतानहीन योग'** बना। अष्टमेश होकर बुध छठे होने से **'सरल नामक विपरीत राजयोग'** बना। पंचमेश छठे जाने से विद्या में बाधा आयेगी। अष्टमेश छठे जाने से आयु लम्बी होगी। जातक धनवान होगा। प्रथम संतति कन्या होगी।

दृष्टि–षष्टमस्थ बुध की दृष्टि व्ययभाव (मकर राशि) पर होगी। ऐसे जातक को परदेश जाने में रुचि होगी। भाग्य विदेश में चमकेगा। जातक को चर्मरोग की संभावना रहेगी।

निशानी–**'लोमेश संहिता'** अध्याय 8/श्लोक 6 के अनुसार ऐसे जातक को सांप-बिच्छु का जहर, जलघात का भय रहता है। जातक सदैव बीमार रहता है।

दशा–बुध की दशा-अंतर्दशा श्रेष्ठ फल देगी।

बुध का अन्य ग्रहों से सम्बन्ध–

1. **बुध+चंद्र**–बुध के साथ चंद्रमा **'हर्षनामक विपरीत राजयोग'** बनायेगा। फलत: जातक महाधनी होगा। पर जातक का दिमाग, निर्णयशक्ति अस्थिर व चंचल रहेगी।
2. **बुध+सूर्य**–'भोजसंहिता' के अनुसार कुंभलग्न में सूर्य सप्तमेश होगा। छठे स्थान में कर्कराशिगत यह युति वस्तुत: सप्तमेश सूर्य की पंचमेश+अष्टमेश बुध के साथ युति कहलायेगी। छठे स्थान में बुध की शत्रुराशि है। जहां बैटकर दोनों ग्रह व्ययभाव को देखेंगे। अष्टमेश बुध के छठे जाने से **'हर्षयोग'** बना। फलत: जातक अपने शत्रु-समूह को नष्ट करने में सक्षम होगा। जातक बुद्धिमान होगा। सप्तमेश सूर्य की छठे जाने से **'विलम्ब विवाह योग'** बनता है। जातक समाज का अग्रगण्य व प्रतिष्ठित व्यक्ति होगा।
3. **बुध+मंगल**–बुध के साथ मंगल नीच का होकर **'पराक्रम भंगयोग'** एवं **'राजभंग योग'** करायेगा। जातक को बदनामी मिलेगी। सरकार से दण्ड मिलेगा।
4. **बुध+गुरु**–बुध के साथ बृहस्पति उच्च का **'धनहीन योग'** एवं **'लाभभंग योग'** बनायेगा। व्यापार में नुकसान होगा।
5. **बुध+शुक्र**–बुध के साथ शुक्र **'सुखहीन योग'** एवं **'भाग्यभंग योग'** बनायेगा। जातक परेशानियों से त्रस्त रहेगा।
6. **बुध+शनि**–बुध के साथ शनि **'लग्नभंग योग'** बनायेगा। जातक को परिश्रम का फलक नहीं मिलेगा।
7. **बुध+राहु**–बुध के साथ राहु गुप्तेन्द्रि का रोग देगा।
8. **बुध+केतु**–बुध के साथ केतु शल्य चिकित्सा करायेगा।

कुंभलग्न में बुध की स्थिति सप्तम स्थान में

कुंभलग्न में बुध पंचमेश एवं अष्टमेश है। बुध लग्नेश शनि का मित्र होने से योगकारक है। शुभ फलदायक है। बुध यहां सप्तम स्थान में सिंह (मित्र) राशि में

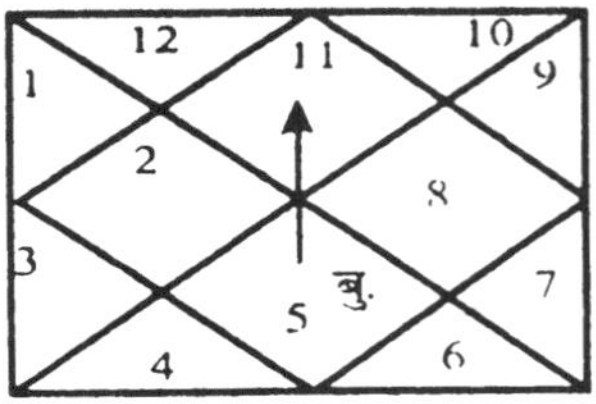

है। बुध के कारण **'कुलदीपक योग'** बना। जातक की पत्नी सुन्दर होगी। विवाह सुख उत्तम रहेगा। विद्या उत्तम। भागीदारी से लाभ रहेगा। अष्टमेश सातवें होने से आयु लम्बी होगी। जातक अपने कुटुम्ब परिवार का नाम दीपक के समान रोशन करेगा। जातक यशस्वी होगा।

दृष्टि–सप्तम भावगत बुध की दृष्टि लग्न स्थान पर होगी। ऐसे जातक को परिश्रम पूर्वक किये गये पुरुषार्थ का फल मिलेगा। जातक नाजुक व कोमल स्वभाव का होगा। कामेच्छा कम रहेगी।

निशानी–'लोमेश संहिता' अध्याय 8/श्लोक 6 अनुसार अष्टमेश यदि सप्तम में हो तो जातक दो विवाह करता है अथवा एक समय में दो स्त्रियों से सम्पर्क रखता है।

दशा–बुध की दशा-अंतर्दशा शुभ फल देगी।

बुध का अन्य ग्रहों से सम्बन्ध–

1. **बुध+चंद्र**–बुध के साथ चंद्रमा विवाह सुख में कटाकट करायेगा। पति-पत्नी में तकरार होती रहेगी।
2. **बुध+सूर्य–'भोजसंहिता'** के अनुसार कुंभलग्न में सूर्य सप्तमेश होगा। सप्तम स्थान में सिंहराशिगत यह युति वस्तुत: सप्तमेश सूर्य की पंचमेश+षष्टेश बुध के साथ युति कहलायेगी। सूर्य यहां स्वगृही होगा। बलवान सप्तमेश की पंचमेश में युति होने के कारण जातक की संतति उत्तम होगी। पत्नी धनवान होगी। जातक का भाग्योदय प्रथम संतति के बाद होगा। जातक बुद्धिमान होगा तथा बुद्धिबल से अपने कुटुम्ब परिवार का नाम दीपक के समान रोशन करेगा। जातक समाज का अग्रगण्य एवं लब्ध-प्रतिष्ठित व्यक्ति होगा।
3. **बुध+मंगल**–बुध के साथ मंगल जातक को कामी बनायेगा।
4. **बुध+गुरु**–बुध के साथ वृहस्पति जातक को धनी बनायेगा। जातक का गृहस्थ जीवन सुखी होगा।
5. **बुध+शुक्र**–बुध के साथ शुक्र होने से जातक का जीवन साथी सुन्दर एवं भाग्यशाली होगा।
6. **बुध+शनि**–बुध के साथ शनि **'लग्नाधिपति योग'** बनायेगा। जातक को परिश्रम का लाभ मिलेगा।

7. **बुध+राहु**–बुध के साथ राहु वैवाहिक समरसता में बाधक है।
8. **बुध+केतु**–बुध के साथ केतु गुप्तांग में रोग करायेगा। पेट की शल्य चिकित्सा संभव है।

कुंभलग्न में बुध की स्थिति अष्टम स्थान में

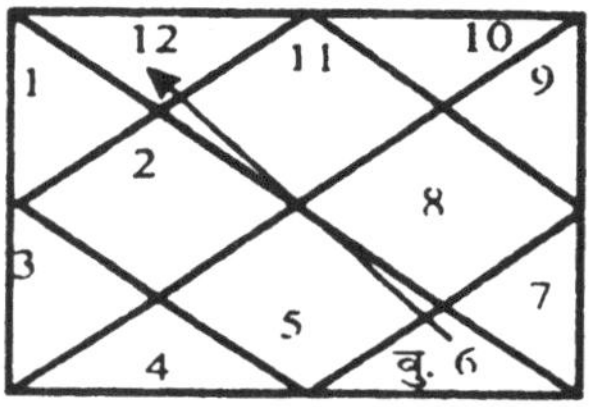

कुंभलग्न में बुध पंचमेश एवं अष्टमेश है। बुध लग्नेश शनि का मित्र होने से योगकारक है। शुभ फलदायक है। बुध यहां आठवें स्थान में उच्च का है। कन्याराशि के 15 अंशों में बुध परमोच्च का होगा। बुध के कारण **'संतानहीन योग'** बना। अष्टमेश अष्टम में स्वगृही होने से **'सरलनामक विपरीत राजयोग'** बना। जातक धनवान होगा पर विद्या अधूरी छूट जायेगी। संतान संबंधी चिंता रहेगी। अष्टमेश आठवें होने से जातक की आयु लम्बी होगी। जातक की भाषा नरम एवं मीठी होगी।

दृष्टि–अष्टमस्थ बुध की दृष्टि धनभाव (मीन राशि) पर होगी। ऐसे जातक को अचानक धन लाभ होते रहेंगे। जातक गूढ व रहस्यमय विद्याओं का जानकार होगा।

निशानी–'लोमेश संहिता' अध्याय 8/श्लोक 1 के अनुसार अष्टमेश यदि अष्टम भाव में हो तो जातक जुआं खेलने, तस्करी, व्यर्थ के वाद-विवाह एवं परस्त्री गमन में रुचि रखने वाला होता है।

दशा–बुध की दशा-अंतर्दशा में अनिष्ट फलों की प्राप्ति होगी। यदि बुध की दशा में परदेश जाता है तो धन कमायेगा।

बुध का अन्य ग्रहों से सम्बन्ध–

1. **बुध+चंद्र**–बुध के साथ चंद्रमा यहां शत्रुक्षेत्री होकर शत्रु के घर में होगा। परन्तु चंद्रमा **'हर्षनामक विपरीत राजयोग'** बनायेगा। फलत: जातक महाधनी होगा पर निर्णय सदैव गलत रहेंगे।
2. **बुध+सूर्य–'भोजसंहिता'** के अनुसार कुंभलग्न में सूर्य सप्तमेश होगा। अष्टम भाव में कन्याराशिगत यह युति वस्तुत: सप्तमेश सूर्य की पंचमेश+षष्टेश बुध के साथ युति होगी। बुध यहां उच्च का होगा। जहां बैठकर दोनों ग्रह धनभाव को पूर्ण दृष्टि से देखेंगे। फलत: जातक बुद्धिमान एवं धनवान होगा। अष्टम स्थान का स्वामी बुध अष्टम में स्वगृही होने से **'सरल योग'** बनेगा। ऐसा जातक दीर्घजीवी होगा। रोग व शत्रु का नाश करने में सक्षम होगा। सप्तमेश

सूर्य छठे जाने से **'विलम्ब विवाह योग'** बनेगा। जातक के शीघ्र विवाह व भाग्योदय में कुछ रुकावटें आ सकती है। पर फिर भी जातक समाज का लब्ध-प्रतिष्ठित व्यक्ति होगा।

3. **बुध+मंगल**—बुध के साथ मंगल **'पराक्रमभंग योग'** एवं **'राजभंग योग'** बनायेगा। जातक को समाज में अपयश मिलेगा।
4. **बुध+गुरु**—बुध के साथ बृहस्पति **'धनहीन योग'** एवं **'लाभभंग योग'** बनायेगा। जातक को व्यापार द्वारा धनप्राप्ति में दिक्कतें आयेगी।
5. **बुध+शुक्र**—बुध के साथ शुक्र **'सुखहीन योग'** एवं **'भाग्यभंग योग'** बनायेगा। जातक को गुप्त रोग होगे। जिससे भौतिक सुखों में बाधा पहुंचेगी।
6. **बुध+शनि**—बुध के साथ शनि **'लग्नभंग योग'** बनायेगा। ऐसे जातक को परिश्रम का फल नहीं मिलेगा। यद्यपि विपरीत राजयोग के कारण ज़ातक धनी होगी।
7. **बुध+राहु**—बुध के साथ राहु चमड़ी के रोग देगा। श्वेत-काले दोग हो सकते हैं।
8. **बुध+केतु**—बुध के साथ केतु शरीर में पेट के नीचे वाले हिस्से में ऑपरेशन करायेगा।

कुंभलग्न में बुध की स्थिति नवम स्थान में

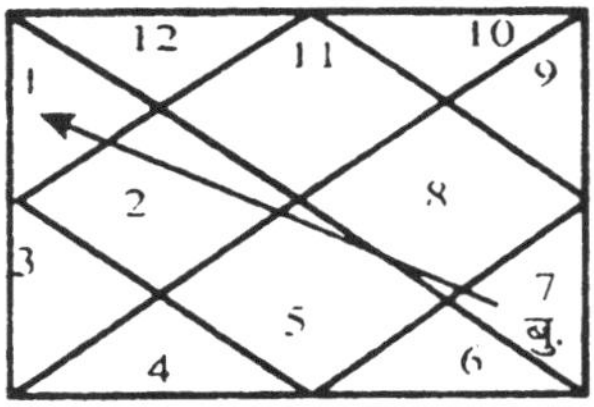

कुंभलग्न में बुध पंचमेश एवं अष्टमेश हैं। बुध लग्नेश शनि का मित्र होने से योगकारक हैं। शुभ फलदायक है। बुध यहां नवम स्थान में तुला (मित्र) राशि में हैं। पंचमेश अपने स्थान (मिथुन राशि) से पांचवे होने से विद्या उत्तम, संतान उत्तम होकर जातक भाग्यशाली होगा। अष्टमेश भाग्य में जाने से पिता की सम्पत्ति मिलेगी। जातक स्वयं अच्छा कमायेगा।

दृष्टि—नवमस्थ बुध की दृष्टि पराक्रम स्थान (मेष राशि) पर होगी। फलतः जातक का भाई-बहनों से संबंध ठीक रहेगा।

निशानी—**'लोमेश संहिता'** अध्याय 8/श्लोक 2 के अनुसार अष्टमेश यदि नवमें स्थान में हो तो जातक नास्तिक होता है। स्त्री वन्ध्या होती है। पुत्र का अभाव रहता है।

दशा—बुध की दशा-अंतर्दशा शुभ फल देगी। जातक का भाग्योदय होगा।

बुध का अन्य ग्रहों से सम्बन्ध–

1. **बुध+चंद्र**–बुध के साथ चंद्रमा जातक को बुद्धिबल, कल्पनाशक्ति एवं प्लानिंग के साथ आगे बढ़ायेगा।
2. **बुध+सूर्य**–**'भोजसंहिता'** के अनुसार कुंभलग्न में सूर्य सप्तमेश होगा। नवम स्थान में तुलाराशिगत यह युति वस्तुतः सप्तमेश सूर्य की पंचमेश+षष्टेश बुध के साथ युति होगी। दोनों ग्रह यहां बैठकर पराक्रम भाव को पूर्ण दृष्टि से देखेंगे। फलतः जातक बुद्धिमान होगा। भाग्यशाली होगा। जातक का भाग्योदय 26 वर्ष की आयु में होगा। जातक पराक्रमी होगा। उसे परिजनों-मित्रों का सहयोग बराबर मिलता रहेगा। जातक धनी होगा एवं समाज के अग्रगण्य व्यक्तियों में गिना जायेगा।
3. **बुध+मंगल**–बुध के साथ मंगल भूमि लाभ देगा। मित्रों से लाभ होगा।
4. **बुध+गुरु**–बुध के साथ बृहस्पति व्यापार-व्यवसाय से उत्तम धन की प्राप्ति करायेगा।
5. **बुध+शुक्र**–बुध के साथ स्वगृही शुक्र जातक को उत्तम वाहन एवं मकान का सुख देगा।
6. **बुध+शनि**–बुध के साथ उच्च का शनि जातक को परिश्रम का लाभ एवं भाग्योदय के उत्तम अवसर प्रदान करेगा।
7. **बुध+राहु**–बुध के साथ राहु भाग्योदय में बाधक है।
8. **बुध+केतु**–बुध के साथ केतु जातक को महत्वाकांक्षी बनायेगी।

कुंभलग्न में बुध की स्थिति दशम स्थान में

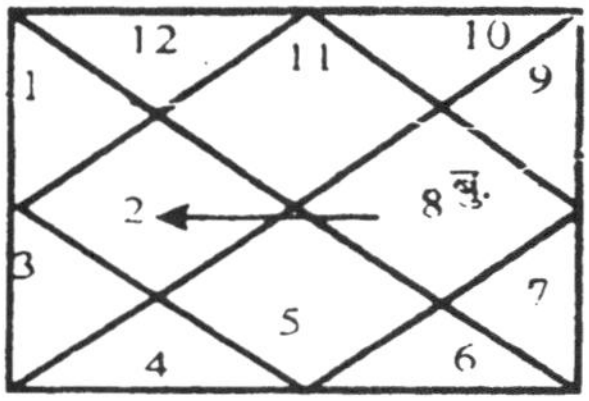

कुंभलग्न में बुध पंचमेश एवं अष्टमेश है। बुध लग्नेश शनि का मित्र होने से योगकारक है। शुभ फलदायक है। बुध यहां दशम स्थान में वृश्चिक (सम) राशि में है। बुध के कारण **'कुलदीपक योग'** बना। पंचमेश केन्द्र में होने से जातक को उच्च शैक्षणिक उपाधि (Degree) मिलेगी। राज (सरकार) से सम्मान मिलेगा। जातक के पास वाहन होगा। जातक साहित्यकार, लेखक, पत्रकार, प्रोफेसर एवं कम्प्यूटर मास्टर होगा।

दृष्टि–दशम भावगत बुद्धि की दृष्टि चतुर्थ स्थान (वृष राशि) पर होगी। जातक का माता के साथ संबंध उत्तम होगा। घर का मकान होगा।

निशानी–'लोमेश संहिता' अध्याय 8/श्लोक 3 के अनुसार अष्टमेश यदि दशम भाव में हो तो जातक चुगलखोर एवं भाई से रहित होता तथा माता-पिता से खुन्दक रखता है।

दशा–बुध की दशा-अंतर्दशा शुभ फल देगी।

बुध का अन्य ग्रहों से सम्बन्ध–

1. **बुध+चंद्र**–यहां बुध के साथ नीच का चंद्रमा जातक को ईर्ष्यालु एवं निराशावादी बनायेगा।
2. **बुध+सूर्य**–'भोजसंहिता' के अनुसार कुंभलग्न में सूर्य सप्तमेश होगा। दशम स्थान में वृश्चिक राशिगत यह युति वस्तुतः सप्तमेश सूर्य की पंचमेश+षष्टेश बुध के साथ युति होगी। जहां बैठकर दोनों ग्रह सुख भाव को पूर्ण दृष्टि से देखेंगे। **'कुलदीपक योग'** के कारण जातक अपने कुटुम्ब-परिवार का नाम दीपक के समान रोशन करेगा। जातक धनी होगा। बुद्धिमान होगा एवं समाज के अग्रण्य प्रतिष्ठित व्यक्तियों में से एक होगा।
3. **बुध+मंगल**–बुध के साथ मंगल **'रुचक योग'** बनायेगा। जातक राजा तुल्य पराक्रमी होगा।
4. **बुध+गुरु**–बुध के साथ बृहस्पति अच्छी नौकरी देगा। व्यवसाय से भी अच्छी आय होगी।
5. **बुध+शुक्र**–बुध के साथ शुक्र जातक को उत्तम वाहन सुख देगा। माता की सम्पत्ति दिलायेगा।
6. **बुध+शनि**–बुध के साथ शनि जातक को **'करोड़पति'** बनायेगा।
7. **बुध+राहु**–बुध के साथ राहु राज्यसुख में बाधक है।
8. **बुध+केतु**–बुध के साथ केतु कोर्ट-कचहरी के चक्कर लगवायेगा।

कुंभलग्न में बुध की स्थिति एकादश स्थान में

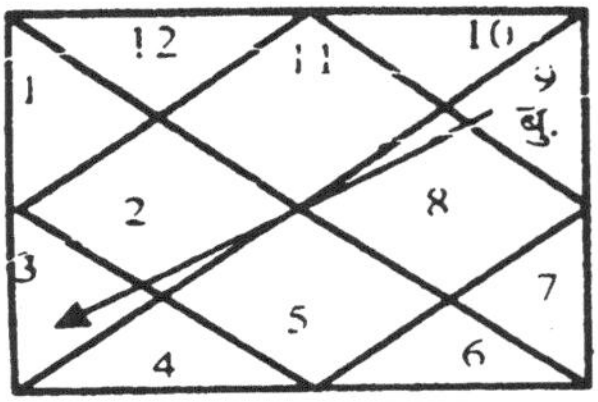

कुंभलग्न में बुध पंचमेश एवं अष्टमेश है। बुध लग्नेश शनि का मित्र होने से योगकारक है। शुभ फलदायक है। बुध यहां एकादश स्थान में धनु (सम) राशि का है। ऐसे जातक को धंधे व्यापार में लाभ मिलेगा। जातक लम्बी उम्र वाला होगा। परदेश में अधिक कीर्ति मिलेगी। जातक को स्त्री-संतान, पद-प्रतिष्ठा का पूरा सुख मिलेगा।

दृष्टि–एकादश भावगत बुध की दृष्टि पंचम स्थान अपने ही घर मिथुन राशि पर होगी। फलतः जातक को उत्तम विद्या मिलेगी। संतान सुख उत्तम। जातक के जुड़वा बच्चे हो सकते हैं। दो अलग-अलग विषयों पर डिग्री मिल सकती है।

निशानी–**'लोमेश संहिता'** अध्याय 8/श्लोक 4 के अनुसार अष्टमेश यदि एकादश स्थान में हो तो ऐसे जातक को सदैव धन की कमी सताती रहेगी।

दशा–बुध की दशा-अंतर्दशा में शुभफलों की प्राप्ति होगी।

बुध का अन्य ग्रहों से सम्बन्ध–

1. **बुध+चंद्र**–बुध के साथ चंद्रमा जातक को व्यापार से लाभ एवं उच्च शिक्षा दिलायेगा।
2. **बुध+सूर्य**–**'भोजसंहिता'** के अनुसार कुंभलग्न में सूर्य सप्तमेश होगा। एकादश स्थान में धनुराशिगत यह युति वस्तुः सप्तमेश सूर्य की पंचमेश+षष्टेश बुध के साथ युति होगी। यहां बैठकर दोनों ग्रह पंचम भाव को पूर्ण दृष्टि से देखेंगे। फलतः जातक तीव्र बुद्धिशाली होगा। व्यापार-वर्गीय होगा। जातक शिक्षित होगा। उसकी संतति भी शिक्षित होगी। जातक को जीवन में सभी प्रकार के ऐश्वर्य-संसाधनों की प्राप्ति होगी। जातक समाज का अग्रगण्य लब्ध-प्रतिष्ठित व्यक्ति होगा।
3. **बुध+मंगल**–बुध के साथ मंगल पराक्रम में वृद्धि करेगा। जातक बड़ी भूमि का स्वामी होगा।
4. **बुध+गुरु**–बुध के साथ बृहस्पति जातक को बड़ा व्यापारी व उद्योगपति बनायेगा।
5. **बुध+शुक्र**–बुध के साथ शुक्र जातक को कला के क्षेत्र में सफलता दिलायेगा। जातक व्यापारी होगा।
6. **बुध+शनि**–बुध के साथ शनि परिश्रम का लाभ देगा। जातक परदेश में कमायेगा।
7. **बुध+राहु**–बुध के साथ राहु व्यापार में रुकावट है।
8. **बुध+केतु**–बुध के साथ केतु कीर्तिदायक है।

कुंभलग्न में बुध की स्थिति द्वादश स्थान में

कुंभलग्न में बुध पंचमेश एवं अष्टमेश है। बुध लग्नेश शनि का मित्र होने से योगकारक है। शुभ फलदायक है। बुध यहां द्वादश स्थान में मकर (मित्र) राशि का

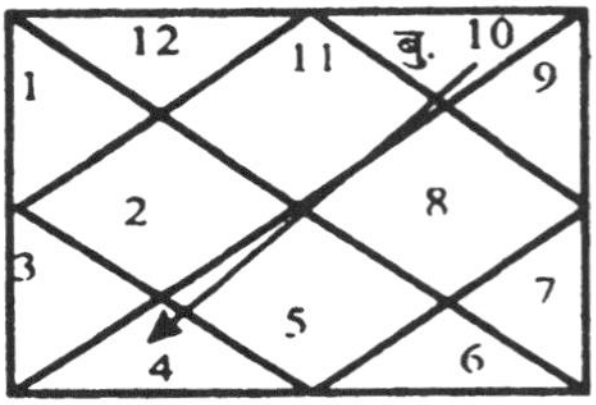

है। बुध के कारण यहां **'संतानहीन योग'** बना। बुध अष्टमेश होकर द्वादश स्थान में होने से **'विमल नामक विपरीत राजयोग'** बना। जातक धनी-मानी, अभिमानी होगा। पर विद्या अधूरी छूट जायेगी। संतान विषयक चिंता रहेगी। अष्टमेश बारहवें होने से जातक लम्बी उम्र वाला होगा पर बीमारी रहेगा।

दृष्टि–द्वादशभावगत बुध की दृष्टि छठे स्थान (कर्क राशि) पर होगी। जातक व्यसनी होगा। गुप्त शत्रु जीवन में रहेंगे। परदेश में लाभ है। जातक अध्यात्म क्षेत्र में उन्नति करेगा।

निशानी–'लोमेश संहिता' अध्याय 8/श्लोक 6 के अनुसार ऐसे जातक को सांप-बिच्छु के जहर एवं जलघात का भय रहता है। जातक सदैव बीमार रहता है।

दशा–बुध की दशा-अंतर्दशा अशुभ फल देगी।

बुध का अन्य ग्रहों से सम्बन्ध–

1. **बुध+चंद्र**–बुध के साथ चंद्रमा **'विपरीत राजयोग'** के कारण परदेश में धन दिलायेगा।
2. **बुध+सूर्य–'भोजसंहिता'** के अनुसार कुंभलग्न में सूर्य सप्तमेश होगा। द्वादश भाव में मकरराशिगत यह युति वस्तुतः सप्तमेश सूर्य की पंचमेश+षष्टेश बुध के साथ युति होगी। यहां बैठकर दोनों ग्रह छठे स्थान को पूर्ण दृष्टि से देखेंगे। सूर्य यहां शत्रुक्षेत्री होगा। फलतः जातक तीव्र बुद्धिशाली होगा। यात्रा-प्रिय होगा। जातक को जीवन में सभी सुख-सुविधाएं मिलेगी। अष्टमेश बुध बारहवें होने से **'सरल योग'** बना। ऐसे जातक में रोग से लड़ने की शक्ति होती है तथा दीर्घजीवी होता है। सूर्य बारहवें होने से विवाह विलम्ब से होगा। फिर भी जातक समाज का अग्रगण्य एवं लब्ध-प्रतिष्ठित व्यक्ति होगा।
3. **बुध+मंगल**–बुध के साथ मंगल उच्च का जातक को स्थाई सम्पत्ति देगा पर जातक का भाग्य परदेश में खुलेगा।
4. **बुध+गुरु**–बुध के साथ बृहस्पति **'धनहीन योग'** एवं **'लाभभंग योग'** बनायेगा। ऐसा जातक खर्च अधिक करेगा। ऋणग्रस्त रहेगा।
5. **बुध+शुक्र**–बुध के साथ शुक्र वैवाहिक सुख में कमी, पत्नी से मनमुटाव, दूसरी स्त्री से शारीरिक सम्पर्क करायेगा।

6. **बुध+शनि**–बुध के साथ शनि **'लग्नभंग योग'** के कारण परिश्रम का पूरा लाभ नहीं होने देगा।

7. **बुध+राहु**–बुध के साथ राहु जातक को यात्रा से लाभ दिलायेगा। धन का खर्च भी करायेगा।

8. **बुध+केतु**–बुध के साथ केतु व्यर्थ की यात्रा किन्तु परदेश में धनार्जन करायेगा।

❑❑❑

कुंभलग्न में बृहस्पति की स्थिति

कुंभलग्न में बृहस्पति की स्थिति प्रथम स्थान में

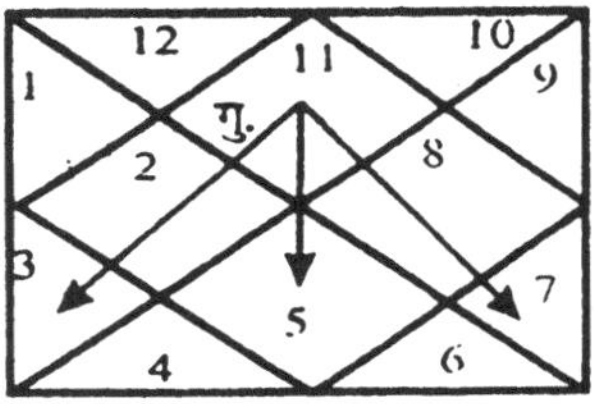

कुंभलग्न में बृहस्पति द्वितीयेश व लाभेश है। दो अशुभ भावों का स्वामी होने से बृहस्पति यहां मुख्य मारकेश है। बृहस्पति यहां प्रथम स्थान में कुंभ (सम) राशि में है। बृहस्पति के कारण **'कुलदीपक योग'** व **'केसरी योग'** बना। ऐसे जातक स्वस्थ शरीर का स्वामी होगा। धार्मिक होगा। उसे उच्च शैक्षणिक उपाधि मिलेगी। ऐसा जातक वकील, डॉक्टर व ज्योतिषी के रुप में विशेष ख्याति प्राप्त करके अपने परिवार, कुटुम्ब का नाम दीपक के समान रोशन करेगा।

दृष्टि–लग्नस्थ बृहस्पति की दृष्टि पंचम भाव (मिथुन राशि), सप्तम भाव (सिंह राशि) एवं भाग्य भाव (तुला राशि) पर होगी। ऐसे जातक को उत्तम संतति की प्राप्ति होगी। गृहस्थ सुख उत्तम रहेगा। जातक परम भाग्यशाली होगा। उसे श्वसुर पक्ष से लाभ मिलेगा।

निशानी– **'लोमेश संहिता'** अध्याय 2/श्लोक 9 के अनुसार द्वितीयेश यदि लग्न में हो तो जातक अपने सगे संबंधियों से वैर रखने वाला, निष्ठुर व धनवान होता है।

दशा–बृहस्पति की दशा-अंतर्दशा शुभफल देगी।

बृहस्पति का अन्य ग्रहों से सम्बन्ध–

1. **गुरु+चंद्र**–भोजसंहिता के अनुसार कुंभलग्न के प्रथम स्थान में यह युति कुंभराशि में ही होगी। बृहस्पति+चंद्र की युति वस्तुतः षष्टेश चंद्रमा की धनेश+लाभेश बृहस्पति के साथ युति होगी। यहां बैठकर ये दोनों शुभ ग्रह पंचम भाव, सप्तम भाव एवं भाग्य भाव को पूर्ण दृष्टि से देखेंगे। यहां **'यामिनीनाथ योग'** एवं **'कुलदीपक योग'** की सृष्टि हो रही है। फलतः ऐसे

जातक का भाग्योदय विवाह के बाद होता है। दूसरा भाग्योदय संतति के बाद होगा। जातक सौभाग्यशाली होगा तथा उसकी गिनती समाज के अग्रगण्य प्रतिष्ठित लोगों में होगी।

2. **गुरु+सूर्य**-बृहस्पति के साथ सूर्य जातक को पराक्रमी एवं तेजस्वी व्यक्तित्व देगा। गृहस्थ सुख भरपूर देगा। पत्नी पतिव्रता होगी। कमाऊ महिला होगी।
3. **गुरु+मंगल**–बृहस्पति के साथ मंगल जातक को भूमि से धन दिलायेगा।
4. **गुरु+बुध**–बृहस्पति के साथ बुध जातक को विद्यावान् बनायेगा। उच्च शैक्षणिक उपाधि देगा।
5. **गुरु+शुक्र**–बृहस्पति के साथ शुक्र जातक को उत्तम वाहन देगा।
6. **गुरु+शनि**–बृहस्पति के साथ शनि **'शश योग'** बनायेगा। जातक राजा के समान पराक्रमी व ऐश्वर्यशाली होगा।
7. **गुरु+राहु**–यहां प्रथम स्थान में दोनों ग्रह 'कुंभ राशि' में होंगे। लग्नस्थ बृहस्पति यहां दु:खी होकर समराशि में होगा जबकि राहु अपनी मूलत्रिकोण राशि में हर्षित होकर **'चाण्डाल योग'** बनायेगा। ऐसा जातक जिद्दी, हठी एवं धार्मिक होते हुए भी नास्तिक विचारों वाला, तर्क-विकर्त में विश्वास रखने वाला जातक होगा।
8. **गुरु+केतु**–बृहस्पति के साथ केतु जातक को कीर्ति देगा।

कुंभलग्न में बृहस्पति की स्थिति द्वितीय स्थान में

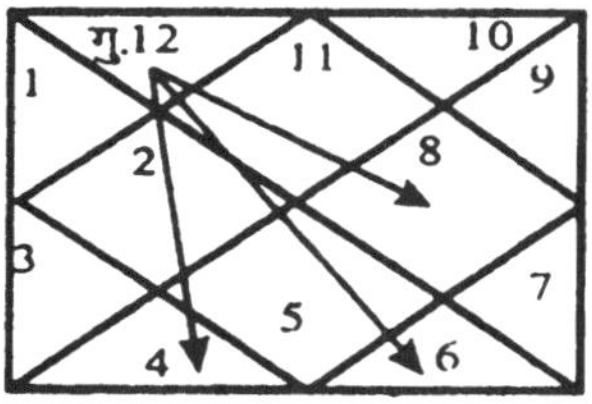

कुंभलग्न में बृहस्पति द्वितीयेश व लाभेश है। दो अशुभ भावों का स्वामी होने से बृहस्पति यहां मुख्य मारकेश है। बृहस्पति यहां द्वितीय स्थान में मीन राशि में स्वगृही है। ऐसा जातक धनी होगा पर कुटुम्ब-परिवार की जबाबदारी भी उस पर होगी। जातक की वाणी मधुर होगी। ऐसा जातक स्वादिष्ट भोजन का शौकिन होगा। जातक के संतान सुख उत्तम, बड़े भाई-बहनों का सुख एवं मित्रों का सुख श्रेष्ठ होगा। आवक के जरिए तीन-चार प्रकार के होंगे।

दृष्टि–द्वितीयस्थ बृहस्पति की दृष्टि छठे भाव (कर्क राशि), अष्टम भाव (कन्या राशि) एवं दशम भाव (वृश्चिक राशि) पर होगी। ऐसा जातक ऋण, रोग व शत्रुओं का नाश करने में सक्षम होता है। जातक का धंधा ठीक होगा। जातक की रुचि राजनीति में भी होगी।

निशानी–'लोमेश संहिता' के अनुसार ऐसा जातक बड़ा धनी एवं धमंडी होगा। ऐसा जातक के चार-पांच स्त्रियों से शारीरिक सम्पर्क होते हुए भी वह पुत्रसुख से हीन होगा।

दशा–बृहस्पति की दशा-अंतर्दशा शुभ फल देगी।

बृहस्पति का अन्य ग्रहों से सम्बन्ध–

1. **गुरु+चंद्र–भोजसंहिता** के अनुसार कुंभलग्न के द्वितीय स्थान में यह युति 'मीन राशि' के अंतर्गत होगा। बृहस्पति+चंद्र की यह युति वस्तुतः षष्टेश चंद्रमा की धनेश+लाभेश बृहस्पति के साथ है। ये दोनों शुभ ग्रह षष्टम् स्थान, अष्टम स्थान एवं दशम भाव को पूर्ण दृष्टि से देखेंगे। फलतः जातक को ऋण-रोग व शत्रु का भय नहीं रहेगा। जातक इस योग के कारण दुर्घटना व अपघात से बचा रहेगा। शत्रुओं का नाश करेगा। जातक को राज्य सरकार में मान-सम्मान मिलेगा। कोर्ट-कचहरी में विजय श्री का वरण होगा।
2. **गुरु+सूर्य**-बृहस्पति के साथ सूर्य **'कलत्रमूल धनयोग'** बनायेगा। जातक को ससुराल की सम्पत्ति विरासत में मिलेगी।
3. **गुरु+मंगल–**बृहस्पति के साथ मंगल जातक को **'भ्रातृमूल धनयोग'** बनायेगा। जातक को भाइयों का परिजनों का धन विरासत में मिलेगा।
4. **गुरु+बुध–**बृहस्पति के साथ बुध होने से जातक को अपने शत्रुओं से पैसा मिलेगा। संतान कमा कर देगे।
5. **गुरु+शुक्र–**बृहस्पति के साथ शुक्र हो तो **'किम्बहुना योग'** बनेगा। जातक राजातुल्य पराक्रमी, ऐश्वर्यशाली व करोड़पति होगा।
6. **गुरु+शनि–**बृहस्पति के साथ शनि होने से जातक अपने परिश्रम से खूब धन कमायेगा। जातक कामयाबी की एक निश्चित मंजिल पर पहुंचेगा।
7. **गुरु+राहु–**यहां द्वितीय भाव में दोनों ग्रह 'मीन' राशि में होंगे। बृहस्पति यहां स्वगृही जबकि राहु नीच का होकर **'चाण्डाल योग'** बनायेगा। फलतः धन के घड़े में छेद होगा। जातक जितना भी कमायेगा उसकी बरकत नहीं होगी। जिम्मेदारी बहुत ज्यादा रहेगी।
8. **गुरु+केतु–**बृहस्पति के साथ केतु आर्थिक संग्रह में 40% कटौती करेगा।

कुंभलग्न में बृहस्पति की स्थिति तृतीय स्थान में

कुंभलग्न में बृहस्पति द्वितीयेश व लाभेश है। दो अशुभ भावों का स्वामी होने से बृहस्पति यहां मुख्य मारकेश है। बृहस्पति यहां तृतीय स्थान में मेष (मित्र) राशि

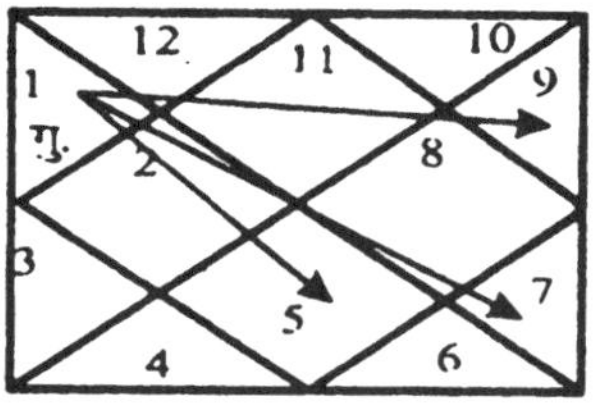

में है। ऐसा जातक पराक्रमी होगा। जातक को भाई-बहनों से लाभ एवं पिता की सम्पत्ति मिलेगी। ऐसे जातक को भागीदारी से लाभ होगा। बृहस्पति यहां पुत्र स्थान में ग्यारहवें होने के कारण जातक को पुत्र लाभ होगा एवं संतति बुद्धिशाली होगी।

दृष्टि–तृतीयस्थ बृहस्पति की दृष्टि सप्तम भाव (सिंह राशि), नवम भाव (तुला राशि) एवं एकादश भाव (धनु राशि) पर होगी। जातक का वैवाहिक जीवन सुखी होगी। जातक भाग्यशाली होगा। जातक को बड़े भाई से लाभ मिलेगा।

निशानी–**'लोमेश संहिता'** अध्याय 2/श्लोक 2 के अनुसार ऐसा जातक पराक्रमी किन्तु देव निन्दक व परस्त्रीगामी होगा।

दशा–बृहस्पति की दशा-अंतर्दशा शुभ फल देगी।

बृहस्पति का अन्य ग्रहों से सम्बन्ध–

1. **गुरु+चंद्र**–**'भोजसंहिता'** के अनुसार कुंभलग्न के तृतीय स्थान में यह युति 'मेष राशि' के अंतर्गत हो रही है। बृहस्पति+चंद की यह युति फलत: षष्टेश चंद्रमा की धनेश+लाभेश बृहस्पति के साथ है। यहां बैठकर दोनों शुभ ग्रह सप्तम भाव, भाग्यभवन एवं लाभस्थान को देखेंगे। फलत: ऐसे जातक का भाग्योदय 24वें वर्ष में अथवा विवाह के तत्काल बाद भाग्योदय होता है। व्यापार-व्यवसाय द्वारा धन की प्राप्ति होगी। ऐसा जातक सौभाग्यशाली होता है। उसकी गिनती समाज के गिने-चुने भाग्यशाली व्यक्तियों में होगी।
2. **गुरु+सूर्य**-बृहस्पति के साथ सूर्य जातक को अतुल पराक्रम देगा। मित्र-परिजनों की सहायता से जातक आगे बढ़ेगा।
3. **गुरु+मंगल**–बृहस्पति के साथ मंगल जातक को पराक्रमी बनायेगा। जातक के पांच भाई, बड़ा कुटुम्ब होगा।
4. **गुरु+बुध**–बृहस्पति के साथ बुध भाई-बहनों का बराबर सुख देगा। जातक को स्त्री-मित्रों से लाभ होगा।
5. **गुरु+शुक्र**–बृहस्पति के साथ शुक्र जातक स्त्री की मदद से आगे बढ़ेगा। जातक को इष्ट-मित्रों से लाभ रहेगा।
6. **गुरु+शनि**–बृहस्पति के साथ शनि नीच का जातक को पराक्रमी तो बनायेगा पर पीठ पीछे जातक की निन्दा होगी।

7. **गुरु+राहु**–यहां तृतीय भाव में दोनों ग्रह 'मेष राशि' में होंगे। बृहस्पति मित्र राशि में तो राहु सम राशि का होकर **'चाण्डाल योग'** बनायेगा। ऐसे जातक का पराक्रम कुण्ठित होगा। भाइयों से नहीं बनेगी। मित्र दगा देंगे।

8. **गुरु+केतु**–बृहस्पति के साथ केतु जातक की कीर्तिवान् बनायेगा।

कुंभलग्न में बृहस्पति की स्थिति चतुर्थ स्थान में

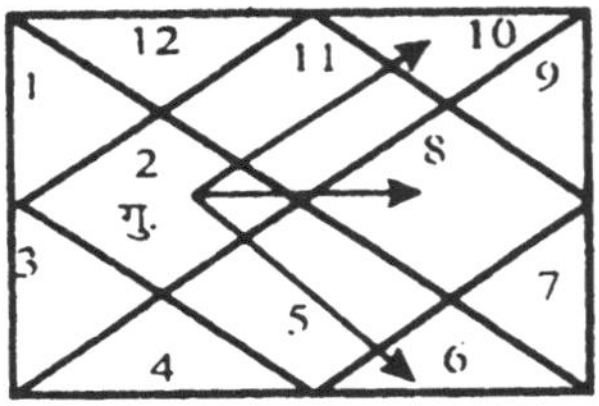

कुंभलग्न में बृहस्पति द्वितीयेश व लाभेश है। दो अशुभ भावों का स्वामी होने से बृहस्पति यहां मुख्य मारकेश है। बृहस्पति यहां चतुर्थ स्थान में वृष (शत्रु) राशि में है। बृहस्पति के कारण **'कुलदीपक योग'** एवं **'केसरी योग'** बनता है। ऐसे जातक को मकान, वाहन का सुख उत्तम, धंधा-रोजी रोजगार उत्तम होगा। बृहस्पति यहां पर सम्पत्ति या संतान दोनों में से एक सुख विशेष रुप से ज्यादा ताकतवर देगा। जातक पढ़ा-लिखा, विद्यावान् होगा।

दृष्टि–चतुर्थभावगत बृहस्पति की दृष्टि अष्टम स्थान (कन्या राशि), दशम स्थान (वृश्चिक राशि) एवं व्यय भाव (मकर राशि) पर होगी। जातक को गुप्त धन मिलेगा। धंधा श्रेष्ठ, जातक धार्मिक व परोपकारी होगा। जातक का धन शुभ कार्य में खर्च होगा।

निशानी–**'लोमेश संहिता'** अध्याय 2/श्लोक 2 के अनुसार यदि धनेश चतुर्थ स्थान में हो तो जातक देवनिन्दक व परस्त्रीगामी होगा।

दशा–बृहस्पति की दशा-अंतर्दशा शुभफल देगी। बृहस्पति की दशा में जातक परदेश जा सकता है।

बृहस्पति का अन्य ग्रहों से सम्बन्ध–

1. **गुरु+चंद्र**–**'भोजसंहिता'** के अनुसार बृहस्पति+चंद्र की युति यहां चतुर्थ भाव में वृष राशि के अंतर्गत हो रही है। यह युति वस्तुत षष्टेश चंद्रमा की धनेश+लाभेश बृहस्पति के साथ युति है। यहां चंद्रमा उच्च का होगा तथा केन्द्र स्थान में इन तीनों ग्रहों की उपस्थिति के कारण **'यामिनीनाथ योग'** एवं **'कुलदीपक योग'** की सृष्टि होगी। ये दोनों ग्रह यहां अष्टम स्थान, दशम भाव एवं व्यय भाव का पूर्ण दृष्टि से देखेंगे। फलत: जातक की दुर्घटना एवं आघात से बचाव होता रहेगा। जातक समाज के शुभकार्य, परोपकार एवं धार्मिक कार्यों में रुपया खर्च

करता रहेगा। जातक की राज्यपक्ष (सरकार) कोर्ट-कचहरी में दबदबा बना रहेगा।

2. **गुरु+सूर्य**-बृहस्पति के साथ सूर्य ससुराल से धन दिलायेगा। गृहस्थ सुख श्रेष्ठ।
3. **गुरु+मंगल**–बृहस्पति के साथ मंगल जातक को राज्यसुख देगा। उत्तम नौकरी देगा।
4. **गुरु+बुध**–बृहस्पति के साथ बुध जातक को उच्च शिक्षा देगा। प्रतिस्पर्धी परीक्षाओं में सफलता देगा।
5. **गुरु+शुक्र**–बृहस्पति के साथ शुक्र स्वगृही **'मालव्य योग'** देगा। जातक राजा के समान पराक्रमी व ऐश्वर्यशाली होगा।
6. **गुरु+शनि**–बृहस्पति के साथ शनि जातक को प्रबल पुरुषार्थी बनायेगा। जातक को पुरुषार्थ का लाभ मिलेगा।
7. **गुरु+राहु**–यहां चतुर्थ भाव में दोनों ग्रह 'वृष राशि' में होंगे। बृहस्पति शत्रु राशि में तो राहु अपनी उच्च राशि में होकर **'चाण्डाल योग'** बनायेगा। जातक की माता अल्प आयु में गुजर जाएगी। धन की कमी सदैव बनी रहेगी।
8. **गुरु+केतु**–बृहस्पति के साथ केतु माता को रोगी बनायेगा।

कुंभलग्न में बृहस्पति की स्थिति पंचम स्थान में

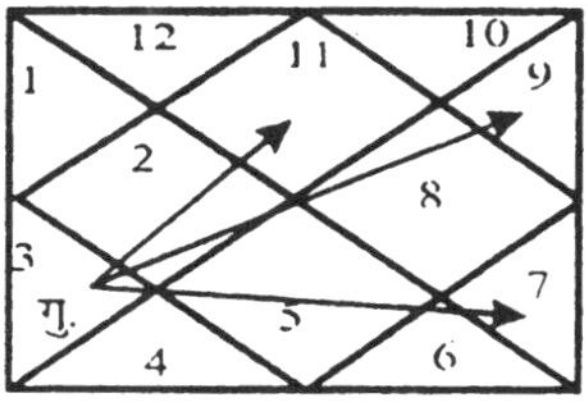

कुंभलग्न में बृहस्पति द्वितीयेश व लाभेश है। दो अशुभ भावों का स्वामी होने से बृहस्पति यहां मुख्य मारकेश है। बृहस्पति यहां पंचम स्थान में मिथुन (शत्रु) राशि में है। ऐसा जातक पूर्व जन्म में शुभ पुण्य फलों को साथ लेकर जन्म लेता है। जातक का स्वास्थ्य उत्तम होगा। जातक का पिता प्रतिष्ठित होगा पर जातक स्वयं उससे भी ज्यादा प्रतिष्ठित होगा। जातक आस्तिक बुद्धि, आशावादी एवं धार्मिक विचारों वाला होगा।

दृष्टि–पंचमस्थ बृहस्पति की दृष्टि भाग्यस्थान (तुला राशि), लाभ स्थान (धनु राशि) एवं लग्न स्थान (कुंभ राशि) पर होगी। जातक परम सौभाग्यशाली होगा। धंधे व्यापार में उत्तम लाभ (मुनाफा) मिलेगा। परिश्रम पूर्वक किये गये प्रयत्न सार्थक होंगे।

निशानी–जातक के पुत्र संतति विलम्ब से होगी। मकरलग्न में बृहस्पति शत्रु या स्त्री राशि में हो पुत्र अभाव को भी प्रकट करता है। जातक को शेयर बाजार, सट्टा, कैसिनों एवं भाग्यवर्धक प्रतियोगिताओं से लाभ होता रहेगा।

दशा–बृहस्पति की दशा-अंतर्दशा शुभ फल देगी।

बृहस्पति का अन्य ग्रहों से सम्बन्ध–

1. **गुरु+चंद्र–'भोजसंहिता'** के अनुसार कुंभलग्न के पांचवे स्थान में यह युति 'मिथुन राशि' में होगी। यह युति वस्तुतः षष्टेश चंद्रमा की धनेश+लाभेश बृहस्पति के साथ युति है। चंद्रमा यहां शत्रुक्षेत्री होगा। यहां बैठकर ये दोनों शुभ ग्रह दशम भाव, व्यय भाव एवं धन स्थान को देखेंगे। फलतः जातक परिश्रमी होगा धन की यथेष्ट प्राप्ति होती रहेगी परन्तु धन का खर्च शुभ कार्यों में, परोपकार के कार्यों में होता रहेगा। जातक का राज्यपक्ष सरकार से सम्मान मिलता रहेगा। कोर्ट-कहचरी में विजय मिलेगी।
2. **गुरु+सूर्य**-बृहस्पति के साथ सूर्य ससुराल से, पत्नी से धन लाभ करायेगा।
3. **गुरु+मंगल**–बृहस्पति के साथ मंगल मित्रों से धन लाभ करायेगा।
4. **गुरु+बुध**–बृहस्पति के साथ बुध विद्या एवं संतान से धन लाभ करायेगा।
5. **गुरु+शुक्र**–बृहस्पति के साथ शुक्र माता का धन दिलायेगा। मामा मेहरबान होगा।
6. **गुरु+शनि**–बृहस्पति के साथ शनि परिश्रम का उचित पारिश्रमिक दिलायेगा।
7. **गुरु+राहु**–यहां पंचम स्थान में दोनों ग्रह 'मिथुन राशि' में होंगे। बृहस्पति शत्रुक्षेत्री तो राहू यहां मूलत्रिकोणी होकर **'चाण्डाल योग'** बनायेगा। ऐसा जातक विद्या में रुकावट प्राप्त करेगा। संतान को लेकर भी चिंता बनी रहेगी।
8. **गुरु+केतु**–बृहस्पति के साथ केतु शल्य चिकित्सा से संतान देगा।

कुंभलग्न में बृहस्पति की स्थिति षष्टम स्थान में

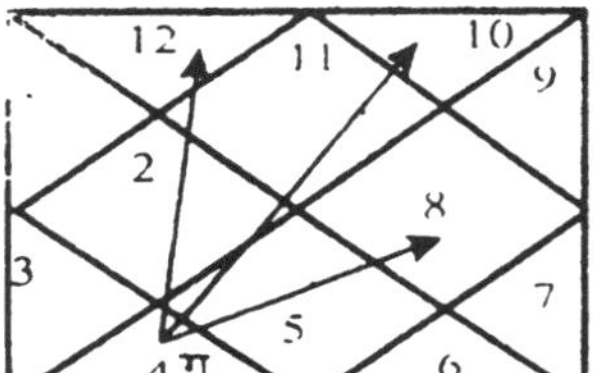

कुंभलग्न में बृहस्पति द्वितीयेश व लाभेश है। दो अशुभ भावों का स्वामी होने से बृहस्पति यहां मुख्य मारकेश है। बृहस्पति यहां छठे स्थान में उच्च का है। कर्क राशि के पांच अंशों में बृहस्पति परमोच्च का होगा। बृहस्पति की इस स्थिति में **'धनहीन योग'** एवं **'लाभभंग योग'** की सृष्टि हुई। ऐसे जातक पर कुटुम्ब की जिम्मेदारी अधिक होने से कमाई ठीक होते हुए भी खर्च बढ़ा-चढ़ा होगा। जातक को बड़े भाई का सुख नहीं होगा।

दृष्टि–छठे स्थान में स्थित बृहस्पति की दृष्टि दशम भाव (वृश्चिक राशि), व्यय भाव (मकर राशि) एवं धन भाव (मीन राशि) पर होगी। जातक का

व्यवसाय-व्यापार लाभकारी रहेगा। धन की भावक ठीक रहेगी पर धन एकत्रित नहीं हो पायेगा। जातक के धन का खर्च शुभ कार्यों में होगा।

निशानी–'लोमेश संहिता' अध्याय 2/श्लोक 3 के अनुसार ऐसे जातक को शत्रु का धन प्राप्त होगा। उसके गुप्तांगों या जांधों में कोई न कोई रोग अवश्य होगा।

दशा–बृहस्पति की दशा-अंतर्दशा मिश्रित फल देगी।

बृहस्पति का अन्य ग्रहों से सम्बन्ध–

1. **गुरु+चंद्र–'भोजसंहिता'** के अनुसार कुंभलग्न के छठे स्थान में यह युति कर्क राशि में हो रही है। यह युति वस्तुत: षष्टेश चंद्रमा की धनेश+लाभेश बृहस्पति के साथ युति है। यहां चंद्रमा स्वगृही एवं बृहस्पति उच्च का होगा। दु:स्थान में दु:स्थान के स्वामी का जाना शुभ माना गया है। यहां बैठकर ये दोनों शुभ ग्रह दशम भाव, व्यय भाव एवं धनभाव को देखेंगे। फलत: जातक धन तो कमायेगा पर धन शुभ कार्यों में खर्च होता रहेगा। बचत कम होगी। राज्यपक्ष सरकार से सरकारी अधिकारियों से लाभ होगा। इस योग के कारण जीवन में संघर्ष के बाद सफलता अवश्य मिलेगी।
2. **गुरु+सूर्य**–बृहस्पति के साथ सूर्य विवाह में विलम्ब करायेगा। जातक का ससुराल सामान्य होगा।
3. **गुरु+मंगल–**बृहस्पति के साथ मंगल नीच का भाइयों से नुकसान करायेगा।
4. **गुरु+बुध–**बृहस्पति के साथ बुध विद्या में बाधा, पुत्र संतति की चिंता करायेगा।
5. **गुरु+शुक्र–**बृहस्पति के साथ शुक्र माता का सुख तोड़ेगा। भाग्योदय में बाधा महसूस होगी।
6. **गुरु+शनि–**बृहस्पति के साथ शनि परिश्रम का लाभ नहीं होने देगा।
7. **गुरु+राहु–**यहां षष्टम स्थान में दोनों ग्रह **'कर्क राशि'** में होंगे। बृहस्पति यहां उच्च का तो राहु शत्रुक्षेत्री होकर **'चाण्डाल योग'** बनायेगा। ऐसा जातक गुप्त रोग व गुप्त शत्रुओं से सदैव परेशान रहेगा।
8. **गुरु+केतु–**बृहस्पति के साथ केतु गुप्त बीमारी देगा।

कुंभलग्न में बृहस्पति की स्थिति सप्तम स्थान में

कुंभलग्न में बृहस्पति द्वितीयेश व लाभेश है। दो अशुभ भावों का स्वामी होने से बृहस्पति यहां मुख्य मारकेश है। बृहस्पति यहां सप्तम स्थान में सिंह (मित्र) राशि

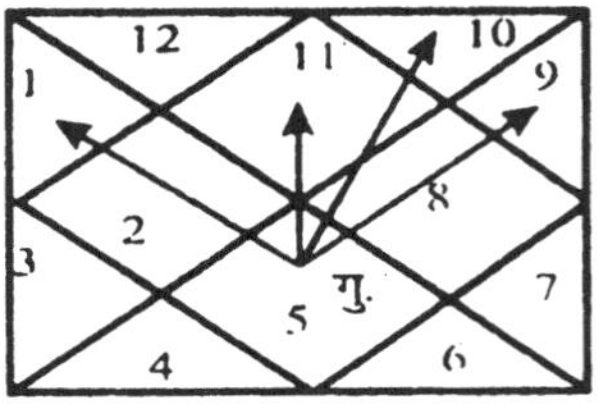

में है। बृहस्पति के कारण **'कुलदीपक योग'** एवं **'केसरी योग'** बना। जातक को धन एवं कुटुम्ब का सुख उत्तम होगा। बड़े भाई-बहनों का सुख उत्तम। विवाह थोड़ी देरी से हो पर जीवनसाथी अच्छा मिलेगा। पत्नी एवं मित्र पद-पद पर सहयोग बने रहेगे। जातक अपने कुटुम्ब-परिवार का नाम दीपक के समान रोशन करेगा।

दृष्टि–सप्तमस्थ बृहस्पति की दृष्टि लाभभाव (धनु राशि), लग्न भाव (कुंभ राशि), एवं पराक्रम स्थान (मेष राशि) पर होगी। जातक को धंधे में उत्तम लाभ होगा। जातक पराक्रमी होगा एवं परिश्रमपूर्वक किये गये प्रयत्न सार्थक होंगे।

निशानी– 'लोमेश संहिता' अध्याय 2/श्लोक 4 के अनुसार ऐसा जातक वैधक, हकीमी, डॉक्टरी व रहस्यमय विद्याओं का जानकार होता है वह स्वयं व्यभिचारी होता है तथा उसकी स्त्री व माता का चरित्र संदेहास्पद होता है।

दशा–बृहस्पति की दशा-अंतर्दशा शुभ फल देगी।

बृहस्पति का अन्य ग्रहों से सम्बन्ध–

1. **गुरु+चंद्र–भोजसंहिता** के अनुसार कुंभलग्न के सप्तम स्थान में यह युति सिंह राशि के अंतर्गत होगी। सिंहराशि में यह युति वस्तुत: षष्टेश चंद्रमा की धनेश+लाभेश बृहस्पति के साथ युति है। यहां बैठकर ये दोनों शुभ ग्रह लाभ स्थान, लग्न स्थान एवं धन स्थान को पूर्ण दृष्टि से देखेंगे। फलत: जातक को धन लाभ होगा। उसके व्यक्तित्व का सम्पूर्ण विकास होगा। उसे व्यापार-व्यवसाय में बराबर लाभ होता रहेगा। जातक जीवन में सफल व्यक्ति होगा।
2. **गुरु+सूर्य**-बृहस्पति के साथ स्वगृही सूर्य जातक को ससुराल की सम्पत्ति दिलायेगा। ससुराल प्रभावशाली होगा।
3. **गुरु+मंगल**–बृहस्पति के साथ मंगल जातक को भाइयों व कुटम्बियों का प्रेम दिलायेगा।
4. **गुरु+बुध**–बृहस्पति के साथ बुध जातक की पत्नी पतिव्रता, धार्मिक एवं बुद्धिशाली होगी।
5. **गुरु+शुक्र**–बृहस्पति के साथ शुक्र जातक का जीवन साथी सौभाग्यशाली दिलायेगा। जातक की पत्नी साहित्य-संगीत का प्रेमी होगी।
6. **गुरु+शनि**–बृहस्पति के साथ शनि **'लग्नाधिपति योग'** बनायेगा। जातक व्यवहारिक ज्ञान सम्पन्न होगा एवं परिश्रम करने में विश्वास रखेगा।

7. **गुरु+राहु**–यहां सप्तम स्थान में दोनों ग्रह 'सिंह राशि' में होंगे। बृहस्पति अपनी मित्र राशि में तो राहु अपनी शत्रु राशि में स्थित होकर **'चाण्डाल योग'** बमायेगा। ऐसे जातक को गृहस्थ सुख में कमी रहेगा। परिवार में भारी तकलीफे उठानी पड़ेगी।

8. **गुरु+केतु**–बृहस्पति के साथ केतु गृहस्थ सुख में कभी-कभी विघ्न डालेगा।

कुंभलग्न में बृहस्पति की स्थिति अष्टम स्थान में

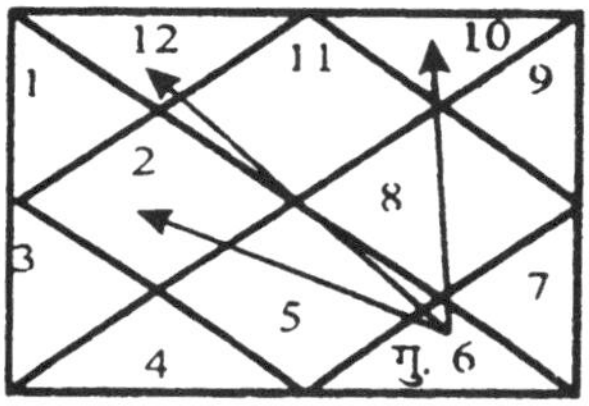

कुंभलग्न में बृहस्पति द्वितीयेश व लाभेश है। दो अशुभ भावों का स्वामी होने से बृहस्पति यहां मुख्य मारकेश है। बृहस्पति यहां अष्टम स्थान में कन्या (शत्रु) राशि में है। बृहस्पति के कारण **'धनहीन योग'** एवं **'लाभभंग योग'** बना। जातक की धन उत्तम मिलेगा, पर फालतू कार्यों में धन खर्च हो जायेगा। जातक को मकान का सुख ठीक मिलेगा। मित्र ज्यादा सहकार नहीं देगें। उधार दिया हुआ रुपया डूब जायेगा।

दृष्टि–अष्टमस्थ बृहस्पति की दृष्टि व्यय भाव (मकर राशि), धन भाव (मीन राशि) एवं चतुर्थ भाव (वृष राशि) पर होगी। जातक अधिक खर्च के कारण कर्जदार हो सकता है। जातक की स्थाई सम्पत्ति की प्राप्ति हेतु धन खर्च करेगा।

निशानी–**'लोमेश संहिता'** अध्याय 2/श्लोक 5 के अनुसार धनेश आठवें हो तो जातक को भूमि में गढ़ा हुआ धन मिलता है पर जातक को बड़े भाई का सुख नहीं होता।

दशा–बृहस्पति की दशा-अंतर्दशा प्रतिकूल फल देगी।

बृहस्पति का अन्य ग्रहों से सम्बन्ध–

1. **गुरु+चंद्र**–**'भोजसंहिता'** के अनुसार कुंभलग्न के आठवें स्थान में युति कन्याराशि के अंतर्गत हो रही है। कुंभलग्न में बृहस्पति+चंद्र की यह युति वस्तुत: षष्टेश चंद्रमा की धनेश+लाभेश बृहस्पति के साथ युति है। बृहस्पति+चंद्रमा के अष्टम स्थान में जाने से **'धनभंग योग'** एवं **'लाभभंग योग'** बना। चंद्रमा शत्रु क्षेत्री है। परन्तु षष्टेश चंद्र का आठवें जाना शुभ संकेत है। ये दोनों ग्रह व्ययभाव, धनभाव एवं सुख स्थान पर है। फलत: ऐसे जातक को धन प्राप्ति हेतु संघर्ष करना पड़ेगा। जातक दीर्घायु होगा। उसमें रोग से संघर्ष करने की पूर्ण शक्ति होती है। जातक को भौतिक सुख संसाधनों की प्राप्ति सहज में होगी। जातक का उत्तम वाहन सुख मिलेगा।

2. **गुरु+सूर्य**-बृहस्पति के साथ सूर्य विवाह सुख में विलम्ब का द्योतक है।
3. **गुरु+मंगल**–बृहस्पति के साथ मंगल **'पराक्रम भंगयोग'** एवं **'राजभंग योग'** करायेगा। जातक को समाज में अपयश मिलेगा।
4. **गुरु+बुध**–बृहस्पति के साथ बुध जातक को संतान से चिंता करायेगा। विद्या में बाधा पहुंचेगी।
5. **गुरु+शुक्र**–बृहस्पति के साथ शुक्र **'सुखहीन योग'** एवं **'भाग्यभंग योग'** बनायेगा। जातक को भाग्योदय एवं अर्थ प्राप्ति हेतु बहुत संघर्ष करना पड़ेगा।
6. **गुरु+शनि**–बृहस्पति के साथ शनि **'लग्नभंग योग'** करायेगा। जातक को परिश्रम का फल नहीं मिलेगा।
7. **गुरु+राहु**–यहां अष्टम स्थान में दोनों ग्रह 'कन्या राशि' में होंगे। बृहस्पति शत्रु राशि में तो, राहु स्वगृही होकर 'चाण्डाल योग' बनायेगा। ऐसा जातक गुप्त शत्रु एवं गुप्त रोग से सदैव परेशान रहेगा।
8. **गुरु+केतु**–बृहस्पति के साथ केतु जातक को गुप्त बीमारी देगा।

कुंभलग्न में बृहस्पति की स्थिति नवम स्थान में

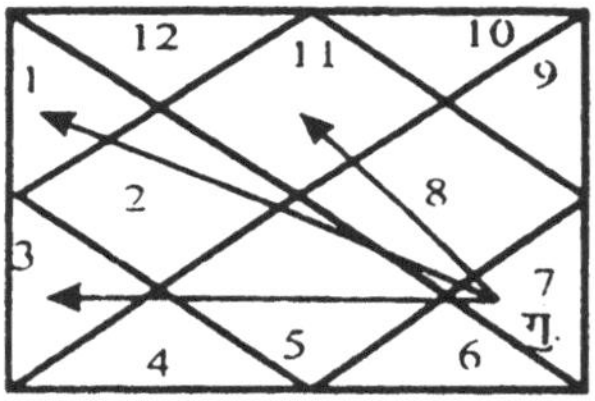

कुंभलग्न में बृहस्पति द्वितीयेश व लाभेश है। दो अशुभ भावों का स्वामी होने से बृहस्पति यहां मुख्य मारकेश है। बृहस्पति यहां नवम स्थान में तुला (शत्रु) राशि में होगा। ऐसा जातक का पिता भाग्यशाली होगा तथा जातक स्वयं भी भाग्यशाली एवं प्रतिष्ठित व्यक्ति होगा। जातक के पास धन अच्छा होगा। ऐसा जातक सिद्धान्तवादी एवं न्यायप्रिय होगा। स्त्री-संतान, विद्या-बुद्धि, पद-प्रतिष्ठा सभी सुख सहज में मिलेंगे।

दृष्टि–नवमस्थ बृहस्पति की दृष्टि लग्न भाव (कुंभ राशि), पराक्रम स्थान (मेष राशि) एवं पंचम भाव (मिथुन राशि) पर होगी। जातक अपने पुरुषार्थ से उत्तम धन कमायेगा। जातक पराक्रमी होगा। जातक के भाई-बहन सम्पन्न व सुखी होंगे। जातक के संतान उत्तम एवं सौभाग्यशाली होंगे।

निशानी–**'लोमेश संहिता'** अध्याय 2/श्लोक 6 के अनुसार धनेश यदि नवम स्थान में हो तो जातक बचपन में बीमार रहता है पर व्यक्ति धनवान, उद्यमी व चतुर होता है।

दशा–बृहस्पति की दशा-अंतर्दशा में जातक की उन्नति होगी। पराक्रम बढ़ेगा। भाग्योदय होगा।

बृहस्पति का अन्य ग्रहों से सम्बन्ध–

1. **गुरु+चंद्र–भोजसंहिता** के अनुसार कुंभलग्न के नवमें स्थान में बृहस्पति+चंद्र की युति तुलाराशि में होंगी। कुंभलग्न में बृहस्पति+चंद्र की युति वस्तुत: षष्टेश चंद्रमा की धनेश+लाभेश बृहस्पति के साथ युति है। यहां बैठकर दोनों शुभ ग्रह लग्न स्थान, पराक्रम स्थान एवं पंचम भाव को पूर्ण दृष्टि से देखेंगे। फलत: जातक खुद पढ़ा-लिखा होगा। उसको पिता की सम्पत्ति मिलेगी तथा उसकी संतानें भी पढ़ी-लिखी होगी। जातक का सर्वांगीण विकास चहुं ओर से होगा। जातक महान् पराक्रमी एवं यशस्वी होगा।
2. **गुरु+सूर्य**-बृहस्पति के साथ सूर्य नीच का जातक का भाग्योदय विवाह के बाद करायेगा।
3. **गुरु+मंगल**–बृहस्पति के साथ मंगल जातक को भूमि से धनलाभ देगा। भाई सहायक होंगे।
4. **गुरु+बुध**–बृहस्पति के साथ बुध विद्या से लाभ। जातक का सही भाग्योदय प्रथम संतति के बाद होगा
5. **गुरु+शुक्र**–बृहस्पति के साथ स्वगृही शुक्र, जातक को उत्तम वाहन सुख देगा। जातक को माता का सुख-सम्पत्ति मिलेगी।
6. **गुरु+शनि**–बृहस्पति के साथ शनि जातक का जबरदस्त भाग्योदय स्वपराक्रम से करायेगा।
7. **गुरु+राहु**–यहां नवम स्थान में दोनों ग्रह **'तुला राशि'** में होंगे। बृहस्पति शत्रु राशि में तो राहु मित्र राशि में बैठकर **'चाण्डाल योग'** बनायेगा। ऐसे जातक को भाग्योदय हेतु काफी दिक्कतें-बाधाओं का सामना करना पड़ेगा।
8. **गुरु+केतु**–बृहस्पति के साथ केतु कीर्ति दिलायेगा।

कुंभलग्न में बृहस्पति की स्थिति दशम स्थान में

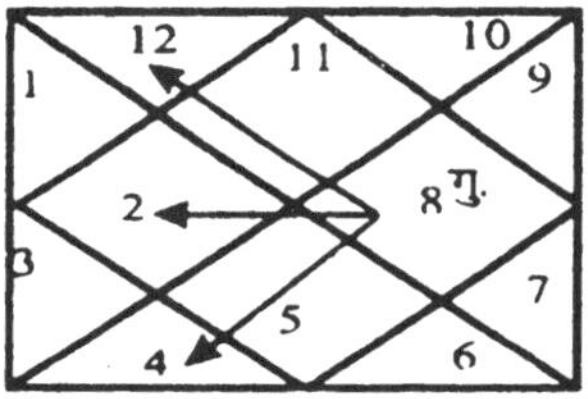

कुंभलग्न में बृहस्पति द्वितीयेश व लाभेश है। दो अशुभ भावों का स्वामी होने से बृहस्पति यहा मुख्य मारकेश है। बृहस्पति यहां दशम स्थान में वृश्चिक (मित्र) राशि में है। बृहस्पति के कारण **'कुलदीपक योग'**, **'केसरी योग'** बना। जातक के आवक उत्तम होगी। जातक समाज का प्रतिष्ठित, धनी व यशस्वी व्यक्ति होगा। विद्या उत्तम होगी। जातक के पास शैक्षणिक उपाधि

होगी। फिर भी आध्यात्मक का ज्ञान भरपूर होगा। जातक महत्त्वकांक्षी होगा। उसके पास उत्तम वाहन एवं भवन होगा।

दृष्टि–दशमभावगत बृहस्पति की दृष्टि धन स्थान (मीन राशि), चतुर्थ भाव (वृष राशि) एवं षष्टम स्थान (कर्क राशि) पर होगी। जातक धनवान होगा। जातक को माता का सुख सम्पत्ति मिलेगी। जातक शत्रुओं का नाश करने में सक्षम होगा।

निशानी–**'लोमेश संहिता'** अध्याय 2/श्लोक 7 के अनुसार धनेश यदि दशम स्थान में हो तो मनुष्य कामी एवं पुत्रहीन होता है।

दशा–बृहस्पति की दशा-अंतर्दशा अति उत्तम फल देगी।

बृहस्पति का अन्य ग्रहों से सम्बन्ध–

1. **गुरु+चंद्र**–**'भोजसंहिता'** के अनुसार कुंभलग्न के दसवें स्थान में बृहस्पति+चंद्र की युति वृश्चिक राशि में हो रही है। कुंभलग्न में बृहस्पति+चंद्र की यह युति, वस्तुत: षष्टेश चंद्रमा की धनेश+लाभेश बृहस्पति के साथ युति है। यहां चंद्रमा नीच राशि में होगा। ये दोनों ग्रह केन्द्रस्थ होकर **'कुलदीपक योग'**, **'यामिनीनाथ योग'** बनाते हुए धन स्थान, सुख स्थान एवं षष्टम स्थान को पूर्ण दृष्टि से देखेंगे। फलत: जातक को राज्यपक्ष से लाभ होगा। धनप्राप्ति होती रहेगी। जातक सांसारिक सभी सुख संसाधन सहज में प्राप्त होंगे। जातक के पास एक से अधिक वाहन होंगे। जातक शत्रु का सम्पूर्ण नाश करने में सक्षम होगा। जातक की गिनती समाज के अग्रगण्य व्यक्ति में होगी।
2. **गुरु+सूर्य**-बृहस्पति के साथ सूर्य जातक को पत्नी या ससुराल से धन दिलायेगा।
3. **गुरु+मंगल**–बृहस्पति के साथ मंगल **'रुचक योग'** के कारण जातक को राजातुल्य पराक्रमी, ऐश्वर्यशाली बनायेगा।
4. **गुरु+बुध**–बृहस्पति के साथ बुध जातक को उत्तम संतति एवं विद्या का लाभ देगा।
5. **गुरु+शुक्र**–बृहस्पति के साथ शुक्र जातक को एक से अधिक वाहनों का सुख देगा।
6. **गुरु+शनि**–बृहस्पति के साथ शनि के कारण जातक को पुरुषार्थ का लाभ मिलेगा।
7. **गुरु+राहु**–यहां दशम स्थान में दोनों ग्रह 'वृश्चिक राशि' में होंगे। बृहस्पति मित्र क्षेत्री है तो राहु नीच का होकर **'चाण्डाल योग'** बनायेगा। ऐसे जातक को रोजी-रोजगार एवं आजीविका के साधन व्यस्थित करने हेतु काफी दिक्कतों का सामना करना पड़ेगा।
8. **गुरु+केतु**–बृहस्पति के साथ केतु जातक को राज्यपक्ष में कीर्ति देगा।

कुंभलग्न में बृहस्पति की स्थिति एकादश स्थान में

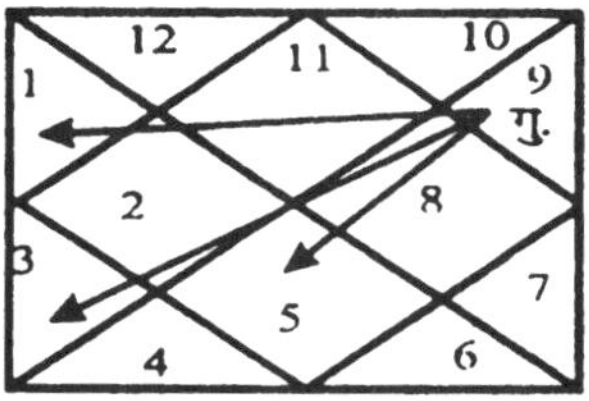

कुंभलग्न में बृहस्पति द्वितीयेश व लाभेश है। दो अशुभ भावों का स्वामी होने से बृहस्पति यहां मुख्य मारकेश है। बृहस्पति यहां एकादश स्थान में धनुराशि में स्वगृही होगा। ऐसा जातक धन कमाने में विलक्षण प्रतिभावाला होगा। जातक की वाणी उत्तम होगी। कुटुम्ब, संतान सुख, भागीदारी, मित्रों का सुख उत्तम होगा। जातक को मकान-वाहन, पद-प्रतिष्ठा, नौकरी-व्यवसाय, राज्य-राजनीति में बराबर लाभ मिलेगा।

दृष्टि–एकादश भावगत बृहस्पति की दृष्टि पराक्रम स्थान (मेष राशि), पंचम भाव (मिथुन राशि) एवं सप्तम भाव (सिंह राशि) पर होगी। जातक पराक्रमी होगा। भाई-बहनों का सुख श्रेष्ठ, जातक को संतति सुख श्रेष्ठ, तीन पुत्र संभव है। जातक का जीवन साथी सभ्य एवं पढ़ा-लिखा होगा। जातक की शेयर बाजार, शट्टा उद्योग में रुचि होगी।

निशानी–**'लोमेश संहिता'** अध्याय 2/श्लोक 6 के अनुसार धनेश यदि एकादश में हो तो जातक बचपन में बीमार रहता है। ऐसा जातक धनवान, उद्यमी व चतुर होता है।

दशा–बृहस्पति की दशा-अंतर्दशा अत्यंत शुभफल देगी। बृहस्पति की दशा में जातक को भौतिक एवं आध्यात्मिक दोनों सुखों की प्राप्ति होगी।

बृहस्पति का अन्य ग्रहों से सम्बन्ध–

1. **गुरु+चंद्र–'भोजसंहिता'** के अनुसार कुंभलग्न के बृहस्पति+चंद्र की युति एकादश स्थान में धनु राशि के अंतर्गत होगी। यह युति वस्तुतः षष्टेश चंद्रमा की धनेश+लाभेश बृहस्पति के साथ युति होगी। बृहस्पति यहां स्वगृही होगा तथा उसकी दृष्टि पराक्रम स्थान, पंचम भाव एवं सप्तम भाव पर होगी। जातक का भाग्योदय विवाह के बाद होगा तथा प्रथम संतति के बाद जातक का दूसरा भाग्योदय होगा। जातक को व्यापार व्यवसाय से लाभ होगा। जातक के परिजन व मित्र जातक के सहायक रहेंगे। जातक महान पराक्रमी व यशस्वी होगा।
2. **गुरु+सूर्य**-बृहस्पति के साथ सूर्य जातक को ससुराल से धन दिलायेगा।
3. **गुरु+मंगल**–बृहस्पति के साथ मंगल जातक को उद्योगपति बनायेगा।

4. **गुरु+बुध**–बृहस्पति के साथ बुध संतान सुख दिलायेगा। जातक को विद्या से लाभ होगा।

5. **गुरु+शुक्र**–बृहस्पति के साथ शुक्र जातक को भाग्यशाली एवं भौतिक सुख-संसाधनों से परिपूर्ण जीवन देगा।

6. **गुरु+शनि**–बृहस्पति के साथ शनि जातक को पुरुषार्थ एवं परिश्रम का लाभ देगा।

7. **गुरु+राहु**–यहां एकादश स्थान में दोनों ग्रह 'धनु राशि' में होंगे। बृहस्पति यहां स्वगृही तो राहु नीच का होकर **'चाण्डाल योग'** बनायेगा। ऐसे जातक को बड़े भाई का सुख नहीं होगा। राहु की दशा में जातक का चलता उद्योग बन्द हो जायेगा।

8. **गुरु+केतु**–बृहस्पति के साथ केतु व्यापार में हानि देगा।

कुंभलग्न में बृहस्पति की स्थिति द्वादश स्थान में

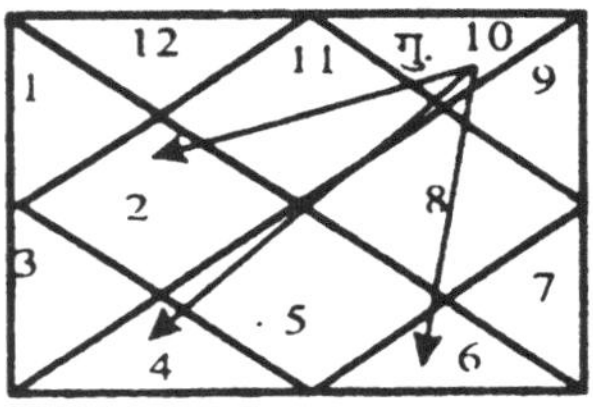

कुंभलग्न में बृहस्पति द्वितीयेश व लाभेश है। दो अशुभ भावों का स्वामी होने से बृहस्पति यहां मुख्य मारकेश है। बृहस्पति यहां द्वादश भाव में नीच का है। मकर राशि में पांच अंशों में बृहस्पति परमनीच का होता है। बृहस्पति के कारण यहां **'धनहीन योग'** एवं **'लाभभंग योग'** बना। जातक को यश नहीं मिलेगा। धन का नुकसान होगा। कुटुम्ब लोग दूर होते चले जायेंगे। विद्यायोग उत्तम, मकान सुख उत्तम परन्तु स्त्री व संतान सुख में न्यूनता रहेगी।

दृष्टि–द्वादश भावगत बृहस्पति की दृष्टि चतुर्थ भाव (वृष राशि), षष्टम भाव (कर्क राशि) एवं अष्टम भाव (कन्या राशि) पर होगी। जातक को माता की सम्पत्ति नहीं मिलेगी। गुप्त शत्रु एवं रोग जातक को परेशान करते रहेंगे।

निशानी–**'लोमेश संहिता'** अध्याय 2/श्लोक 8 के अनुसार धनेश यदि द्वादश में हो तो जातक सरकार में उच्च पद, नौकरी को पाता है पर उसके ज्येष्ट पुत्र की मृत्यु उसके सामने हो जाती है।

दशा–बृहस्पति की दशा-अंतर्दशा अनिष्ट फल देगी।

बृहस्पति का अन्य ग्रहों से सम्बन्ध–

1. **गुरु+चंद्र**–**'भोजसंहिता'** के अनुसार कुंभलग्न में चंद्र+बृहस्पति की यह युति द्वादश भाव मकर राशि के अंतर्गत है। बृहस्पति+चंद्र की यह युति वस्तुतः

षष्टेश चंद्रमा की धनेश+लाभेश बृहस्पति के साथ युति है। बृहस्पति यहां द्वादश भाव में नीच का होगा। जहां से बृहस्पति सुखस्थान, षष्टम भाव एवं अष्टम भाव को पूर्ण दृष्टि से देखेगा। फलत: धन में कमी, लाभ में कमी महसूस करेंगे। फिर भी जातक को ऋण, रोग व शत्रु को भय नहीं रहेगा। जातक दीर्घायु होगा। उसे प्राकृतिक, आकस्मिक आपदाओं से बचाव होगा। जातक को वाहन सुख मिलेगा एवं भौतिक संसाधनों की प्राप्ति सहज में होती रहेगी। जातक को कोई भी वस्तु जीवन में आसानी से नहीं मिलेगी, सफलता निश्चित है पर संघर्ष के बाद।

2. **गुरु+सूर्य**-बृहस्पति के साथ सूर्य जातक को विलम्ब विवाह करायेगा।
3. **गुरु+मंगल**–बृहस्पति के साथ मंगल उच्च का होगा। जातक को राज (सरकार) से परेशानी आ सकती है। **'नीचभंग राजयोग'** के कारण जातक परदेश में कमायेगा।
4. **गुरु+बुध**–बृहस्पति के साथ बुध जातक को संतान से चिंता एवं विद्या में बाधा करायेगा।
5. **गुरु+शुक्र**–बृहस्पति के साथ शुक्र जातक को परेशनी में डालेगा। पत्नी से विवाह सुख में तकरार रहेगी।
6. **गुरु+शनि**–बृहस्पति के साथ शनि **'नीचभंग राजयोग'** करायेगा। जातक धनवान होगा पर परिश्रम का फल नहीं मिलेगा।
7. **गुरु+राहु**–यहां द्वादश स्थान में दोनों ग्रह 'मकर राशि' में होंगे। बृहस्पति यहा नीच का होगा तो राहु मित्र राशि का होकर **'चाण्डाल योग'** बनायेगा। ऐसा जातक अधिक खर्च के कारण कर्जदार होगा तथा व्यर्थ की यात्राएं करता फिरेगा।
8. **गुरु+केतु**–बृहस्पति के साथ केतु व्यर्थ की यात्राएं करायेगा। जातक को बुरे स्वप्न आयेंगे।

❑❑❑

कुंभलग्न में शुक्र की स्थिति

कुंभलग्न में शुक्र की स्थिति प्रथम स्थान में

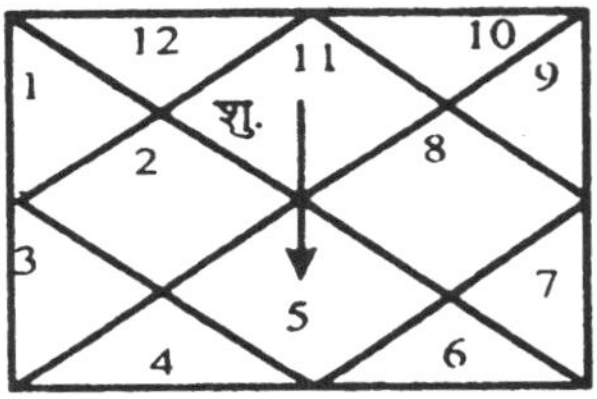

कुंभलग्न में शुक्र चतुर्थेश एवं भाग्येश है। शुक्र शनि का मित्र होने से कुंभलग्न वालों के लिए शुक्र परमराजयोग कारक ग्रह है। शुक्र यहां प्रथम स्थान में कुंभ (मित्र) राशि में है। शुक्र के कारण **'कुलदीपक योग'** बना। ऐसा जातक सुन्दर व आकर्षक स्वस्थ व हंसमुख होगा। जातक की पत्नी भी सुन्दर होगी। जातक का मकान एवं वाहन सुख उत्तम होगा। ऐसा जातक गीत-संगीत, फल-फूल, सुगन्ध, अभिनय एवं सुंदर वस्त्रों का शौकीन होगा। जातक अपने कुटुम्ब परिवार का नाम दीपक के समान रोशन करेगा।

दृष्टि–लग्नस्थ शुक्र की दृष्टि सप्तम भाव (सिंह राशि) पर होगी। फलत: जातक का वैवाहिक जीवन सुखमय होगा।

निशानी–'लोमेश संहिता' के अनुसार भाग्येश लग्न में हो तो जातक बड़ा ही भाग्यशाली, यशस्वी एवं कीर्तिवान् होता है।

दशा–शुक्र की दशा-अंतर्दशा खूब उत्तम फल देगी।

शुक्र का अन्य ग्रहों से सम्बन्ध–

1. **शुक्र+चंद्र**–शुक्र के साथ चंद्रमा होने से जातक का जीवनसाथी सुन्दर होगा। रंगीन मिजाज का होगा।
2. **शुक्र+सूर्य**–शुक्र के साथ सूर्य जातक का जीवनसाथी प्रभावशाली होगा एवं धन के मामलें में आत्मनिर्भर होगा।
3. **शुक्र+मंगल**–शुक्र के साथ मंगल जातक को भूमि लाभ देगा।

4. **शुक्र+बुध**–शुक्र के साथ बुध जातक को विद्या का लाभ देगा। जातक की उन्नति प्रथम संतति के बाद होगी।

5. **शुक्र+गुरु**–शुक्र के साथ बृहस्पति जातक को माता की सम्पत्ति दिलायेगा।

6. **शुक्र+शनि**–शुक्र के साथ शनि यहां **'शश योग'** बनायेगा। जातक राजा तुल्य ऐश्वर्यशाली व पराक्रमी होगा।

7. **शुक्र+राहु**–शुक्र के साथ राहु **'लम्पट योग'** बनाता है। जातक कामी होगा।

8. **शुक्र+केतु**–शुक्र के साथ केतु जातक को धंधे में कीर्ति देगा।

कुंभलग्न में शुक्र की स्थिति द्वितीय स्थान में

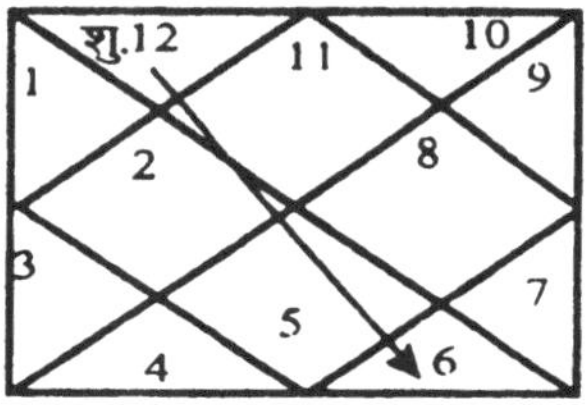

कुंभलग्न में शुक्र चतुर्थेश एवं भाग्येश है। शुक्र शनि का मित्र होने से कुंभलग्न वालों के लिए शुक्र परमराजयोग कारक ग्रह है। शुक्र यहां द्वितीय स्थान में उच्च का है। मीन राशि में 27 अंशों में शुक्र परमोच्च का होता है। जातक मिष्टभाषी, विनम्र एवं धनवान होगा। कुटुम्ब सुख उत्तम, मां का सुख उत्तम, जातक का पिता धनवान वं प्रतिष्ठित व्यक्ति होगा।

दृष्टि–द्वितीय भावगत शुक्र की दृष्टि अष्टम स्थान (कन्या राशि) पर होगी। जातक ऋण, रोग व शत्रु का नाश करने में सक्षम होगा।

निशानी–'लोमेश संहिता' अध्याय 4/श्लोक 8 के अनुसार सुखेश यदि द्वितीय स्थान में हो तो ऐसा जातक सभ्य समाज में आदरणीय, साहसी, पराक्रमी, मिष्टभाषी, कुटुम्ब से युक्त भोग विलास में रहकर धन का उपयोग करता है।

दशा–शुक्र की दशा-अंतर्दशा शुभ फल देगी। जातक उत्तम धन कमायेगा। जातक का भाग्योदय होगा।

शुक्र का अन्य ग्रहों से सम्बन्ध–

1. **शुक्र+चंद्र**–शुक्र के साथ चंद्रमा जातक को धनी बनायेगा। माता का सुख मिलेगा।

2. **शुक्र+सूर्य**–शुक्र के साथ सूर्य जातक को धनी ससुराल दिलायेगा। जीवनसाथी सुशील होगा।

3. **शुक्र+मंगल**–शुक्र के साथ मंगल जातक को सुन्दर भवन व भूमि का स्वामी बनायेगा।

4. **शुक्र+बुध**–शुक्र के साथ बुध **'नीचभंग राजयोग'** करायेगा। जातक राजा के समान पराक्रमी व धनी होगा।
5. **शुक्र+गुरु**–शुक्र के साथ बृहस्पति **'किम्बहुना नामक राजयोग'** बनायेगा। जातक उद्योगपति एवं महाधनी होगा।
6. **शुक्र+शनि**–शुक्र के साथ शनि होने से जातक कठोर परिश्रमी होगा। कठोर परिश्रम से जातक बहुत धन-सम्पत्ति अर्जित करेगा। पर व्यक्ति परम स्वार्थी होगा।
7. **शुक्र+राहु**–शुक्र के साथ राहु होने से जातक के धनागमन में रुकावट आयेगी।
8. **शुक्र+केतु**–शुक्र के साथ केतु होने से जातक को आर्थिक विषमता का सामना करना पड़ेगा

कुंभलग्न में शुक्र की स्थिति तृतीय स्थान में

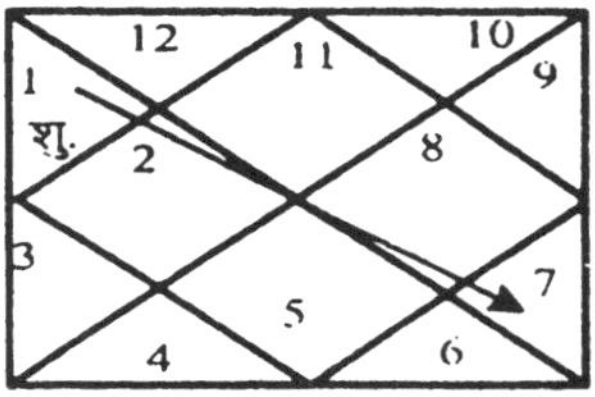

कुंभलग्न में शुक्र चतुर्थेश एवं भाग्येश है। शुक्र शनि का मित्र होने से कुंभलग्न वालों के लिए शुक्र परमराजयोग कारक ग्रह है। शुक्र यहां तृतीय स्थान में मेष (सम) राशि का है। ऐसा जातक पराक्रमी होगा। जातक के बहने अधिक होगी। जातक को माता का प्रेम नहीं मिलेगा। जातक यात्रा बहुत करेगा परन्तु पिता से अधिक धन कमायेगा। जातक स्वार्थी एवं भोगविलास प्रिय होगा।

दृष्टि–तृतीयभावगत शुक्र की दृष्टि भाग्यभवन अपने ही घर तुला राशि पर होगी। ऐसा जातक को धन, पद-प्रतिष्ठा एवं भाग्योदय के उत्तम अवसर प्राप्त होंगे।

निशानी–**'लोमेश संहिता'** अध्याय 4/श्लोक 7 के अनुसार सुखेश यदि तृतीय स्थान में हो तो मनुष्य सदैव बीमार रहता है। भले ही वह पराक्रमी हो।

दशा–शुक्र की दशा-अंतर्दशा शुभफल देगी।

शुक्र का अन्य ग्रहों से सम्बन्ध–

1. **शुक्र+चंद्र**–शुक्र के साथ चंद्रमा जातक को स्त्री-मित्रों से लाभ दिलायेगा।
2. **शुक्र+सूर्य**–शुक्र के साथ उच्च का सूर्य जातक को महान् पराक्रमी बनायेगा। जातक को ससुराल से लाभ होगा।
3. **शुक्र+मंगल**–शुक्र के साथ मंगल **'किम्बहुना नामक'** राजयोग बनायेगा। जातक का जनसम्पर्क लाजबाब होगा।

4. **शुक्र+बुध**–शुक्र के साथ बुध जातक के बहने अधिक होगी। जातक को स्त्री-मित्रों से लाभ होगा।

5. **शुक्र+गुरु**–शुक्र के साथ बृहस्पति परिजनों व मित्रों से लाभ देगा।

6. **शुक्र+शनि**–शुक्र के साथ शनि नीच का मित्र से अच्छे संबंध बनायेगा।

7. **शुक्र+राहु**–शुक्र के साथ राहु भाइयों में विवाद करायेगा।

8. **शुक्र+केतु**–शुक्र के साथ केतु मित्रों में विवाद करायेगा।

कुंभलग्न में शुक्र की स्थिति चतुर्थ स्थान में

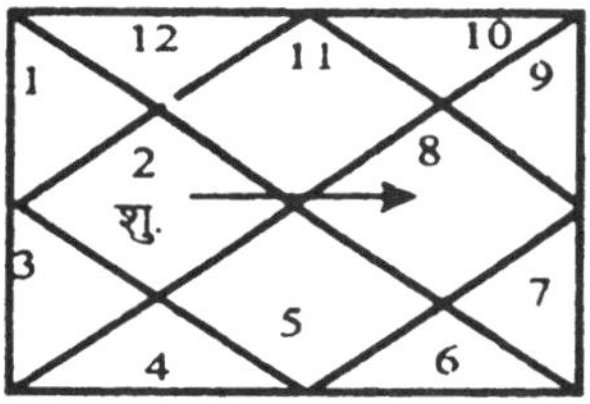

कुंभलग्न में शुक्र चतुर्थेश एवं भाग्येश है। शुक्र शनि का मित्र होने से कुंभलग्न वालों के लिए शुक्र परमराजयोग कारक ग्रह है। शुक्र यहां वृष राशि में स्वगृही होगा। शुक्र के कारण **'कुलदीपक योग'** एवं **'मालव्य योग'** बनेगा। ऐसा जातक निश्चय ही राजा के समान पराक्रमी एवं ऐश्वर्यशाली होगा। ऐसा व्यक्ति माता-पिता, स्त्री-संतान, विद्या-बुद्धि, मित्र-बंधु, धन, यश, पद-प्रतिष्ठा का पूरा सुख भोगेगा। वैवाहिक जीवन सुखी होगा। जातक लम्बी आयु, कीर्ति-यश अर्जित करेगा।

दृष्टि–चतुर्थभावगत शुक्र की दृष्टि दशम स्थान (वृश्चिक राशि) पर होगी। जातक उत्तम व्यवसाय-व्यापार करेगा। जातक सौन्दर्य प्रसाधन से कमायेगा। जातक के पास उत्तम वाहन होगा। जातक का सामाजिक एवं राजनैतिक वर्चस्व रहेगा।

निशानी–**'लोमेश संहिता'** अध्याय 4/श्लोक 1 के अनुसार ऐसा जातक मंत्री होगा। धनवान एवं भौतिक सुखों से परिपूर्ण होगा।

दशा–शुक्र की दशा-अंतर्दशा अत्यंत शुभ फल देगी।

शुक्र का अन्य ग्रहों से सम्बन्ध–

1. **शुक्र+चंद्र**–शुक्र के साथ चंद्रमा **'किम्बहुना नामक राजयोग'** बनायेगा। जातक को माता का सुख एवं संपत्ति मिलेगी। जातक के पास चार पहियों की गाड़ी होगी।

2. **शुक्र+सूर्य**–शुक्र के साथ सूर्य जातक को सुन्दर पत्नी देगा। पत्नी धनवान एवं भाग्यशाली होगी।

3. **शुक्र+मंगल**–शुक्र के साथ मंगल होने से जातक के पास उत्तम भूमि व भवन होगा।

4. **शुक्र+बुध**–शुक्र के साथ बुध होने से जातक विद्यवान होगा। जातक की सही उन्नति प्रथम संतति के बाद होगी।
5. **शुक्र+गुरु**–शुक्र के साथ बृहस्पति होने से जातक को माता-पिता का सुख मिलेगा। माता-पिता की सम्पत्ति मिलेगी।
6. **शुक्र+शनि**–शुक्र के साथ शनि जातक को उत्तम वाहन सुख देगा।
7. **शुक्र+राहु**–शुक्र के साथ राहु माता का सुख तोड़ेगा।
8. **शुक्र+केतु**–शुक्र के साथ केतु जातक की माता को बीमार करायेगा।

कुंभलग्न में शुक्र की स्थिति पंचम स्थान में

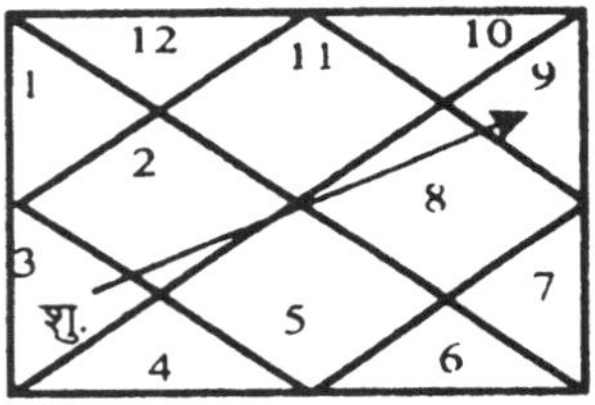

कुंभलग्न में शुक्र चतुर्थेश एवं भाग्येश है। शुक्र शनि का मित्र होने से कुंभलग्न वालों के लिए शुक्र परमराजयोग कारक ग्रह है। शुक्र यहां पंचम स्थान में मिथुन (मित्र) राशि में है। जातक को विद्या सुख उत्तम मिलेगा। जातक संगीत-साहित्य, अभिनय कला का प्रेमी होगा। जातक को कन्या संतति अधिक होगी।

दृष्टि–पंचमस्थ शुक्र की दृष्टि एकादश स्थान (धनु राशि) पर होगी। जातक को व्यापार से लाभ होगा। जातक को सामाजिक व राजनैतिक सफलता मिलेगी।

निशानी–**'लोमेश संहिता'** अध्याय 9/श्लोक 3 के अनुसार मनुष्य बड़ा ही भाग्यशाली होगा। जातक स्वाभिमानी एवं बृहस्पतिभक्त होगा।

दशा–शुक्र की दशा-अंतर्दशा में शुभफल देगी।

शुक्र का अन्य ग्रहों से सम्बन्ध–

1. **शुक्र+चंद्र**–शुक्र के साथ चंद्रमा 'बहुपुत्र योग' कराता है। जातक की प्रथम संतति 'शल्य चिकित्सा' से होगी।
2. **शुक्र+सूर्य**–शुक्र के साथ सूर्य जातक की पत्नी भाग्यशाली होगी। जातक को विद्या में सफलता मिलेगी।
3. **शुक्र+मंगल**–शुक्र के साथ मंगल जातक को पुत्र संतति भी देगा। जातक को व्यापार में लाभ होगा।
4. **शुक्र+बुध**–शुक्र के साथ बुध शैक्षणिक उपाधि देगा।

5. **शुक्र+गुरु**–शुक्र के साथ बृहस्पति जातक को संतान द्वारा धन की प्रप्ति करायेगा।
6. **शुक्र+शनि**–शुक्र के साथ शनि जातक को विदेश विद्या, विदेशी भाषा से लाभ दिलायेगा।
7. **शुक्र+राहु**–शुक्र के साथ राहु पुत्र संतान सुख में बाधा डालेगा।
8. **शुक्र+केतु**–शुक्र के साथ केतु संतान से चिंता करायेगा।

कुंभलग्न में शुक्र की स्थिति षष्टम स्थान में

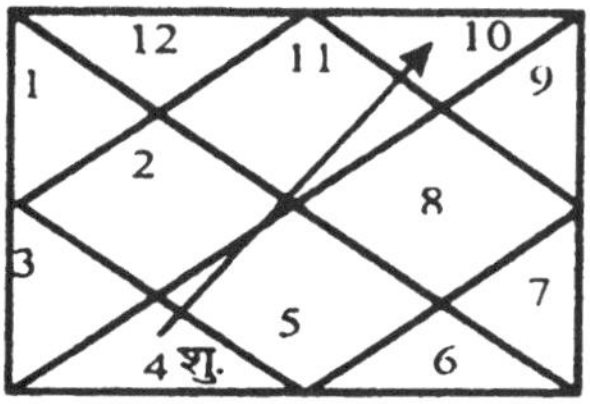

कुंभलग्न में शुक्र चतुर्थेश एवं भाग्येश है। शुक्र शनि का मित्र होने से कुंभलग्न वालों के लिए शुक्र परमराजयोग कारक ग्रह है। शुक्र यहां छठे स्थान में कर्क (शत्रु) राशि में है। शुक्र की इस स्थिति से **'सुखहीन योग'** एवं **'भाग्यभंग योग'** बना। जातक का विवाह विलम्ब से हो। विवाह सुख में बाधा बनी रहेगी। जातक के शत्रु अधिक होंगे। मूत्राशय में बीमारी संभव है।

दृष्टि–छठे भावगत शुक्र की दृष्टि व्ययभाव (मकर राशि) पर होगी। जातक खर्चीले स्वभाव का होगा। आवक से अधिक खर्च होगा।

निशानी–**'लोमेश संहिता'** अध्याय 9/श्लोक 4 के अनुसार नवमेश यदि छटे हो तो जातक को अपने बड़े भाई एवं मामा का सुख नहीं मिलता। जातक के जन्म के बाद पिता को आर्थिक नुकसान होगा।

दशा–शुक्र की दशा-अंतर्दशा अशुभ फल देगी।

शुक्र का अन्य ग्रहों से सम्बन्ध–

1. **शुक्र+चंद्र**–शुक्र के साथ चंद्रमा **'विपरात राजयोग'** बनायेगा। जातक धनी होगा पर गुप्त बीमारी से ग्रसित रहेगा।
2. **शुक्र+सूर्य**–शुक्र के साथ सूर्य **'विवाहभंग योग'** कराता है। जातक का विवाह विलम्ब से होता है अथवा पत्नी के होते हुए भी वैवाहिक सुख का नितांत अभाव रहता है।
3. **शुक्र+मंगल**–शुक्र के साथ मंगल **'पराक्रमभंग योग'** एवं **'राजभंग योग'** की सृष्टि करता है। जातक पूर्ण परेशान रहता है। उसे अपयश मिलता है।
4. **शुक्र+बुध**–शुक्र के साथ बुध **'संतानहीन योग'** बनाता है। जातक को विवाह व संतान सुख की न्यूनता रहेगी।

5. **शुक्र+गुरु**–शुक्र के साथ बृहस्पति **'धनहीन योग'** एवं **'लाभभंग योग'** बनाता है। जातक को आर्थिक विषमताओं का सामना करना पड़ता है।

6. **शुक्र+शनि**–शुक्र के साथ शनि **'लग्नभंग योग'** बनायेगा। जातक को परिश्रम का फल नहीं मिल पायेगा। जातक को पक्षाघात का भय रहेगा।

7. **शुक्र+राहु**–शुक्र के साथ राहु गुप्त रोग देगा।

8. **शुक्र+केतु**–शुक्र के साथ केतु जातक को सैक्स रोग देगा।

कुंभलग्न में शुक्र की स्थिति सप्तम स्थान में

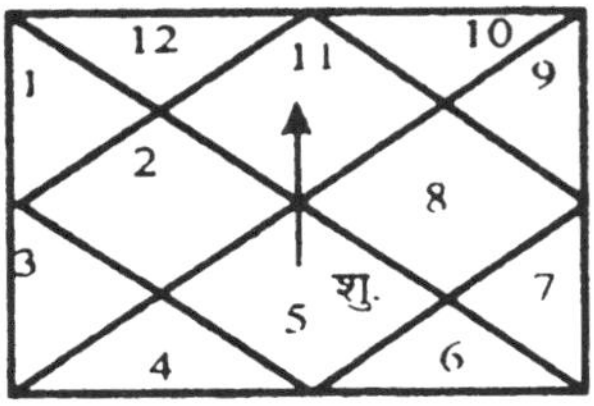

कुंभलग्न में शुक्र चतुर्थेश एवं भाग्येश है। शुक्र शनि का मित्र होने से कुंभलग्न वालों के लिए शुक्र परमराजयोग कारक ग्रह है। शुक्र यहां सप्तम स्थान में सिंह राशि (शत्रु राशि) में है। शुक्र के कारण **'कुलदीपक योग'** बनेगा। जातक की पत्नी सुन्दर होगी। जातक का वैवाहिक जीवन सुखी होगा। माता का सुख उत्तम, जातक को धन, यश, कीर्ति मिलेगी। जातक को श्रृंगार में रस एवं परयुवती में रुचि रहेगी।

दृष्टि–सप्तमस्थ शुक्र की दृष्टि लग्नस्थान (कुंभराशि) पर होगी। जातक को परिश्रमपूर्वक किये गये प्रयत्न का पूरा-पूरा लाभ मिलेगा।

निशानी–**'लोमेश संहिता'** अध्याय 9/श्लोक 5 के अनुसार नवमेश यदि सातवें हो तो जातक भाग्यवान, गुणवान, यशस्वी एवं कीर्तिमान् होता है।

दशा–शुक्र की दशा-अंतर्दशा शुभ फल देगी। जातक को उत्तम गृहस्थ सुख मिलेगा। भाग्योदय के अवसर प्राप्त होंगे।

शुक्र का अन्य ग्रहों से सम्बन्ध–

1. **शुक्र+चंद्र**–शुक्र के साथ चंद्रमा जातक को अत्यंत सुन्दर व सुडौल जीवन साथी देगा।

2. **शुक्र+सूर्य**–शुक्र के साथ सूर्य पत्नी व ससुराल प्रभावशाली देगा। जातक की पत्नी आत्मनिर्भर होगी।

3. **शुक्र+मंगल**–शुक्र के साथ मंगल होने पर जातक कामी होगा एवं अन्य स्त्रियों को पीछे भटकता फिरेगा। स्त्री-मित्रों से लाभ है।

4. **शुक्र+बुध**–शुक्र के साथ बुध विवाह के बाद भाग्योदय देगा एवं दूसरा भाग्योदय प्रथम संतति के बाद देगा।

5. **शुक्र+गुरु**–शुक्र के साथ बृहस्पति से धन लाभ दिलायेगा। पत्नी वफादार होगी।

6. **शुक्र+शनि**–शुक्र के साथ शनि 'लग्नाधिपति योग' बनाता है। जातक को परिश्रमपूर्वक किये गये पुरुषार्थ का मीठा फल मिलेगा।

7. **शुक्र+राहु**–शुक्र के साथ राहु 'लम्पट योग' बनाता है। जातक कामी व दुष्चरित्र होता है।

8. **शुक्र+केतु**–शुक्र के साथ केतु जातक की काम शक्ति बढ़ायेगा।

कुंभलग्न में शुक्र की स्थिति अष्टम स्थान में

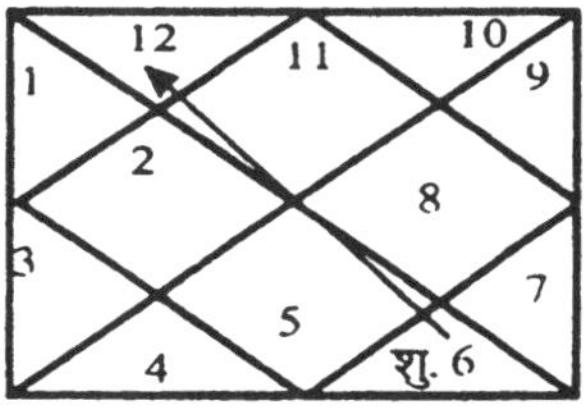

कुंभलग्न में शुक्र चतुर्थेश एवं भाग्येश है। शुक्र शनि का मित्र होने से कुंभलग्न वालों के लिए शुक्र परमराजयोग कारक ग्रह है। शुक्र यहां अष्टम स्थान में नीच राशि में है। कन्या राशि के 27 अंशों में शुक्र परमनीच का होगा। शुक्र की इस स्थिति से **'सुखहीन योग'** एवं **'भाग्यभंग योग'** बना। जातक को माता का सुख कमजोर होगा। शुक्र नवम भाव से बारहवें होने के कारण पिता से भी संबंध कमजोर रहेंगे। मकान का सुख भी ठीक नहीं।

दृष्टि–अष्टमस्थ शुक्र की दृष्टि धनभाव (मीन राशि) पर होगी। जातक का धन व्यर्थ के कार्यों में खर्च होगा।

दशा–शुक्र की दशा-अंतर्दशा अशुभ फल देगी।

शुक्र का अन्य ग्रहों से सम्बन्ध–

1. **शुक्र+चंद्र**–शुक्र के साथ चंद्रमा **'विपरीत राजयोग'** बनायेगा। ऐसा जातक धनी व ऐश्वर्यशाली होता है।

2. **शुक्र+सूर्य**–शुक्र के साथ सूर्य 'विवाहभंग योग' बनाता है। प्रथमत: विवाह देरी से हो फिर बनी बनाई शादी टूट जावे।

3. **शुक्र+मंगल**–शुक्र के साथ मंगल **'पराक्रमभंग योग'** एवं **'राजभंग योग'** बनाता है। ऐसे जातक को अच्छे काम करते रहने पर भी अपयश मिलता है।

4. **शुक्र+बुध**–शुक्र के साथ बुध **'संतानहीन योग'** बनाता है। विद्या में रुकावट के साथ संतान बाधा भी रहेगी।

5. **शुक्र+गुरु**—शुक्र के साथ बृहस्पति **'धनहीन योग'** एवं **'लाभभंग योग'** बनाता है। ऐसे जातक को आर्थिक विषमताओं व दिक्कतों का सामना करना पड़ता है।
6. **शुक्र+शनि**—शुक्र के साथ शनि **'लग्नभंग योग'** बनाता है। ऐसे जातक को परिश्रम का फल नहीं मिलता जातक को पक्षाघात का भय रहेगा।
7. **शुक्र+राहु**—शुक्र के साथ राहु **'लम्पट योग'** बनाता है। ऐसे जातक व्यभिचारी होते हैं। गुप्त रोग संभव है।
8. **शुक्र+केतु**—शुक्र के साथ केतु गुप्त बीमारी देगा।

कुंभलग्न में शुक्र की स्थिति नवम स्थान में

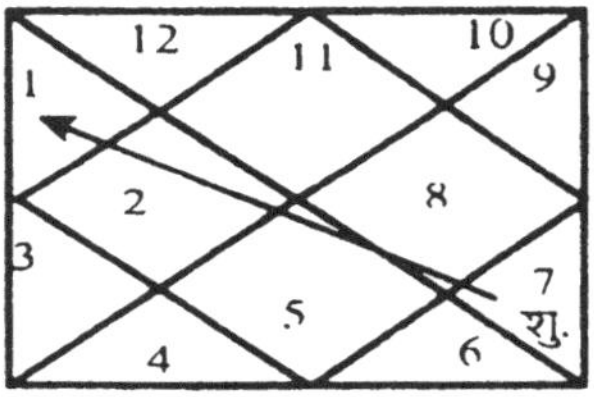

कुंभलग्न में शुक्र चतुर्थेश एवं भाग्येश है। शुक्र शनि का मित्र होने से कुंभलग्न वालों के लिए शुक्र परमराजयोग कारक ग्रह है। शुक्र यहां नवम स्थान में स्वगृही होगा। जातक का भाग्य बलवान होगा। जातक का पिता, धनवान, दीर्घायु होता है। जातक को मकान व वाहन का सुख उत्तम होगा।

दृष्टि—नवम भावगत शुक्र की दृष्टि तृतीय स्थान (मेष राशि) पर होगी। ऐसे जातक के बहनें अधिक होगी। बहनें सभी धनवान व सम्पन्न होगी।

निशानी—**'लोमेश संहिता'** अध्याय 4/श्लोक 8 के अनुसार भाग्येश भाग्य स्थान में हो तो जातक धन-धान्य से परिपूर्ण, अन्न-धन, सम्पत्ति वैभव से युक्त जीवन जीता है। उसके अनेक भाई-बहन होते हैं, सभी सुखी होते हैं।

दशा—शुक्र की दशा-अंतर्दशा में जातक का जबरदस्त भाग्योदय होगा। जातक को भौतिक सुखों की प्राप्ति होगी।

शुक्र का अन्य ग्रहों से सम्बन्ध—

1. **शुक्र+चंद्र**—शुक्र के साथ चंद्रमा भाग्योदय में सहायक है। जातक को माता-पिता की सम्पत्ति मिलेगी।
2. **शुक्र+सूर्य**—शुक्र के साथ सूर्य **'नीचभंग राजयोग'** बनायेगा। जातक राजा के समान पराक्रमी एवं ऐश्वर्यशाली होगा। भाग्योदय विवाह के बाद होगा।
3. **शुक्र+मंगल**—शुक्र के साथ मंगल भूमि लाभ दिलायेगे। जातक को भाई-बहनों का सुख मिलेगा।
4. **शुक्र+बुध**—शुक्र के साथ बुध उत्तम विद्या योग दिलायेगा। जातक मैनेजमेन्ट कोर्स में आगे बढ़ेगा।

5. **शुक्र+गुरु**–शुक्र के साथ बृहस्पति धन प्राप्ति के उत्तम अवसर प्रदान करता रहेगा। जातक धार्मिक एवं आध्यात्मिक विचारों वाला होगा।

6. **शुक्र+शनि**–शुक्र के साथ शनि उच्च का होने से **'किम्बहुना नामक राजयोग'** बनेगा। जातक राजा के समान पराक्रमी एवं वैभवशाली होगा।

7. **शुक्र+राहु**–शुक्र के साथ राहु **'लम्पट योग'** बनायेगा। जातक के भाग्योदय में विशेष बाधाएं आयेगी।

8. **शुक्र+केतु**–शुक्र के साथ केतु जातक को महत्वाकांक्षी बनायेगा। महत्वाकांक्षाएं पूरी होगी।

कुंभलग्न में शुक्र की स्थिति दशम स्थान में

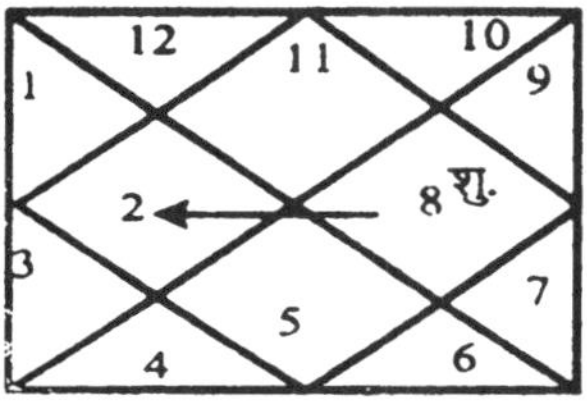

कुंभलग्न में शुक्र चतुर्थेश एवं भाग्येश है। शुक्र शनि का मित्र होने से कुंभलग्न वालों के लिए शुक्र परमराजयोग कारक ग्रहे है। शुक्र यहा दशम स्थान में वृश्चिक (सम) राशि में है। शुक्र के कारण **'कुलदीपक योग'** बनेगा। जातक को उच्च शैक्षणिक उपाधि (Higher Educational Degree) मिलेगी। जातक का पिता धनवान एवं दीर्घजीवी होगा। वैवाहिक जीवन आदर्शमय होगा। जातक को स्त्री-संतान, पद-प्रतिष्ठा का सुख उत्तम श्रेणी का होगा।

दृष्टि–दशमस्थ शुक्र की दृष्टि चतुर्थ भाव (वृष राशि) पर होगी। ऐसे जातक को माता का सुख उत्तम। मकान-वाहन का सुख अति उत्तम होगा।

निशानी–**'लोमेश संहिता'** अध्याय 9/श्लोक 2 के अनुसार भाग्येश यदि दशम स्थान में हो तो व्यक्ति राजमंत्री, सेनापति, I.S. अधिकारी जैसे उच्च पद को प्राप्त करता है।

दशा–शुक्र की दशा-अंतर्दशा में अति उत्तम फलदायक होगी।

शुक्र का अन्य ग्रहों से सम्बन्ध–

1. **शुक्र+चंद्र**–शुक्र के साथ चंद्रमा नीच का होते हुए भी जातक को उत्तम वाहन सुख देगा। जातक चंचल स्वभाव का होगा।

2. **शुक्र+सूर्य**–शुक्र के साथ सूर्य विवाह के बाद जातक को रोजी-रोजगार के उन्नत अवसर प्राप्त होंगे।

3. **शुक्र+मंगल**–शुक्र के साथ मंगल हो तो **'रुचक योग'** बनेगा। जातक राजा तुल्य पराक्रमी होगा पर उसके अनेक पत्नियां होगी (चन्द्रकला नाड़ी)।

4. **शुक्र+बुध**–शुक्र के साथ बुध जातक को विद्याध्ययन के कारण आगे बढ़ायेगा। जातक व्यापारी होगा।

5. **शुक्र+गुरु**–शुक्र के साथ बृहस्पति माता का धन दिलायेगा। माता का जातक पर विशेष कृपा होगी। जातक को उत्तम भवन भी होगा।

6. **शुक्र+शनि**–शुक्र के साथ शनि होने से जातक परिश्रमी होगा तथा अपने परिश्रम से मकान बनायेगा।

7. **शुक्र+राहु**–शुक्र के साथ राहु **'लम्पट योग'** बनायेगा। जातक कामी स्वभाव का होगा तथा राजसुख में उसका यह स्वभाव बाधक होगा।

8. **शुक्र+केतु**–शुक्र के साथ केतु जातक को व्यापार करने में प्रेरित करेगा।

कुंभलग्न में शुक्र की स्थिति एकादश स्थान में

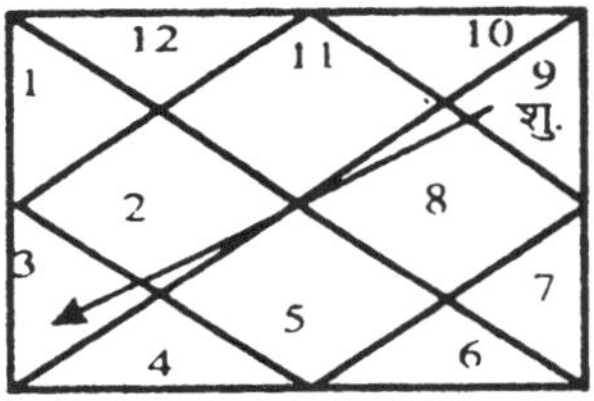

कुंभलग्न में शुक्र चतुर्थेश एवं भाग्येश है। शुक्र शनि का मित्र होने से कुंभलग्न वालों के लिए शुक्र परमराजयोग कारक ग्रह है। शुक्र यहां एकादश स्थान में धनु (सम) राशि में है। चौथे भाव का अधिपति होकर चौथे भाव से आठवें स्थान पर होने के कारण माता का सुख ठीक नहीं। जातक की विद्या भी अधूरी छूट जायेगी। जातक धनवान होगा। मित्र बहुत होंगे। आवक के जरिए शक्तिशाली होंगे।

दृष्टि–एकादश भावगत शुक्र की दृष्टि पंचम भाव (मिथुन राशि) पर है। ऐसे जातक को कन्या संतति अधिक होगी।

निशानी–**'लोमेश संहिता'** अध्याय 4/श्लोक 8 के अनुसार सुखेश यदि एकादश में हो तो जातक बहुत पराक्रमी होगा परन्तु सदैव बीमार रहेगा।

दशा–शुक्र की दशा-अंतर्दशा सामान्य (मिश्रित) फलदायक होगी।

शुक्र का अन्य ग्रहों से सम्बन्ध–

1. **शुक्र+चंद्र**–शुक्र के साथ चंद्रमा जातक को उद्योगपति बनायेगा। जातक व्यापार प्रिय होगा।

2. **शुक्र+सूर्य**–शुक्र के साथ सूर्य विवाह के बाद उन्नति करायेगा। जातक सैक्सी होगा।

3. **शुक्र+मंगल**–शुक्र के साथ मंगल भूमि लाभ के साथ जातक व्यापार की ओर प्रवृत होगा। व्यापार में लाभ होगा।

4. **शुक्र+बुध**–शुक्र के साथ बुध व्यापार में लाभ। संतानसुख श्रेष्ठ एवं विद्या सुख भी श्रेष्ठ होने का संकेत देता है।

5. **शुक्र+गुरु**–शुक्र के साथ बृहस्पति जातक को बड़े भाई से लाभ एवं धनी बनायेगा। जातक उद्योगपति होगा।

6. **शुक्र+शनि**–शुक्र के साथ शनि जातक को व्यवहारिक ज्ञान से परिपूर्ण, व्यापारी बनायेगा।

7. **शुक्र+राहु**–शुक्र के साथ राहु **'लम्पट योग'** बनाता है। जातक कामी होगा। व्यापार में बाधा आयेगी। उद्योग फैल होगा।

8. **शुक्र+केतु**–शुक्र के साथ केतु व्यापार में उतार-चढ़ाव लाता रहेगा।

कुंभलग्न में शुक्र की स्थिति द्वादश स्थान में

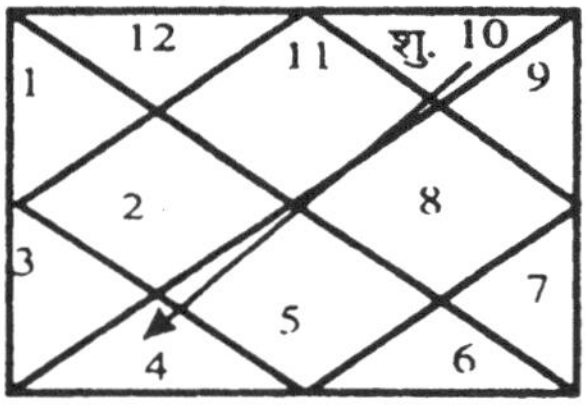

कुंभलग्न में शुक्र चतुर्थेश एवं भाग्येश है। शुक्र शनि का मित्र होने से कुंभलग्न वालों के लिए शुक्र परमराजयोग कारक ग्रह है। शुक्र यहां द्वादश स्थान में मकर (मित्र) राशि में है। शुक्र यहां **'सुखहीन योग'** एवं **'भाग्यभंग योग'** बना। चौथे भाव का अधिपति होकर बाहरवें जाने से जातक का माता छोटी उम्र में गुजर जावें अथवा बीमार रहे। मकान-वाहन का सुख ठीक नहीं। जातक को भाग्योदय हेतु बहुत कठोर परिश्रम करना पड़ेगा। जीवन में व्यक्तिगत समस्याएं बहुत होगीं।

दृष्टि–द्वादश भावगत शुक्र की दृष्टि व्ययभाव (मकर राशि) पर होगी। जातक गलत कार्यो में रुपया खर्च करेगा। उसके शत्रु बहुत होंगे। परदेश में रहने से लाभ है।

निशानी–**'लोमेश संहिता'** अध्याय 9/श्लोक 4 के अनुसार नवमेश यदि बारहवें हो तो जातक को बड़े भाई एवं मामा का सुख नहीं मिलता।

दशा–शुक्र की दशा-अंतर्दशा अशुभ फल देगी।

शुक्र का अन्य ग्रहों से सम्बन्ध–

1. **शुक्र+चंद्र**–शुक्र के साथ चंद्रमा **'विपरीत राजयोग'** बनायेगा। ऐसा जातक धनवान होगा। सैक्सी होगा।

2. **शुक्र+सूर्य**–शुक्र के साथ सूर्य **'विवाहभंग योग'** बनाता है। जातक का कामुक प्रवृत्ति विवाह सुख में बाधक है।

3. **शुक्र+मंगल**–शुक्र के साथ मंगल उच्च का जातक कामी होगा। स्त्रियों के पीछे भागेगा एवं गलत कार्यों में धन का अपव्यय करेगा।

4. **शुक्र+बुध**–शुक्र के साथ बुध विद्या में रुकावट एवं संतान संबंधी चिंता बनी रहेगी।

5. **शुक्र+गुरु**–शुक्र के साथ बृहस्पति '**धनहीन योग**' एवं '**लाभभंग योग**' बनाता है। जातक को आर्थिक परेशानियों का सामना करना पड़ेगा।

6. **शुक्र+शनि**–शुक्र के साथ शनि स्वगृही होकर '**लग्नभंग योग**' बनायेगा। जातक को परिश्रम का लाभ नहीं मिलेगा। जातक गलत कार्यों में रुपया खर्च करेगा। जातक को पक्षाघात का भय रहेगा।

7. **शुक्र+राहु**–शुक्र के साथ राहु '**लम्पट योग**' बनायेगा। जातक व्याभिचारी होगा। तथा भाग्योदय संबंधी कष्ट भोगेगा।

8. **शुक्र+केतु**–शुक्र के साथ केतु जातक को स्त्री से विरक्ति दिलायेगा। जातक यात्राएं बहुत करेगा।

❑❑❑

कुंभलग्न में शनि की स्थिति

कुंभलग्न में शनि की स्थिति प्रथम स्थान में

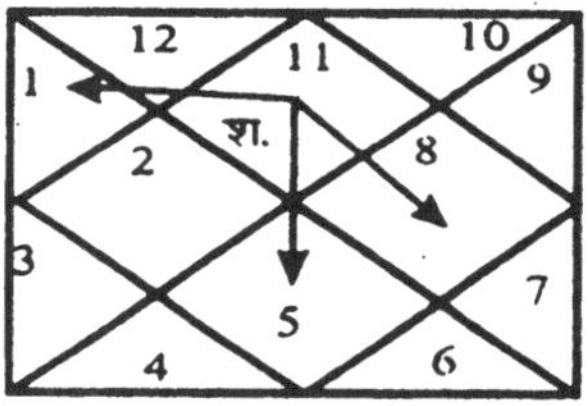

कुंभलग्न में शनि लग्नेश एवं व्ययेश है। शनि लग्नेश होने से अशुभ फल नहीं देता। शनि यहां प्रथम स्थान में कुंभ राशि का होकर स्वगृही है। कुंभराशि के अंशों तक शनि मूल त्रिकोणी कहलाता है। शनि की स्थिति के कारण **'शश योग'** बना। ऐसा जातक पुष्ट शरीर, पुष्ट वीर्य, काले बाल एवं आकर्षक व्यक्तित्व का धनी होगा। ऐसा जातक राजा के समान पराक्रमी व ऐश्वर्यशाली होगा। ऐसे जातक के शत्रुओं का नाश दैवी-विपत्तियों से स्वतः ही हो जाता है।

दृष्टि–लग्नस्थ शनि की दृष्टि तृतीय स्थान (मेष राशि), सप्तम भाव (सिंह राशि) एवं दशम भाव (वृश्चिक राशि) पर होगी। फलतः छोटे भाइयों से कम बनेगी पर समाज के अन्य लोगों से अच्छे संबंध होगे। पत्नी के साथ कम बनेगी। जातक राजनीति में रुचि लेगा। सरकार में प्रभाव रहेगा।

निशानी–**'लोमेश संहिता'** अध्याय 12/श्लोक 2 के अनुसार–व्ययेश मदने लग्ने जायासौख्य भवेन्नहि' व्ययेश यदि लग्न में हो तो जातक को पत्नी का सुख नहीं होगा। विद्या अधूरी छूट जायेगी। विवाह विलम्ब से होगा।

दशा–शनि की दशा-अंतर्दशा में जातक की उन्नति होगी। उसका भाग्योदय होगा, पराक्रम बढ़ेगा।

शनि का अन्य ग्रहों से सम्बन्ध–

1. **शनि+चंद्र**–शनि के साथ चंद्रमा जातक को दुष्टमति एवं चित्तमर्म स्वभाव का बनायेगा।

2. **शनि+सूर्य**—यहां दोनों ग्रह कुंभ राशि में होंगे। सूर्य शत्रुक्षेत्री तो शनि यहां स्वगृही होगा। लग्नेश शनि एवं सप्तमेश सूर्य की यह युति लग्न में होने से जातक आकर्षक व्यक्तित्व वाला होगा। पत्नी सुन्दर होगी परन्तु दुर्घटना से अंग-भंग होने का खतरा बना रहेगा। जातक का सही उन्नति पिता की मृत्यु के बाद होगी।

3. **शनि+मंगल**—शनि के साथ मंगल होने से जातक का दाम्पत्य जीवन नीरस होगा।

4. **शनि+बुध**—शनि के साथ बुध हो तो जातक को संतति सुख श्रेष्ठ मिलेगा।

5. **शनि+गुरु**—शनि के साथ बृहस्पति हो या बृहस्पति की दृष्टि हो तो जातक तत्वज्ञानी होगा।

6. **शनि+शुक्र**—शनि के साथ शुक्र हो तो जातक करोड़पति होगा।

7. **शनि+राहु**—शनि के साथ राहु यहां जातक को भौतिक, सामाजिक एवं राजनैतिक उन्नति देगा।

8. **शनि+केतु**—शनि के साथ केतु जातक को कीर्तिवन्त बनायेगा।

विशेष—शनि लग्न में हो तथा सूर्य, चंद्र, मंगल या राहु में से कोई भी ग्रह चौथे स्थान में हो तो व्यक्ति की पैतृक सम्पत्ति, धन इत्यादि सब कुछ बरबाद हो जाता है।

कुंभलग्न में शनि की स्थिति द्वितीय स्थान में

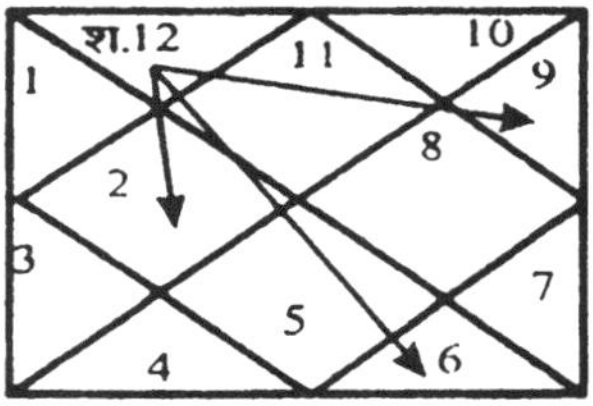

कुंभलग्न में शनि लग्नेश एवं व्ययेश है। शनि लग्नेश होने से अशुभ फल नहीं देता। शनि यहां द्वितीय स्थान में मीन (शत्रु) राशि में है। शनि यहां द्वादश भाव में तीसरे स्थान पर होने से द्वादश के दोष को नष्ट करने से शुभ फलदायक हो गया है। ऐसा जातक धनवान होगा। उसे उत्तम विद्या, धन, यश, कुटुम्ब सुख की प्राप्ति होगी।

दृष्टि—द्वितीयस्थ शनि की दृष्टि मातृभाव (वृष राशि), अष्टम भाव (कन्या राशि) एवं एकादश भाव (धनु राशि) पर होगी। जातक को माता के साथ खटपट रहेगी। जातक की आयु लम्बी होगी। पर धंधा में वांछित लाभ नहीं मिलेगा।

निशानी—ऐसा जातक पुराने मकान में मरम्मत करके रहेगा। वाहन में भी मरम्मत होती रहेगी। जातक भाषा से कुटुम्ब में कड़वाहट होगी।

दशा–शनि की दशा-अंतर्दशा मिश्रित फल देगी।

शनि का अन्य ग्रहों से सम्बन्ध–

1. **शनि+चंद्र**–शनि के साथ चंद्रमा जातक को धन की आवक तो देगा पर जातक धनसंग्रह नहीं कर पायेगा। सारे रुपये खर्च होते चले जायेगें।
2. **शनि+सूर्य**–यहां दोनों ग्रह 'मीन राशि' में होंगे। सूर्य यहां मित्र क्षेत्री तो शनि शत्रु क्षेत्री होगा। लग्नेश शनि एवं सप्तमेश सूर्य की यह युति धन भाव में होने से जातक को पत्नी द्वारा धन मिलेगा। धन संग्रह में कठिनाइयां आयेगी। पिता की मृत्यु के बाद जातक धनी होगा।
3. **शनि+मंगल**–शनि के साथ मंगल जातक की वाणी में कड़वाहट एवं षड्यंत्र की बू देगा।
4. **शनि+बुध**–शनि के साथ बुध नीच का होने से जातक वाक्पटु होगा परन्तु वाणी में हकलाहट रहेगी।
5. **शनि+गुरु**–शनि के साथ बृहस्पति होने से जातक कठोर पुरुषार्थी होगा एवं पुरुषार्थ के द्वारा धन अर्जित करेगा।
6. **शनि+शुक्र**–शनि के साथ शुक्र उच्च का जातक को परमसौभाग्यशाली एवं महाधनी बनायेगा।
7. **शनि+राहु**–शनि के साथ राहु जातक को धनहानि करायेगा।
8. **शनि+केतु**–शनि के साथ केतु धन प्राप्ति में विलम्ब करायेगा।

कुंभलग्न में शनि की स्थिति तृतीय स्थान में

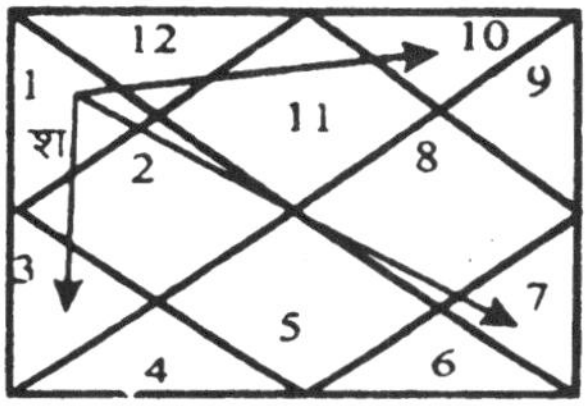

कुंभलग्न में शनि लग्नेश एवं व्ययेश है। शनि लग्नेश होने से अशुभ फल नहीं देता। शनि यहां तृतीय स्थान में नीच का होगा। मेष राशि के अशों पर शनि परम नीच का होता है। जातक अपने भाई-बहनों से संबंध ठीक नहीं होगे। जातक को पिता की सम्पत्ति नहीं मिलेगी। ऐसा जातक दूरदर्शी नहीं होता। तत्काल व तुरन्त लाभ के चक्कर में आगे का काम बिगाड़ देता है।

दृष्टि–तृतीयस्थ शनि की दृष्टि पंचम भाव (मिथुन राशि), भाग्यभवन (तुला राशि) एवं व्यय भाव (मकर राशि) पर होगी। ऐसे जातक की विद्या अधूरी छूट जाये,

भाग्य तो उत्तम होगा पर पिता की सम्पत्ति को जातक ठुकरा देगा। जातक बड़े-बड़े खर्चे करेगा। जिससे ऋणग्रस्त हो जायेगा।

निशानी–जातक अपनी नारी व दीक्षित बृहस्पति से भी द्वेष रखने वाला होता है।

दशा–शनि की दशा-अंतर्दशा ज्यादा शुभ फल नहीं दे पायेगी।

शनि का अन्य ग्रहों से सम्बन्ध–

1. **शनि+चंद्र**–शनि के साथ चंद्रमा जातक को परिजनों से लाभ देगा। परंतु जातक को छोटे भाई का सुख नहीं होगा।
2. **शनि+सूर्य**–यहां दोनों ग्रह 'मेष राशि' में होंगे। सूर्य यहां उच्च का, शनि नीच का होकर **'नीचभंग राजयोग'** बनायेगा। जातक पराक्रमी होगा। उसे छोटे-बड़े दोनों भाइयों का सुख नहीं रहेगा। जाति के अलावा अन्य लोगों में बड़ी कीर्ति होगी।
3. **शनि+मंगल**–शनि के साथ मंगल **'नीचभंग राजयोग'** करायेगा। ऐसा जातक राजा के समान पराक्रमी होगा। प्रभावशाली होगा।
4. **शनि+बुध**–शनि के साथ बुध जातक को भाई-बहन दोनों का सुख देगा। जातक बुद्धिजीवी होगा।
5. **शनि+गुरु**–शनि के साथ बृहस्पति होने से जातक कठोर परिश्रमी व पुरुषार्थी होगा। जातक को पुरुषार्थ का फल मिलेगा।
6. **शनि+शुक्र**–शनि के साथ शुक्र जातक को भाई-बहनों का सुख देगा। जातक को स्त्री-मित्रों से लाभ होगा।
7. **शनि+राहु**–शनि के साथ राहु पराक्रम भंग करेगा।
8. **शनि+केतु**–शनि के साथ केतु जातक को मित्रों से परेशानी दिलायेगा।

कुंभलग्न में शनि की स्थिति चतुर्थ स्थान में

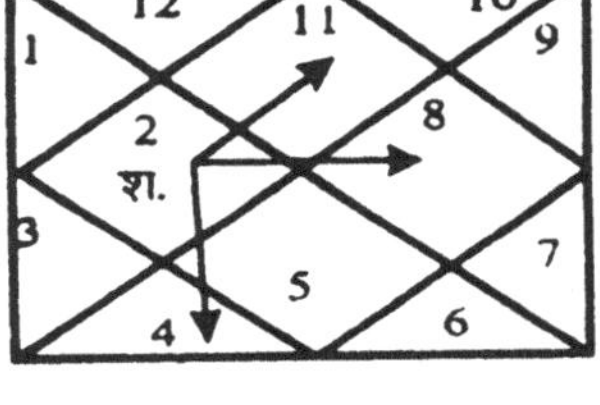

कुंभलग्न में शनि लग्नेश एवं व्ययेश है। शनि लग्नेश होने से अशुभ फल नहीं देता। शनि यहां चतुर्थ स्थान में वृष (मित्र) राशि में है। ऐसे जातक का व्यक्तित्व आकर्षक होगा एवं जातक दीर्घायु प्राप्त करेगा। जातक की माता बीमार रहेगी। जातक पुराने मकान में रहेगा। जातक के वाहन भी होगा पर रिपेरिंग खर्चा बहुत खायेगा। शनि चतुर्थ में **'बंधन योग'** भी कराता है।

दृष्टि–चतुर्थभावगत शनि की दृष्टि छठे भाव (कर्क राशि), दशम भाव (वृश्चिक राशि) एवं लग्न भाव, अपने ही घर कुंभ राशि पर होगी। यह शनि रोग, ऋण व शत्रुओं का नाश करेगा। जातक को परिश्रमपूर्वक किये गये प्रयत्न में सफलता मिलेगी। जातक को व्यापार-व्यवसाय उत्तम होगा।

निशानी–जातक उद्योगपति होगा या बड़ा राजनेता होगा। **'लोमेश संहिता'** अध्याय 11/श्लोक 1 के अनुसार जातक क्रोधी होगा तथा संतान की ओर से दु:खी रहेगा।

दशा–शनि की दशा-अंतर्दशा शुभ फल देगी।

शनि का अन्य ग्रहों से सम्बन्ध–

1. **शनि+चंद्र**–शनि के साथ चंद्रमा उच्च का होगा। जातक की माता उच्च घराने से होगी। पर बीमारी रहेगी। ऐसा जातक कहीं भी हो मरते वक्त स्वदेश जरुर लौटेगा।
2. **शनि+सूर्य**–यहां दोनों ग्रह 'वृष राशि' में है। सूर्य शत्रु क्षेत्री तो शनि मित्र क्षेत्री होगा। लग्नेश शनि एवं सप्तमेश सूर्य की युति चतुर्थ भाव में होने से जातक को माता-पिता की सम्पत्ति नहीं मिलेगी। माता की मृत्यु छोटी आयु में होगी।
3. **शनि+मंगल**–शनि के साथ मंगल जातक को सरकारी नौकरी अथवा सरकारी ठेकों से लाभ दिलायेगा।
4. **शनि+बुध**–शनि के साथ बुध उत्तम भवन सुख देगा।
5. **शनि+गुरु**–शनि के साथ बृहस्पति जातक को स्वभार्जित पराक्रम से धनी बनायेगा।
6. **शनि+शुक्र**–शनि के साथ शुक्र **'मालव्य योग'** बनायेगा जातक राजा के समान पराक्रमी व ऐश्वर्यवान होगा।
7. **शनि+राहु**–शनि के साथ राहु माता को अल्पायु देगा।
8. **शनि+केतु**–शनि के साथ केतु माता को लम्बी बीमारी देगा।

कुंभलग्न में शनि की स्थिति पंचम स्थान में

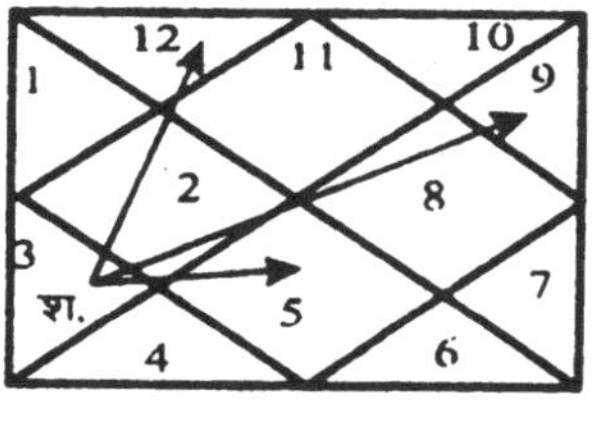

कुंभलग्न में शनि लग्नेश एवं व्ययेश है। शनि लग्नेश होने से अशुभ फल नहीं देता। शनि यहां पंचम भाव में मिथुन (मित्र) राशि में है। जातक का विवाह देरी से होगा। पत्नी उम्र में खुद से बड़ी होगी। जातक विदेशी भाषा पढ़ेगा। संतान देरी से-

होगे, कम होंगे। फिर भी जातक को स्त्री सुख, जमीन-जायदाद, माता-पिता व संतान का सुख मिलेगा।

दृष्टि–पंचमस्थ शनि की दृष्टि सप्तम भाव (सिंह राशि), लाभ भाव (धनु राशि) एवं धन भाव (मीन राशि) पर होगी। जातक के दाम्पत्य सुख में कुछ न कुछ कमी रहेगी। रोजी-रोजगार की प्राप्ति कठिनता से होगी। धन प्राप्ति हेतु कठोर परिश्रम के बाद सफलता मिलेगी।

निशानी–**'लोमेश संहिता'** अध्याय 1/श्लोक 5 के अनुसार लग्नेश पांचवें होने पर जातक को बड़ी संतति की मृत्यु उसके आंखों के सामने होती है। जातक को संतान सुख देरी से मिलेगा।

दशा–शनि की दशा-अंतर्दशा मिश्रित फल देगी।

शनि का अन्य ग्रहों से सम्बन्ध–

1. **शनि+चंद्र**–शनि के साथ चंद्रमा जातक को प्रथम कन्या संतति देगा। प्रारंभिक विद्या में रुकावट आने के बाद जातक उच्च शैक्षणिक उपाधि प्राप्त करेगा।
2. **शनि+सूर्य**–यहां दोनों ग्रह 'मिथुन राशि' में है सूर्य सम राशि में तो शनि मित्र राशि में होगा। लग्नेश शनि एवं सप्तमेश सूर्य की युति पंचम भाव में होने से जातक की प्रथम संतति की अकाल मृत्यु संभव है। एकाध गर्भपात संभव भी है।
3. **शनि+मंगल**–शनि के साथ मंगल जातक को भूमि, भवन का लाभ देगा।
4. **शनि+बुध**–शनि के साथ बुध उच्च शैक्षणिक उपाधि दिलायेगा।
5. **शनि+गुरु**–शनि के साथ बृहस्पति जातक को धनी बनायेगा।
6. **शनि+शुक्र**–शनि के साथ शुक्र जातक को धनी बनायेगा।
7. **शनि+राहु**–शनि के साथ राहु संतान सुख में बाधक है।
8. **शनि+केतु**–शनि के साथ केतु प्रथम संतति शल्य चिकित्सा से करायेगा।

कुंभलग्न में शनि की स्थिति षष्टम स्थान में

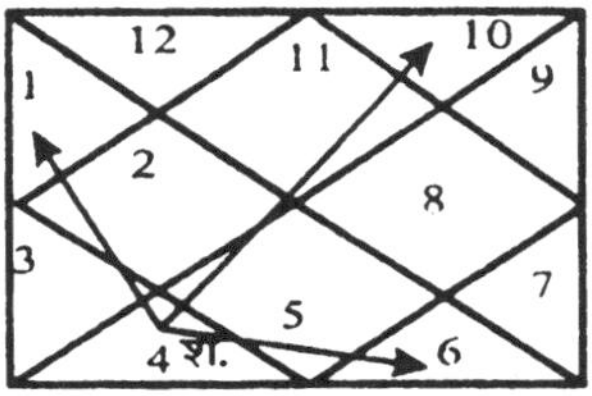

कुंभलग्न में शनि लग्नेश एवं व्ययेश है। शनि लग्नेश होने से अशुभ फल नहीं देता। शनि यहां छठे स्थान में कर्क (शत्रु) राशि में है। शनि की इस स्थिति से **'लग्नभंग योग'** बना। व्ययेश होकर छठे होने से **'विमल नामक विपरीत राजयोग'** भी बना।

ऐसा जातक धनी होगा। जीवन में सभी प्रकार के सुख ऐश्वर्य संसाधनों की प्राप्ति होगी। पर जीवन में संघर्ष बहुत करना पड़ेगा। अचानक खर्चे आयेगे। छठे शनि जातक को रोग मुक्त नहीं होने देता है।

दृष्टि—छठे भावगत शनि की दृष्टि अष्टम भाव (कन्या राशि), व्यय भाव (मकर राशि) एवं तृतीय भाव (मेष राशि) पर होगी। जातक के शत्रु बहुत होंगे। जातक पर खर्च व कर्ज की जबाबदारी रहेगी। जातक के मित्र विश्वासयोग्य नहीं होंगे।

निशानी—प्रथम प्रयत्न में किसी भी प्रकार के कार्य में सफलता नहीं मिलेगी। जातक के व्यसनी होने की संभावना अधिक रहेगी।

दशा—शनि की दशा-अंतर्दशा अशुभ फल देगी।

शनि का अन्य ग्रहों से सम्बन्ध—

1. **शनि+चंद्र**—शनि के साथ चंद्रमा **'हर्षनामक विपरीत राजयोग'** बनायेगा। ऐसा जातक धनी होगा। पर मानसिक परेशानी में रहेगा। जातक को तेज सिर दर्द की बीमारी रहेगी।
2. **शनि+सूर्य**—यहां दोनों ग्रह 'कर्क राशि' में है। सूर्य यहां मित्र क्षेत्री तो शनि शत्रु क्षेत्री है। लग्नेश शनि एवं सप्तमेश सूर्य की इस युति में **'लग्नभंग योग'**, **'विवाहभंग योग'** भी बनेगा। जातक को परिश्रम का लाभ नहीं मिल पायेगा। विवाह विलम्ब से हो अथवा दाम्पत्य जीवन कलहपूर्ण रहेगा। विवाह विच्छेद की संभावना है।
3. **शनि+मंगल**—शनि के साथ मंगल **'पराक्रमभंग योग'** एवं **'लाभभंग योग'** बनायेगा। ऐसा जातक व्यापार में हानि उठायेगा। समाज में अपयश मिलेगा।
4. **शनि+बुध**—शनि के साथ बुध **'संततिहीन योग'** बनायेगा। जातक को संतान संबंधी चिंता रहेगी।
5. **शनि+गुरु**—शनि के साथ बृहस्पति **'धनहीन योग'** एवं **'लाभभंग योग'** बनायेगा। जातक की आर्थिक विषमता का सामना करना पड़ेगा।
6. **शनि+शुक्र**—शनि के साथ शुक्र **'सुखभंग योग'** एवं **'भाग्यभंग योग'** बनायेगा। जातक को भौतिक सुखों की प्राप्ति हेतु काफी परेशानियों का सामना करना पड़ेगा। जातक को पक्षाघात का भय रहेगा।
7. **शनि+राहु**—शनि के साथ राहु गुप्त रोग देगा। जातक रोग मुक्त नहीं हो पायेगा।
8. **शनि+केतु**—शनि के साथ केतु है तो जातक जन्म से धनवान होगा।

कुंभलग्न में शनि की स्थिति सप्तम स्थान में

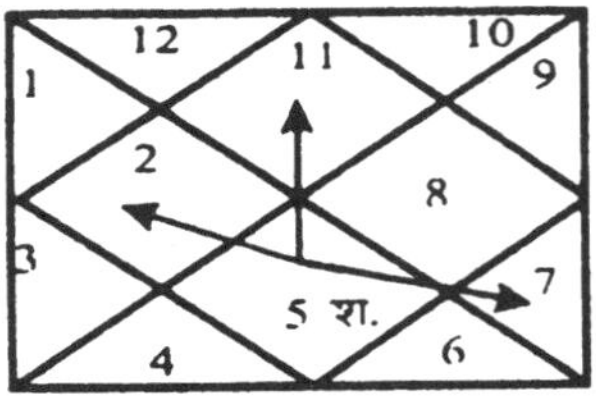

कुंभलग्न में शनि लग्नेश एवं व्ययेश है। शनि लग्नेश होने से अशुभ फल नहीं देता। शनि यहां शनि सातवें स्थान में सिंह (शत्रु) राशि में है। यहां लग्नेश की लग्न पर दृष्टि होने से जातक का स्वास्थ्य उत्तम रहेगा। जातक को माता-पिता का सुख तो मिलेगा पर संपत्ति नहीं मिलेगी। जातक अपनी धर्मपत्नी के साथ खटपट करता रहेगा। तकरार होती रहेगी। जातक का चरित्र संदेहास्पद होगा। जातक को पेट की तकलीफ रहेगी।

दृष्टि—सप्तमस्थ शनि की दृष्टि भाग्य स्थान (तुला राशि), लग्न स्थान (कुंभ राशि) एवं चतुर्थ भाव (वृष राशि) पर होगी। ये सभी शनि की उच्च, स्व एवं मित्र राशियां है। जातक भाग्यशाली होगा, परिश्रम का फल मिलेगा। जातक के पास निजी भवन एवं वाहन होगा।

निशानी—जातक पुराना मकान अथवा पुराना वाहन खरीदेगा।

दशा—शनि की दशा-अंतर्दशा शुभ फल देगी। जातक की उन्नति व भाग्योदय करायेगी।

शनि का अन्य ग्रहों से सम्बन्ध—

1. **शनि+चंद्र**—शनि के साथ चंद्रमा जातक को उत्तम विवाह सुख देगा।
2. **शनि+सूर्य**—यहां दोनों ग्रह 'सिंह राशि' में हैं। सूर्य यहां स्वगृही तो शनि शत्रु क्षेत्री होगा। लग्नेश शनि व सप्तमेश सूर्य की इस युति से पति-पत्नी के बीच अहम् का टकराव होगा। जातक की पत्नी कमाऊं एवं प्रभावशाली महिला होगी।
3. **शनि+मंगल**—शनि के साथ मंगल जातक को भूमि-भवन का लाभ देगा।
4. **शनि+बुध**—शनि के साथ बुध जातक को उत्तम संतान सुख देगा। विद्या सुख देगा।
5. **शनि+गुरु**—शनि के साथ बृहस्पति होने से जातक को पुरुषार्थ के द्वारा धन की प्राप्ति होगी।
6. **शनि+शुक्र**—शनि के साथ शुक्र होने से जातक सौभाग्यशाली होगा। जातक भौतिक सुखों से सम्पन्न होगा।
7. **शनि+राहु**—शनि के साथ राहु दाम्पत्य जीवन में विष घोलेगा।
8. **शनि+केतु**—शनि के साथ केतु दाम्पत्य जीवन में कलह करायेगा।

कुंभलग्न में शनि की स्थिति अष्टम स्थान में

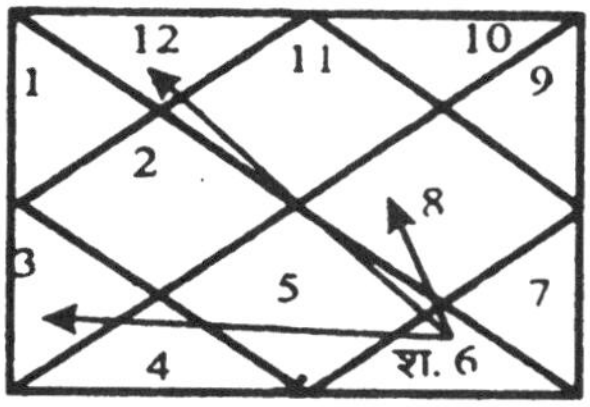

कुंभलग्न में शनि लग्नेश एवं व्ययेश है। शनि लग्नेश होने से अशुभ फल नहीं देता। शनि यहां अष्टम स्थान में कन्या (मित्र) राशि में है। शनि की इस स्थिति से **'लग्नभंग योग'** बना। व्ययेश शनि अष्टम में होने से **'विमल नामक विपरीत राजयोग'** बनेगा। ऐसा जातक धनी, मानी एवं प्रतिष्ठित होगा, परन्तु जातक अपनी उन्नति हेतु कठोर परिश्रम करना पड़ेगा। जातक का स्वास्थ्य ठीक नहीं रहेगा। अकस्मात रोग व शत्रुओं का प्रकोप होगा। शनि अष्टम में बिना कारण व्यक्ति को झगड़े-झंझट में फंसा देता है।

दृष्टि–अष्टमस्थ शनि की दृष्टि दशम भाव (वृश्चिक राशि), धन भाव (मीन राशि) एवं पंचम भाव (मिथुन राशि) पर होगी। जातक को राजकाज में बाधा उत्पन्न होगी। धन प्राप्ति हेतु भारी परिश्रम करना पड़ेगा। जातक को संतान संबंधी चिंता रहेगी। संतान के साथ संबंध अच्छे नहीं होंगे।

निशानी–**'लोमेश संहिता'** अध्याय 1/श्लोक 7 के अनुसार ऐसा जातक तंत्र विद्या का जानकार, बड़ा तांत्रिक, ज्योतिषी व भविष्यवक्ता होगा।

दशा–शनि की दशा-अंतर्दशा अनिष्ट फल देगी।

शनि का अन्य ग्रहों से सम्बन्ध–

1. **शनि+चंद्र**–शनि के साथ चंद्रमा **'विपरीत राजयोग'** कराता है। जातक धनी होगा पर उसकी पत्नी बीमार रहेगी। जातक को तेज सिरदर्द की बीमारी रहेगी।
2. **शनि+सूर्य**–यहां दोनों ग्रह 'कन्या राशि' में है। सूर्य यहां शत्रु क्षेत्री तो शनि मित्र क्षेत्री है। लग्नेश शनि एवं सप्तमेश सूर्य की इस युति में **'लग्नभंग योग'** एवं **'विवाहभंग योग'** बनेगा। जातक को मेहनत का फल नहीं मिलेगा। विवाह विलम्ब से हो अथवा दाम्पत्य जीवन कलहपूर्ण रहेगा। पति-पत्नी में दूरियां रहेगी।
3. **शनि+मंगल**–शनि के साथ मंगल द्विभार्या योग कराता है। पति-पत्नी में कलह रहेगा।
4. **शनि+बुध**–शनि के साथ बुध संतान सुख में बाधक है।
5. **शनि+गुरु**–शनि के साथ बृहस्पति **'धनहीन योग'** व **'लाभभंग योग'** बनाता है। जातक को आर्थिक विषमताओं से झूंझना पड़ेगा।

6. **शनि+शुक्र**–शनि के साथ शुक्र **'सुखहीन योग'** एवं **'भाग्यभंग योग'** बनाता है। जातक को भौतिक सुखों की प्राप्ति हेतु संघर्ष करना पड़ेगा। जातक को पक्षाघात का भय रहेगा।

7. **शनि+राहु**–शनि के साथ राहु जातक को शारीरिक कष्ट देगा। अंग-भंग करायेगा।

8. **शनि+केतु**–शनि के साथ केतु जातक को शारीरिक पीड़ा देगा।

कुंभलग्न में शनि की स्थिति नवम स्थान में

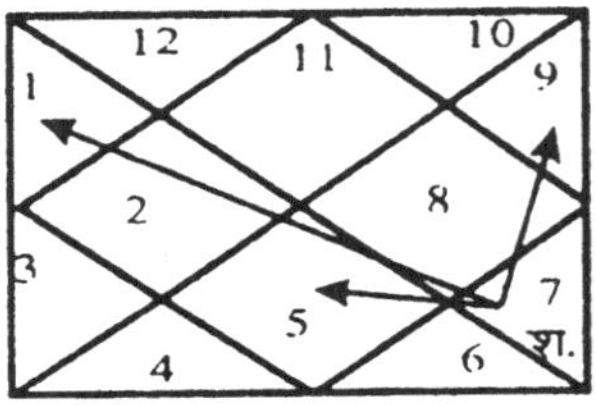

कुंभलग्न में शनि लग्नेश एवं व्ययेश है। शनि लग्नेश होने से अशुभ फल नहीं देता। शनि यहां नवम स्थान में शनि उच्च का होगा। तुला राशि में अंशों में शनि परमोच्च का होता है। ऐसे जातक का पिता प्रतिष्ठित एवं समाज का अग्रणी व्यक्ति होगा। जातक स्वयं धनी होगा। धर्मात्मा होगा। दानी होगा। जातक को अपने कुटम्बियों, भाई-बहनों से लगाव रहेगा। जातक अहंकारी होगा जिससे पति-पत्नी में तकरार होता रहेगा।

दृष्टि–नवमभावगत शनि की दृष्टि एकादश स्थान (धनु राशि), पराक्रम स्थान (मेष राशि) एवं सप्तम भाव (सिंह राशि) पर होगी। जातक को व्यापार-व्यवसाय से लाभ होगा। जातक पराक्रमी होगा। जातक का ससुराल धनाढ्य होगा।

निशानी–**'लोमेश संहिता'** अध्याय 9/श्लोक 4 के अनुसार यदि व्ययेश नवम स्थान में हो तो जातक अपनी स्त्री व दीक्षित बृहस्पति से द्वेष करने वाला होता है।

दशा–शनि की दशा-अंतर्दशा में जातक की धन, यश, प्रतिष्ठा की प्राप्ति होगी। जातक का भाग्योदय होगा।

शनि का अन्य ग्रहों से सम्बन्ध–

1. **शनि+चंद्र**–शनि के साथ चंद्रमा जातक को भाग्यशाली बनायेगा। जातक धनी होगा।

2. **शनि+सूर्य**–यहां दोनों ग्रह 'तुला राशि' में है। सूर्य यहां नीच का तो शनि उच्च का होने से **'नीचभंग राजयोग'** बना। लग्नेश व सप्तमेश की नवमभाव में यह युति जातक को राजातुल्य ऐश्वर्यशाली व पराक्रमी बनायेगा। जातक का भाग्योदय विवाह के बाद होगा पर पिता की मृत्यु के बाद जातक की किस्मत विशेष रुप से चमकेगी।

3. **शनि+मंगल**—शनि के साथ मंगल जातक को बड़ी भूमि का स्वामी बनायेगा। भाइयों से लाभ देगा।

4. **शनि+बुध**—शनि के साथ बुध जातक को बुद्धिशाली बनायेगा। प्रथम संतति के बाद जातक का भाग्योदय होगा।

5. **शनि+गुरु**—शनि के साथ बृहस्पति होने से परिश्रम का लाभ मिलेगा। ऐसा जातक अपनी किस्मत खुद चमकायेगा।

6. **शनि+शुक्र**—शनि के साथ शुक्र **'किम्बहुना योग'** करायेगा। ऐसा जातक परम सौभाग्यशाली एवं राजातुल्य पराक्रमी होगा।

7. **शनि+राहु**—शनि के साथ राहु जातक के भाग्योदय में बाधक है।

8. **शनि+केतु**—शनि के साथ केतु जातक के भाग्य में चमक लायेगा।

कुंभलग्न में शनि की स्थिति दशम स्थान में

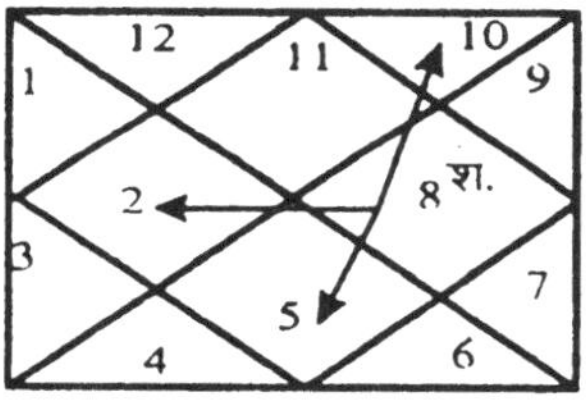

कुंभलग्न में शनि लग्नेश एवं व्ययेश है। शनि लग्नेश होने से अशुभ फल नहीं देता। शनि यहां दशम स्थान में शनि वृश्चिक (शत्रु) राशि में है। ऐसे जातक को उत्तम नौकरी, व्यवसाय, व्यापार का सुख मिलेगा। जातक का स्वास्थ्य उत्तम होगा। जातक का व्यक्तित्व आकर्षक व प्रभावशाली होगा। ऐसा जातक किसी बड़ा संस्था का प्रमुख या सरकार में उच्च पद को प्राप्त करेगा।

दृष्टि—दशमभावगत शनि की दृष्टि व्यय भाव (मकर राशि), चतुर्थ भाव (वृष राशि) एवं सप्तम भाव (सिंह राशि) पर होगी। जातक खर्चीले स्वभाव का होगा। पैसा हाथ में नहीं रुकेगा। माता का स्वास्थ्य खराब रहेगा। भौतिक एवं शयन सुख कमजोर। जातक के पत्नी के साथ तर्क-वितर्क होता रहेगा।

निशानी—जातक करोड़पति होगा। परन्तु **'लोमेश संहिता'** के अनुसार जातक का पुत्र जातक की आज्ञा में नहीं रहेगा। पिता से विपरीत चलेगा।

दशा—शनि की दशा-अंतर्दशा शुभ फल देगी। शनि की दशा में जातक को अकल्पित धन मिलेगा।

शनि का अन्य ग्रहों से सम्बन्ध—

1. **शनि+चंद्र**—शनि के साथ चंद्रमा, सरकारी नौकरी में बाधक है। जातक की माता बीमार रहेगी।

2 **शनि+सूर्य**–यहां दोनों ग्रह 'वृश्चिक राशि' में है। सूर्य यहां मित्र क्षेत्री तो शनि शत्रु क्षेत्री है। लग्नेश शनि और सप्तमेश सूर्य की यह युति दशम भाव में जातक को करोड़पति बनायेगी। जातक का भाग्योदय विवाह के बाद होगा परन्तु सही अर्थों में भाग्योदय पिता की मृत्यु के बाद होगा।

3. **शनि+मंगल**–शनि के साथ मंगल **'रुचक योग'** बनायेगा। ऐसा जातक करोड़पति होगा। राजा के समान पराक्रमी एवं प्रभावशाली होगा।

4. **शनि+बुध**–शनि के साथ बुध जातक को बुद्धिबल से धन दिलायेगा।

5. **शनि+गुरु**–शनि के साथ बृहस्पति परिश्रम का लाभ देगा। ऐसा जातक अपनी मेहनत से अपनी किस्मत चमकायेगा।

6. **शनि+शुक्र**–शनि के साथ शुक्र जातक को भाग्यशाली बनायेगा। जातक के पास एक से अधिक वाहन होगा।

7. **शनि+राहु**–शनि के साथ राहु जातक को सरकारी दण्ड दिलायेगा।

8. **शनि+केतु**–शनि के साथ केतु जातक को सरकारी ठेके में बाधा पैदा करेगा।

कुंभलग्न में शनि की स्थिति एकादश स्थान में

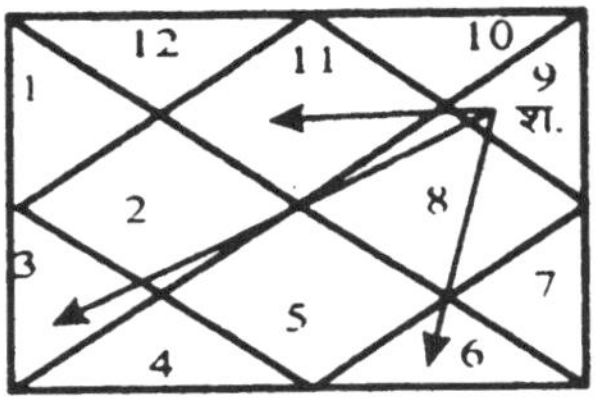

कुंभलग्न में शनि लग्नेश एवं व्ययेश है। शनि लग्नेश होने से अशुभ फल नहीं देता। शनि यहां एकादश स्थान में धनु (सम) राशि में है। लग्नेश लग्न को देखने से जातक का स्वास्थ्य उत्तम होगा। जातक को माता-पिता, स्त्री-संतति, पद-प्रतिष्ठा, धन प्राप्ति का सुख रहेगा। जातक रहस्यमय विद्याओं एवं भविष्य बताने वाली विद्याओं का जानकार होगा। जातक की संतति अपने पिता के धंधे व्यवसाय में रुचि रखेगा। शनि बारहवें भाव से बारहवें स्थान पर होने के कारण ज्यादा अशुभफल नहीं देगा। उसे व्ययेश होने का दोष समाप्त हो जायेगा।

दृष्टि–एकादश भावगत शनि की दृष्टि लग्न स्थान (कुंभ राशि), पंचम स्थान (मिथुन राशि) एवं अष्टम स्थान (कन्या राशि) पर होगी। जातक तंदुरुस्त होगा। जातक को संतान संबंधी चिंता रहेगी। जातक दीर्घायु को प्राप्त करेगा।

निशानी–'लोमेश संहिता' अध्याय 12/श्लोक 5 के अनुसार जातक का पुत्र जातक के कहने में नहीं रहेगा अथवा पुत्र होकर गुजर जावे। अर्थात् पुत्र संतान का सुख कमजोर होगा।

दशा–शनि की दशा-अंतर्दशा मिश्रित फल देगी। जातक को शनि धन लाभ करायेगा। बीमारी ठीक होगी।

शनि का अन्य ग्रहों से सम्बन्ध–

1. **शनि+चंद्र**–शनि के साथ चंद्रमा को व्यापार से लाभ होगा।
2. **शनि+सूर्य**–यहां दोनों ग्रह 'धनु राशि' में है। सूर्य यहां मित्र क्षेत्री तो शनि शत्रु क्षेत्री है। लग्नेश शनि एवं सप्तमेश सूर्य की यह युति एकादश स्थान में जातक को उद्योगपति बनायेगी। जातक के व्यापार-व्यवसाय में उन्नति विवाह के बाद होगी पर जातक सही अर्थों में धनपति पिता की मृत्यु के बाद होगा।
3. **शनि+मंगल**–शनि के साथ मंगल भूमि से लाभ दिलायेगा।
4. **शनि+बुध**–शनि के साथ बुध जातक को विद्या से लाभ देगा। प्रथम संतति के बाद भाग्योदय होगा।
5. **शनि+गुरु**–शनि के साथ स्वगृही बृहस्पति जातक को धनी एवं उद्योगपति के रुप में स्थापित करेगा।
6. **शनि+शुक्र**–शनि के साथ शुक्र जातक को बड़े उद्योग का स्वामी बनायेगा।
7. **शनि+राहु**–शनि के साथ राहु व्यापार में घाटा करायेगा।
8. **शनि+केतु**–शनि के साथ केतु व्यापार में उतार-चढ़ाव करायेगा।

कुंभलग्न में शनि की स्थिति द्वादश स्थान में

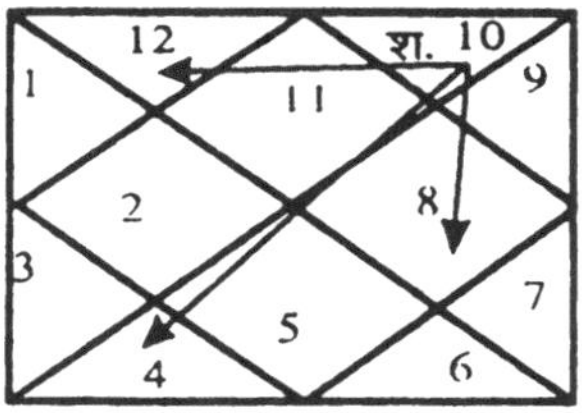

कुंभलग्न में शनि लग्नेश एवं व्ययेश है। शनि लग्नेश होने से अशुभ फल नहीं देता। शनि यहां द्वादश स्थान में स्वगृही होगा। शनि की इस स्थिति में **'लग्नभंग योग'** एवं **'विमल नामक विपरीत राजयोग'** बनेगा। ऐसा जातक धनी, मानी एवं विविध ऐश्वर्य से सम्पन्न व्यक्ति होगा परन्तु जीवन में पुरुषार्थ बहुत करना पड़ेगा। जातक के व्यर्थ खर्च अधिक होंगे। जातक विदेश जायेगा। विदेशी भाषा पढ़ेगा। जन्म स्थान से दूर परदेश जाकर उत्तम धन कमायेगा।

दृष्टि–द्वादशभावगत शनि की दृष्टि धनभाव (मीन राशि), छठे भाव (कर्क रशि) एव दशम भाव (वृश्चिक राशि) पर होगी। जातक के धनसंग्रह में बाधा आयेगी। ऐसे जातक के गुप्त शत्रु बहुत होंगे। जातक के राजकाज में बाधाएं बहुत आयेगी।

निशानी–'लोमेश संहिता' अध्याय 1/श्लोक 7 के अनुसार जातक बड़ा तांत्रिक होगा। गूढ़ एवं रहस्यमय विद्याओं का जानकार होगा।

दशा–शनि की दशा-अंतर्दशा अशुभ फल देगी।

शनि का अन्य ग्रहों से सम्बन्ध–

1. **शनि+चंद्र**–शनि के साथ चंद्रमा **'विपरीत राजयोग'** के कारण जातक को धनी बनायेगा। जातक को तेज सिरदर्द की बीमारी रहेगी।
2. **शनि+सूर्य**–यहां दोनों ग्रह 'मकर राशि' में है। सूर्य यहां शत्रु क्षेत्री तो शनि स्वगृही होगा। लग्नेश शनि एवं सप्तमेश सूर्य की इस युति से **'लग्नभंग योग'** एवं **'विवाहभंग योग'** बनेगा। जातक को परिश्रम का फल नहीं मिलेगा। विवाह विलम्ब से होगा अथवा दाम्पत्य जीवन में बिछोह व तनाव की स्थिति रहेगी।
3. **शनि+मंगल**–शनि के साथ मंगल **'किम्बहुनानामक राजयोग'** करायेगा। ऐसे जातक को विदेश में लाभ होगा। जातक बहुत धनी होगा। पर खर्चीले स्वभाव का होगा। ग्रहों की मद स्थिति जातक को आसमान से जमीन पर अवश्य पटकता है।
4. **शनि+बुध**–शनि के साथ बुध **'संतानहीन योग'** बनाता है। जातक के विद्या में बाधा आयेगी। संतति को लेकर चिंता रहेगी।
5. **शनि+गुरु**–शनि के साथ बृहस्पति **'नीचभंग राजयोग'** बनायेगा। ऐसा जातक धनी होगा एवं खर्चीले स्वभाव का होगा।
6. **शनि+शुक्र**–शनि के साथ शुक्र **'सुखहीन योग'** एवं **'भाग्यभंग योग'** बनायेगा। जातक को भौतिक सुखों व उपलब्धियों की प्राप्ति हेतु काफी परिश्रम करना पड़ेगा। जातक को पक्षाघात का भय रहेगा।
7. **शनि+राहु**–शनि के साथ राहु जातक को धनहानि करायेगा।
8. **शनि+केतु**–शनि के साथ केतु बाहरी यात्राएं करायेगा। जिनका अनुभव दुःखद होगा।

❑❑❑

कुंभलग्न में राहु की स्थिति

कुंभलग्न में राहु की स्थिति प्रथम स्थान में

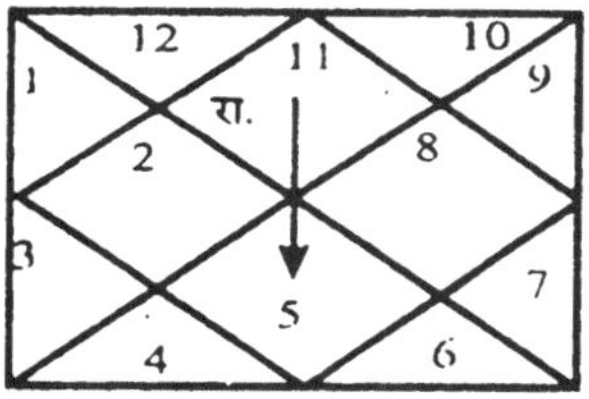

कुंभलग्न वालों के लिए राहु स्वगृही होता है। यह लग्नेश शनि से सम भाव रखते हुए भी कुंभलग्न वालों के लिए शुभ फल ही देगा। राहु यहां प्रथम स्थान अपनी मूल त्रिकोण राशि में होगा। जातक के मुंह का दिखाव बेडौल, दांत बाहर निकले हुए होगे। जातक ईर्ष्यालु स्वभाव का होगा। ऐसा जातक परिश्रमी, पुरुषार्थी होता है तथा परिश्रम के उपरान्त धन, ऐश्वर्य, नौकरी-व्यापार के सुख की प्राप्ति होती है।

दृष्टि–राहु की दृष्टि सप्तम भाव (सिंह राशि) पर होने से जातक के दाम्पत्य सुख में बिगाड़ उत्पन्न होगा। वैवाहिक जीवन दु:खी होगा।

निशानी–जातक प्रेम विवाह करेगा। ऐसा जातक गुप्त चिंताओं से ग्रस्त रहता है।

दशा–राहु का दशा शुभ फल देगी। परिश्रम से भाग्योदय करायेगी।

राहु का अन्य ग्रहों से सम्बन्ध–

1. **राहु+चंद्र**–राहु के साथ चंद्रमा **'ग्रहण योग'** बनायेगा। जातक अस्थिर मनोवृत्ति वाला, क्षीण मनोबल वाला व्यक्ति होगा।
2. **राहु+सूर्य**–राहु के साथ सूर्य **'ग्रहण योग'** बनायेगा। जातक गर्म मिजाजी, लड़ाकू एवं कमजोर आत्मबल वाला होगा।
3. **राहु+मंगल**–राहु के साथ मंगल **'अगांरक योग'** बनायेगा। जातक उग्र स्वभाव का होगा। भूमि व भाइयों को लेकर विवाह होगा।

4. **राहु+बुध**–राहु के साथ बुध **'जडत्व योग'** बनायेगा। जातक को व्यापार व विद्या में नुकसान होगा।

5. **राहु+गुरु**–यहां प्रथम स्थान में दोनों ग्रह 'कुंभ राशि' में होंगे। लग्नस्थ बृहस्पति यहां दु:खी होकर समराशि में होगा जबकि राहु अपनी मूलत्रिकोण राशि में हर्षित होकर **'चाण्डाल योग'** बनायेगा। ऐसा जातक जिद्दी, हठी एवं धार्मिक होते हुए भी नास्तिक विचारों वाला, तर्क-विकर्त में विश्वास रखने वाला जातक होगा।

6. **राहु+शुक्र**–राहु के शुक्र **'लम्पट योग'** बनायेगा। जातक व्याभिचारी होगा। माता का सुख, भाग्य का सुख कुण्ठित होगा।

7. **राहु+शनि**–राहु के साथ शनि **'शश योग'** के कारण राजातुल्य पराक्रमी होगा पर निर्णय गलत होंगे। जातक हठी होगा।

कुंभलग्न में राहु की स्थिति द्वितीय स्थान में

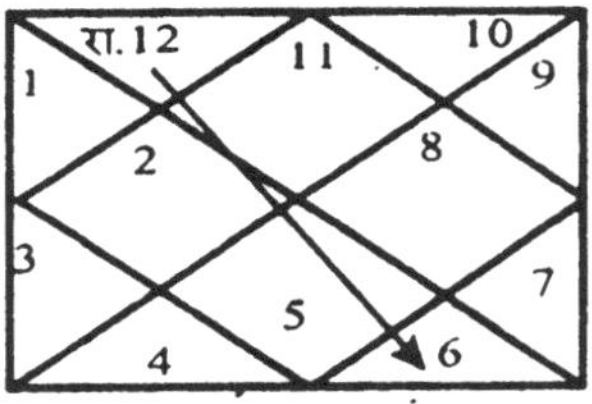

कुंभलग्न वालों के लिए राहु स्वगृही होता है। यह लग्नेश शनि से सम भाव रखते हुए भी कुंभलग्न वालों के लिए शुभ फल ही देगा। राहु यहां स्थान में मीन राशि में होकर नीच का होगा। जातक की भाषा कठोर होगी। कुटुम्ब में यश नहीं। आंख की दृष्टि कमजोर। राहु की यह स्थिति धन सग्रंह में बाधक है। कभी-कभी जातक को घोर आर्थिक संकटों का शिकार होना पड़ेगा।

दृष्टि–द्वितीय भावगत राहु की दृष्टि अष्टम भाव (कन्या राशि) पर होगी। जातक अपने शत्रुओं से परेशान रहेगा। पर ऐसा जातक बड़ा हिम्मत वाला होता है।

निशानी–घर-परिवार में दैनिक जरुरतों की पूर्ति हेतु मानसिक चिंता और तनाव उत्पन्न होते हैं।

दशा–राहु का दशा-अंतर्दशा धन नाश करायेगी। परेशानी उत्पन्न करेगी।

राहु का अन्य ग्रहों से सम्बन्ध–

1. **राहु+चंद्र**–राहु के साथ चंद्रमा **'ग्रहण योग'** बनायेगा। जातक के धन प्राप्ति में रुकावट आयेगी।

2. **राहु+सूर्य**–राहु के साथ सूर्य **'ग्रहण योग'** बनायेगा। जातक को कुटुम्ब सुख में बाधा आयेगी वाणी कड़वी होगी।

3. **राहु+मंगल**—राहु के साथ मंगल **'अकारक योग'** बनायेगा। जातक को भाई व भूमि सुख में बाधा आयेगी। वाणी कड़की होगी, लड़ाकू होगी।

4. **राहु+बुध**—राहु के साथ बुध **'जड़त्व योग'** बनायेगा। जातक की बुद्धि कुण्ठित होगी। विद्या में बाधा आयेगी।

5. **राहु+गुरु**—यहां द्वितीय भाव में दोनों ग्रह 'मीन राशि' में होंगे। बृहस्पति यहां स्वगृही जबकि राहु नीच का होकर **'चाण्डाल योग'** बनायेगा। फलत: धन के घड़े में छेद होगा। जातक जितना भी कमायेगा उसकी बरकत नहीं होगी। जिम्मेदारी बहुत ज्यादा रहेगी।

6. **राहु+शुक्र**—राहु के शुक्र **'लम्पट योग'** बनायेगा। जातक कामी होगा, धनी होगा पर रुपया गलत कार्यों में खर्च करेगा।

7. **राहु+शनि**—राहु के साथ शनि **'मान्दी योग'** बनायेगा। जातक हठी व दुराचारी होगा। परिश्रम का फल नहीं मिलेगा। ऐसा व्यक्ति परम स्वार्थी होता है।

कुंभलग्न में राहु की स्थिति तृतीय स्थान में

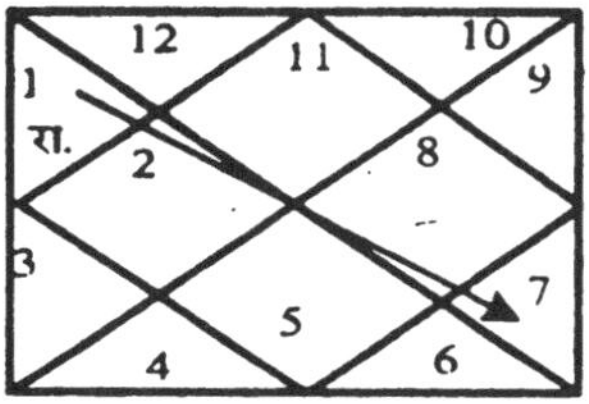

कुंभलग्न वालों के लिए राहु स्वगृही होता है। यह लग्नेश शनि से सम भाव रखते हुए भी कुंभलग्न वालों के लिए शुभ फल ही देगा। राहु यहां तृतीय स्थान में मेष सम राशि का है। जातक डरपोक एवं अधार्मिक होगा। पिता एवं छोटे भाई-बहनों के साथ संबंध अच्छे नहीं होंगे। यहां राहु राजयोगकारक होने से जातक पराक्रमी होगा। बहुत मित्रों वाला होगा।

दृष्टि—तृतीय भावगत राहु की दृष्टि भाग्यभवन (तुला राशि) पर होगी। ऐसा जातक भाग्यशाली होगा। अपनी गुप्त शक्ति एवं बुद्धि चातुर्य के द्वारा कार्य में सफलता प्राप्त करके ही दम लेगा।

निशानी—दैहिक, मानसिक कष्ट एवं संघर्ष रहेगा। अपनी गुप्त कमजोरियां व चिंताओं को छिपाता है प्रकट रुप से विजयी बना रहता है।

दशा—राहु का दशा-अंतर्दशा शुभफल देगी। संघर्ष के बाद सफलता निश्चित है।

राहु का अन्य ग्रहों से सम्बन्ध—

1. **राहु+चंद्र**—राहु के साथ चंद्रमा **'ग्रहण योग'** बनायेगा। जातक का पराक्रम भंग होगा। मित्रों में अपयश मिलेगा।

2. **राहु+सूर्य**–राहु के साथ सूर्य '**ग्रहण योग**' बनायेगा। जातक का पराक्रम दूषित होगा। जातक तेजस्वी स्वभाव का होगा।
3. **राहु+मंगल**–राहु के साथ मंगल '**अगारंक योग**' बनायेगा। जातक उग्र स्वभाव होगा। भाइयों का सुख होगा। पर भाइयों से बनेगी नहीं।
4. **राहु+बुध**–राहु के साथ बुध '**जडत्व योग**' देगा। जातक की बुद्धि कुण्ठित होगी। मित्रों से लाभ नहीं ले पायेगा।
5. **राहु+गुरु**–यहां तृतीय भाव में दोनों ग्रह 'मेष राशि' में होंगे। बृहस्पति मित्र राशि में तो राहु सम राशि का होकर '**चाण्डाल योग**' बनायेगा। ऐसे जातक का पराक्रम कुण्ठित होगा। भाईयों से नहीं बनेगी। मित्र दगा देंगे।
6. **राहु+शुक्र**–राहु के शुक्र '**लम्पट योग**' बनायेगा। जातक स्त्री के कारण बदनाम होगा।
7. **राहु+शनि**–राहु के साथ शनि '**मान्दी योग**' बनायेगा। जातक हठी व जिद्दी होगा।

कुंभलग्न में राहु की स्थिति चतुर्थ स्थान में

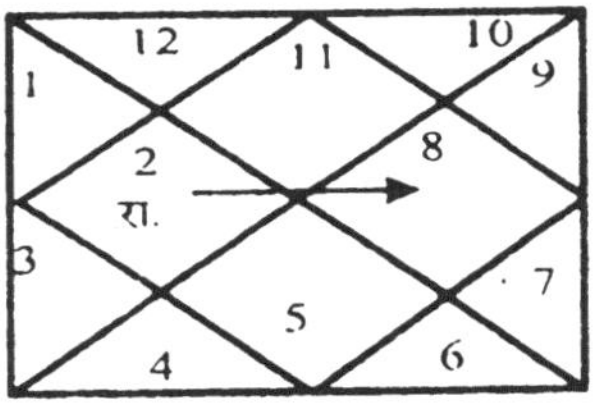

कुंभलग्न वालों के लिए राहु स्वगृही होता है। यह लग्नेश शनि से सम भाव रखते हुए भी कुंभलग्न वालों के लिए शुभ फल ही देगा। राहु यहां चतुर्थ स्थान में वृष उच्च राशि का है। जातक को मकान-वाहन का सुख उत्तम। पर माता का सुख बराबर नहीं। जातक का घरेलू जीवन अशान्त एवं संकटपूर्ण रहेगा। भूमि एवं मकान को लेकर विवाद रहेगा।

दृष्टि–चतुर्थ भावगत राहु की दृष्टि दशम भाव (वृश्चिक राशि) पर होगी। ऐसे जातक का प्रारंभिक जीवन दु:खी व कष्टपूर्ण होगा।

निशानी–जातक विद्याध्ययन रुक-रुक कर करेगा पर करेगा जरुर।

दशा–राहु का दशा अंतर्दशा में संघर्ष की स्थिति बनी रहेगी। सघर्षों से टकराने के बाद जीवन में मीठा फल मिलेगा। भौतिक सुखों की प्राप्ति होगी।

राहु का अन्य ग्रहों से सम्बन्ध–

1. **राहु+चंद्र**–राहु के साथ चंद्रमा '**ग्रहण योग**' बनायेगा। जातक का मन विचलित रहेगा। माता का सुख कमजोर होगा।

2. **राहु+सूर्य**–राहु के साथ सूर्य **'ग्रहण योग'** बनायेगा। जातक का आत्मबल कमजोर होगा। पिता का सुख नष्ट होगा।

3. **राहु+मंगल**–राहु के साथ मंगल **'अंगारक योग'** बनायेगा। जातक उग्र स्वभाव का होगा। भाइयों का सुख कमजोर वाहन से दुर्घटना संभव है।

4. **राहु+बुध**–राहु के साथ बुध **'जडत्व योग'** बनायेगा। जातक की बुद्धि कुण्ठित होगी। विद्या में बाधा आयेगी।

5. **राहु+गुरु**–यहां चतुर्थ भाव में दोनों ग्रह 'वृष राशि' में होंगे। बृहस्पति शत्रु राशि में तो राहु अपनी उच्च राशि में होकर **'चाण्डाल योग'** बनायेगा। जातक की माता अल्प आयु में गुजर जाएगी। धन की कमी सदैव बनी रहेगी।

6. **राहु+शुक्र**–राहु के शुक्र **'लम्पट योग'** बनायेगा। जातक व्याभिचारी होगा। **'मालव्य योग'** के कारण धनी-अभिमानी होगा। वाहन दुर्घटना का भय रहेगा।

7. **राहु+शनि**–राहु के साथ शनि **'मान्दी योग'** बनायेगा। जातक हठी व दुराचारी होगा। परिश्रम का फल नहीं मिलेगा।

कुंभलग्न में राहु की स्थिति पंचम स्थान में

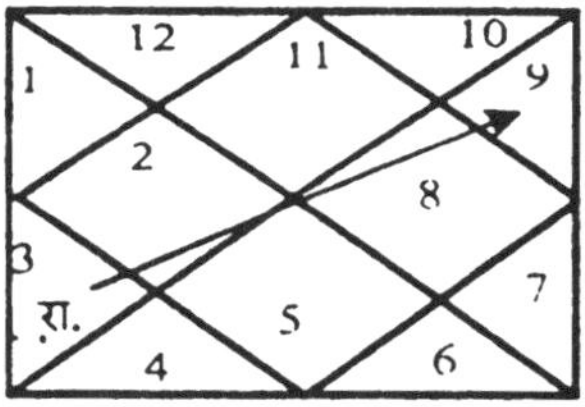

कुंभलग्न वालों के लिए राहु स्वगृही होता है। यह लग्नेश शनि से सम भाव रखते हुए भी कुंभलग्न वालों के लिए शुभ फल ही देगा। राहु यहां पंचम स्थान में मिथुन राशि का मूल त्रिकोणी होकर स्वगृही है। जातक को संतान संबधी चिंता रहेगी। प्रारंभिक विद्या में बाधा आयेगी। परन्तु बाद में विद्या एवं बुद्धि के क्षेत्र में विशेष दक्षता प्राप्त करेगा।

दृष्टि–पचंमस्थ राहु की दृष्टि एकादश भाव (धनु राशि) पर होगी। फलत: धंधे में रुकावट महसूस होगी। बड़े भाई से संबंध ठीक नहीं होंगे।

निशानी–ऐसा जातक अच्छा बोलने वाला, चतुर वक्ता एवं तीव्र ग्राही बुद्धि से सम्पन्न व्यक्ति होगा।

दशा–राहु का दशा-अंतर्दशा शुभ फल देगो पर विशेष दक्षता से काम लेना पड़ेगा।

राहु का अन्य ग्रहों से सम्बन्ध–

1. **राहु+चंद्र**–राहु के साथ चंद्रमा **'ग्रहण योग'** बनायेगा। जातक का मन चंचल होगा। संतान सुख में बाधा रहेगी। विद्या में बाधा आयेगी।

2. **राहु+सूर्य**–राहु के साथ सूर्य **'ग्रहण योग'** बनायेगा। जातक का आत्मबल कमजोर होगा। संतान सुख में बाधा आयेगी।

3. **राहु+मंगल**–राहु के साथ मंगल **'अंगारक योग'** बनायेगा। जातक उग्र स्वभाव का होगा। भाइयों से नुकसान व संतति का नुकसान संभव है।

4. **राहु+बुध**–राहु के साथ बुध **'जड़त्व योग'** बनायेगा। जातक की बुद्धि कुण्ठित होगी। विद्या में बाधा संभव है। पुत्र संतति में बाधा।

5. **राहु+गुरु**–यहां पंचम स्थान में दोनों ग्रह 'मिथुन राशि' में होंगे। बृहस्पति शत्रुक्षेत्री तो राहु यहां मूलत्रिकोणी होकर **'चाण्डाल योग'** बनायेगा। ऐसा जातक विद्या में रुकावट प्राप्त करेगा। संतान को लेकर भी चिंता बनी रहेगी।

6. **राहु+शुक्र**–राहु के शुक्र **'लम्पट योग'** बनायेगा। जातक व्यभिचारी होगा। पुत्र संतति में बाधा आयेगी।

7. **राहु+शनि**–राहु के साथ शनि **'मान्दी योग'** बनायेगा। जातक हठी व दुराचारी होगा। परिश्रम का फल नहीं मिलेगा। पूर्व जन्म के पुण्य मलिन होंगे।

कुंभलग्न में राहु की स्थिति षष्टम स्थान में

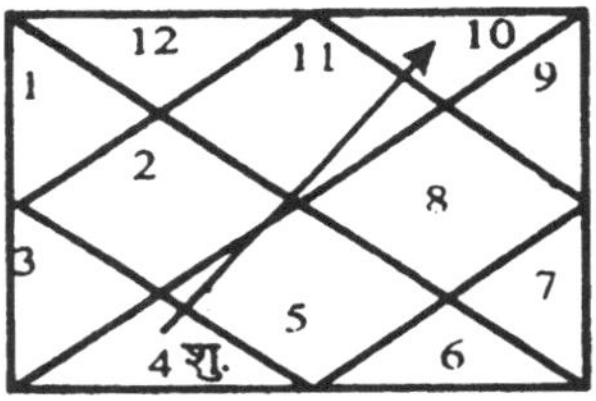

कुंभलग्न वालों के लिए राहु स्वगृही होता है। यह लग्नेश. शनि से सम भाव रखते हुए भी कुंभलग्न वालों के लिए शुभ फल ही देगा। राहु यहां छठे स्थान में कर्क राशि में होकर शत्रुक्षेत्री होते हुए भी राजयोग प्रदाता है। ऐसा जातक रोगी होगा। शत्रु बहुत होंगे। जातक कोर्ट-कचहरी के चक्कर लगायेगा। पर अंतिम विजय होगी। मामा का सुख कमजोर।

दृष्टि–षष्टमस्थ राहु की दृष्टि व्ययभाव (मकर राशि) पर होगी। जातक के रोग, ऋण व शत्रुओं का नाश होता है। ऐसा जातक शारीरिक नहीं अपितु **बुद्धिबल** से कठिनाइयों पर विजय प्राप्त करेगा।

निशानी–ऐसा जातक यदि धैर्य एवं साहस नहीं रखता तो निश्चय ही जीवन में सफल होगा।

दशा–राहु का दशा शत्रु उत्पन्न करेगी व शत्रुओं का नाश भी करेगी।

राहु का अन्य ग्रहों से सम्बन्ध–

1. **राहु+चंद्र**–राहु के साथ चंद्रमा **'ग्रहण योग'** बनाता है, जातक का मनोबल कमजोर होगा। जातक को मानसिक रोग रहेगा। माता भी रोगीली रहेगी। जातक को जलभय रहेगा।

2. **राहु+सूर्य**–राहु के साथ सूर्य **'ग्रहण योग'** बनायेगा। जातक को आत्मबल कमजोर होगा। पिता का सुख कमजोर। जातक पितृदोष या प्रेत बाधा से ग्रसित होगा।

3. **राहु+मंगल**–राहु के साथ मंगल **'अंगरक योग'** बनाता है। ऐसा जातक क्रूर होगा। भाइयों का सुख कमजोर। जातक के परिजन ही जातक के शत्रु होंगे।

4. **राहु+बुध**–राहु के साथ बुध **'जड़त्व योग'** बनाता है। ऐसा जातक मन्दबुद्धि वाला होगा। विद्या में निरन्तर बाधाएं आयेगी।

5. **राहु+गुरु**–यहां षष्टम स्थान में दोनों ग्रह 'कर्क राशि' में होंगे। बृहस्पति यहां उच्च का तो राहु शत्रुक्षेत्री होकर **'चाण्डाल योग'** बनायेगा। ऐसा जातक गुप्त रोग व गुप्त शत्रुओं से सदैव परेशान रहेगा।

6. **राहु+शुक्र**–राहु के शुक्र **'लम्पट योग'** बनाता है। ऐसा जातक व्यभिचारी होगा। एवं गुप्तेन्द्रि में बीमारी होगी।

7. **राहु+शनि**–राहु के साथ शनि **'मान्दी योग'** बनाता है। जातक हठी व दुराचारी होगा। उसे परिश्रम का फल नहीं मिलेगा। विपरीत राजयोग के कारण जातक धनी होगा।

कुंभलग्न में राहु की स्थिति सप्तम स्थान में

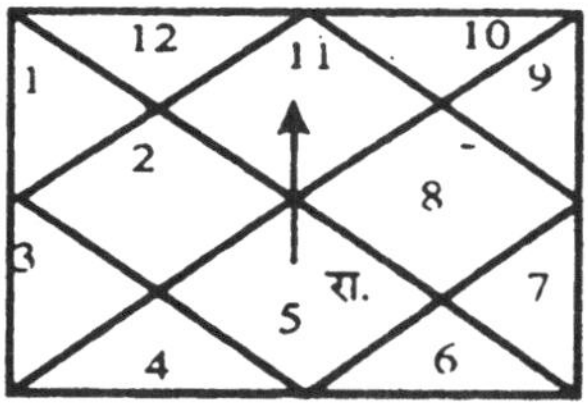

कुंभलग्न वालों के लिए राहु स्वगृही होता है। यह लग्नेश शनि से सम भाव रखते हुए भी कुंभलग्न वालों के लिए शुभ फल ही देगा। राहु यहां सप्तम स्थान में सिंह राशि का होकर शत्रुक्षेत्री होगा। जातक की पत्नी बीमार रहेगी। ऐसे जातक को गृहस्थ संचालन में अनेक कठिनाइयों का सामना करना पड़ेगा।

दृष्टि–सप्तमस्थ राहु की दृष्टि लग्नस्थान कुंभ राशि) पर होगी। भागीदारी के धंधे में सफलता नहीं मिलेगी। व्यवसाय के क्षेत्र में परेशानियों का सामना करना पड़ेगा।

निशानी–विवाह एक से अधिक हो सकते हैं। ऐसा जातक दैहिक बल, मनोबल और स्वाभिमान से युक्त होते हैं। हिम्मत नहीं हाने पर, घरेलु सुख शान्ति मिलेगी।

दशा–राहु का दशा-अंतर्दशा कष्टदायक साबित होगी।

राहु का अन्य ग्रहों से सम्बन्ध–

1. **राहु+चंद्र**–राहु के साथ चंद्रमा **'ग्रहण योग'** बनाता है। जातक का मनोबल कमजोर होगा। उसे वैवाहिक सुख में बाधा महसूस होगी।
2. **राहु+सूर्य**–राहु के साथ सूर्य **'ग्रहण योग'** बनाता है जातक का आत्मबल कमजोर होगा। पति-पत्नी में अहम् को लेकर टकराव होता रहेगा। तलाक तक की नौबत आ सकती है।
3. **राहु+मंगल**–राहु के साथ मंगल **'अंगारक योग'** बनाता है। जातक क्रूर स्वभाव होगा। अमानवीय अचारण के कारण पति-पत्नी में नहीं बनेगी।
4. **राहु+बुध**–राहु के साथ बुध **'जड़त्व योग'** बनाता है। जातक की बुद्धि कुण्ठित होगी। पति-पत्नी के बीच आपसी समझ कम होगी।
5. **राहु+गुरु**–यहां सप्तम स्थान में दोनों ग्रह 'सिंह राशि' में होंगे। बृहस्पति अपनी मित्र राशि में तो राहु अपनी शत्रु राशि में स्थित होकर **'चाण्डाल योग'** बनायेगा। ऐसे जातक को गृहस्थ सुख में कमी रहेगा। परिवार में भारी तकलीफें उठानी पड़ेगी।
6. **राहु+शुक्र**–राहु के शुक्र **'लम्पट योग'** बनाता है। जातक व्यभिचारी होगा। इसलिए पति-पत्नी में नहीं बनेगी।
7. **राहु+शनि**–राहु के साथ शनि **'मान्दी योग'** बनाता है। जातक हठी व दुराचारी होगा। इसलिए पति-पत्नी में नहीं निभेगी।

कुंभलग्न में राहु की स्थिति अष्टम स्थान में

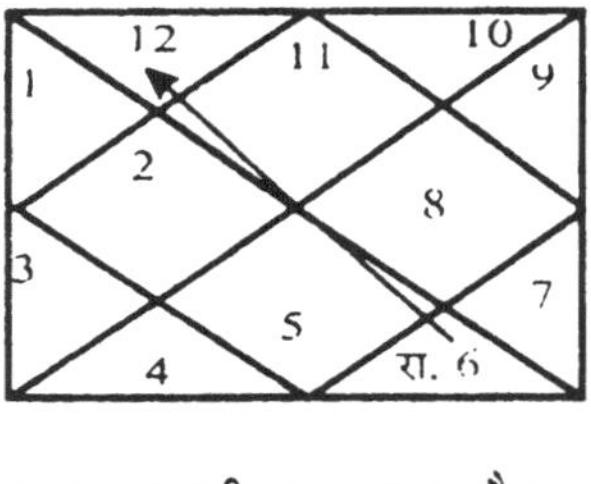

कुंभलग्न वालों के लिए राहु स्वगृही होता है। यह लग्नेश शनि से सम भाव रखते हुए भी कुंभलग्न वालों के लिए शुभ फल ही देगा। राहु यहां अष्टम स्थान में कन्याराशि का होकर स्वगृही होगा। ऐसा जातक विभिन्न रोगों से पीड़ित होगा। जातक को पेट के नीचे भाग में विकार रहेगा। जातक लम्बी आयु पाता है पर अनेक बार प्राणों पर संकट आयेगा।

दृष्टि–अष्टमस्थ राहु की दृष्टि धनभाव (मीन राशि) पर होगी। जातक का धन शरीर रक्षा पर खर्च होगा। आर्थिक विषमताऐं जीवन में बनी रहेगी।

निशानी–जातक की मृत्यु शान्तिपूर्वक नहीं होगी। ऐसे जातक दैहिक मनोबल एवं स्वाभिमान से युक्त होते हैं।

दशा–राहु का दशा-अंतर्दशा अनिष्ट फल देगी।

राहु का अन्य ग्रहों से सम्बन्ध–

1. **राहु+चंद्र**–राहु के साथ चंद्रमा **'ग्रहण योग'** बनायेगा। जातक का मनोबल कमजोर होगा। जातक को मानसिक रोग, पितृदोष रहेगा।
2. **राहु+सूर्य**–राहु के साथ सूर्य होने पर आजीविका के साधन खराब होंगे। राहु के साथ सूर्य **'ग्रहण योग'** बनायेगा। जातक पितृदोष से ग्रसित रहेगा। आत्मबल कमजोर रहेगा।
3. **राहु+मंगल**–राहु के साथ मंगल होने से आजीविका के साधन निम्नतर होंगे। राहु के साथ मंगल **'अंगारक योग'** बनायेगा। जातक क्रूर स्वभाव का होगा।
4. **राहु+बुध**–राहु के साथ बुध **'जड़त्व योग'** बनायेगा। जातक मन्द बुद्धि का होगा। विद्या व संतान में बाधा रहेगी।
5. **राहु+गुरु**–यहां अष्टम स्थान में दोनों ग्रह 'कन्या राशि' में होंगे। बृहस्पति शत्रु राशि में तो, राहु स्वगृही होकर **'चाण्डाल योग'** बनायेगा। ऐसा जातक गुप्त शत्रु एवं गुप्त रोग से सदैव परेशान रहेगा।
6. **राहु+शुक्र**–राहु के शुक्र **'लम्पट योग'** बनायेगा। ऐसा जातक व्याभिचारी होगा। उसे सैक्स की बीमारी होगी।
7. **राहु+शनि**–राहु के साथ शनि **'मान्दी योग'** बनायेगा। ऐसा जातक हठी व दुराचारी होगा। जातक को परिश्रम का लाभ नहीं मिलेगा।

कुंभलग्न में राहु की स्थिति नवम स्थान में

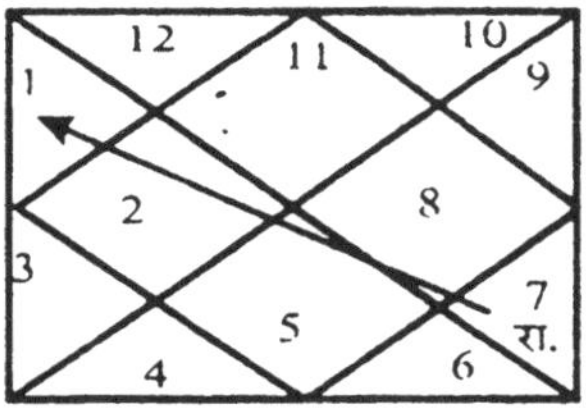

कुंभलग्न वालों के लिए राहु स्वगृही होता है। यह लग्नेश शनि से सम भाव रखते हुए भी कुंभलग्न वालों के लिए शुभ फल ही देगा। राहु यहां नवम स्थान में तुला राशि का होकर मित्रक्षेत्री है। जातक नास्तिक होगा। पिता से संबंध ठीक नहीं होंगे। पिता की सम्पत्ति नहीं मिलेगी। जातक के भाग्योन्नति में बाधाएं आयेगी। जातक अपने धर्म व कर्त्तव्य का पालन ठीक ढंग से नहीं कर पायेगा।

दृष्टि–नवम भावगत राहु की दृष्टि पराक्रम स्थान (मेष राशि) पर होगी। ऐसे जातक के बल, साहस व पराक्रम की निरन्तर वृद्धि होती रहती है।

निशानी–जातक परदेश जाकर बसेगा तो सुखी होगा। ऐसा जातक गुप्त युक्तियों, परिश्रम एव बुद्धि चातुर्य के द्वारा उन्नति मार्ग की ओर बढ़ेगा।

दशा–राहु का दशा-अंतर्दशा मिश्रित फल देगी।

राहु का अन्य ग्रहों से सम्बन्ध–

1. **राहु+चंद्र**–राहु के साथ चंद्रमा **'ग्रहण योग'** बनायेगा। जातक का मनोबल कमजोर होगा। जिसके कारण भाग्योदय में बाधाएं आती रहेगी।
2. **राहु+सूर्य**–राहु के साथ सूर्य **'ग्रहण योग'** बनायेगा। जातक का आत्मबल कमजोर होगा। जिसके कारण भाग्योदय में रुकावट आयेगी।
3. **राहु+मंगल**–राहु के साथ मंगल **'अंगारक योग'** बनायेगा। जातक क्रूर स्वभाव का होगा। जिसके कारण जातक के भाग्योदय में बाधा आयेगी।
4. **राहु+बुध**–राहु के साथ बुध **'जड़त्व योग'** बनायेगा। जातक की बुद्धि कुण्ठित होगी। जिसके कारण भाग्योदय में बाधा आयेगी।
5. **राहु+गुरु**–यहां नवम स्थान में दोनों ग्रह 'तुला राशि' में होंगे। बृहस्पति शत्रु राशि में तो राहु मित्र राशि में बैठकर **'चाण्डाल योग'** बनायेगा। ऐसे जातक को भाग्योदय हेतु काफी दिक्कतें-बाधाओं का सामना करना पड़ेगा।
6. **राहु+शुक्र**–राहु के शुक्र **'लम्पट योग'** बनाता है। जातक व्याभिचारी व सैक्सी होगा। जिसके कारण भाग्योदय में बाधा आयेगी।
7. **राहु+शनि**–राहु के साथ शनि **'मान्दी योग'** बनायेगा। जातक हठी व दुराचारी होगा। जिसके कारण भाग्योदय में बाधाएं आयेगी।

कुंभलग्न में राहु की स्थिति दशम स्थान में

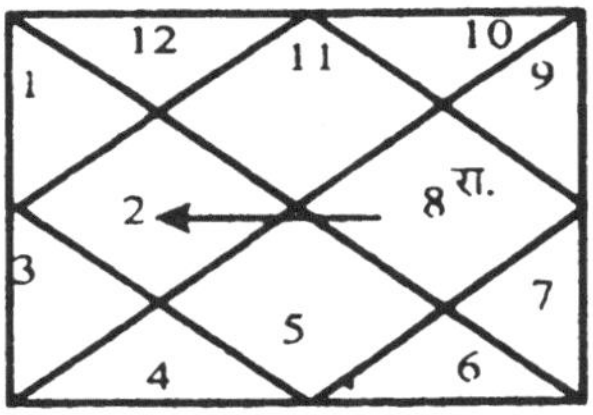

कुंभलग्न वालों के लिए राहु स्वगृही होता है। यह लग्नेश शनि से सम भाव रखते हुए भी कुंभलग्न वालों के लिए शुभ फल ही देगा। राहु यहां दशम स्थान में वृश्चिक राशि में होकर नीच का होगा। जातक को रोजी-रोजगार, धंधे की प्राप्ति हेतु काफी परिश्रम करना पड़ेगा। ऐसे जातक को पिता पक्ष से कष्ट एवं राज्यपक्ष में परेशानियां विरासत में मिलेगी।

दृष्टि–दशमस्थ राहु की दृष्टि चतुर्थ भाव (वृष राशि) पर होगी। ऐसे जातक की माता छोटी उम्र में गुजर जावें अथवा माता के साथ संबंध ठीक नहीं होंगे। जातक के धंधे में लगातार परिवर्तन आता रहेगा।

निशानी–जीवन में चिंता, तनाव और संघर्ष की स्थिति निरन्तर बनी रहेगी। व्यापार-व्यवसाय में उन्नति हेतु कठोर परिश्रम का सहारा लेना पड़ेगा।

दशा–राहु का दशा कष्टों की अनुभूति करायेगी।

राहु का अन्य ग्रहों से सम्बन्ध–

1. **राहु+चंद्र**–राहु के साथ चंद्रमा **'ग्रहण योग'** बनायेगा। जातक का मनोबल कमजोर होगा। जातक का राजकीय बाधा का सामना करना पड़ेगा।
2. **राहु+सूर्य**–राहु के साथ सूर्य **'ग्रहण योग'** बनायेगा। जातक का आत्मबल कमजोर होगा। जिसके कारण राजकीय बाधा का सामना करना पड़ेगा।
3. **राहु+मंगल**–राहु के साथ मंगल **'अंगारक योग'** बनायेगा। ऐसे जातक क्रूर स्वभाव का लड़ाकू होगा। जिसके कारण राजकीय बाधा आयेगी।
4. **राहु+बुध**–राहु के साथ बुध **'जड़त्व योग'** बनायेगा। जातक की बुद्धि कुण्ठित होगी। जिसके कारण राजकीय बाधा आयेगी।
5. **राहु+गुरु**–यहां दशम स्थान में दोनों ग्रह 'वृश्चिक राशि' में होंगे। बृहस्पति मित्र क्षेत्री है तो राहु नीच का होकर **'चाण्डाल योग'** बनायेगा। ऐसे जातक को रोजी-रोजगार एवं आजीविका के साधन व्यस्थित करने हेतु काफी दिक्कतों का सामना करना पड़ेगा।
6. **राहु+शुक्र**–राहु के शुक्र **'लम्पट योग'** बनायेगा। जिसके कारण जातक व्याभिचारी होगा। एवं राजकीय बाधा का सामना करना पड़ेगा।
7. **राहु+शनि**–राहु के साथ शनि **'मान्दी योग'** बनायेगा। जातक हठी व दुराचारी होगा। जिसके कारण भाग्योदय में रुकावट आयेगी।

कुंभलग्न में राहु की स्थिति एकादश स्थान में

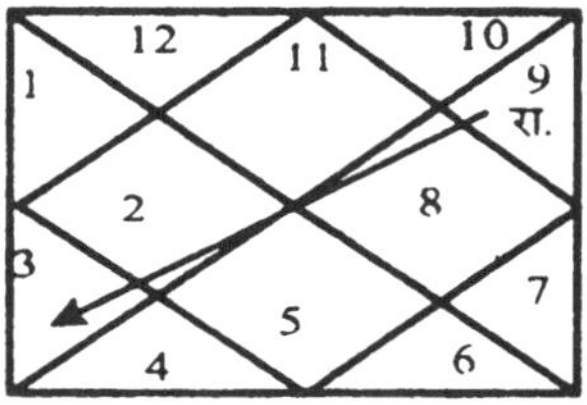

कुंभलग्न वालों के लिए राहु स्वगृही होता है। यह लग्नेश शनि से सम भाव रखते हुए भी कुंभलग्न वालों के लिए शुभ फल ही देगा। राहु यहां एकादश स्थान में धनु राशि का होकर नीच का है फिर भी राजयोग कारक है। धंधा-व्यापार में लाभ मिलेगा। पर आमदनी के मार्ग में लगातार कठिनाइयां आती रहेगी। ऐसा जातक गुप्त युक्तियां, बुद्धि चातुर्य एवं साहस के माध्यम से व्यापार-व्यवसाय में सफलता प्राप्त करेगा।

दृष्टि–एकादश भावगत राहु की दृष्टि पंचम भाव (मिथुन राशि) पर होगी। जातक को उच्च शिक्षा मिलेगी।

निशानी–जातक के पड़ौसी एवं मित्रों से संबंध ठीक होगे। भाग्योदय जन्म स्थान छोड़ने पर ही होगा।

दशा–राहु का दशा-अंतर्दशा शुभ फल देगा। परिश्रम का लाभ मिलेगा।

राहु का अन्य ग्रहों से सम्बन्ध–

1. **राहु+चंद्र**–राहु के साथ चंद्रमा **'ग्रहण योग'** बनायेगा। जातक का मनोबल कमजोर होगा। जिसके कारण व्यापार में रुकावट आयेंगी।
2. **राहु+सूर्य**–राहु के साथ सूर्य **'ग्रहण योग'** बनायेगा। जातक का आत्मबल कमजोर होगा। जिसके कारण लाभ में रुकावट आयेगी।
3. **राहु+मंगल**–राहु के साथ मंगल **'अंगारक योग'** बनायेगा। जातक लड़ाकू व क्रूर स्वभाव का होगा। जिसके कारण व्यापार में रुकावट आयेंगी।
4. **राहु+बुध**–राहु के साथ बुध **'जड़त्व योग'** बनायेगा। जातक की बुद्धि कुण्ठित होगी। जिसके कारण व्यापार के लाभ में बाधा आयेगी।
5. **राहु+गुरु**–यहां एकादश स्थान में दोनों ग्रह 'धनु राशि' में होंगे। बृहस्पति यहां स्वगृही तो राहु नीच का होकर **'चाण्डाल योग'** बनायेगा। ऐसे जातक को बड़े भाई का सुख नहीं होगा। राहु की दशा में जातक का चलता उद्योग बन्द हो जायेगा।
6. **राहु+शुक्र**–राहु के शुक्र **'लम्पट योग'** बनायेगा। जातक व्यभिचारी होगा। जिसके कारण व्यापारिक हानि होगी।
7. **राहु+शनि**–राहु के साथ शनि **'मान्दी योग'** बनायेगा। जातक हठी व दुराचारी होगा। जिसके कारण व्यापार में घाटा होगा।

कुंभलग्न में राहु की स्थिति द्वादश स्थान में

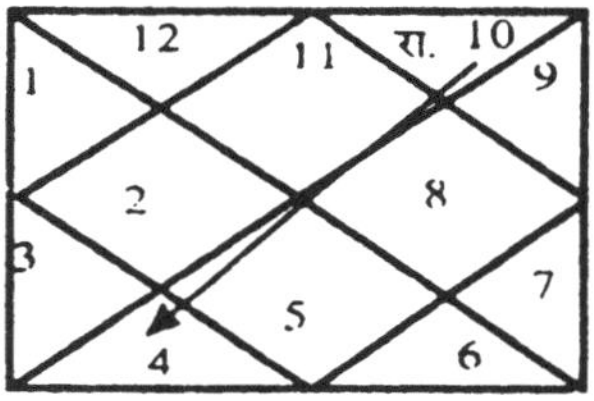

कुंभलग्न वालों के लिए राहु स्वगृही होता है। यह लग्नेश शनि से सम भाव रखते हुए भी कुंभलग्न वालों के लिए शुभ फल ही देगा। राहु यहां द्वादश स्थान में मकर (सम) राशि का है। जातक का शयन सुख कमजोर, नींद कम आयेगी। अचानक बेकार के खर्च होंगे। ऐसे जातक को अपने दैनिक व घरेलू खर्च के संबंध में कठिनाइयां उठानी पड़ेगी। मानसिक चिंता अधिक रहेगी।

दृष्टि–द्वादश भावगत राहु की दृष्टि छठे भाव (कर्क राशि) पर होगी। जातक के रुपये कोर्ट-कचहरी, दवाखाना में खर्च होंगे।

निशानी–ऐसे जातक कलहकारी एवं षड्यंत्रकारी होगा। ऐसा जातक गुप्त युक्तियों एवं बाहरी संबंधों का सहारा लेकर, मुसीबत से बाहर निकलने में सफल होगा।

दशा–राहु का दशा-अंतर्दशा प्रतिकूल रहेगी।

राहु का अन्य ग्रहों से सम्बन्ध–

1. **राहु+चंद्र**–राहु के साथ चंद्रमा **'ग्रहण योग'** बनेगा। जातक का मनोबल कमजोर होगा। जातक मानसिक बीमारी से ग्रसित होगा।
2. **राहु+सूर्य**–राहु के साथ सूर्य **'ग्रहण योग'** बनायेगा। जातक का आत्मबल कमजोर होगा। जातक पितृदोष से ग्रसित होगा। आंखें कमजोर होगी।
3. **राहु+मंगल**–राहु के साथ मंगल **'अंगारक योग'** बनायेगा। ऐसा जातक क्रूर व लड़ाकू स्वभाव का होगा। जातक को परिजनों के विरोध का सामना करना पड़ेगा।
4. **राहु+बुध**–राहु के साथ बुध **'जड़त्व योग'** बनायेगा। जातक की बुद्धि कुण्ठित होगी। जातक को संतान बाधा होगी।
5. **राहु+गुरु**–यहां द्वादश स्थान में दोनों ग्रह 'मकर राशि' में होंगे। बृहस्पति यहां नीच का होगा तो राहु मित्र राशि का होकर **'चाण्डाल योग'** बनायेगा। ऐसा जातक अधिक खर्च के कारण कर्जदार होगा तथा व्यर्थ की यात्राएं करता फिरेगा।
6. **राहु+शुक्र**–राहु के साथ शुक्र **'लम्पट योग'** बनायेगा। जातक व्यभिचारी होगा। जातक गलत कार्यों में रुपया खर्च करेगा। जातक व्यसनी होगा।
7. **राहु+शनि**–राहु के साथ शनि **'मान्दी योग'** बनायेगा। जातक हठी व दुराचारी होगा। जातक को परिश्रम का लाभ नहीं मिलेगा। जातक ऋणी होगा। दुर्घटना योग बनेगा।

❑❑❑

कुंभलग्न में केतु की स्थिति

कुंभलग्न में केतु की स्थिति प्रथम स्थान में

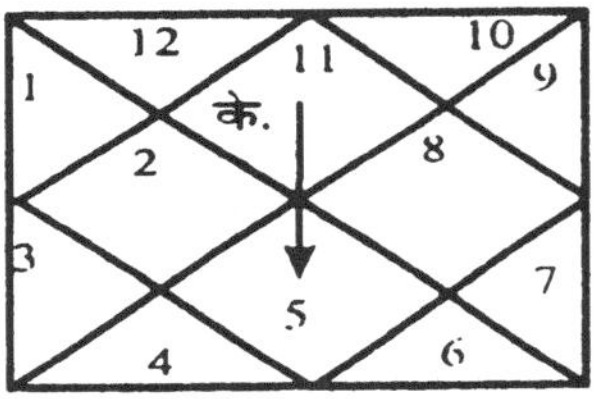

कुंभलग्न वालों में केतु की भिन्न राशि मानी गई है। लग्नेश शनि की राशि में केतु हर्षित-प्रमुदित रहता है। अत: कुंभलग्न में केतु जहां स्थित होगा। वहां शुभफल देगा। केतु यहां प्रथम स्थान में कुंभ राशि का होकर मित्रक्षेत्री होगा। ऐसा व्यक्ति बड़ा हिम्मती, गुप्त शक्ति सम्पन्न, धैर्यवान तथा परिश्रमी होता है। ऐसा जातक अपने आपको स्थापित करने के लिए, अपनी विशिष्ट पहचान बनाने के लिए कठोर प्रयत्न करता है और उसमें सफल होता है। ऐसा जातक समाज में उचित मान-सम्मान व प्रतिष्ठा को प्राप्त करता है।

दृष्टि–लग्नस्थ केतु की दृष्टि सप्तम भाव (सिंह राशि) पर होगी। फलत: गृहस्थ जीवन में थोड़ा कलह (विवाद) रहेगा।

निशानी–ऐसे जातक के शरीर व चेहरे पर किसी चोट या घाव का चिह्न होगा। जिससे शारीरिक सौन्दर्य में कमी आयेगी।

दशा–केतु की दशा-अंतर्दशा शुभ फल देगी। जातक की उन्नति होगी। परिश्रम के माध्यम से जातक आगे बढ़ेगा।

केतु का अन्य ग्रहों से सम्बन्ध–

1. **केतु+चंद्र**–केतु के साथ चंद्रमा जातक का मनोबल क्षीण करेगा। जातक किसी निर्णय तक नहीं पहुंचा पायेगा।
2. **केतु+सूर्य**–केतु के साथ सूर्य जातक का आत्मबल कमजोर करेगा। जातक को पैतृक दोष रहेगा।

3. **केतु+मंगल**—केतु के साथ मंगल जातक को भाइयों एव भूमि में विवाद से उलझायेगा।
4. **केतु+बुध**—केतु के साथ बुध जातक की बुद्धि भ्रमित करेगा।
5. **केतु+गुरु**—केतु के साथ बृहस्पति जातक को नास्तिक बनायेगा।
6. **केतु+शुक्र**—केतु के साथ शुक्र जातक को धूर्त व लम्पट बनायेगा।
7. **केतु+शनि**—केतु के साथ शनि जातक को हठी व जिद्दी बनायेगा।

कुंभलग्न में केतु की स्थिति द्वितीय स्थान में

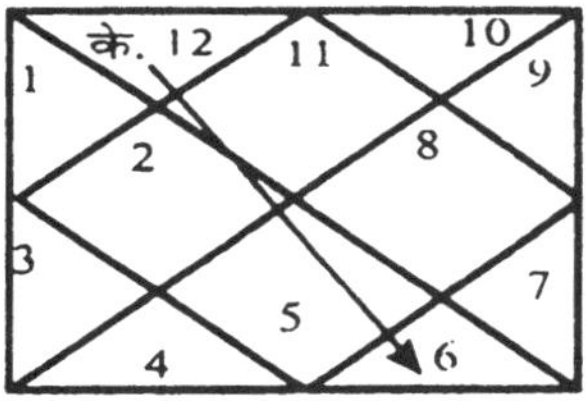

कुंभलग्न वालों में केतु की भिन्न राशि मानी गई है। लग्नेश शनि की राशि में केतु हर्षित-प्रमुदित रहता है। अत: कुंभलग्न में केतु जहां स्थित होगा। वहां शुभफल देगा। केतु यहां द्वितीय स्थान में मीन राशि होकर स्वगृही होगा। ऐसे जातक को धन की कमी का सामना करना पड़ेगा। कुटुम्ब में भी क्लेश व उपद्रव रहता है पर जातक अपने कठोर परिश्रम व न्याय के मार्ग पर चलकर धन प्राप्ति के प्रयत्नों में सफलता प्राप्त करता है। जातक अपनी किस्मत खुद चमकता है।

दृष्टि—द्वितीय भावगत केतु की दृष्टि अष्टम स्थान (कन्या राशि) पर होगी ऐसा जातक अपने शत्रुओं को समाप्त करने में सफल होता है।

दशा—केतु की दशा-अंतर्दशा थोड़ी आर्थिक कठिनाइयों के साथ जातक को आगे बढ़ायेगी।

केतु का अन्य ग्रहों से सम्बन्ध—

1. **केतु+चंद्र**—केतु के साथ चंद्रमा निर्णय शक्ति मनोबल कमजोर करेगा। धन का अकारण खर्च व्यर्थ के काम में होगा।
2. **केतु+सूर्य**—केतु के साथ सूर्य आत्मबल कमजोर करेगा। जातक की वाणी अप्रिय होगी।
3. **केतु+मंगल**—केतु के साथ मंगल जातक को लड़ाकू स्वभाव देगा। जिससे शत्रु पैदा होंगे।
4. **केतु+बुध**—केतु के साथ बुध जातक के विद्याध्ययन में बाधक होगा। वाणी में लड़खडाहट होगी।
5. **केतु+गुरु**—केतु के साथ बृहस्पति जातक को धनी बनायेगा। पर खर्च अधिक होता रहेगा।

6. **केतु+शुक्र**–केतु के साथ शुक्र होने से जातक महाधनी होगा पर रुपयों के खर्च पर नियंत्रण नहीं होगा।

7. **केतु+शनि**–केतु के साथ शनि व्यर्थ के खर्च देगा तथा परिश्रम का लाभ नहीं होने देगा। ऐसा व्यक्ति परम स्वार्थी होता है।

कुंभलग्न में केतु की स्थिति तृतीय स्थान में

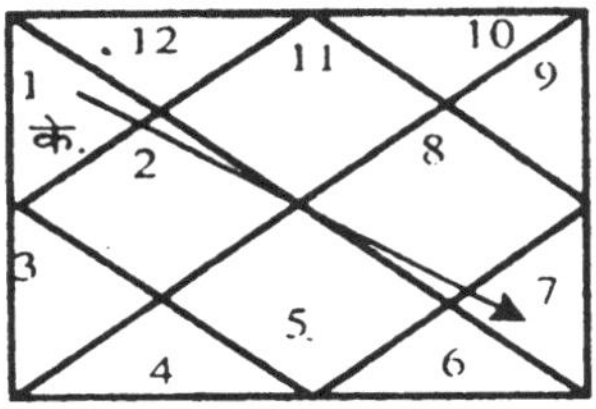

कुंभलग्न वालों में केतु की भिन्न राशि मानी गई है। लग्नेश शनि की राशि में केतु हर्षित-प्रमुदित रहता है। अत: कुंभलग्न में केतु जहां स्थित होगा। वहां शुभफल देगा। केतु यहां तृतीय स्थान में मेषराशिगत होकर मित्रक्षेत्री होगा। जातक को पराक्रम की अत्यधिक वृद्धि होगी। जातक बड़ा पुरुषार्थी, हिम्मतवाला, धैर्यवान् तथा साहसी होगा। पर भाई-बहनों में थोड़ी मनोमालिन्यता रहेगी। ऐसा जातक अनेक युक्तियों से समाज में अपना विशिष्ट स्थान बनाकर, पद-प्रतिष्ठा, मान-सम्मान प्राप्त कर यशस्वी होता है।

दृष्टि–तृतीयस्थ केतु की दृष्टि नवमभाव (तुला राशि) पर होगी। जातक भाग्यशाली होगा। गुप्त शक्तियों से सम्पन्न होगा।

निशानी–केतु यहां शुभ पुल देगा।

दशा–केतु की दशा-अंतर्दशा में जातक का पराक्रम बढ़ेगा। जातक को यश-सम्मान, धन की प्राप्ति होगी।

केतु का अन्य ग्रहों से सम्बन्ध–

1. **केतु+चंद्र**–केतु के साथ चंद्रमा जातक को पराक्रमी बनायेगा। यशस्वी बनायेगा।
2. **केतु+सूर्य**–केतु के साथ सूर्य उच्च का जातक को परम पराक्रमी बनायेगा पर बड़े भाई का सुख नहीं होगा।
3. **केतु+मंगल**–केतु के साथ मंगल स्वगृही होने से जातक के तीन भाई होंगे। जातक कीर्तिवान् होगा।
4. **केतु+बुध**–केतु के साथ बुध जातक को मित्रों से लाभ एवं जनसम्पर्क से यश दिलायेगा।
5. **केतु+गुरु**–केतु के साथ बृहस्पति होने से मित्रों व परिजनों से सहयोग मिलता रहेगा।
6. **केतु+शुक्र**–केतु के साथ शुक्र होने से जातक को स्त्री मित्रों से लाभ रहेगा।

7. **केतु+शनि**—केतु के साथ शनि नीच का होने से मित्रों में मनमुटाव एवं दोस्ती स्थाई नहीं होगी।

कुंभलग्न में केतु की स्थिति चतुर्थ स्थान में

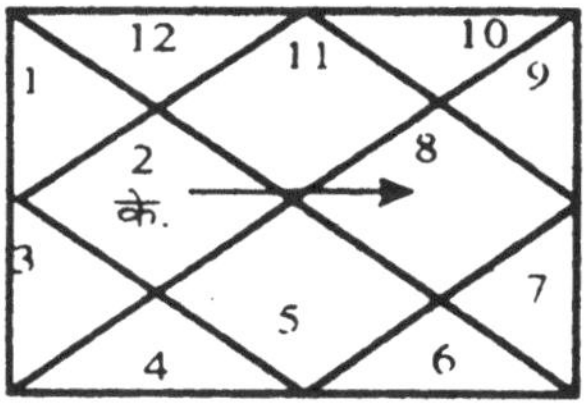

कुंभलग्न वालों में केतु की भिन्न राशि मानी गई है। लग्नेश शनि की राशि में केतु हर्षित-प्रमुदित रहता है। अत: कुंभलग्न में केतु जहां स्थित होगा। वहां शुभफल देगा। केतु यहां चतुर्थ स्थान में वृष राशि का होकर नीच का होगा। ऐसे जातक को माता के पक्ष में हानि उठानी पड़ती है। मातृ (जन्म) भूमि से वियोग भी होता है। भूमि, मकान, वाहन आदि के सुख में कमी महसूस होती है, परन्तु जातक अपनी गुप्त शक्तियों व युक्तियों से मकान-वाहन, भूमि का सुख प्राप्त करने में सफल होता है।

दृष्टि—चतुर्थभावगत केतु की दृष्टि दशम भाव (वृश्चिक राशि) पर होगी। फलत: रोजी-रोजगार संबंधी कार्यों में प्रारंभिक परेशानियां आयेगी।

दशा—केतु की दशा-अंतर्दशा में भौतिक उपलब्धियों व सुखों की प्राप्ति होगी।

केतु का अन्य ग्रहों से सम्बन्ध—

1. **केतु+चंद्र**—केतु के साथ उच्च का चंद्रमा जातक को भौतिक सुख-सुविधाएं देगा। पर माता को टी.बी. होगी।
2. **केतु+सूर्य**—केतु के साथ सूर्य पत्नी से मनोमालिन्यता देगा। पिता से विचार नहीं मिलेगे।
3. **केतु+मंगल**—केतु के साथ मंगल वाहन दुर्घटना दे सकता है।
4. **केतु+बुध**—केतु के साथ बुध रुकावट के साथ विद्या डिग्री मिलेगी।
5. **केतु+गुरु**—केतु के साथ बृहस्पति धन हानि या धन खर्च भौतिक सुख-सुविधाओं के लिए करायेगा।
6. **केतु+शुक्र**—केतु के साथ शुक्र **'मालव्य योग'** बनायेगा। जातक धनी होगा तथा ऐशो-आराम, मौज-शौक हेतु रुपया खर्च करेगा।
7. **केतु+शनि**—केतु के साथ शनि परिश्रम में रुकावट डालेगा।

कुंभलग्न में केतु की स्थिति पंचम स्थान में

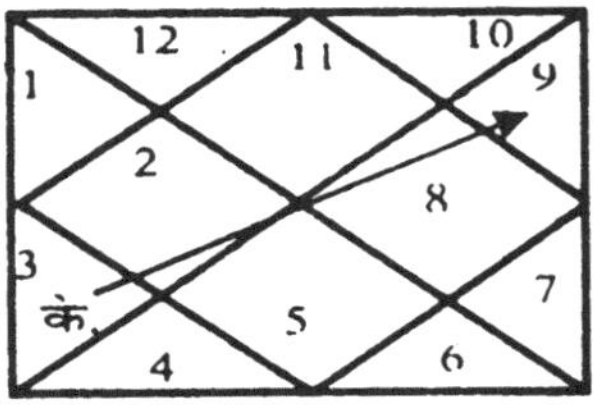

कुंभलग्न वालों में केतु की भिन्न राशि मानी गई है। लग्नेश शनि की राशि में केतु हर्षित-प्रमुदित रहता है। अत: कुंभलग्न में केतु जहां स्थित होगा। वहां शुभफल देगा। केतु यहां पंचम स्थान में मिथुन राशिगत होकर नीच का होगा। ऐसे जातक को विद्याध्ययन के क्षेत्र में प्रारंभिक कठिनाइयों का सामना करना पड़ेगा। जातक को संतानसुख की प्राप्ति हेतु आयुर्वेद व ईश्वर की कृपा का सहारा लेना पड़ेगा। जातक अपनी विशेष बुद्धि, पुरुषार्थ व धैर्य से पंचम भाव के शुभ फलों का प्राप्त करेगा।

दृष्टि–पंचमस्थ केतु की दृष्टि एकादश भाव (धनु राशि) पर होगी। फलत: बड़े भाई का सुख कमजोर होगा।

निशानी–जातक की प्रथम संतति शल्यचिकित्सा (Scissorian) होगी। एकाध गर्भपात संभव है।

दशा–केतु की दशा-अंतर्दशा शुभ फल देगी। नई जानकारियां मिलेगी। जातक नये अनुसंधान का लाभ उठायेगा।

केतु का अन्य ग्रहों से सम्बन्ध–

1. **केतु+चंद्र**–केतु के साथ चंद्रमा विद्या एवं संतान सुख में बाधक है। जातक के अधूरा बच्चा होगा।
2. **केतु+सूर्य**–केतु के साथ सूर्य पत्नी एवं संतान सुख में न्यूनता लायेगा।
3. **केतु+मंगल**–केतु के साथ मंगल गर्भपात करायेगा। बड़े भाई का सुख नहीं होगा।
4. **केतु+बुध**–केतु के साथ बुध जातक को प्रजावान बनायेगा, परन्तु पुत्र संतति को लेकर चिंता रहेगी।
5. **केतु+गुरु**–केतु के साथ बृहस्पति जातक को विद्या सुख देगा पर संघर्ष के साथ पुत्र रत्न भी देगा पर उपाय के बाद।
6. **केतु+शुक्र**–केतु के साथ शुक्र जातक को रसिक मिजाज का बनायेगा। जातक का वीर्य दूषित होगा। पुत्र को लेकर चिंता रहेगी।
7. **केतु+शनि**–केतु के साथ शनि जातक को परिश्रम का लाभ नहीं होने देगा। जातक विदेशी भाषा पढ़ेगा।

कुंभलग्न में केतु की स्थिति षष्टम स्थान में

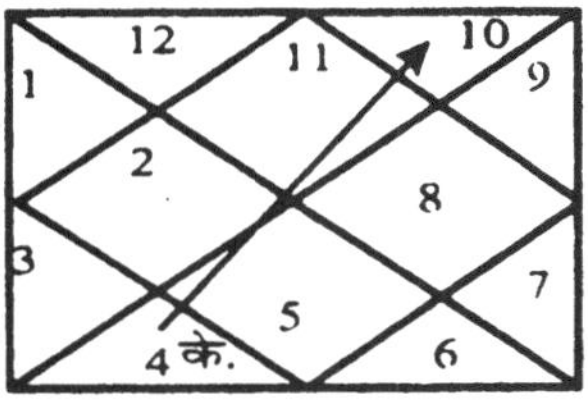

कुंभलग्न वालों में केतु की भिन्न राशि मानी गई है। लग्नेश शनि की राशि में केतु हर्षित-प्रमुदित रहता है। अत: कुंभलग्न में केतु जहां स्थित होगा। वहां शुभफल देगा। केतु यहां छठे स्थान में कर्क राशिगत होकर शत्रुक्षेत्री होगा। ऐसे जातक को शत्रुपक्ष में अशान्ति रहेगी परन्तु वह उन पर अपना प्रभाव स्थापित करने में एवं विजय प्राप्त करने में विशेष सफलता प्राप्त करता है। ऐसा व्यक्ति मनोबल एवं युक्ति बल से शत्रुओं को मात देता है। गुप्त रोग की संभावना रहेगी पर शल्य चिकित्सा द्वारा लाभ होगा।

दृष्टि–षष्टम भावगत केतु की दृष्टि व्ययभाव (मकर राशि) पर होगी। जातक खर्चीले स्वभाव का होगा एवं व्यर्थ यात्राएं बहुत करेगा।

निशानी–केतु यहां शुभ फल देगा।

दशा–केतु की दशा-अंतर्दशा में शत्रुओं का नाश होगा। रोग का भी नाश होगा।

केतु का अन्य ग्रहों से सम्बन्ध–

1. **केतु+चंद्र**–केतु के साथ चंद्रमा **'विपरीत राजयोग'** के कारण जातक को धनी तो बनायेगा पर जलभय का ख़तरा, मानसिक परेशानी सदैव बनी रहेगी।
2. **केतु+सूर्य**–केतु के साथ सूर्य पितृदोष देगा। पत्नी से विचार कम मिलेंगे।
3. **केतु+मंगल**–केतु के साथ मंगल **'पराक्रम भंग'** करेगा। जातक को अच्छा कार्य करते हुए भी रुपया मिलेगा।
4. **केतु+बुध**–केतु के साथ बुध संतान में बाधा। विद्या में रुकावट का संकेत दे रहा है।
5. **केतु+गुरु**–केतु के साथ बृहस्पति उच्च का जातक को धीमी गति से धन प्राप्ति करायेगा। जातक के निन्दक बहुत होंगे।
6. **केतु+शुक्र**–केतु के साथ शुक्र गुप्तेन्द्रि में रोग देगा। वीर्य दूषित होगा।
7. **केतु+शनि**–केतु के साथ शनि **'लग्नभंग योग'** के कारण परिश्रम के लाभ देने में बाधक ग्रह का काम करेगा। यद्यपि **'विपरीत राजयोग'** के कारण जातक धनी होगा।

कुंभलग्न में केतु की स्थिति सप्तम स्थान में

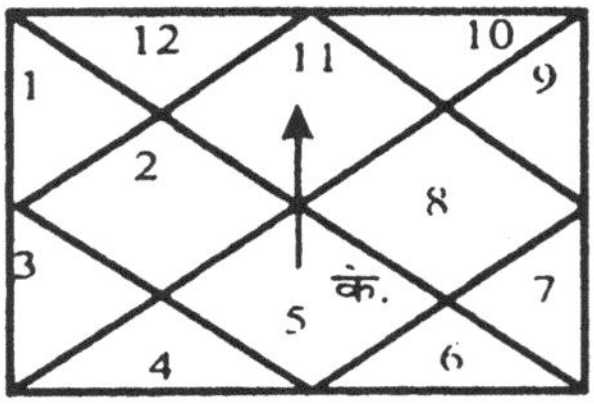

कुंभलग्न वालों में केतु की भिन्न राशि मानी गई है। लग्नेश शनि की राशि में केतु हर्षित-प्रमुदित रहता है। अतः कुंभलग्न में केतु जहां स्थित होगा। वहां शुभफल देगा। केतु यहां सप्तम स्थान में सिंह राशि का होकर मूल त्रिकोणी कहलायेगा। ऐसे जातक को स्त्री-पक्ष व गृहस्थ सुख की प्राप्ति हेतु थोड़ी दिक्कतों का सामना करना पड़ेगा। उसे घर की जिम्मेदारी वहन करने में भी कठिनाइयों का मुकाबला करना पड़ेगा। साथ ही जननेंद्रियों में विकार भी संभव है। परन्तु कोई बड़ी मुसीबत नहीं होगी। जातक सफल गृहस्थी होगा।

दृष्टि—सप्तम भावगत केतु की दृष्टि लग्न स्थान (कुंभ राशि) पर होगी। जातक को व्यापार-व्यवसाय को जमाने में बार-बार परिवर्तन करते हुए अन्त में सफलता प्राप्त करेगा।

निशानी—जातक का अन्य स्त्रियों से सम्पर्क रहेगा।

दशा—केतु की दशा-अंतर्दशा मिश्रित फल देगी।

केतु का अन्य ग्रहों से सम्बन्ध–

1. **केतु+चंद्र**—केतु के साथ चंद्रमा वैवाहिक सुख में मनोमालिन्यता उत्पन्न करेगा।
2. **केतु+सूर्य**—केतु के साथ सूर्य जातक की पत्नी को धनवान अथवा आत्मनिर्भर बनायेगा। जिससे अहंकार का परस्पर टकराव होता रहेगा।
3. **केतु+मंगल**—केतु के साथ मंगल होने से जातक क्रूर स्वभाव का एवं अत्यधिक कामी होगा। जिससे पति-पत्नी के मध्य घर्षण होता रहेगा।
4. **केतु+बुध**—केतु के साथ बुध होने से पति-पत्नी के मध्य हल्का-सा बौद्धिक तनाव रहेगा।
5. **केतु+गुरु**—केतु के साथ बृहस्पति ससुराल से लाभ का संकेत देता है। पत्नी धार्मिक होगी।
6. **केतु+शुक्र**—केतु के साथ शुक्र होने से जातक उच्छृखंल मनोवृत्ति वाला होगा। फिर भी गृहस्थी निभ जायेगी।
7. **केतु+शनि**—केतु के साथ शनि होने के कारण जातक को परिश्रम का फल तो मिलेगा परन्तु पति-पत्नी में शत्रुतापूर्ण मानसिकता रहेगी।

कुंभलग्न में केतु की स्थिति अष्टम स्थान में

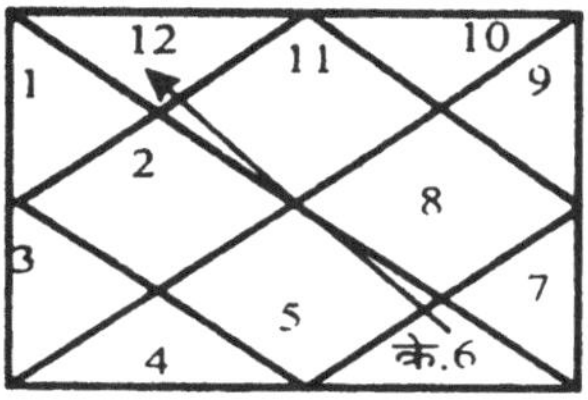

कुंभलग्न वालों में केतु की भिन्न राशि मानी गई है। लग्नेश शनि की राशि में केतु हर्षित-प्रमुदित रहता है। अत: कुंभलग्न में केतु जहां स्थित होगा। वहां शुभफल देगा। केतु यहां अष्टम स्थान में कन्या राशिगत होकर नीच का होगा। ऐसे जातक की आयु में वृद्धि होती है पर जीवन में अनके बार मृत्यु तुल्य कष्टों का सामना करना पड़ता है। ऐसा व्यक्ति गुप्त युक्तियों के सहारे विषम परिस्थितियों पर विजय प्राप्त कर लेता है।

दृष्टि–अष्टम भावगत केतु की दृष्टि धनभाव (मीन राशि) पर होगी। ऐसे जातक को धन संग्रह करने में भारी संघर्ष करना पड़ता है। धन की बरकत नहीं होती।

दशा–केतु की दशा-अंतर्दशा मिश्रित फल देगी।

केतु का अन्य ग्रहों से सम्बन्ध–

1. **केतु+चंद्र**–केतु के साथ चंद्रमा जातक को मानसिक विषमता एवं मातृदोष देगा। जातक की निर्णय शक्ति कमजोर होगी।
2. **केतु+सूर्य**–केतु के साथ सूर्य जातक को पितृदोष से ग्रसित करेगा। आत्मबल कमजोर होगा।
3. **केतु+मंगल**–केतु के साथ मंगल जातक को गुस्सैल बनायेगा। जातक को भाइयों से कम बनेगी।
4. **केतु+बुध**–केतु के साथ बुध जातक को प्रजावान तो बनायेगा, पर पुत्र संतति की चिंता रहेगी।
5. **केतु+गुरु**–केतु के साथ बृहस्पति **'धनहीन योग'** एवं **'लाभभंग योग'** बना रहा है। जातक आर्थिक रुप से परेशान रहेगा।
6. **केतु+शुक्र**–केतु के साथ शुक्र जातक को सैक्स संबंधी रोग देगा।
7. **केतु+शनि**–केतु के साथ शनि परिश्रम का लाभ नहीं होने देगा। जातक को जन्म स्थान में भी लाभ नहीं होगा।

कुंभलग्न में केतु की स्थिति नवम स्थान में

कुंभलग्न वालों में केतु की भिन्न राशि मानी गई है। लग्नेश शनि की राशि में केतु हर्षित-प्रमुदित रहता है। अत: कुंभलग्न में केतु जहां स्थित होगा। वहां

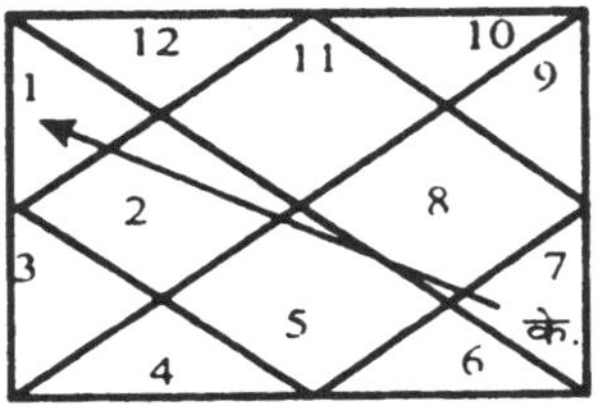

शुभफल देगा। केतु यहां नवम स्थान में केतु तुला राशि में होकर मित्रक्षेत्री होगा। ऐसे जातक के भाग्योदय में सामान्य बाधाएं आती है। परन्तु जातक गुप्त युक्तियों के बल पर उनको काबू कर सफलता प्राप्त करता है। जातक अपने कठिन परिश्रम, बुद्धि चातुर्य एवं धैर्य के द्वारा अपना भाग्योदय खुद करता है।

दृष्टि–नवमभावगत केतु की दृष्टि पराक्रम स्थान (मेष राशि) पर होगी। फलत: सगे भाइयों से मनमुटाव रहेगा।

दशा–केतु की दशा-अंतर्दशा शुभ फल देगी। जातक उन्नति मार्ग की ओर आगे बढ़ता हुआ सफलता प्राप्त करेगा।

केतु का अन्य ग्रहों से सम्बन्ध–

1. **केतु+चंद्र**–केतु के साथ चंद्रमा जातक के भाग्योदय में बाधक है। मनोबल क्षीण होगा।
2. **केतु+सूर्य**–केतु के साथ सूर्य नीच का सरकारी नौकरी के योग तोड़ेगा।
3. **केतु+मंगल**–केतु के साथ मंगल सरकारी ठेके के लाभ को तोड़ेगा।
4. **केतु+बुध**–केतु के साथ बुध जातक के निर्णय गलत करायेगा।
5. **केतु+गुरु**–केतु के साथ बृहस्पति जातक को धन लाभ देगा परन्तु धीमी गति से।
6. **केतु+शुक्र**–केतु के साथ शुक्र स्वगृही जातक का भाग्योदय स्त्री की सहायता से करायेगा।
7. **केतु+शनि**–केतु के साथ उच्च का शनि जातक का भाग्योदय आकस्मिक घटना से करायेगा।

कुंभलग्न में केतु की स्थिति दशम स्थान में

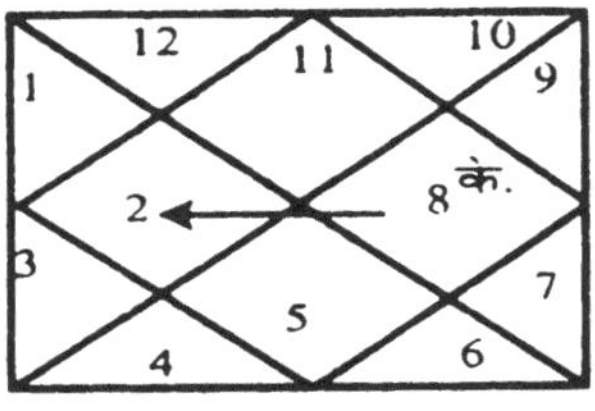

कुंभलग्न वालों में केतु की भिन्न राशि मानी गई है। लग्नेश शनि की राशि में केतु हर्षित-प्रमुदित रहता है। अत: कुंभलग्न में केतु जहां स्थित होगा। वहां शुभफल देगा। केतु यहां दशम स्थान में वृश्चिक राशिगत होकर उच्च का होगा। ऐसे जातक

को पितापक्ष से कष्ट की प्राप्ति होगी। जातक को राज्य क्षेत्र में परेशानियों तथा व्यवसाय के क्षेत्र में कठिनाइयों का सामना करना पड़ेगा। परन्तु धैर्य, साहस व बुद्धिबल से जातक सब पर काबू कर विजय प्राप्त करता है। व्यापार में उन्नति प्राप्त करने में सफल होता है।

दृष्टि–दशमभावगत केतु की दृष्टि चतुर्थ भाव (वृष राशि) पर होगी। फलत: जातक को माता का सुख नगण्य होगा।

निशानी–केतु यहां शुभ फल देगा।

दशा–केतु की दशा-अंतर्दशा में जातक को व्यवसायिक सफलता मिलेगी। जातक धन कमायेगा।

केतु का अन्य ग्रहों से सम्बन्ध–

1. **केतु+चंद्र**–केतु के साथ चंद्रमा नीच का जातक को कमजोर मनोबल एवं विकृत सोच देगा। सरकारी नौकरी में बाधा देगा।
2. **केतु+सूर्य**–केतु के साथ सूर्य आत्मबल कमजोर करेगा। सरकारी नौकरी के योग को भंग करेगा।
3. **केतु+मंगल**–केतु के साथ मंगल '**रुचक योग**' बनायेगा। जातक राजातुल्य ऐश्वर्यशाली एवं पराक्रमी होगा। पर सरकारी ठेकेदारी से कमायेगा।
4. **केतु+बुध**–केतु के साथ बुध सरकारी नौकरी के योग को भंग करेगा।
5. **केतु+गुरु**–केतु के साथ बृहस्पति राजयोग देता पर नौकरी कमजोर होगी।
6. **केतु+शुक्र**–केतु के साथ शुक्र जातक के वाहन से दुर्घटना देगा।
7. **केतु+शनि**–केतु के साथ शनि जातक को धनपति बनायेगा पर धन खर्च होता चला जायेगा।

कुंभलग्न में केतु की स्थिति एकादश स्थान में

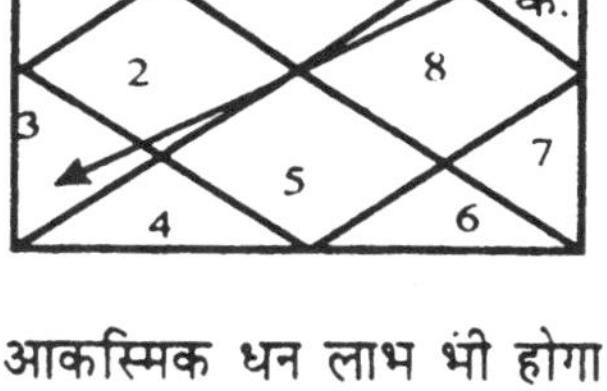

कुंभलग्न वालों में केतु की भिन्न राशि मानी गई है। लग्नेश शनि की राशि में केतु हर्षित-प्रमुदित रहता है। अत: कुंभलग्न में केतु जहां स्थित होगा। वहां शुभफल देगा। केतु यहां एकादश स्थान में धनुराशिगत होकर उच्च का होगा। ऐसे जातक की आमदनी में अत्यधिक वृद्धि होगी। जातक को आकस्मिक धन लाभ भी होगा। जातक कठोर परिश्रम एवं निरन्तर उन्नति हेतु प्रयत्नशील रहने के कारण सुखी जीवन जीयेगा।

दृष्टि–एकादश भावगत केतु की दृष्टि पंचम स्थान (मिथुन राशि) पर होगी। जातक को संतान संबंधी रुकावट होगी। विद्या में भी रुकावट संभव है। पर उपाय करने पर दोनों अवरोधों से मुक्ति मिलेगी।

दशा–केतु की दशा-अंतर्दशा शुभफलदायक है। व्यापार में लाभ एवं वृद्धि करायेगी। जातक को परिश्रम सार्थक होगे।

केतु का अन्य ग्रहों से सम्बन्ध–

1. **केतु+चंद्र**–केतु के साथ चंद्रमा व्यापार में रुकावट का संकेत देता है। जातक की निर्णय शक्ति कमजोर होगी।
2. **केतु+सूर्य**–केतु के साथ सूर्य जातक का आत्मबल कमजोर करेगा। जातक को व्यापार में राजकीय दिक्कतें आयेगी।
3. **केतु+मंगल**–केतु के साथ मंगल जातक को उद्योगपति बनायेगा पर एक बार चलता उद्योग बन्द होगा।
4. **केतु+बुध**–केतु के साथ बुध जातक को पुत्रवान बनायेगा। परन्तु पुत्र संतान की चिंता रहेगी।
5. **केतु+गुरु**–केतु के साथ बृहस्पति जातक को बड़े भाई का सुख एवं व्यापार में लाभ देगा।
6. **केतु+शुक्र**–केतु के साथ शुक्र व्यापार द्वारा भाग्योदय करायेगा। थोड़े संघर्ष के बाद व्यापार में सफलता मिलेगी।
7. **केतु+शनि**–केतु के साथ शनि जातक को कठोर परिश्रमी बनायेगा। परिश्रम के बाद व्यापार में सफलता है।

कुंभलग्न में केतु की स्थिति द्वादश भाव में

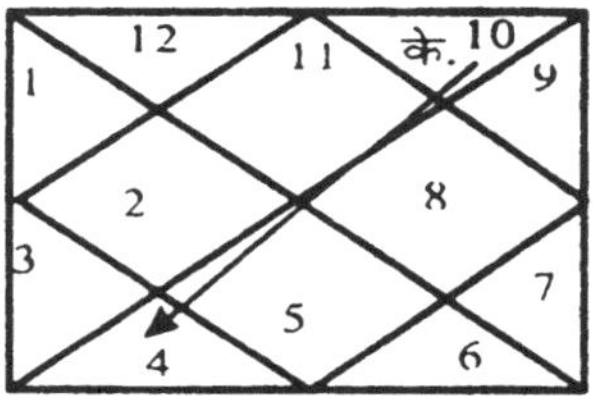

कुंभलग्न वालों में केतु की भिन्न राशि मानी गई है। लग्नेश शनि की राशि में केतु हर्षित-प्रमुदित रहता है। अत: कुंभलग्न में केतु जहां स्थित होगा। वहां शुभफल देगा। केतु यहां द्वादश स्थान में मकर राशिगत होकर मूलत्रिकोणी होगा, स्वगृही होगा। ऐसे जातक को अधिक खर्च के कारण मानसिक परेशानी रहेगी। परन्तु अपनी गुप्त युक्तियों एवं परिश्रम के बल पर खर्च

चलाने की शक्ति प्राप्त करता है। जातक आध्यात्मिक एवं मोक्षमार्ग का जिज्ञासु होता है। जातक जीवन में निराश नहीं होगा।

दृष्टि–द्वादश भावगत केतु की दृष्टि छठे स्थान (कर्क राशि) पर होगी। जातक के गुप्त शत्रु होंगे पर स्वत: ही नष्ट हो जायेगें।

निशानी–ऐसा जातक आध्यात्मिक मार्ग का पथिक होगा। जातक को प्रात:काल के समय जो स्वप्न आयेगे। **सच** हो जायेगें।

दशा–केतु की दशा-अंतर्दशा शुभफल देगी।

केतु का अन्य ग्रहों से सम्बन्ध–

1. **केतु+चंद्र**–केतु के साथ चंद्रमा जातक को '**विपरीत राजयोग**' के कारण धनी बनायेगा पर मनोबल कमजोर रहेगा। जातक को बुरे सपने आयेंगे।
2. **केतु+सूर्य**–केतु के साथ सूर्य जातक का आत्मबल कमजोर करके उसे नेत्र विकार देगा। जातक को पितृदोष रहेगा।
3. **केतु+मंगल**–केतु के साथ मंगल जातक को गुस्सैल बनायेगा। अक्सर उतावलापन के कारण जातक के काम बिगड़ जायेगें।
4. **केतु+बुध**–केतु के साथ बुध जातक को संतान एवं विद्या में रुकावट के बाद सफलता देगा।
5. **केतु+गुरु**–केतु के साथ नीच का बृहस्पति '**धनहीन योग**' एवं '**लाभभंग योग**' बनायेगा। जातक आर्थिक विषमताओं से त्रस्त रहेगा। नास्तिक होगा।
6. **केतु+शुक्र**–केतु के साथ शुक्र '**सुखहीन योग**' एवं '**भाग्यभंग योग**' बनायेगा। जातक को स्त्री के कारण बदनामी मिलेगी। जातक के भाग्योदय हेतु संघर्ष करना पड़ेगा।
7. **केतु+शनि**–केतु के साथ स्वगृही शनि '**लग्नभंग योग**' बनायेगा। जातक को परिश्रम का लाभ नहीं मिलेगा। अधिक खर्च के कारण जातक कर्जदार भी होगा।

❑❑❑

शनि पीड़ा निवारणार्थ यंत्र

यदि किसी व्यक्ति के जन्मपत्र में शनि नीच का, अस्त का, नीचास्त का, मूल-त्रिकोण और केन्द्र में पीड़ा कारक पड़ा हो तो जातक को चाहिये कि शनि पीड़ा शमनार्थ 3 रत्ती या 10 रत्ती का निर्दोष नीलम नग, 10 माशे सोने, या स्टील या काले घोड़े के अगले पांव की दाहिनी नाल की अंगूठी बनवाकर अपने दाहिने हाथ की मध्यमा उंगली में सदैव पहने। निम्नांकित यंत्र स्टैन्लैसस्टील में अंकित कराकर उस पर शनिदेव का लोह प्रतिमा स्थापित करें और शनिवार को शुभ नक्षत्र, शुभ मुहूर्त में गंगा जल और काली गाय के कच्चे दूध से उसको स्नान कराये। शनिवार का व्रत अवश्य रखे और रात्रि को इसका जाप प्रारम्भ करें, हवन के लिये शमी की समिधा होनी चाहिए जप के समय धूप, दीप नैवेद्य आदि का प्रबन्ध होना चाहिए। जाप शुक्ल पक्ष में ही आरम्भ करना चाहिए। नवरात्रों का किया गया अनुष्ठान अधिक शुभ फलदायक होता है। उस समय मनुष्य को पूर्ण ब्रह्मचर्य, भूमि शयन तथा उपवासादि का पूर्ण ध्यान रखना चाहिए।

शनि यंत्र

12	7	14
13	11	9
8	15	10

शनि कवचम्

नीलाम्बरो नीलवपुः किरीटे गृध्रस्थितस्त्रासकरो धनुष्मान्।
चतुर्भुजः सूर्यसुतः प्रसन्नः सदा मम स्याद् वरदः प्रशान्तः।।1।।
शृणुध्वमृषयः सर्वे शनिपीड़ाहरं महत्।
कवचं शनिराजस्य सौरेरिदमनुत्तमम्।।2।।
कवच देवतावासं वज्रपन्जरसंज्ञकम्।
शनैश्चरप्रीतिकरं सर्वसौभाग्यदायकम्।।3।।
ॐ श्रीं शनैश्चरः पातु भालं में सूर्यनन्दनः।

नेत्रे छायात्मजः पातु पातु कर्णौ यमानुजः।।4।।
नासां वैवस्वतः पातु मुखं मे भास्करः सदा।
स्निग्धकण्ठश्च में कण्ठं भुजौ पातु महाभुजः।।5।।
स्कन्धौ पातु शनिश्चैव करौ पातु शुभप्रदः।
वक्षः पातु यमभ्राता कुक्षिं पात्वसितस्तथा।।6।।
नाभिं ग्रहपतिः पातु मन्दः पातु कटिं तथा।
ऊरू ममान्तकः पातु यमो जानुयुगं तथा।।7।।
पादौ मन्दगतिः पातु सर्वांगं पातु पिप्पलः।
अङ्गोपाङ्गानि सर्वाणि रक्षेन् मे सूर्यनन्दनः।।8।।
इत्येतत् कवचं दिव्यं पठेत् सूर्यसुतस्य यः।
न तस्य जायते पीड़ा प्रीतो भवति सूर्यजः।।9।।
व्ययजन्मद्वितीयस्थो मृत्युस्थानगतोऽपि वार।
कलत्रस्थो गतो वाऽपि, सुपीतस्तु सदा शनिः।।10।।
अष्टमस्थे सूर्यसुते व्यये जन्मद्वितीयगे।
कवचं पठते नित्यं न पीड़ा जायते कचित्।।11।।
इत्येतत् कवचं दिव्यं सौरेर्यन्निर्मितं पुरा।
द्वादशाष्टम-जन्मस्थ-दोषान्नाशयते सदा।
जन्मलग्नस्थितान् दोषान् सर्वान्नाशयते प्रभुः।।12।।

शनि स्तुति

सूर्यपुत्रो दीर्घदेहो विशालाक्षः शिवप्रियः।
मन्दचारः प्रसन्नात्मा पीड़ां दहतु मे शनिः।।

विनियोग

शन्नोदेवोइतिमंत्रस्य, दध्यङ्गाथर्वण ऋषिः आपो देवता।
गायत्री छन्दः। शनिमंत्रजपे विनियोग–

सजीव वैदिक मंत्र–ॐ खाँ खीं खौं सः ॐ भूर्भुवः स्वः **ॐ शन्नोदेवीर-भीष्टऽआपो भवन्तु पीतये। शंय्योरभिस्रवन्तु नः।** ॐ स्वः भुवः भूः ॐ सः खौं, खीं खाँ शैनश्चराय नमः।

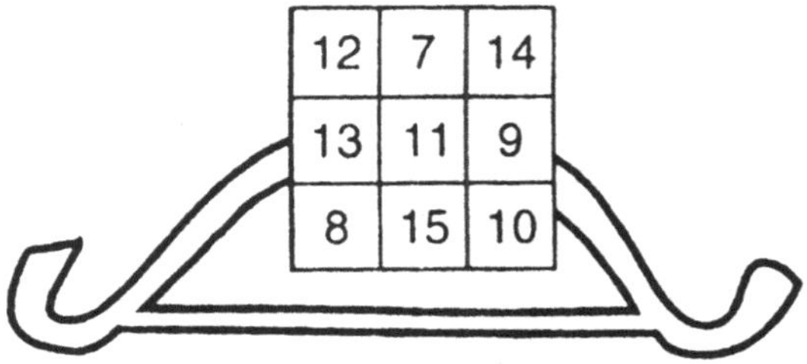

ॐ शन्नोदवीरभिष्टयऽआपो भवन्तुपीतये, शंय्योरभिस्रवन्तुन:।।136/12।।

तांत्रिक मंत्र–ॐ खाँ खीं खौं स: शनैश्चराय नम:

नमस्कार–नीलाञ्जनसमाभासं रविपुत्रे यमाग्रजम।

छायामार्तण्डसम्भूतं तन्नमामि शनैश्चरम्।।

एकाक्षरी बीज मंत्र–ॐ शं, शनैश्चराय नम:

तांत्रिक शनि मंत्र–ॐ प्राँ, प्रीं प्रौं स: शनये नम:।

जप संख्या–23000, तेबीस सहस्र (तेबीस हजार)

आह्वान–महातेज नामाग्नि समिधा-(खजेड़ो) शमी फल-नारियल

हिमकुंदमृणालाभं दैत्यानां परमं बृहस्पतिम्।
सर्वशास्त्र-प्रवक्त्कारं भार्गवं प्राणमाम्यहम्।।
कृष्णाङ्गोकृष्णवर्णश्च कृष्णाजिनंधररस्तथा।
शौरोमंदगतिश्चैव शनिमावह-याम्यहम्।।1।।
अहो सौराष्ट्रसंजात छायापुत्रश्चतुर्भुज:।
कृष्णवर्णार्क गोत्रेय बाणहस्ते धनुर्धर:।।2।।
त्रिशूली च समागच्छ वरदो में ग्रधवाहन:
प्रजापत्येति संपूज्यो समवत् पश्चिमे दले।।3।।

ॐ प्रजापतेनत्वदेतांन्यन्यो विश्वारूपाणि परिताबभूव यत् कामास्ते जुहुमस्तन्नो अस्तत्व समुष्य-पितसावस्य-पिता वय ठ. स्यामपतयो रयिणा ठ. स्वाहा।।।10/20।।

शनि अनिष्ट फल शमनार्थ दानपदार्था:

शनि प्रति दान–नीलम, सोना, लोहा, उर्द, कुल्थ, तेल, सरसों, काला कपड़ा, काले फूल, कस्तूरी, काली सवत्सा गाय, काली भैस, काले जूते, कृष्ण फल।

शनि दान के समय उपर्युक्त वस्तुओं के लिए भार कम से कम सवा तीन रत्ती 3¼ होना चाहिये और अधिक से अधिक के लिये साढे तीन, सात, दस रत्ती, तोला, सेर आदि जितनी भी सामर्थ हो दान वित्त समान कर देना चाहिये अपनी शक्ति सामर्थ से अधिक दिया हुआ दान किया हुआ काम दुखदायी ही रहता है, इसमें तुला दान का बहुत ही महात्मय लिखा है साथ ही तिलपात्र घृत छाया दान भी अवश्य करने चाहिये। यज्ञान्त में ब्राह्मण भोज शक्ति भर अवश्य करना चाहिये। एक लोह प्रतिमा शनि दान में अवश्य ही करनी चाहिये। शनि शक्ति का प्रतीक है। दीर्घसूत्री तथा उदासीन है इसलिये इसका प्रसन्न करने के लिए अवश्य ही प्रयत्न करना चाहिए, जीव हिंसा निषेध है। बीछू जड़ी पास रखना लाभदायक है। बीछू पौदे की जड़े (शिशणा) के पास रखकर उसकी पूजा करने से तथा धारण करने से शनि का दूषित फल शान्त रहता है।

शनि मंगल स्तोत्र

मन्दः कृष्णनिभस्तु पश्चिममुखः सौराष्ट्रकः काश्यपः,
स्वामी नक्रभकुम्भयोर्बुध-सितौ मित्रे समश्चाङ्गिराः।।
स्थान पश्चिमदिक् प्रजापति-यमौ दैवौ धनुष्यासनः,
षटत्रिस्थः शुभकृच्छनी रविसुतः कुर्यात् सदा मंगलम्।।

❑❑❑

शनि चालीसा

बंशीधर को नमन कर, कर गणेश का ध्यान।
शनि चालीसा जो पढ़े, उसका हो कल्याण।

चौपाई

जय श्री शनिदेव महाराजा। जय कृष्ण सौरी सिरताजा।।
सूरत सुत छाया के नन्दन। महाबली तुम असुर निकन्दन।।
पिंगलमंद, रौद्र शनि नामा। करहुनाथ मम पूरण कामा।।
श्याम वरण है अंग तुम्हारा। क्रूर दृष्टि तन क्रोध अपारा।।
क्रीट मुकुट कुण्डल छवि साजे। गल मुक्तन की माल विराजे।।
चक्र त्रिशूल चतुर्भुज धारें। हाथ कटार दुष्ट को मारें।।
पर्वत को कर देते राई। निर्धन के सर छत्र धराई।।
जो जन तेरा ध्यान लगावें। मन वांछित फल जल्दी पावें।।
जापर कृपा आपकी होई। जो चाहे फल मिलता सोई।।
जिन पर कोप कठिन तुम ताना। उन का जग में नहीं ठिकाना।।
सांचे देव, शनि तुम स्वामी। घट घट वासी अन्तर्यामी।।
जब राजा दशरथ पर आये। बनवासी श्री राम कहाये।।
रावण हाथ सिंया हरवाई। लक्ष्मण जी पर शक्ति चलाई।।
बहुत बड़ा दु:ख राम को दीना। नाश लंकापति कुल का कीना।।
चेटक तुमने सबहि दिखाये। बली भूप तक चोर बनाये।।
जिसने छोटा तुम्हें बताया। राजपाट सब धूल मिलाया।।
हाथ पांव तुम दिये कटाई। कोहलू तेली को हंकवाई।।
फिर सुमिरण जब आपकी कीना। हाथ पैर राजी कर दीना।।
ब्याह युगल उसके करवाये। मंगल गान नगर सब गाये।।
जो जन तुमको बुरा बतावे। वह जन सुख अपने नहि पावे।।

दशा आपकी सब पर आवे। फल शुभ अशुभ शीघ्र दिखालावे।।
तीन लोक तुम्हें सर नावें। ब्रह्मा हरिहर तुम्हें मनावें।।
लीला अद्भुत नाथ तुम्हारी। निशिदिन ध्यान धरती नर-नारी।।
कहां तक तेरी करूं बढ़ाई। लंका छिन में भस्म कराई।।
जिन सुमरे तिन फल शुभ पाया। सब पर रहे तुम्हारी दाया।।
द्रवित होत ही करहु निहाला। टेहड़ी दृष्टि कठिन कराला।।
नौ वाहन हैं नाथ तुम्हारे। गधा अश्व और हाथी प्यारे।।
मेघ सिंह जुम्बक मन माना। कागा हिरण मोर पहिचाना।।
गधा सवारी कर जब आवो। मान भंग उसका करवावो।।
चढ़ घोड़े पर जब तुम आवो। उस जन को धन लाभ करावो।।
हाथी पर जब करो सवारी। पावे सिद्धि नर और नारी।।
मेढ़े की जब करो सवारी। प्राणी के तन लगे बिमारी।।
जब जम्बुक पर करो सवारी। झगड़े बाज बने संसारी।।
सिंह सवारी कर तुम आवो। सारे दुश्मन मार मिटावो।।
काग सवारी जिस घर डेरा। उसका प्राण काल ने घेरा।।
हिरण सवारी जब मन भावे। उस प्राणी को खूब घुमावे।।
मोर सवारी कर तुम आवो। धन वभैव सम्मान बढ़ावो।।
जय जय जय शनिदेव दयालु। करो कृपा शनिदेव कृपालु।।
यह दस बार पढ़े जो कोई। कष्ट कटें सुख निशदिन होई।।
शनि चालीसा पढ़ों हमेशा। तन में तनिक न रहे क्लेश।।
जय जय जय रविपूत की। हरो सकल भव-शूल।।
सेव को सुख दीजिए। रहो नाथ अनुकूल।।
हर हर मन्दिर में रहो, रहे जहां हनुमान।
परमानन्द की प्रार्थना, हो सब का कल्याण।।

शनि चालीस नं. 2

शनि चालीसा

जय गणेश गिरिजा सुवन, मंगल करण कृपाल।
दीनन के दूख दूर करि, कीजै नाथ निहाल।।
जय हय श्री शनिदेव प्रभु, सुनहु विनयम महाराज।
करहु कृपा हे रवि तनय, राखहु जन की लाज।
जयति जयति शनिदेव दयाला।
करत सदा भक्तन प्रतिपाला।।

चारि भुजा, तनु श्याम विराजै।
माथै रतन मुकुट छवि छाजै।।

परम विशाल मनोहर भाला।
टेढ़ी दृष्टि भृकुटि विकराला।।

कुण्डल श्रवण चमाचल चमके।
हिये माल मुक्तन मणि दमकै।।

कर में गदा त्रिशूल कुठारा।
पल बिल करैं अरिहि संहारा।

पिंगल, कृष्णो, छाया, नन्दन।
यम, कोणस्थ, रौद्र, दुख, भंजन।।

सौरी, मन्द शनि, दश नामा।
भानु पुत्र पुजहिं सब कामा।।

जापर प्रभु प्रसन्न हवैं जाही।
रंकहु राव करैं क्षण माही।।

पर्वतहू तृण होई निहारत।
तृणहू को पर्वत करि हारत।।

राज मिलत बन रामहिं दिन्हयो।
कैकेइहू की मति हर लीन्हयो।।

बनहू में मृग कपट दिखाई।
मातु जानकी गई चुराई।

लषणहि शक्ति विकल करिडारा।
मचिगा दल में हाहाकार।।

रावण की गति-मति बौराई।
राम चन्द्र सों बैर बढ़ाई।।

दियो कीट करि कंचन लंका।
बजि बजरंगी बीर की डंका।

नृप विक्रम पर तुहि पगु धारा।
चित्र मजूर निगलि गै हारा।

हार नौलख लागे चोरी।
हाथ पैर डरवायो तोरी।

भारी दशा निकृष्ट दिखायो।
तेलहिं घर कोल्हू चलवायो।।

विनय राग दीपक महं कीन्हयों।
तब प्रसन्न प्रभु हवै सुख दीन्हयों।

हरिश्चन्द्रहूँ नृप नारि बिकानी।
आपहुं भरे डोम घर पानी।

जैसे नल पर दशा सिरानी।
भूंजी-मीन कूद गई पानी।

श्री शंकरहि गह्यो जब जाई।
पारवती को सती कराई।

तनिक विलोकत ही करि रीसा।
नभ उड़ि गयो गौरिसुत सीसा।

पाण्डव पर भै दशा तुम्हारी।
बची द्रौपदी होति उघारी।।

कौरव के भी गति मति मारयो।
युद्ध महाभारत करि डारयो।।

रवि कहं मुख में धरि तत्काला।
लेकर कूदि परयो पाताला।।

शेष देव-लखि विनती लाई।
रवि को मुख ते दियो छुड़ाई।।

वाहन प्रभु के सात सुजाना।
जग दिग्गज गर्दन मृग स्वाना।।

जम्बुक सिंह आदि नख धारी।
सो फल ज्योतिष कहत पुकारी।

गज वाहन लक्ष्मी गृह आवैं।
हय ते सुख सम्पत्ति उपजावैं।।

गर्दभ हानि करैं बहु काजा।
सिंह सिद्धकर राज समाजा।।

जम्बुक बुद्धि नष्ट कर डारै।
मृग दे कष्ट प्राण संहारै।।

जब आवहिं प्रभु स्वान सवारी।
चोरी आदि हाये डर भारी।

तैसहि चारि चरण यह नामा।
स्वर्ण लौह चांदी अरु तामा।।

लौह चरण पर प्रभु जब आवैं।।
जन धन सम्पत्ति नष्ट करावै।

समता ताम्र रजत शुभकारी।
स्वर्ण सर्व सुख मंगल भारी।

जो यह शनि चरित्र नित गावै।
कबहुं न दशा निकृष्ट सतावै।

अद्‌भुत नाथ दिखावैं लीला।
करैं शत्रु के नशि बलि ढीला।।

जो पण्डित सुयोग्य बुलवाई।
विधिवत शनि ग्रह शांति कराई।।

पीपल जल शनि दिवस चढ़ावत।
दीप दान दै बहु सुख पावत।।

कहत राम सुन्दर प्रभु दासा।
शनि सुमिरत सुख होत प्रकाशा।

दोहा

पाठशनैश्चर देव को, कीन्हों विमल तैयार।
करत पाठ चालीस दिन, हो भव सागर के पार।

□□□

शनिवार व्रत कथा

शनिदेव साधना तथा पूजा अर्चना से सहज की प्रसन्न होते हैं तथा अपने भक्तों की सर्वमनोकामनाएं पूर्ण करते हैं। शनिदेव जब किसी पर क्रोधित होते हैं तो उसका सब कुछ नष्ट हो जाता है किन्तु यदि किसी पर शनिदेव की कृपा हो जाए तो वह भिखारी से राजा हो जाता है। शनिवार का व्रत शनिदेव को प्रसन्न करने व मनोकामनाओं की पूर्ति के लिए किया जाता है।

शनि का तांत्रिक मंत्र–ॐ शं शैनश्चराय नमः।

विधि विधान–शनिवार के पीपल के नीचे अथवा भैरव मंदिर में बैठकर पूजन करना चाहिए। पूजन के लिए शनिदेव की टिन की मूर्ति रखकर, काली वस्तुओं, सरसों का तेल, मिट्टी का दीपक तथा लोहे के पाशों का प्रयोग करें। तांत्रिक मंत्र द्वारा शनिदेव का पूजन करें, व्रत कथा पढ़ें, तत्पश्चात पीपल को अर्घ्य दें। भोजन एक ही समय करें तथा उड़द और तिल का प्रयोग अवश्य करें।

व्रत कथा–एक समय सूर्य चंद्रमा, बुध, बृहस्पति, शुक्र, शनि, राहु एवं केतु आदि ग्रहों में परस्पर विवाद हो गया कि हम सब में बड़ा कौन है। सभी ग्रह अपने आपको बड़ा कहते हैं।

जब काफी समय तक निर्णय न हो सका तो सब झगड़ते हुए इंद्रराज के पास गए और कहने लगे कि आप देवताओं के राजा हैं इसलिये ये न्याय करके बताइये कि हम नव ग्रहों में कौन बड़ा है। देवराज इन्द्र ग्रहों का यह प्रश्न सुनकर भयभीत हो गए तथा कहने लगे कि मुझमें इतनी सामर्थ्य नहीं कि मैं किसी को छोटा बतला सकूं।

इस समय पृथ्वी पर राजा विक्रमादित्य हैं। वे सबकी समस्याओं का समाधान अत्यंत बुद्धिमानी से करते हैं। अतः आप सभी उनके पास जाएं। राजा विक्रमादित्य आपके विवाद का समाधान करेंगे।

सभी ग्रह देवता भू लोक से चलकर विक्रमादित्य की सभा में पंहुचे तथा अपना प्रश्न राजा के सामने रखा। राजा विक्रमादित्य ग्रहों की सुनकर चिंतित हो गए तथा

सोचने लगे कि मैं अपने मुख से किस ग्रह को छोटा अथवा बड़ा बताऊं। जिसे छोटा बताऊंगा वही क्रोध करेगा। उसका विवाद निपटाने के लिये उन्होंने एक उपाय सोचा। राजा ने सोना, चांदी, कांसा, पीतल, सीसा, रांगा, जस्ता, अभ्रक तथा लोहा आदि नौ धातुओं के नौ आसन बनवाए तथा सभी आसनों को उनके मूल्य के अनुसार बिछाया गया।

इसके पश्चात् राजा ने नवग्रहों से कहा आप सब अपना-अपना आसन ग्रहण करें। जिसका आसन सबसे आगे वह सबसे बड़ा तथा जिसका आसन सबसे पीछे वह सबसे छोटा जानिये। क्योंकि लोहा सबसे पीछे तथा शनिदेव का आसन था इसलिये शनिदेव ने सोचा कि राजा ने मुझे सबसे छोटा बना दिया है।

राजा के इस निर्णय पर शनिदेव को बहुत क्रोध आया। उन्होंने कहा कि राजा तू मेरे पराक्रम को नहीं जानता। सूर्य एक राशि पर एक महीना, चंद्रमा सवा दो दिन दो महीना, मंगल डेढ़ महीना। बुध और शुक्र एक महीना और बृहस्पति तेरह महीने विचरण करते हैं परन्तु मैं एक राशि पर ढाई वर्ष से लेकर साढ़े सात वर्ष तक रहता हूं। बड़े-बड़े देवताओं को भी मैंने भीषण दु:ख दिया है। सुनो राजन–रामचंद्र जी को साढ़े साती आई तो उन्हें बनवास हो गया। रावण पर आई तो राम ने वानरों सहित उसकी लंका पर चढ़ाई कर उसके कुल का सर्वनाश कर दिया। हे राजन! तुमने मुझे अपमानित किया है। अत: अब तुम सावधान रहना।

राजा विक्रमादित्य ने कहा–जो कुछ भाग्य में होगा देखा जाएगा। ऐसा सुनकर सभी ग्रह प्रसन्नतापूर्वक अपने-अपने स्थान को चले गए किंतु शनिदेव जी अत्यंत क्रोध में वहां से सिधारे।

कुछ काल व्यतीत होने पर जब विक्रमादित्य पर साढ़े साती की दशा आई तो शनिदेव घोड़ों का सौदागर बनकर सुन्दर घोड़ों के साथ राजा विक्रमादित्य की राजधानी में आए। जब राजा ने घोड़ों का सौदागर के आने की खबर सुनी तो उन्होंने अपने अश्वपाल को अच्छी-अच्छी नस्ल के घोड़े खरीदने की सलाह दी।

अश्वपाल इतने अच्छे घोड़े देखकर तथा उनका मूल्य सुनकर चकित हो गया तथा तुरन्त ही राजा को सूचना दी। राजा विक्रमादित्य ने उन घोड़ों को देखा तथा उन घोड़ों में से एक अच्छे नस्ल के घोड़े को चुनकर सवारी के लिए उस पर चढ़े।

राजा के पीठ पर चढ़ते ही घोड़ा तेजी से भागा। घोड़ा बहुत दूर एक घने जंगल में जाकर राजा को छोड़कर अंतर्ध्यान हो गया। इसके पश्चात राजा विक्रमादित्य अकेले जंगल में भटकते फिरते रहे। भूख प्यास से व्याकुल राजा ने एक ग्वाले को देखा। ग्वाले ने राजा को पानी पिलाया। राजा ने प्रसन्न होकर अपनी अंगुली से एक अंगूठी निकालकर ग्वाले को दी तथा स्वयं शहर की ओर चल दिये। राजा शहर में

जाकर एक सेठ की दुकान पर जाकर बैठ गए तथा उन्होंने उसे अपना नाम वीका बताया।

सेठ ने उसे एक कुलीन व्यक्ति समझकर जलादि पिलाया। भाग्यवश उस दिन सेठ की दुकान पर बहुत बिक्री हुई। सेठ उसे भाग्यवान पुरुष समझकर अपने घर भोजन के लिए ले गया।

भोजन करते समय राजा ने एक आश्चर्यजनक घटना देखी, जिस खूंटी पर हार लटक रहा था वह खूंटी हार को निगल रही थी। भोजन के पश्चात जब सेठ कमरे में आया तो उसे खूंटी पर हार नहीं मिला। उसने सोचा कि वीका के अतिरिक्त कमरे में कोई नहीं आया अत: उसने ही हार चोरी किया है। परन्तु वीका ने हार की चोरी से मना कर दिया। तब कुछ व्यक्ति उसे पकड़ कर नगर फौजदार के पास ले गए।

फौजदार ने उसे राजा के सामने उपस्थित किया तथा कहा कि यह व्यक्ति भला प्रतीत होता है किंतु सेठ इस पर चोरी का आरोप लगा रहा है। राजा ने आज्ञा दी कि इसके हाथ-पैर कटवाकर चौरंगिया किया जाए।

राजा की आज्ञा का तुरन्त पालन हुआ तथा वीका के हाथ-पैर काट दिये गए। कुछ काल व्यतीत होने पर एक तेली ने राजा को देखा तथा दयावश वह उसे अपने घर ले गया। तेली ने उसे कोल्हू पर बैठा दिया।

वीका उस पर बैठा हुआ अपनी जबान से बैलों को हांकता रहता था। इस काल में राजा की शनि की दशा समाप्त हो गई। वर्षा ऋतु के समय चौरंगिया राजा विक्रमादित्य मल्हार राग गाने लगा। यह राग सुनकर शहर के राजा की प्रिय पुत्री मन भावनी उसकी वाणी पर मुग्ध हो गई।

राज कन्या ने अपनी दासी से मल्हार राग गाने वाले की खबर लाने के लिये भेज दिया। दासी सारे शहर में घूमती रही। जब वह तेली के घर के पास से निकली तो उसने देखा कि राजा चौरंगिया मल्हार राग गा रहा है।

दासी ने लौटकर राजकुमारी को सब वृतान्त कह सुनाया। उसी समय राजकुमारी मनभावनी ने अपने मन में यह प्रण कर लिया कि चाहे कुछ भी हो, मैं इसी चौरंगिया के साथ विवाह करूंगी। प्रात:काल होते ही दासी ने जब राजकुमारी मनभावनी को जगाया तो वह अनशन व्रत लेकर बिस्तर पर पड़ी रही। राजकुमारी की अनशन की बात दासी ने जाकर रानी को बताई रानी ऐसा सुनकर राजकुमारी के पास आई और पुत्री से कारण पूछा। राजकुमारी बोली–माता मैंने यह प्रण लिया है कि तेल के घर जो चौरंगिया है मैं उससे विवाह करूंगी। माता ने सुनकर आश्चर्य व्यक्त किया और कहा कि क्या तू पागल हुई है? तेरा विवाह तो किसी बड़े राजा से होगा। राजकुमारी

बोली–हे माता, ये मेरा अटल प्रण है जिसे मैं नहीं तोड़ूंगी। चिंतित हो राजा ने यह बात रानी को बताई। राजा ने पुत्री को समझाया–हे पुत्री, ये कैसी जिद है तुम्हारी? तुम्हारा विवाह तो किसी बड़े राजा से होगा। तुम्हें ऐसी बात नहीं सोचनी चाहिए। परन्तु राजकुमारी भी अपने प्रण पर अडिग थी। उसने कहा–पिताजी प्राण दे सकती हूं पर अपना प्रण नहीं तोड़ सकती। यह सुनकर राजा ने कहा–यदि तेरे भाग्य में ऐसा लिखा है तो यही सही। राजा ने तेली को बुलाकर कहा कि तेरे घर जो चौरंगिया रहता है मैं अपनी पुत्री का विवाह उसके साथ करूंगा।

तेली न आश्चर्य से कहा–महाराज आप ये क्या कह रहे हैं? कहां राजकुमारी और कहां एक चौरंगिया। राजा ने कहा–ये सब भाग्य का खेल है। तुम जाकर विवाह की तैयारियां करो। राजा ने शुभ मुहूर्त देखकर राजकुमारी का विवाह चौरंगिया के साथ कर दिया। रात को जब विक्रमादित्य महल में सो रहे थे तो शनिदेव ने विक्रमादित्य को स्वप्न में दर्शन दिए और कहा–हे राजा! मुझे छोटा बतलाकर तुमने कितने कष्ट उठाए। राजा ने शनिदेव से कहा–प्रभु मेरे अपराध के लिए मुझे क्षमा कर दो। शनिदेव राजा से प्रसन्न हो गए तथा उन्होंने राजा को क्षमा कर दिया और राजा को उसके हाथ-पैर वापिस कर दिया।

तब राजा ने हाथ जोड़कर शनिदेव से विनय की–हे शनिदेव! मेरी आपसे विनती है कि आपने जैसे कष्ट मुझे दिए ऐसे किसी को कभी नहीं देना।

शनिदेव ने प्रसन्न होकर कहा–राजन तुम्हारी विनती मुझे स्वीकार है। जो व्यक्ति नित्य प्रति मेरा ध्यान करेगा, मेरी कथा सुनेगा, कहेगा उसे मेरी दशा में कभी कोई दुख नहीं होगा तथा जो भी मनुष्य प्रतिदिन मेरा ध्यान कर चीटियों को आटा डालेगा उसके सभी मनोरथ पूर्ण होंगे। यह कहकर शनिदेव अन्ध्यान हो गए।

सवेरे जब राजकुमारी मनभावानी की आंख खुली तो उसने चौरंगिया को हाथ-पैर सहित देखा तो उसके आश्चर्य की सीमा न रही। उसने विक्रमादित्य को जगाया और उसके इसका कारण पूछा। तब राजा ने अपना सारा वृतांत राजकुमारी को कह सुनाया।

यह सुनकर राजकुमारी अति प्रसन्न हुई। प्रात: काल मनभावनी की सखियों ने पिछली रात्रि का हाल-चाल पूछा तो उसने रात्रि की घटना का तथा उसके हाथ-पैर सही हो जाने का सारा वृतांत कह सुनाया। जब उस सेठ को यह घटना पता चली तो वह विक्रमादित्य के पास आया और उसने राजा से क्षमा मांगी और कहा–हे महाराज! मैंने आप पर चोरी का झूठा आरोप लगाया। मुझे क्षमा कर दीजिये। राजा ने कहा–यह सब मेरे भाग्य के तथा शनिदेव जी के कोप के कारण हुआ, इसमें तुम्हारा कोई दोष नहीं था।

तब सेठ ने कहा–हे महाराज्! यदि आपने वास्तव में मुझे क्षमा कर दिया तो फिर मेरे घर चलकर भोजन ग्रहण करें, तभी मुझे शांति प्राप्त होगी। राजा ने कहा–जैसा आप उचित समझा करें।

घर जाकर सेठ ने नाना प्रकार के व्यंजन बनवाए और राजा विक्रमादित्य को आमंत्रित किया। जब राजा विक्रमादित्य तथा राजकुमारी भोजन कर रहे थे तो सबने एक बड़ी आश्चर्यजनक घटना देखी। जो खूंटी पहले हार निगल चुकी थी वही खूंटी हार उगल रही थी। भोजन की समाप्ति पर सेठ ने हाथ जोड़कर राजा से कहा–महाराज मेरी श्रीकंवरी नाम की एक कन्या है। आप उसे पत्नी के रूप में वरण करें। राजा विक्रमादित्य ने सेठ की बात स्वीकार कर ली और सेठ ने अपनी कन्या का विवाह राजा से कर दिया और बहुत-सी भेंट राजा को दी, इस प्रकार आनन्दपूर्वक कुछ समय तक सेठ के राज्य में रहने के पश्चात् राजा विक्रमादित्य अपने श्वसुर राजा से कहा कि अब मेरी उज्जैन जाने की इच्छा है।

कुछ दिन बाद विदा लेकर राजकुमारी मनभावनी, सेठ की कन्या श्रीकंवरी तथा दोनों जगह से दहेज में प्राप्त अनेक दास-दासी, रथ और पालकियों सहित राजा विक्रमादित्य उज्जैन की तरफ चले। जब वे शहर के निकट पहुंचे और उज्जैनवास्यिों ने राजा के आने का समाचार सुना तो उज्जैन की समस्त प्रजा अगवानी के लिए आई। प्रसन्नता से राजा अपने महल में पधारे। सारे नगर में भारी उत्सव मनाया गया और रात्रि को दीपमाला की गई। दूसरे दिन राजा ने अपने पूरे राज्य में घोषणा करवाई कि शनि देवता सब ग्रहों में सर्वोपरि हैं। मैंने इनको छोटा बतलाया इसी से मुझको यह दुःख प्राप्त हुआ।

इस प्रकार सारे राज्य में सदा शनिदेव की पूजा और कथा होने लगी। राजा और प्रजा अनेक प्रकार के सुख भोगती रही। जो कोई शनिदेव की इस कथा को पढ़ता या सुनता है, शनिदेव की कृपा से उसके सब दुःख दूर हो जाते हैं। व्रत के लिए शनिदेव की कथा को अवश्य पढ़ना चाहिए।

ओ३म् शान्तिः। ओ३म् शान्तिः!! ओ३म् शान्तिः!!!

शनिवार की आरती

जय-जय रविनन्द जय दुःख भंजन।
जय-जय शनि हरे ।।टेक।।
जय भुजचारी, धारणकारी, दुष्ट दलन।।1।।
तुम होत कुपित, नित करत दुखी, धनी को निर्धन।।2।।

तुम धर अनुप यम का स्वरूप हो, करत बंधन।।3।।
तब नाम जो दस तोहित करता सो बस, जो करे रटन।।4।।
महिमा अपार जग में तुम्हारे, जपते देवतन।।5।।
सब नैन कठिन नित बरे अग्नि, भैंसा वाहन।।6।।
प्रभु तेज तुम्हारा अतिहिं करारा, जानत सब जन।।7।।
प्रभु शनि दान से तुम महान, होते तो मगन।।8।।
प्रभु उदित नारायण शीश, नवायन धरे चरण

जय-जय शनि हरे।

❑❑❑

कुंभलग्न में रत्न धारण का वैज्ञानिक विवेचन

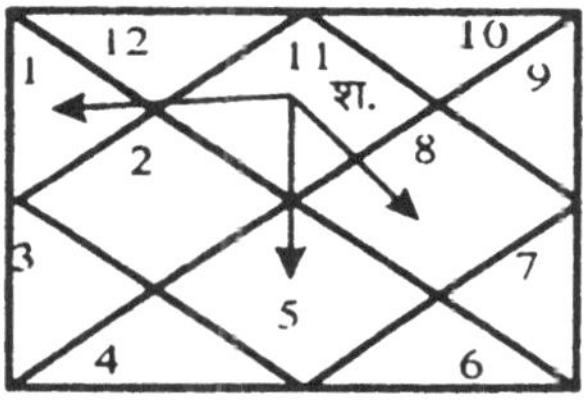

1. **माणिक्य**–कुंभलग्न के सूर्य इस भाव का स्वामी होता है। जो भाव विशेष रूप से मारक स्थान हैं और क्योंकि सूर्य मारकेश और लग्नेश का शत्रु है। अत: कुंभलग्न के जातकों को माणिक्य से दूर रहना लाभप्रद रहेगा।
2. **मोती**–कुंभलग्न में चंद्र षष्ठ भाव का स्वामी होता है। चंद्र लग्नेश शनि का शत्रु भी है अत: इस लग्न के जातक को मोती धारण नहीं करना चाहिए।
3. **मूंगा**–कुंभलग्न में मंगल तृतीय तथा दशम स्वराशि में हो तो मंगल की महादशा से इसके धारण करने से राज्य-कृपा व्यवसाय उन्नति होती है। इसके जातक को मूंगा धारण नहीं करना चाहिए।
4. **पन्ना**–कुंभलग्न के लिए बुध पंचम त्रिकोण और अष्टम भाव का स्वामी है। त्रिकोण का स्वामी होने के कारण यह इसके लिए शुभ माना गया है। यदि पन्ने को हीरे के साथ धारण किया जाये तो वह अत्यन्त शुभ लाभदायक बन जायेगा क्योंकि शुक्र इस लग्न के लिए चतुर्थ और नवम का स्वामी होने के कारण योग कारक ग्रह है। पन्ना लग्नेश शनि के रत्न व नीलम के साथ धारण करने से शुभ फल देगा।
5. **पुखराज**–कुंभलग्न के लिए बृहस्पति द्वितीय (धनाभाव) और एकादश (लाभ) भावों का स्वामी होता है। लग्नेश शनि बृहस्पति का शत्रु है तब भी बृहस्पति की दशा में पुखराज धारण करने से धन की प्राप्ति, समृद्धि से वृद्धि संतान सुख, विद्या में उन्नति नया बुद्धि बल प्राप्त होता है। परंतु बृहस्पति द्वितीय का स्वामी होने के कारण मारकेश भी है।

6. **हीरा**—कुंभलग्न के लिए चतुर्थ एवं नवम का स्वामी होने के कारण शुक्र अत्यन्त शुभ और योगकारक ग्रह माना गया है। शुक्र की महादशा में हीरा अवश्य धारण करना चाहिए। हीरा यदि नीलम के साथ धारण किया जाये तो उत्तम फलदायक होगा।

7. **नीलम**—कुंभलग्न के शनि द्वादश का स्वामी होते हुए भी लग्नेश है। उसकी मूल त्रिकोण राशि लग्न में पड़ती है। अत: कुंभ लग्न के जातक को नीलम शुभ फल देता है। यह आपका जीवन रत्न है।

विशिष्ट उद्देश्यपूरक संयुक्त रत्न

1. **संतान हेतु**—पन्ना सवा चार रत्ती, नीलम सवा चार रत्ती त्रिलोह में।
2. **भाग्योदय हेतु**—हीरा सवा चार रत्ती, मूंगा सवा चार रत्ती चांदी में।
3. **आरोग्य हेतु**—नीलम अकेला सवा छ: रत्ती त्रिलोह में।
4. **स्थाई लक्ष्मी हेतु**—पुखराज-नीलम-मूंगा सवा चार-चार रत्ती स्वर्ण में।

❑❑❑

प्रबुद्ध पाठकों के लिए अनमोल सुझाव फलादेश करते समय कृपया ध्यान रखें

1. फलादेश करते समय कृपया जल्दबाजी न करें। फलादेश करते समय अपने खुद के साथ जोर-जबरदस्ती न करें। यथा आपका ध्यान अन्य कार्य में है। आपके पास समय का अभाव है, परन्तु सामने वाला पृच्छक आप पर दबाव डाल रहा है कि मेरी तो ट्रेन जा रही है, बस जा रही है, प्लेन जा रहा है, अभी के अभी बताओ क्या होने वाला है? जो फलादेश आवेश व जल्दीबाजी में होगा वो फलादेश गलत हो जायेगा। क्योंकि फलादेश करते समय चित्त शान्त होना चाहिए।
2. जन्म कुण्डली का अध्ययन एकान्त में करें। गम्भीरतापूर्वक करें। आलतू-फालतू लोगों को पास न बैठायें। जहां तक हो सके दैवज्ञ विद्वान् के पास अकेला पृच्छक (जिज्ञासु) ही होना चाहिए।
3. दैवज्ञ को फलादेश करने के पूर्व सरस्वती अथवा अपने इष्ट देव का स्मरण करना चाहिए।

   रिक्त पाणि न पश्येत् राजानां दैवतां गुरुः।
4. फलादेश प्रारम्भ करने के पूर्व जिज्ञासु सज्जन से फल-पुष्प दक्षिणा भेंट इत्यादि स्वीकार करके, उसे प्रभु चरणों में समर्पित करके ही आगे प्रवृत होना चाहिए।
5. यह शास्त्र वचन है कि जो दैवज्ञ ज्योतिषी के समीप और ईश्वर के दरबार में खाली हाथ जाता है, वह खाली हाथ ही वापस लौटता है।
6. आगन्तुक पृच्छक से हमेशा प्रश्न लिखित में लिखकर ले और प्रत्युत्तर हमेशा हस्ताक्षर, तारीख और समय के साथ लिखित में लिखकर देने का साहस रखें, तभी आत्मविश्वास एवं साधना दोनों बढ़ेंगे।

7. घटना घटित होने के बाद उसकी सफलता एवं असफलता के कारणों की पुष्टि ज्योतिषीय सिद्धान्तों के आधार पर निरन्तर करते रहना चाहिए। फलित सत्य होने पर, स्व प्रशंसा न करें, ज्यादा फूले नहीं? क्योंकि यह सत्यखोजी ऋषियों की कृपा से हुआ है तथा फलित असत्य होने पर निराश या हताश नहीं होना चाहिए क्योंकि गलती हमेशा व्यक्तिगत ही होती है। **'मनुष्य मात्र भूल का पात्र'** गलती हममें है, ऋषियों की वाणी में नहीं, ऐस विश्वास रखना चाहिए।

8. जन्मपत्रिका को लग्न के अनुसार देखना सीखें।

शास्त्र कहते हैं–

9. **फलानि ग्रहचारेण सूचयन्ति मनीषिण।**
को वक्तां तारतम्यस्य तमेकं वेधसं विना॥

ग्रहों की स्थिति पर से जानकार दैवज्ञ ज्योतिषी शुभ-अशुभ फलों की सूचना करते हैं, परन्तु (फलों के) कम अथवा अधिक प्रमाण तो एक मात्र जगत्सृष्टा ब्रह्मा के सिवाय कौन कह सकेगा? फिर भी ईश्वर के पश्चात् ज्योतिषी वह पहला व्यक्ति है, जो निश्चयपूर्वक आपके भूत, भविष्य एवं वर्तमान बताने का सामर्थ्य रखता है।

10. **पापत्वे सति नीचत्वे ऊच्चत्वे वापि किं फलम्।**
ते योगाः कि करिष्यन्ति स्वदशानामनागमे।

ग्रहों का अशुभत्व, नीचत्व अथवा उच्चत्व इनका योग होने पर भी यदि उनकी दशा नहीं आती हो तो उनके फल कहां से प्राप्त होंगे? और क्यों मिलना चाहिये? दशाओं में ग्रहों के शुभ-अशुभ फल प्राप्त होते हैं। इस जगह **'दशा'** शब्द से **'महादशा'** और **'अंतर्दशा'** इन दोनों का बोध होता है। दशा में विशेष फल मिलता है।

11. **मित्रशत्रुसमायोगे फलं मिश्रं शुभं विदुः।**
केन्द्रत्रिकोणेप्युच्चत्वे मित्रग्रहसमन्विते॥

मित्र और शत्रु ग्रहों का योग हो तो मिश्रफल जानना चाहिए। केन्द्र त्रिकोण अथवा उच्च, स्थानों में मित्र ग्रहों से युक्त ग्रह हों तो शुभ फल जानना चाहिये।

12. **मित्रराशिगते वापि मन्त्रिणा यदि वीक्षिते।**
मित्रयुक्ते बलवपि राजतुल्यो भवेन्नरः॥

मित्र ग्रहों के स्थान में स्थित, मित्रग्रह से युक्त और दिग्बली एवं अशों में बलवान ऐसा ग्रह यदि बृहस्पति से दृष्ट हो तो मनुष्य उस समय राजातुल्य ऐश्वर्य को भोगता है।

13. कोई ग्रह यदि राहु के साथ बैठा है। जब ऐसे ग्रह की दशा हो तो उस दशा में अरिष्ट होता है।

14. जब लग्नेश अष्टम स्थान में हो तो उस दशा में बहुत दु:ख, कष्ट एवं परेशानी होती है।

15. जब ग्रह '**दिग्बल**' से युक्त हो तो उसकी दशा में बड़ी प्रतिष्ठा उसी दिशा (Direction) में मिलती है, जिस दिशा का वह ग्रह स्वामी हो।

16. जब पाप ग्रह (शनि, राहु, केतु या दु:स्थान के स्वामी) की महादशा हो, और उसमें शुभ ग्रह की अंतर्दशा हो, तो आरंभ में कष्ट होता है और अंत में सुख होता है।

17. जब शुभ ग्रह की (चंद्र, बुध, बृहस्पति, शुक्र) महादशा हो, और उसमें पाप ग्रह की अंतर्दशा हो तो आरंभ में सुख होता है और अंत में भय होता है।

18. जब क्रूर (सूर्य या मंगल) ग्रह की महादशा हो, उसमें क्रूर ग्रह की अंतर्दशा, यदि वे दोनों आपस में शत्रु हों तो मृत्यु होती है, परन्तु जब वे आपस में मित्र हों तो जीवन में संदेह होता है।

19. जब दो ग्रह एक दूसरे से छठे अथवा आठवें स्थान में स्थित हों तो उनकी अंतर्दशा में बड़ा भय होता है।

20. जब मंगल (मारकेश) की महादशा में शनि (अन्य मारकेश) की अंतर्दशा हो तो मनुष्य की मृत्यु संभव है।

21. जब पाप ग्रह, क्रूर या शत्रु राशि में स्थित छठे अथवा आठवें स्थान में हों, शुक्र अथवा सूर्य की उस पर दृष्टि हो, तो अपनी दशा में मृत्यु करता है।

22. जब लग्नेश की दशा में, लग्नेश के शत्रु की अंतर्दशा हो तो अकस्मात् मृत्यु हो जाती है। ऐसा सत्याचार्य कहते हैं।

23. जिस ग्रह की महादशा हो उससे 6, 8, 12 स्थानों में स्थित ग्रह की अंतर्दशा शुभ नहीं होती है। शेष स्थानों में स्थित शुभ ग्रह की महादशा तथा पाप ग्रह की अंतर्दशा कष्ट देने वाली होती है।

24. जब दशम लग्न, लाभ, पराक्रम, सुख तथा त्रिकोण (पंचम, नवम) स्थित शुभ ग्रह हो और वह स्वगृही हो अथवा उच्च का हो, अथवा मित्र घर का हो, अथवा मित्र नवांश का हो तो उस ग्रह की दशा शुभ होती है। परन्तु जो ग्रह 8-12, 6-7-2 स्थानों में अथवा अष्टमेश में हो अथवा शत्रु के घर का हो पाप ग्रह हो, अथवा नीच का हो अथवा अस्तगत हो उसकी दशा शुभ नहीं होती है।

25. जब मित्र ग्रह की महादशा में, मित्र ग्रह की अंतर्दशा हो, अथवा शुभ ग्रह की महादशा में शुभ ग्रह की अंतर्दशा हो तो वह शुभ होती है। परन्तु जब शत्रु ग्रह की महादशा में शत्रु ग्रह की अंतर्दशा हो, अथवा पाप ग्रह की महादशा में, पाप ग्रह की अंतर्दशा हो तो शुभ नहीं होती है। यदि शुभ तथा पाप ग्रह अथवा शत्रु तथा मित्र ग्रहों की दशा और अंतर्दशा मिश्रित हो तो मिश्रित फल प्राप्त होता है।

26. उक्त दशाओं के साथ-साथ गोचर में चलायमान ग्रहों का शुभाशुभ प्रभाव जन्मकुण्डली पर अवश्य पड़ता है। इस तथ्य को घटित करके देखना चाहिए तथा बाद में अन्तिम निर्णय पर पहुंचना चाहिए।

27. पृच्छक जब आपके पास आता है। उस समय शकुन क्या कहते हैं? प्रकृति की रहस्यमय घटनाओं का सूक्ष्म अध्ययन भी मन-मस्तिष्क में रखना चाहिए। वे तत्काल फल चमत्कारी रूप में देते हैं। मान लीजिए कोई आपसे प्रश्न पूछने आया और बिजली चली गई। कोई बर्तन अचानक गिर कर टूट गया? पास में रोने की, झगड़े का कलह की आवाजें आ गईं तो जातक का कार्य हर्गिज नहीं होगा। जिज्ञासु सज्जन के आते ही कहीं से कोई फल-मिठाई पुष्प लेकर आ गया। अचानक रोशनी आ गई। टेलीफोन से अचानक शुभ समाचार मिल गये। बैन्ड-बाजे, नगाड़े की आवाज आ गई तो निश्चित ही आगन्तुक सज्जन का कार्य होगा। ज्योतिषशास्त्र के विद्वान् को शुभाशुभ शकुन शास्त्र का भी पूरा-पूरा ज्ञान होना चाहिए।

❑❑❑

दृष्टांत कुण्डलियां

A. अवतार, संत-महात्मा एवं विद्वान्

श्री रामकृष्ण परमहंस

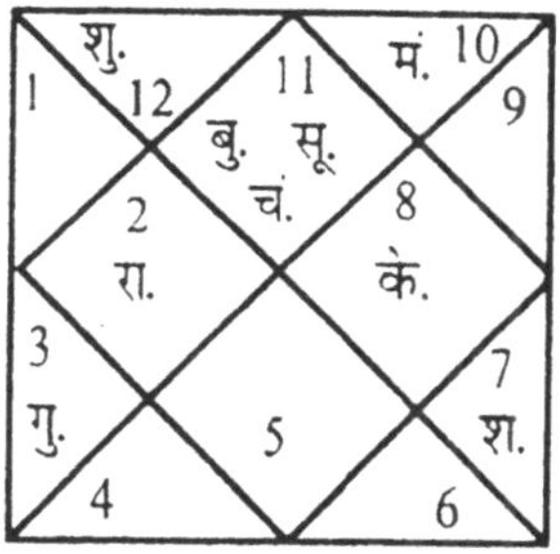

जन्म तिथि-18.2.1836, जन्म समय-6.23 बजे, जन्म स्थान-हुंगली (पं० बंगाल)। पंचम में स्थित बृहस्पति की स्थिति श्री रामकृष्ण परमहंस की कुण्डली के पूर्व जन्म के संचति पुण्य कर्मों को बताता है। बृहस्पति उच्चाभिलाषी है। वही शुक्र उच्च का है। शनि उच्च का है। मंगल उच्च का है तथा सूर्य लग्नस्थान मे **''बुधादित्य योग'** करके बैठा है। निश्चय ही यह एक देवपुरुष की कुण्डली है जिसके चमत्कार सारे संसार को मालूम है।

पैगम्बर मोहम्मद

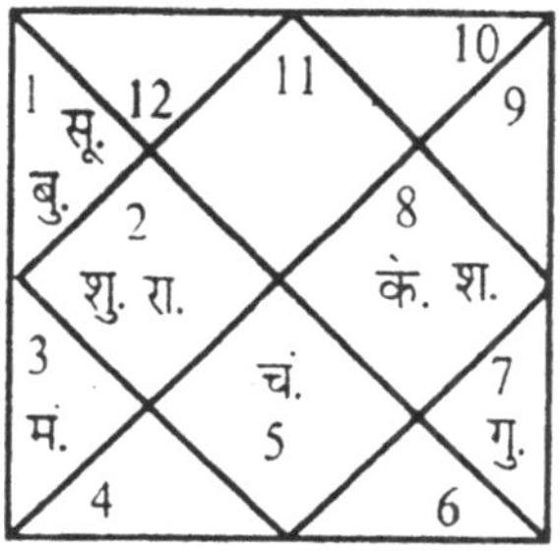

जन्म तिथि-22.4.0571, जन्म समय-1.40 बजे रात्रि, जन्म स्थान-मक्का। मुस्लिम धर्म के संस्थापक पैगम्बर मोहम्मद का जन्म मक्का में मुसलमानी 12 तारीख को हुआ। इनको मक्का में मदीना ईस्वी सन् 622 में ले जाया गया, क्योंकि मक्का में लोगों ने इनकी शिक्षा को स्वीकार नहीं किया। इनकी 11 औरतें थी। इनकी बड़ी लड़की का नाम फातमां था। इनके दो लड़के थे जो 8 वर्ष की उम्र मे मारे गये। ईस्वी सन् 630 में इन्होंने मक्का जीता तथा हिजरी सन् (मुस्लिम सन्) का शुभारम्भ किया।

आचार्य चतुरसेन शास्त्री

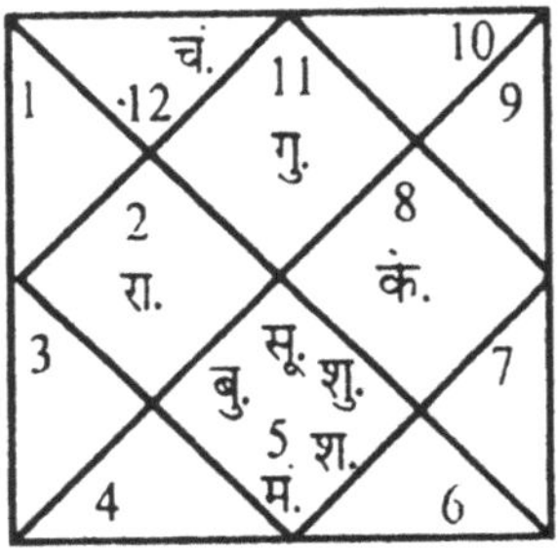

जन्म समय-19.30, जन्मतिथि-22.8.1891। द्वितीय भाव (लेखनी एवं वाणी) का स्वामी बृहस्पति लग्न में होने से, चारों केन्द्र भरे हुए होंने से **'आसमुद्रात् नामक राजयोग'** बना। आचार्य चतुरसेन यशस्वी लेखनी की कीर्ति चारों दिशाओं में फैली। **'बुधादित्य योग'** एवं **'पंचग्रह युति'** के कारण आचार्य चतुरसेन शास्त्री भारतीय संस्कृति के अनमोल हस्ताक्षर है।

डॉ. बी.वी. रमन

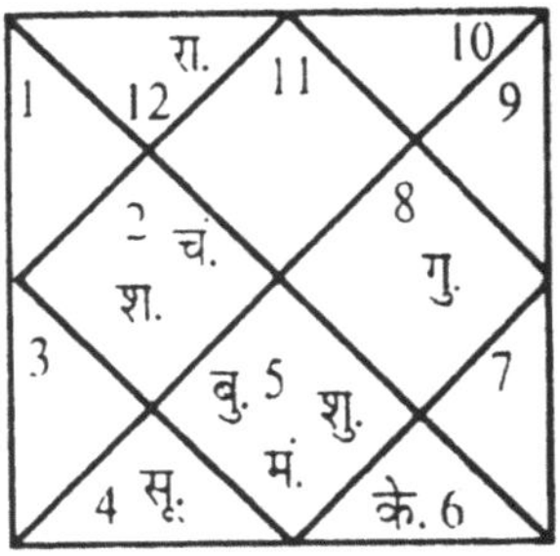

सम्पादक-ऐस्ट्रोलॉजिकल मैगजीन। **जन्म स्थान-बैगलार**, जन्म समय-19.40, जन्मतिथि-8.8.1912। डॉ. बी.वी. रमन को ज्योतिष की दुनियां में सोने का सिक्का

माना गया है। इनका मुख्य कारण वे राजनेताओं व राजनीति में अनर्गल भविष्यवाणियों से बचते रहे। केन्द्र में उच्चस्थ चंद्रमा ने उनका मानसिक स्तर, सोच उच्च को बनाये रखा। **'यामिननाथ योग'**, **'केसरी योग'**, **'कुलदीपक योग'**, **'पद्मसिंहासन योग'** ने उनकी कुण्डली को निखार दिया।

B. राजा, राजपुरुष व राजनेता

लंकेश्वर रावण

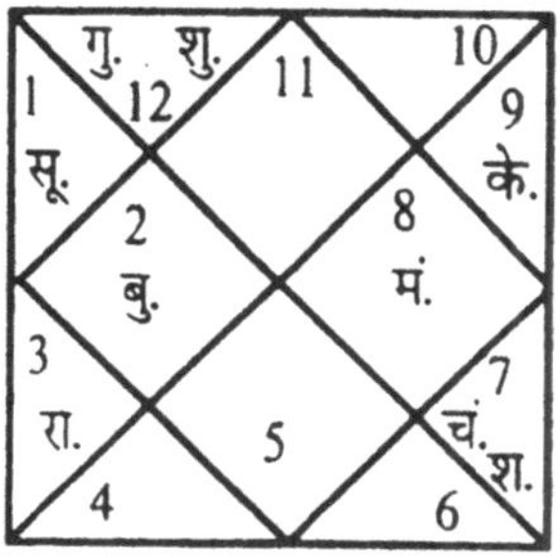

यह प्रचलित कुण्डली लंकेश्वर रावण की ही है। इनका कोई पक्का प्रमाण हमारे पास नहीं है क्योंकि जब तक जन्म तारीख हमारे पास सही नहीं हो। कुण्डली में स्थिति ग्रहों को सत्यता की कसौटी पर नहीं कसा जा सकता। फिर भी प्रबुद्ध पाठकों के संग्रह व ज्ञान को बढ़ाने की दृष्टि से यह कुण्डली यहां दी जा रही है।

बादशाह औरंगजेब

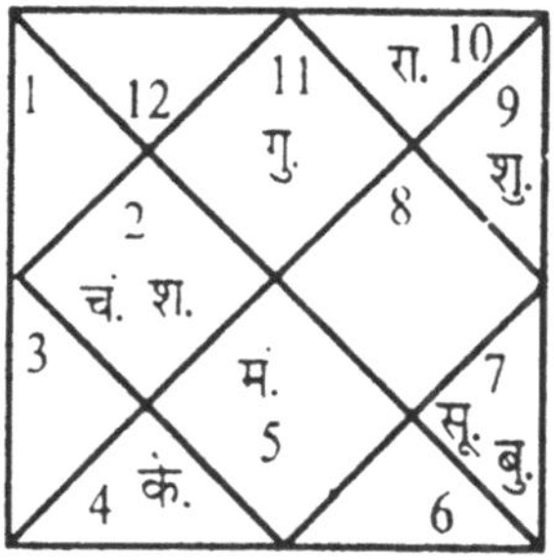

जन्म समय-14.05, जन्मतिथि-3.11.1618, जन्म स्थान-दोहद (गुजरात)। मुगल बादशाहों कट्टरपंथी औरंगजेब में (1659-1707) के मध्य हिन्दुस्तान पर शासन खून की नदियां बहाकर किया। वह शक्की दिमाग का एक ऐसा बदनसीब व्यक्ति था। जिसने अपने पुत्र, पिता एवं पत्नी तक की हत्या कर दी। औरंगजेब के

कारण मुगल सल्तनत हिन्दुस्तान से उठ गई क्योंकि इसने हिन्दू और गैर मुस्लिम लोगों पर बहुत जुल्म ढ़ाए।

बादशाह शाहजहां (औरंगजेब का पिता)

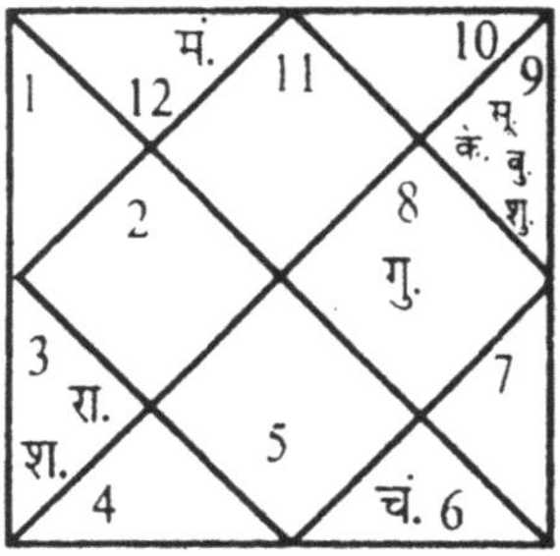

जन्म स्थान-लाहौर (पाकिस्तान), जन्म समय-14.38, जन्मतिथि-5.1.1592। शाहजहां एक बदनसीब बादशाह था। आंशिक कालसर्पयोग ने उन्हें संतान सुख नहीं दिया। पंचम भाव में शनि व राहु ने क्रूर व कपूत संतान की पिता बनाया। इससे बढ़िया फलित ज्योतिष की सत्यता का और प्रमाण क्या हो सकता है।

शाहजहां को जहां एक ओर शनि की दशा में ही तमाम शुभ फल मिलें वहीं दूसरी ओर शनि की ही दिशा में उसके पुत्र औरंगजेब ने उसे बंदी बनाकर कालकोठरी में डलवा दिया। इतना ही नहीं शनि की ही दशा में उसकी मृत्यु भी हुई...

शाहजहां के पिता जहांगीर के समय में कुछ कट्टरवादी नीतियों का सूत्रपात हुआ था। शाहजहां नामा में ज्योतिष से संबधित जो वातें लिखी गई हैं, उसमें यह भी आता है कि 22 फरवरी 1633 की रात को राजकुमार शाहशूजा (शाहजहां) का विवाह ज्योतिषीय मुहूर्त देखकर ही किया गया था और जिस त्योतिषी ने यह मुहूर्त निकाला था, उसका नाम मकरात खां था इतना ही नहीं शाहजहां जब 60 साल का हो गया, तो उसकी 'षष्टि पूर्ति' भी हिंदू परंपराओं के अनुसार ही मनाई गई थी। शाहजहां की उपलब्ध कुंडली में पंचम का शनि, राहु से युत है और मंगल वक्री शुक्र, बुध और सूर्य से दृष्ट है, जो राज्याभिषेक के समय को तो दर्शाता ही है, साथ ही उसके जीवन के अंतिम दुखद वर्षों की कहानी भी कहता है। शाहजहां की कुंडली में नवमेश (पिता), तृतीयेश (भाई) और पंचमेश (संतान) उसके जीवन की ऊंचाइयों और दुखों में अंतर्निहित क़हानियां बयान करते हैं। इसका एक महत्वपूर्ण कारण शायद यह भी है कि मुगलों में उत्तराधिकार का नियम अनिश्चित था। इस मामलें में अगर यह तय होता कि ज्येष्ठ पुत्र ही सम्राट का उत्तराधिकारी होगा, तो शाहजहां

को ही गद्दी मिलती। ऐसा नहीं होने के वजह से उसके भाइयों ने उसके खिलाफ षड्यंत्र किया और नूरजहां ने भी इसी त्रुटि का लाभ उठाते हुए अपने दामाद शहरयार को जहांगीर का उत्तराधिकारी बनाने का असफल प्रयास किया।

इसके खिलाफ जब शाहजहां ने अपने पिता के विरुद्ध विद्रोह किया उस समय (1620-1628) वह राहु में अष्टमस्थ चंद्र और तृतीयेश मंगल की अंतर्दशा में चल रहा था। भाग्यस्थ तथा दशमस्थ बृहस्पति की दशा आते ही शाहजहां को जहांगीर का उत्तराधिकार मिल गया। इसके लिए उसे अपने भाइयों की हत्या भी करवानी पड़ी। शाहजहां को अच्छी दशाओं और अच्छे ज्योतिषीय योगों का फल शनि की दशा में मंगल की अंतर्दशा तक ही मिला, लेकिन शनि-राहु के पंचम होते ही स्थिति पलट गई और इस दशा में उसके पुत्र औरंगजेब ने न सिर्फ अपने भाइयों द्वारा, शूजा और मुराद की धोखे से हत्या करवा दी, बल्कि अपने पिता को बंदी भी बना लिया। इतना ही नहीं उसने खुद को सम्राट भी घोषित कर दिया। चाहे जो भी हो, मगर संपूर्ण विश्व शाहजहां को ताजमहल के लिए आज भी याद करता है, जिसे उसने अपनी पत्नी मुमताज महल की याद में बनवाया था। शाहजहां की मृत्यु 1658 में शनि की महादशा और द्वितीयेश बृहस्पति की अंतर्दशा में हुई, जबकि शनि की महादशा और राहु की अंतर्दशा में उसे गिरफ्तार कर कारावास में डाला गया था। यह काम किसी और ने नहीं, बल्कि उसके पुत्र ने ही किया था।

मोहम्मद अली जिन्ना, कायदे आजम पाकिस्तान

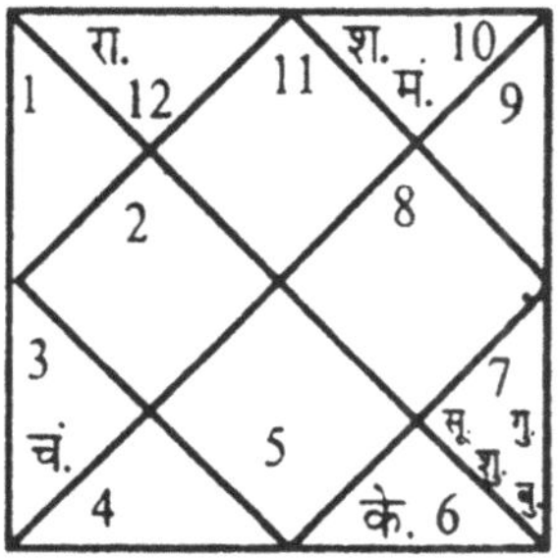

जन्म स्थान-करांची (पाकिस्तान), जन्म समय-14.30, जन्मतिथि-20.10.1875। केन्द्र खाली, चंद्रमा शत्रुक्षेत्री होने से सोच नकारात्मक थी। यही एक व्यक्ति था। जिसने हिन्दुस्तान पाकिस्तान के टुकड़े द्वेष भावना से कराये। सूर्य+शुक्र की युति **'नीचभंग राजयोग'** भाग्यस्थान में एवं शनि+मंगल की युति **'किम्बहुना योग'** ने इन्हें पाकिस्तान का कायदे आजम बना दिया।

अब्राहम लिंकन (अमेरिकी राष्ट्रपति)

जन्म समय-7.45 बजे सुबह, जन्म तिथि-12.2.1809, जन्म स्थान-केंदुकी (अमेरीका)। अमेरिका के राष्ट्रपति अब्राहम लिंकन की एक अलग (1809-65) पहचान है। उन्होंने अमेरीका को गुलामी से मुक्त कराया। वे सन् 1864 में पुनः राष्ट्रपति पद पर चुन लिये गये। सन् 1865 में उनकी गोली मार कर हत्या कर दी गई। जन्मकुण्डली में प्रदर्शित 'पूर्णकालसर्प योग' षष्टेश चंद्रमा के द्वादश में जाना ही इनके अकाल मृत्यु का कारण बना।

श्री नारायण दत्त तिवारी (मुख्यमंत्री उत्तरांचल)

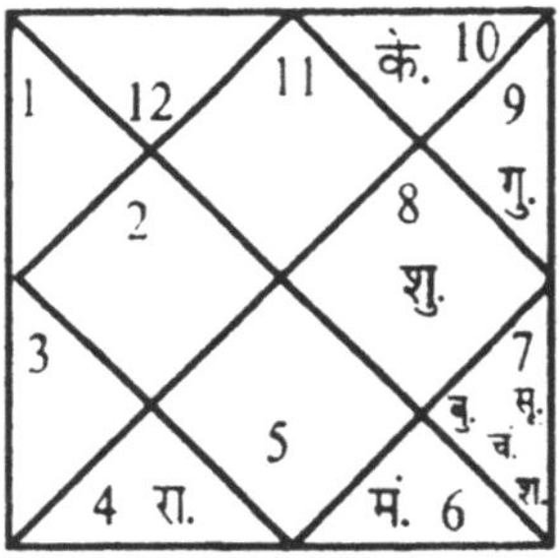

जन्म तिथि-18.10.1952, जन्मसमय-16.00, जन्म स्थान-नैनीताल। श्री नारायणदत्त तिवारी एक मृदुभाषी गंभीर स्वभाव के राजनेता रहे क्योंकि वाणी का अधिपति बृहस्पति इनकी कुण्डली में स्वगृही का अधिपति बृहस्पति इनकी कुण्डली में स्वगृही है। उत्तर प्रदेश के मुख्यमंत्री एवं पुनः उत्तरांचल के मुख्यमंत्री पद पर इनको सूर्य+शनि की युति ने पहुंचाया। **'नीचभंग राजयोग'** एवं चतुष्ग्रह युति ने इनके किस्मत को चारों ओर से चमकाया। केन्द्रस्थ शुक्र ने **'कुलदीपक योग'** बनाकर इन्हें आगे बढ़ाया। परन्तु **'महापद्मनामक कालसर्प योग'** के कारण से अपने गुप्त शत्रुओं से सदा परेशान रहेंगे।

अमेरिका के पूर्व प्रधानमंत्री जी. हार्डिंग

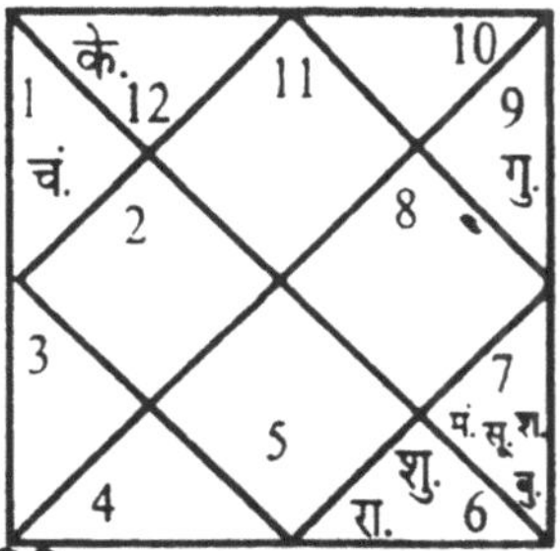

जन्म तिथि–2.11.1865, जन्मसमय–14.30। अमेरीका के प्रमुख जी. हार्डिंग की कुण्डली में भाग्यस्थान में सूर्य+शुक्र की युति से बना। **'नीचभंग राजयोग'** ने इनकी किस्मत बदल दी। 'चतुष्ग्रह युति' ने चारों ओर से आगे बढ़ने में मदद की। धनेश बृहस्पति स्वगृही से वे करोड़पति बने रहे। शनि व राहु ने अष्टम में जाकर **'विमल नामक विपरीत राजयोग'** बनाया।

सम्राट एडवर्ड अष्टम

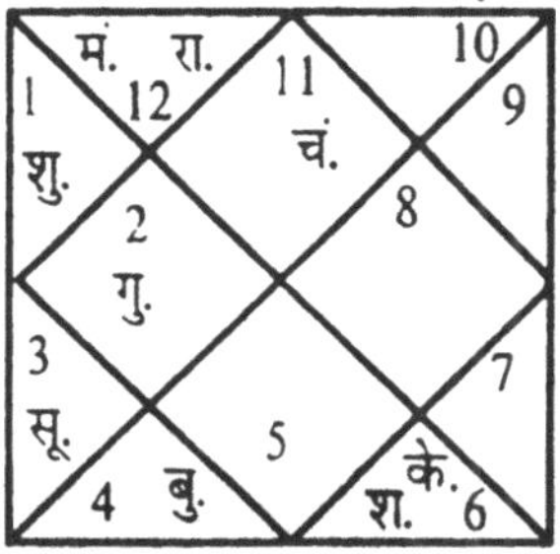

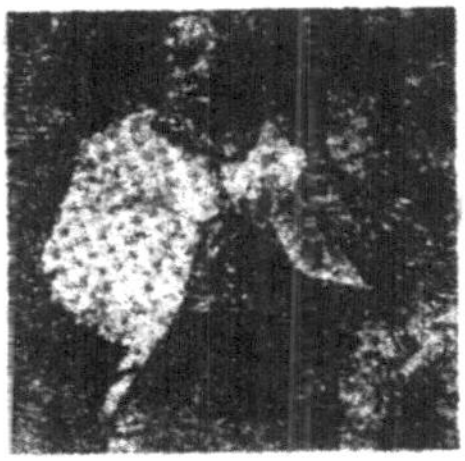

धनेश बृहस्पति केन्द्र में तथा शनि अष्टम में जाने से **'विमल नामक विपरीत राजयोग'** बना। सम्राट एडवर्ड अष्टम का जन्म ही उच्च घराने मे हुआ। जैसे शेर का बच्चा जन्म से ही शेर कहलाता है। वैसे ही वे सम्राट कहलाये।

श्री वाई. वी. चव्हाण (पूर्व गृहमंत्री, भारत सरकार)

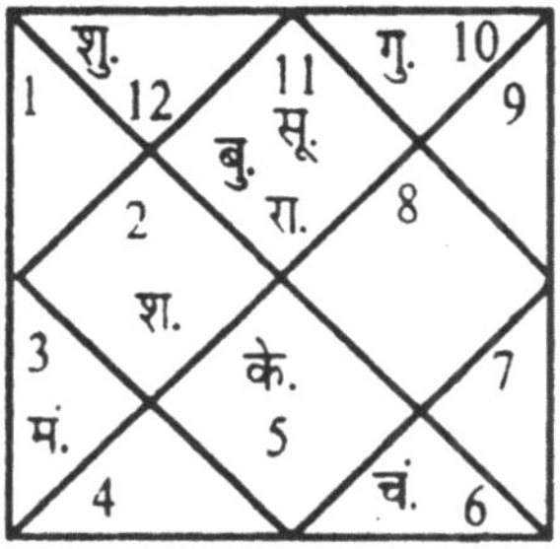

श्री वाई.वी. चव्हाण जमीन से जुड़े हुए कठोर परिश्रम से आगे बढ़ने वाले राजनेताओं की श्रेणी में अग्रगण्य है। लग्न में **'बुधादित्य योग'** ने इन्हें राजगद्दी दी। **'हर्षनामक विपरीत राजयोग'** ने इन्हें सत्ता सौंपी। उच्च के शुक्र ने इनका भाग्य चमकाया। परन्तु **'कालसर्प योग'** की छाया ने इन्हें 'वंश वृद्धि' नहीं की।

डॉ. मुरलीमनोहर जोशी

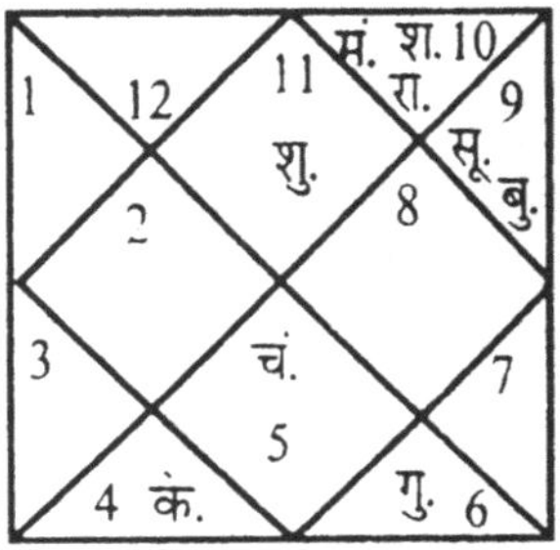

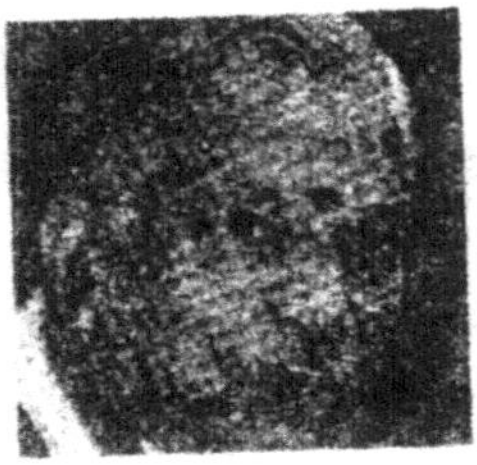

जन्म तिथि-5.1.1934, जन्मसमय-10.20 बजे सुबह, जन्म स्थान-दिल्ली। भारतीय राजनीति के अनमोल हस्ताक्षर डॉ. मुरली मनोहर जोशी की कुण्डली में **'किम्बहुनानामक राजयोग'** बना। **'बुधादित्य योग'** ने इन्हें राजनीति में उच्च पद दिया। लग्नस्थ शुक्र ने भाग्य को चमकाया। परमराजयोग कारक शुक्र ने परम राजयोग दिया।

श्रीमती भंडारनायक, (प्रधानमंत्री लंका)

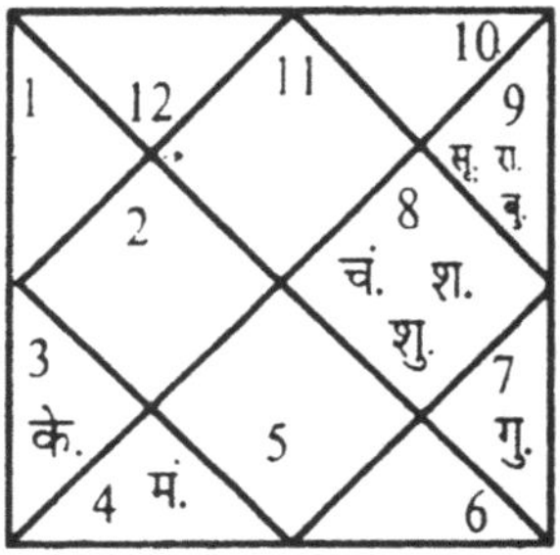

जन्म तिथि-8.1.1899, जन्मसमय-10.00, जन्म स्थान-श्रीलंका। श्रीमति भण्डार नायके के कुण्डली में केन्द्रस्थ शुक्र व शनि ने उन्हें प्रधानमंत्री की कुर्सी पर पहुंचाया। **'बुधादित्य योग'** ने राजपद दिया। चंद्र एवं मंगल ने परस्पर **'राशि परिवर्तन'** करके, इनके राजनैतिक शत्रुओं का नाश किया।

अजीत जोगी (पूर्व मुख्यमंत्री छत्तीसगढ़)

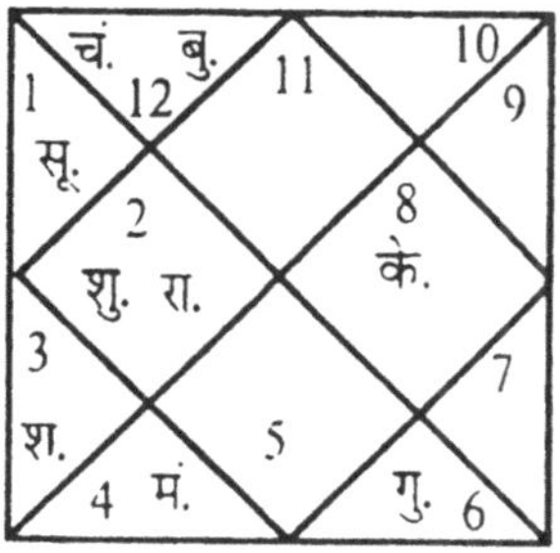

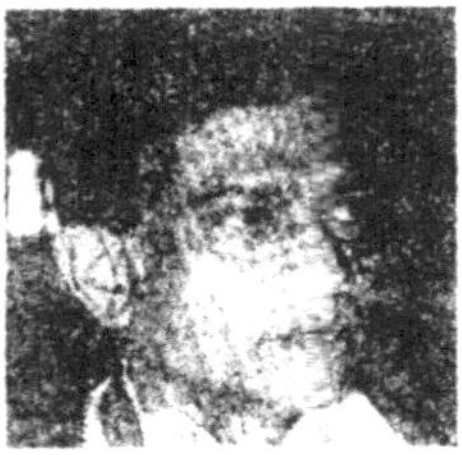

जन्म तिथि-29.4.1940, जन्म समय-2.30, जन्म स्थान-पेंढ़रा (म. प्रदेश)। श्री अजीत जोगी की कुण्डली में पड़ा **'मालव्य योग'** ने इन्हें एक जिलाधीश, प्रशासक एवं मुख्यमंत्री के उच्च पद तक पहुंचाया। परन्तु नीच का बुध षष्टेश चंद्रमा के साथ होने से ये षड्यंत्रकारी योजनाओं के पुरोधा भी रहे हैं। हमने इनके पराभाव की घोषणा इस योग के चलते बहुत पहले कर दी थी।

श्री भजनलाल

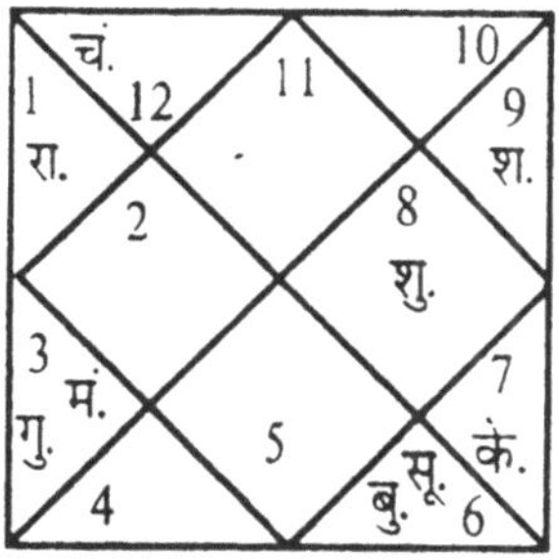

जन्म तिथि-6.10.1936, जन्म समय-17.15, जन्म स्थान-भावलपुर (पाकिस्तान)। 'आयाराम गयारामा' राजनीति के प्रणेता श्री भजन लाल केन्द्रीय स्तर के राष्ट्रीय राजनेताओं में प्रमुख व अग्रगण्य है। भाग्येश शुक्र केन्द्र में होने से **'कुलदीपक योग'** के कारण वे भाग्यशाली रहे। मंगल के कारण **'पद्मसिंहासन योग'** ने उन्हें मुख्यमंत्री पद दिलाया। बुधादित्य योग ने उन्हें राजा बनाया। लग्नेश शनि ने भाग्य स्थान में जाकर उन्हें कूटनीतिज्ञ (डिप्लोमेट) राजनेता बनाया।

काल मार्क्स

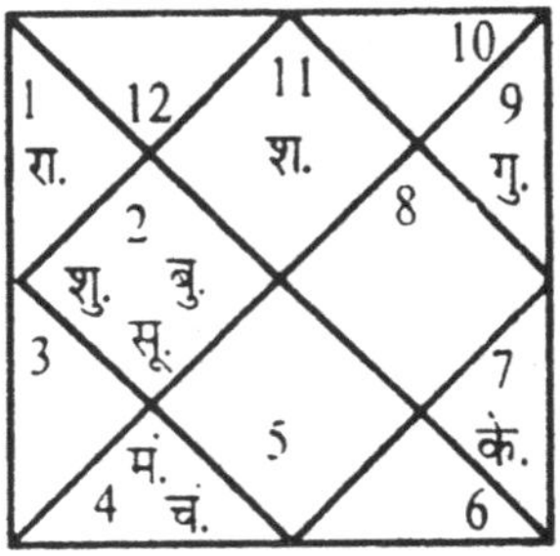

जन्म तिथि-5.5.1818 जन्म समय-02.30, जन्म स्थान-त्रिरोर (पश्चिमी जर्मनी)। काल मार्क्स की कुण्डली में भी अजीत जोगी की तरह **'मालव्य योग'** है पर शनि के कारण **'शश योग'** एवं केन्द्र में **'बुधादित्य योग'** ने इनकी कुण्डली को विशेष चमक दी। धनेश बृहस्पति स्वगृही, चंद्र+मंगल **'लक्ष्मी योग'** ने इन्हें आजीवन धन की कमी नहीं होने दी।

एम. जी. रामचंद्रन

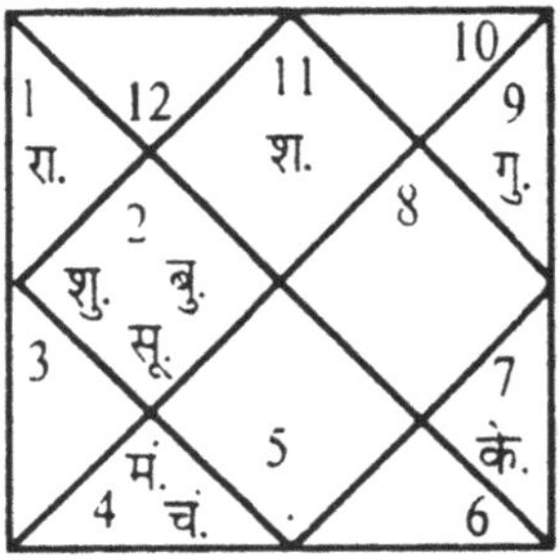

जन्म तिथि-17.1.1917 जन्म समय-9.15, जन्म स्थान-कोलम्बो। इस कुण्डली में मंगल उच्च का **'रुचक योग'** बना रहा है। साथ ही **'बुधादित्य योग'** भी है। केन्द्र चारों खाली है। राजनीति में कोई उल्लेखनीय सफलता मिले। ऐसा योग कम दिखलाई देता है।

श्री अमरसिंह राठौड़

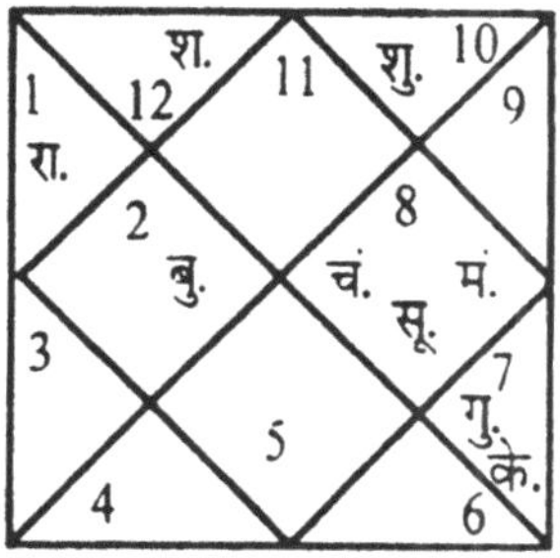

जन्म समय-12.12.1613, जन्म समय-12.00, जन्म स्थान-नागौर (राजस्थान)। श्री गजसिंह प्रथम के पुत्र। मारवाड रिसायत के राजा, औरंगजेब के जमाने में औरंगजेब के नाक में दम करने वाले जोधपुर महाराजा की रियासत नागौर के एक छोटे से सेवक ने भारत के इतिहास में अपना नाम अमर कर दिया। इसका श्रेय केन्द्रस्थ मंगल **'रुचक योग'**, **'पद्मसिंहासन योग'**, **'कुलदीपक योग'**, **'लक्ष्मी योग'** को जाता है।

सुश्री उमाभारती (मुख्यमंत्री मध्य प्रदेश)

जन्म समय-3.6.1959, जन्म समय-03.00, जन्म स्थान-टीकमगढ़। इस कुण्डली में केन्द्रस्थ शुक्र ने **'मालव्य योग'** बनाया है। **मालव्य योग** ने ही सुश्री उमाभारती को मध्य प्रदेश का मुख्यमंत्री बनाया। केन्द्रस्थ बृहस्पति **'कुलदीपक योग'** एवं **'केसरी योग'** बना रहा है। पराक्रम स्थान में उच्च का सूर्य पराक्रम में अद्वितीय वृद्धि कर रहा है।

बोरिस येल्तसिन (रुस)

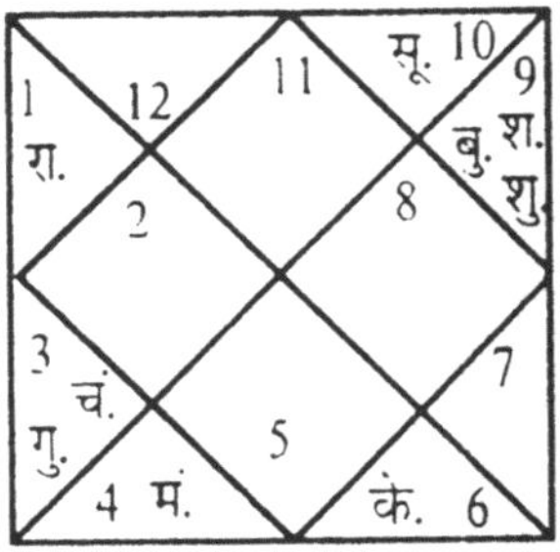

जन्म समय-1.2.1931, जन्म समय-7.50, जन्म स्थान-स्वरदलोस्क (रुस)। यहां भी केन्द्र के 1, 4, 7 व 10 सभी स्थान खाली है। पंचम भाव में बृहस्पति के साथ चंद्रमा **'गजकेसरी योग'** बना रहा है।

स्तालिन

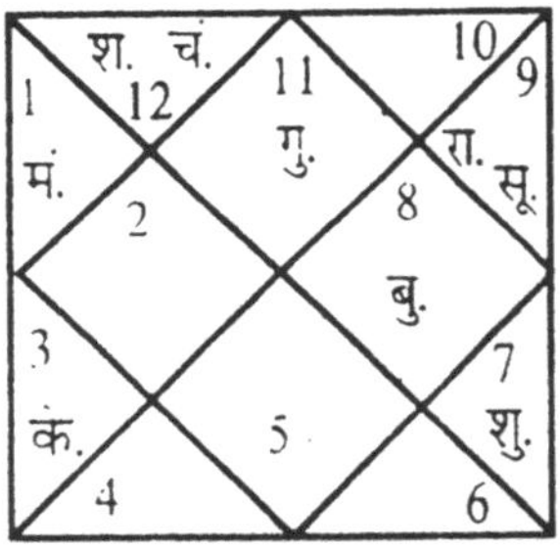

जन्म समय-21.12.1879, जन्म समय-10.45, जन्म स्थान-गोरया। रुस के राष्ट्रपति स्तालिन की कुण्डली में लग्नस्थ बृहस्पति राजयोग दे रहा है। बुध केन्द्र में **'कुलदीपक योग'** एवं शुक्र स्वगृही भाग्य स्थान में जातक के मध्य में अद्वितीय वृद्धि कर रहा है। पराक्रम स्थान में मंगल को जबरदस्त पराक्रमी बनाया।

श्री मथुरादास माथुर (पूर्व मंत्री)

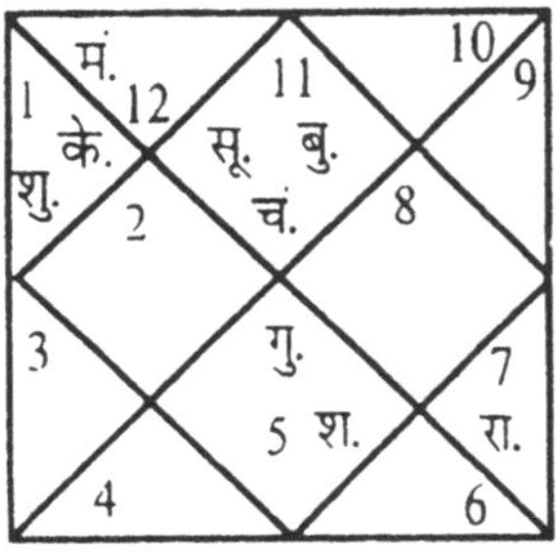

जोधपुर शहर के प्रमुख राजनेता मथुरदास माथुर लग्नस्थ सूर्य, बुध की युति **'बुधादित्य योग'** के कारण जनप्रिय राजनेता रहे। केतु पराक्रम स्थान में होने से इनका पराक्रम तेज रहा है।

श्री लालकृष्ण आडवाणी (उपप्रधानमंत्री.)

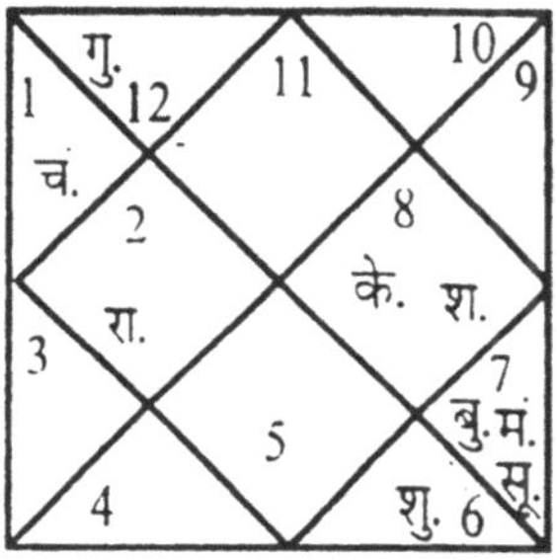

जन्म समय-8.11.1927, जन्म समय-14.30, जन्म स्थान-हैदराबाद (पाकिस्तान)। यहां दशमस्थ शनि ने श्री आडवाणी को ज़बरदस्त राजयोग दिया। सूर्य बुध की युति भाग्यभवन में बना **'बुधादित्य योग'** ने इन्हें उपप्रधानमंत्री का उच्च पद दिया। बृहस्पति स्वगृही होने से इनकी वाणी संयमित व सारगर्भित है।

जूनागढ़ महाराज

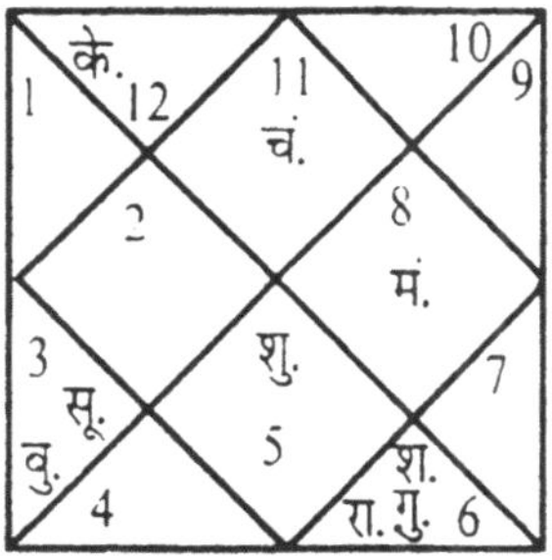

जन्म स्थान-भोपाल, जन्म तिथि-13.7.1922, जन्म समय-21.00। दशम स्थान में मंगल ने **'रुचक योग'** बनाकर इन्हें राज दिया। पंचम स्थान में स्वगृही बुध व सूर्य से **'बुधादित्य योग'** ने अथाह सम्पत्ति दी। केन्द्रस्थ शुक्र **'कुलदीपक योग'** की सृष्टि कर रहा है। शनि अष्टम में **'विपरीत राजयोग'** बना रहा है।

श्रीमती विजयराजे सिंधिया (ग्वालियर राजमाता)

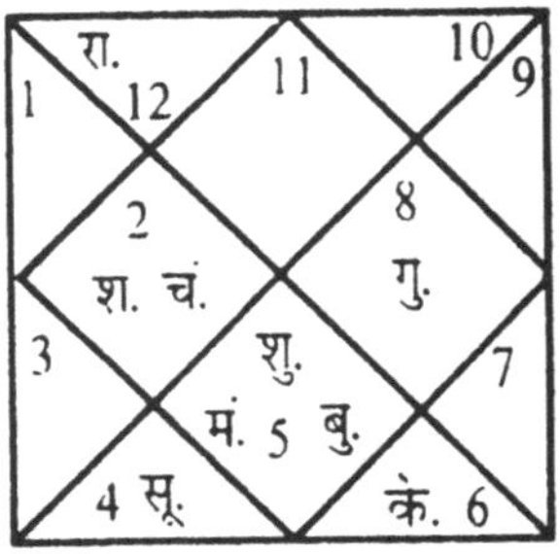

जन्म समय-8.8.1912, जन्म समय-19.15, जन्म स्थान-बैंगलोर। श्रीमति विजयराजे सिंधिया का जन्म ही उच्च शाही परिवार में हुआ। केन्द्रस्थ बृहस्पति ने उन्हें भाजपा का राष्ट्रीय उपाध्यक्ष पद दिया। केन्द्रस्थ शुक्र एवं बुध के कारण वे सांसद भी निर्वाचित हुई।

C. अभिनेता

दिलीप कुमार

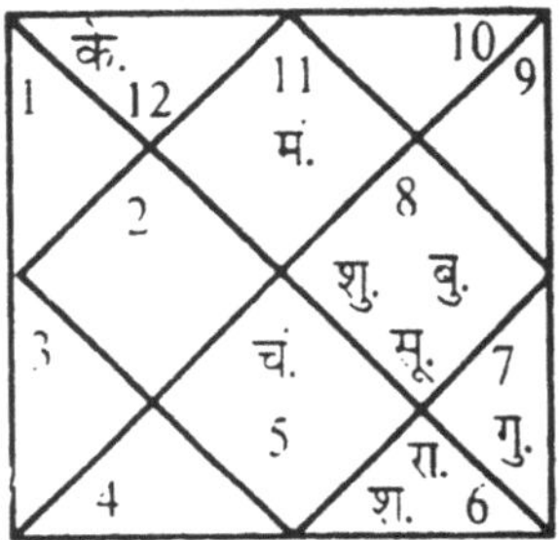

अभिनेता दिलीप कुमार की कुण्डली में केन्द्रस्थ शुक्र ने उन्हें श्रेष्ठ अभिनेता वनाया। सूर्य, बुध की युति से बना **'बुधादित्य योग'** ऊंची कीर्ति व प्रतिष्ठा दी। परन्तु 'आंशिक कालसर्प योग' ने वंश वृद्धि में रुकावट दी।

अभिताभ बच्चन

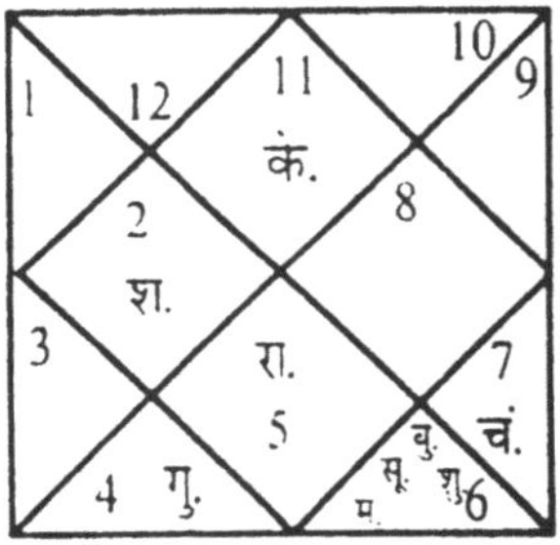

अभिताभ बच्चन मनोरंजन की दुनिया का बादशाह है। सितारों में धुमकेतू की तरह फिल्मी आकाश में जगमगाने वाले अभिताभ बच्चों, युवा और बड़ों सभी के दिलों पर राज करते हैं। पिछले साल अक्तूबर माह में ही उन्होंने जीवन के साठ वसंत पूरे किए।

अभिताभ बच्चन का जन्म कवि हरिवंशराय बच्चन के यहां 11 अक्तूबर 1942 को इलाहाबाद में कुंभ लग्न के तुला नवामांश में हुआ। लग्नेश शनि उनकी कुण्डली का सर्वाधिक महत्वपूर्ण ग्रह है, जो कि लाभ स्थान और अग्नि राशि में है। उन्होंने अपनी फिल्मी दुनिया की शुरुआत 'सात हिन्दुस्तानी' फिल्म से प्रारंभ की जो बॉक्स ऑफिस पर पिट गई। 'जंजीर' फिल्म से वे 'एंग्री यंग मैन' के रूप में उभरे। राहु की महादशा में शनि के अन्तर से उन्हें पहला फिल्मफेयर पुरस्कार (श्रेष्ठ अभिनेता) 1977 में 'अमर अकबर एन्थनी' पर मिला। इसके बाद 'डॉन' (1978) तथा 'नमकहराम' के लिए भी (1973) में सम्मान मिले। श्रेष्ठ अभिनेता के रूप में उन्हे 1990 में 'अग्निपथ' पर राष्ट्रीय पुरस्कार मिला, जब इन्हें बृहस्पति में शनि का अन्तर चल रहा था।

बृहस्पति छठे भाव में उच्च राशि का है तथा शुक्र अष्टम भाव में नीच का है। फिल्मी कैरियर में दोनों ग्रहों की भूमिका महत्वपूर्ण होती है। शनि भी उत्तम स्थिति में हैं। वे धनी और दीर्घायु होंगे क्योंकि उनका 'बुधादित्य योग' ठीक दादा मुनि अशोक कुमार की ही तरह अष्टम स्थान में मुखरित है। अष्टमेश का अष्टम स्थान में स्वगृही होने से '**सरल योग**' शुभकारी है। अभिताभ के सुपर स्टार के योग शनि की महादशा में बने। यह महादशा अक्तूबर 1971 से 1990 तक रही। वृषभ में गोचरीय शनि ने उन्हें टी.वी. पर भी लोकप्रियता दिलाई। 'कौन बनेगा करोड़पति' को अपार लोकप्रियता वृषभ में गोचरीय शनि में ही हुई।

अभिनय का संबंध पंचम भाव से होता है। अभिताभ की कुण्डली में बुध पंचम का स्वामी है, अपनी उच्च राशि में स्थित है। बुध की महादशा 10 नवम्बर 2007 तक है, समय श्रेष्ठ है। केतु, रवि तथा चंद्र की अंतर्दशा ने उन्हें असफलता भी दी। आर्थिक हितों को भी आघात लगा। लेकिन अप्रैल, 1999 के बाद मंगल की अंतर्दशा ने उबार लिया। टी.वी. गेम शो से पुन: वे सुपर स्टार बन गए।

शनि, राहु तथा बृहस्पति उत्तम गोचरीय स्थिति में है। महादशा भी 2007 तक उत्तम है। मिथुन में शनि 2003 और 2004 में उन्हें सम्मान दिलाएगा। वे लेखन के क्षेत्र में प्रवेश करेंगे और प्रसिद्धि पाएंगे। अभी उन्हें बुध की महादशा चल रही है। बुध जो योग कारक होकर खड्डे में पड़ा है, उच्च का है। **नीचभंग राजयोग** करके बैठा है। यह जीवन की सर्वश्रेष्ठ दशा है। इस दशा का प्रभाव वैसे तो 10.11.2007

तक रहेगा। परन्तु बुध में बृहस्पति का अन्तर जो कि 25.11.2002 को लगा है तथा 2 मार्च 2005 तक चलेगा, अत्यन्त समृद्धिदायक, धनदायक और सफलतादायक रहेगा। बृहस्पति जन्म कुण्डली में उच्च का है। इस अंतर्दशा के लगते ही अमिताभ के सितारे शिखर छूने लगे।

अभिनेता शिवाजी गणेशन

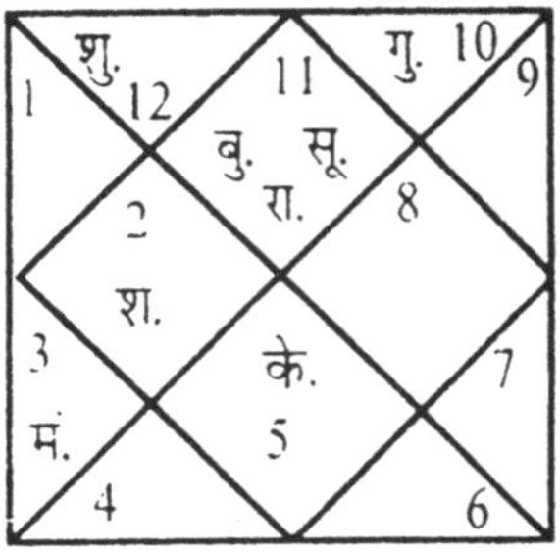

उच्च का शुक्र एवं केन्द्रस्थ बुध ने इन्हें सुन्दर चेहरा-मोहरा दिया। **'बुधादित्य योग'** के कारण इन्हें अपार कीर्ति मिली।

अनिल कपूर

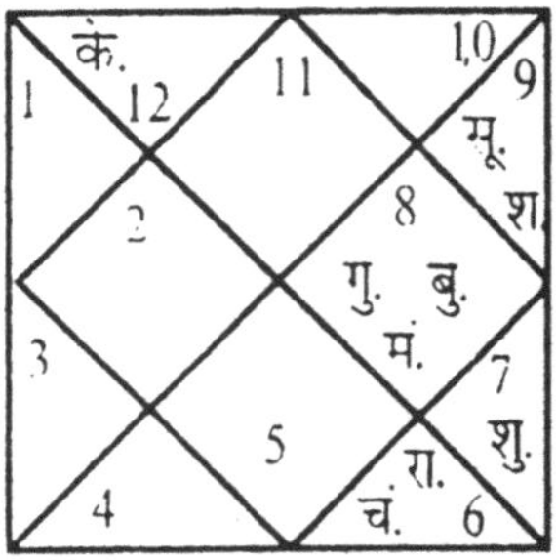

जन्म समय-24.12.1959, जन्म समय-12.00 दोपहर, जन्म स्थान -चेम्बूर। अनिल कपूर की कुण्डली में भाग्य स्थान में स्वगृही शुक्र उन्हें भाग्यशाली बनाया। अभिनय में सफलता दी। स्वगृही मंगल केन्द्र में होने से **'रुचक योग'** बना, जिससे इनको राजातुल्य ऐश्वर्य एवं पराक्रम की प्राप्ति हुई। चंद्रमा जहां **'विपरीत राजयोग'** बना रहा है। वहां **'कालसर्प योग'** के कारण इनके जीवन में गुप्त शत्रुओं का खतरा हैं।

कुन्दनलाल सहगल

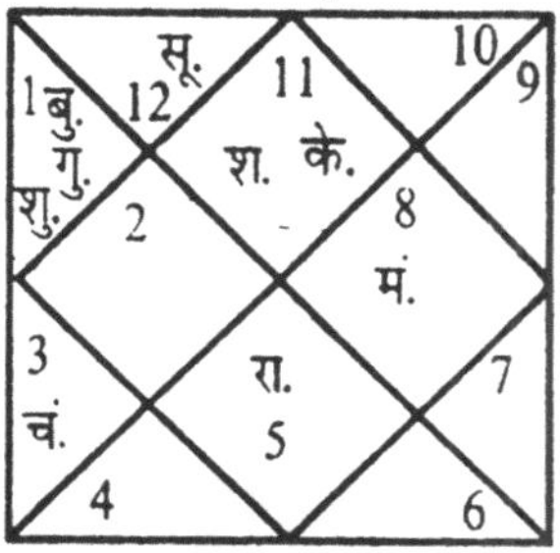

जन्म तिथि-11.4.1905, जन्म समय-05.21, जन्म स्थान-जालन्धर। श्री कुन्दन लाल सहगल के कुण्डली में लग्नस्थ शनि के कारण **'शश योग'** बना। मंगल के कारण **'रुचक योग'** बना ऐसा जातक परम पराक्रमी एवं भाग्यशाली होता है।

अभिनेता अशोक कुमार (दादा मुनि)

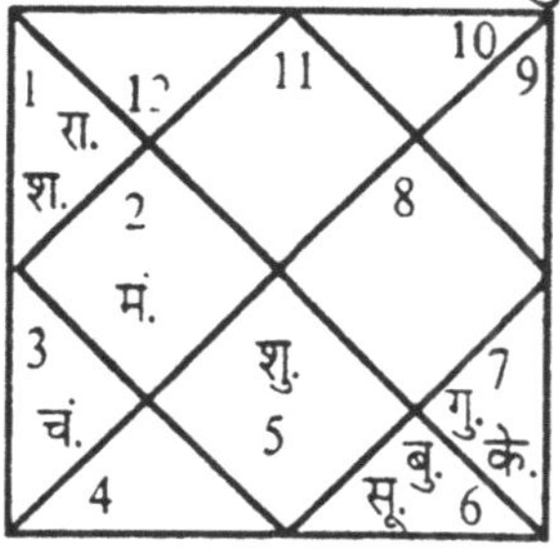

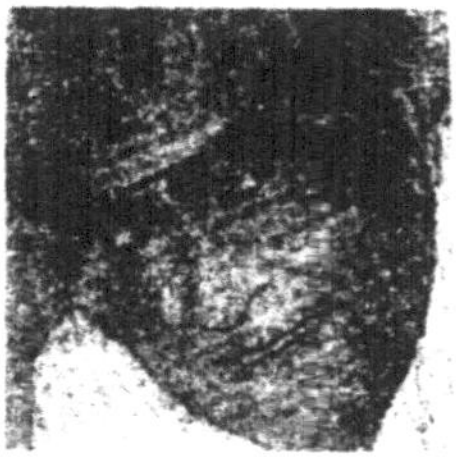

जन्म तिथि-13.11.1911, जन्म समय-14.55 सुबह, जन्म स्थान-भागलपुर (बिहार)। अशोक कुमार फिल्मी दुनियां में दादमुनि के नाम से विख्यात हुए। ये फिल्मी दुनियां में सबसे धनी व्यक्ति माने जाते थे और शायद सबसे लम्बी उम्र के व्यक्ति भी थे। इसका कारण धनेश बृहस्पति का भाग्य में होना। केन्द्रस्थ मंगल का होना भी है।

अभिनेत्री मधुबाला

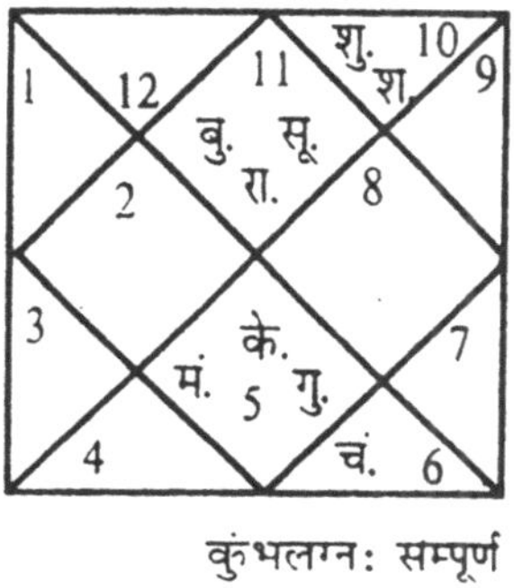

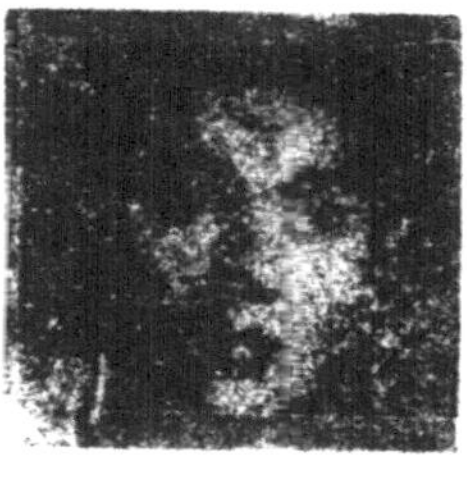

जन्म तिथि-14.2.1933 जन्म समय-5.30, जन्म स्थान-दिल्ली। मधुबाला अपने जमाने की मशहूर हिरोइन रही। बृहस्पति केन्द्र में मंगल केन्द्र में **'कुलदीपक योग'**, **'केसरी योग'** बना रहा है। सूर्य, बुध युति के कारण **'बुधादित्य योग'** बना। शनि स्वगृही द्वादश में होने से **'विमल नामक विपरीत राजयोग'** भी बना।

फिल्म अभिनेत्री काजोल

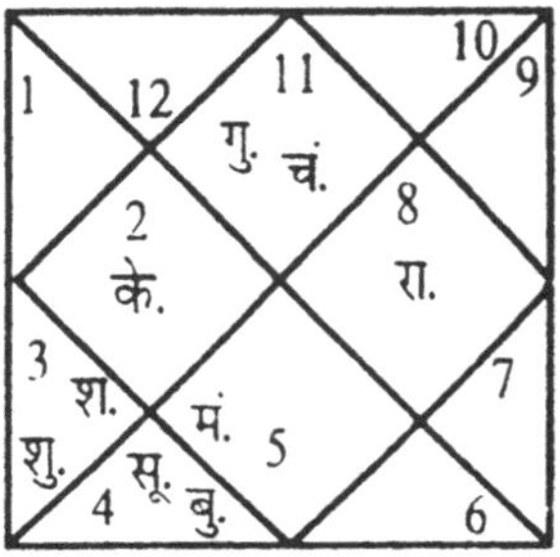

जन्म तिथि-5.8.1974, जन्म स्थान-मुम्बई। लग्न में **'गजकेसरी योग'** के कारण भाग्योदय हुआ। किस्मत चमकी। पंचमस्थ शुक्र ने काजोल को अभिनय के क्षेत्र में सफलता दी।

अभिनेत्री रवीना टण्डन

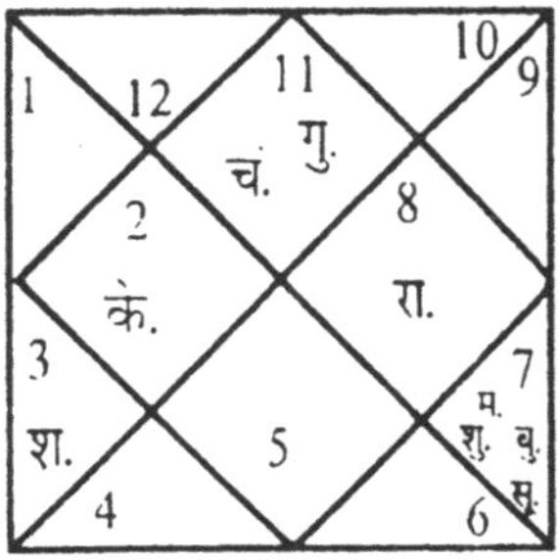

जन्म तिथि-27.10.1974, जन्म स्थान-मुम्बई। लग्न में **'गजकेसरी योग'** काजोल एवं रवीना टण्डन का एक समान है। जिसके कारण रवीना फिल्म लाईन में चमकी। भाग्य में **'नीचभंग राजयोग'** एवं **'चतुष्ग्रह युति'** ने रवीना के किस्मत का पलड़ा बहुत भारी है।

D. चर्चित व्यक्तित्व

विश्वनाथ आनन्द

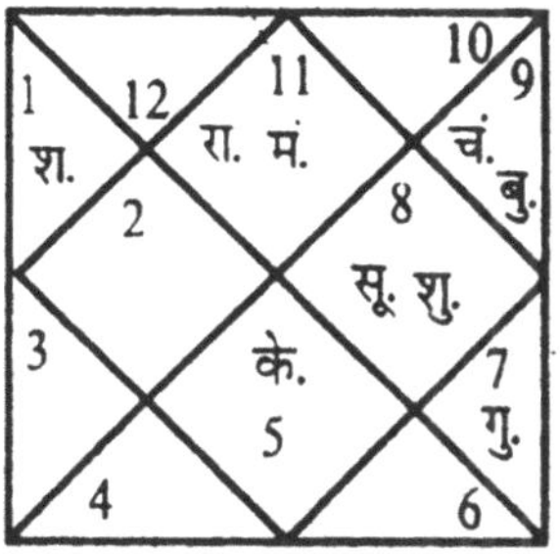

जन्म तिथि-11.12.1969, जन्म समय-12.00, जन्म स्थान-चेन्नई। लग्न में मंगल के कारण इनकी प्रतिभा चमकी। धनेश भाग्य स्थान में लग्नेश शनि पराक्रम स्थान में शनि एवं बृहस्पति का परस्पर दृष्टि संबंध ने इन्हें उच्च पद पर पहुंचाया।

स्टेफी ग्राफ (टेनिस की रानी)

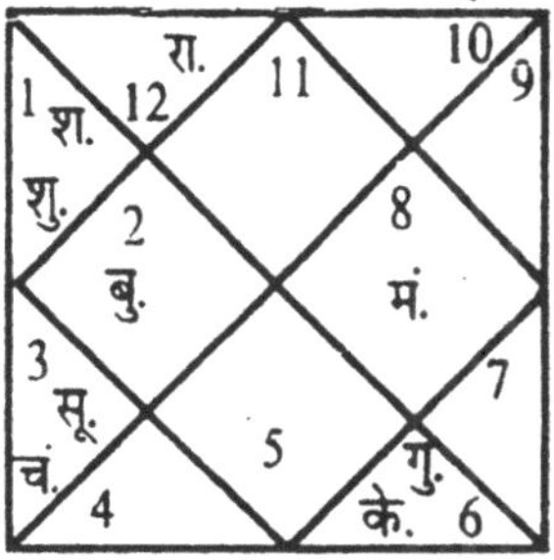

जन्म तिथि-14.6.1969 जन्म समय-22.50, जन्म स्थान-बर्लिन (प. जर्मनी)। यहां मंगल के कारण **'रुचक योग'** बना। **'कुलदीपक योग'** बना। जिससे ये खेल की दुनिया में चमकी। राजयोग कारक शुक्र ने पराक्रम स्थान में जाकर स्टेफी ग्राफ का पराक्रम बढ़ाया। जनसम्पर्क बढ़ाया।

पी.टी. ऊषा (उडन परी) प्रसिद्ध धावक

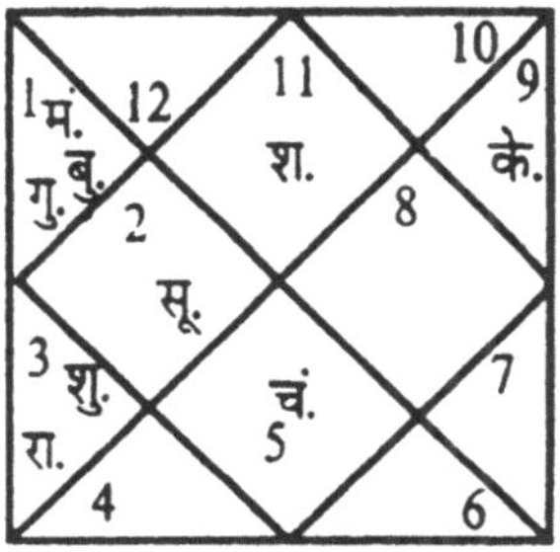

जन्म तिथि-20.5.1964, जन्म समय-01.00, जन्म स्थान-कालीकट। दशमेश मंगल पराक्रम स्थान में स्वगृही होने से पराक्रम बढ़ा। जनसम्पर्क बढ़ा। लग्न में स्थित स्वगृही शनि ने **'शश योग'** बनाकर इन्हें ओलम्पिक व एशिया खेलों में स्वर्ण पदक दिलाया।

श्री के. एन. अग्रवाल (उद्योगपति, इजिप्ट)

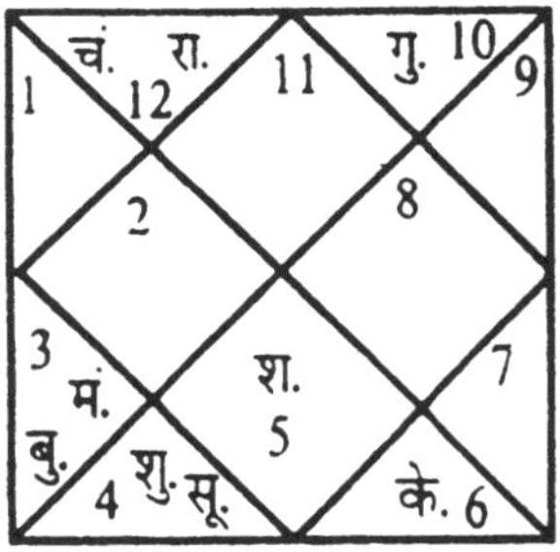

जन्म तिथि-17.7.1945, जन्म समय-22.11, जन्म स्थान-जयपुर। शनि केन्द्रस्थ होकर लग्न को देखने से **'लग्नाधिपति योग'** बना। पंचम भाव में मंगल, बुध उत्तम संतति योग बना रहा है। बृहस्पति द्वादश स्थान में विदेश से धन अर्जित के योग बना रहा है।

धेवरचन्द्र कानूगा (उद्योगपति)

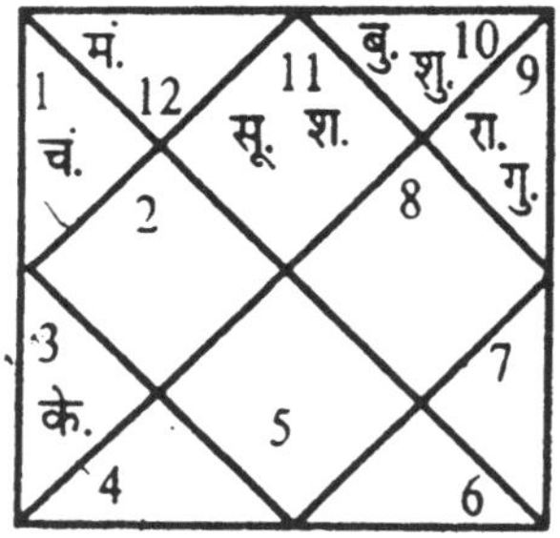

शनिलग्न में होने से **'शश योग'** बना रहा है। धनेश बृहस्पति स्वगृही होने से उद्योग में जबरदस्त लाभ देगा। जातक अरबपति है।

डॉ. मोहनलाल आसदेव

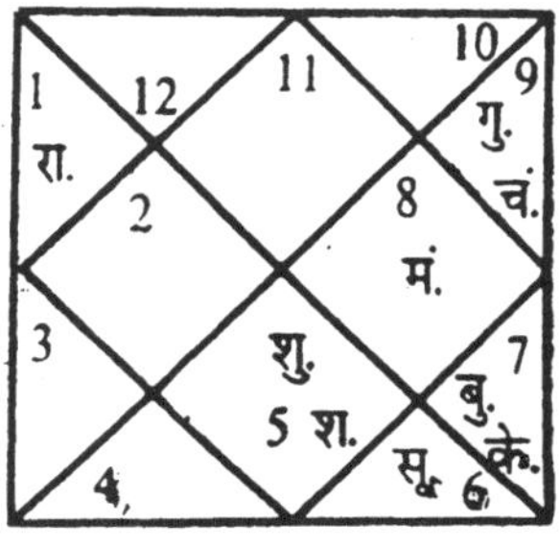

जन्म तिथि-8.10.1948, जन्म समय-16.00, जन्म स्थान-फलौदी। यहां सप्तमेश सूर्य आठवें होने से जातक को विवाह सुख नहीं मिला। सप्तम भाव में शनि व शुक्र ने दो विवाह के योग बनाता है। पर किसी से सुख नहीं। मंगल दशम स्थान में **'रुचक नामक राजयोग'** दे रहा है। जातक उच्च सरकारी पद पर कार्यरत है। **'गजकेसरी योग'** भी लाभस्था में सुखद है।

श्रीमती सुलोचना भारती

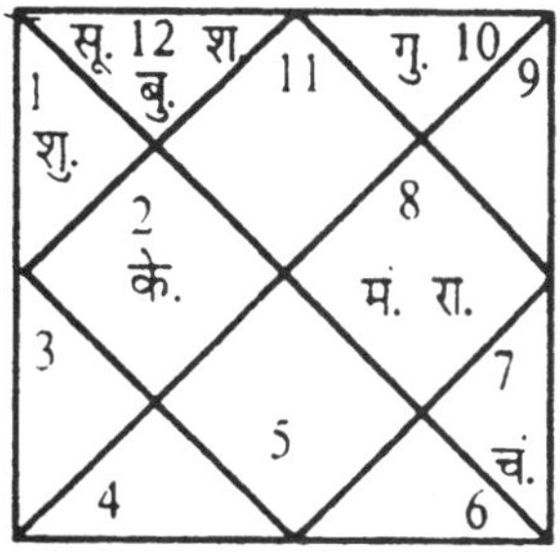

जन्म तिथि-29.3.1937, जन्म समय-5.10, जन्म स्थान-जोधपुर। धन स्थान में **'बुधादित्य योग'** होने से पिता का घर शक्तिशाली एवं प्रभावशाली। धनेश बृहस्पति बारहवें होने से व्यक्तिगत जीवन में धन हेतु संघर्ष रहेगा। मंगल केन्द्र में **'रुचक योग'** बना रहा है। फलतः बड़ी भू-सम्पत्ति का योग बनाता है। मंगल साथ राहु होने से भू-सम्पत्ति के उपयोग में विवाद रहेगा।

पुष्पेन्द्र व्यास (मजिस्ट्रेट)

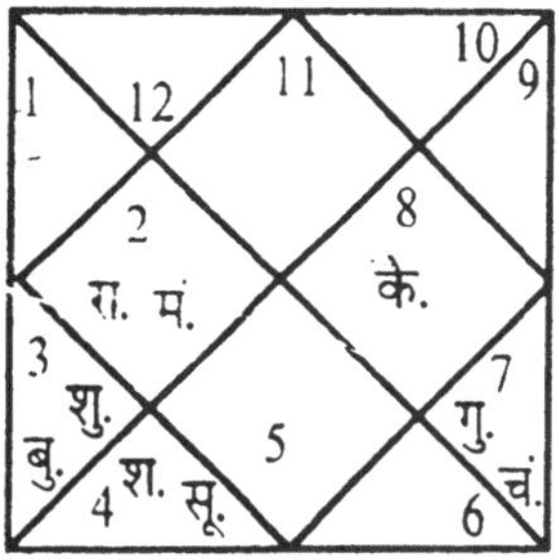

जन्म तिथि-24.7.1947, जन्म समय-20.45, जन्म स्थान-सोजत। बृहस्पति, चंद्र की युति में **'गजकेसरी योग'** बना। सूर्य+शनि की युति से पिता की मृत्यु के वाद जातक का भाग्योदय हुआ।

पुरुषोत्तम मिर्धा (सेशन जज)

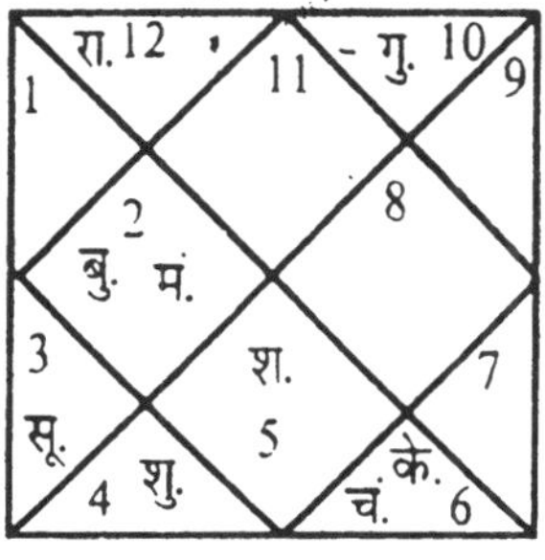

जन्म तिथि-3.7.1949, जन्म समय-22.0, जन्म स्थान-जोधपुर। केन्द्रस्थ मंगल ने राजयोग दिया। धनेश बृहस्पति बारहवें होने से धन प्राप्ति हेतु संघर्ष रहा। चंद्रमा ने **'हर्ष नामक विपरीत राजयोग'** बनाकर जातक को सेश जज का पद व प्रतिष्ठा दी।

सर्वेश्वर भारती

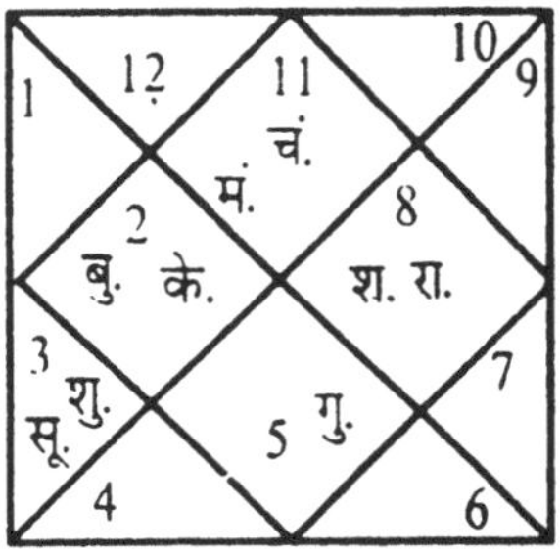

जन्म तिथि-29.6.1956, जन्म समय-23.28, जन्म स्थान-जोधपुर। सप्तमेश सूर्य शत्रुग्रह शुक्र के साथ होने से जातक को वैवाहिक सुख नहीं है। पंचम भाव में परस्पर शत्रुग्रहों की युति विद्या में बाधक रही। चंद्रमा केन्द्र में, बृहस्पति केन्द्र में माता-पिता का पूर्ण सुख दे रहा है।

कैलाशचन्द्र श्रीमाली (सहायक कमिश्नर आयकर)

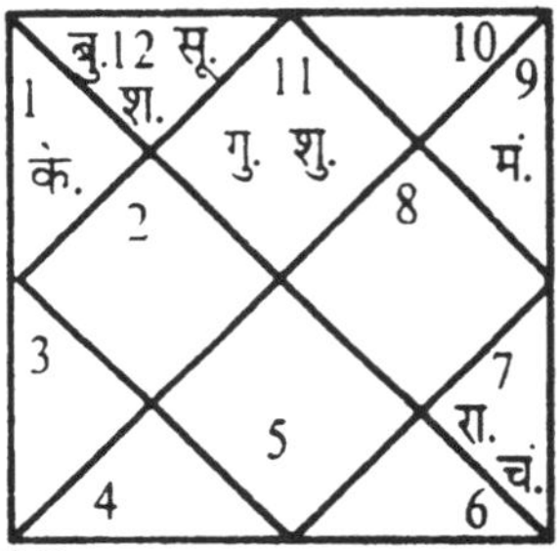

जन्म तिथि-7.4.1939, जन्म समय-04.00, जन्म स्थान-उदयपुर। लग्नस्थ शुक्र व बृहस्पति ने इस कुण्डली को शानदार राजयोग दिया। धनस्थान में सूर्य+बुध की युति ने **'बुधादित्य योग'** बनाया। जातक को विपुल धन दिया, प्रतिष्ठा दी।

श्री माधवकान्त मिश्र (पत्रकार, साधना चैनल)

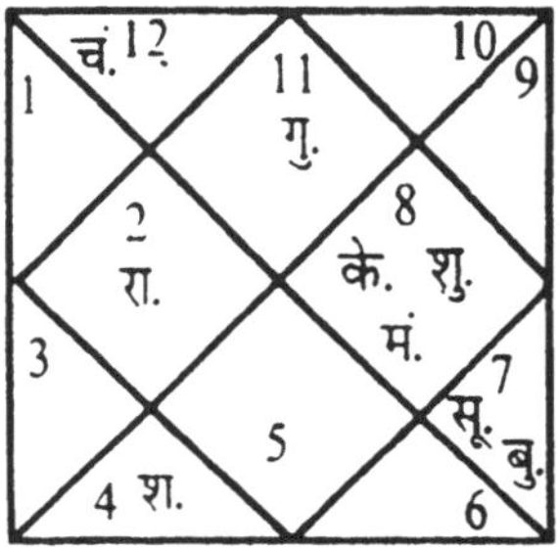

केन्द्र में मंगल **'रुचक योग'** बना रहा है। जिसके जातक सदैव प्रभावशाली पद पर रहा। लग्न में बृहस्पति बुद्धि धार्मिक बना रहा है। द्वितीय स्थान में चंद्रमा जातक को मीठी व मधुर वाणी दे रहा है। लग्नेश शनि छठे होनें से आर्थिक विषमताओं से संघर्ष दे रहा है।

श्री मनोहरश्याम जोशी (पत्रकार स. साप्ताहिक हिन्दुस्तान)

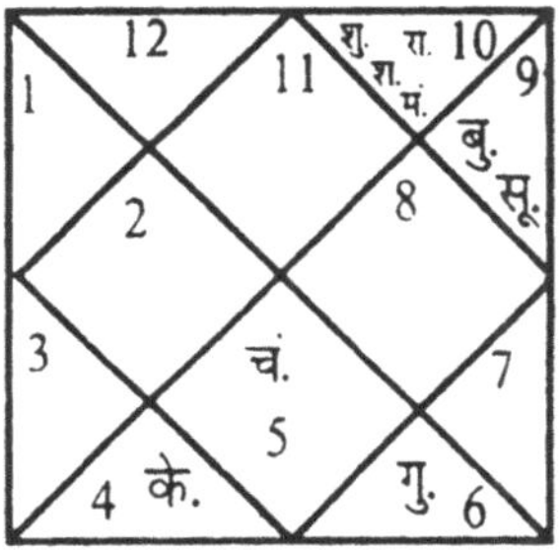

जन्म तिथि-5.1.1934, जन्म समय-10.30, जन्म स्थान-दिल्ली। द्वादश स्थान में मंगल व शनि के कारण **'नीचभंग राजयोग'** बना। **'बुधादित्य योग'** लाभ स्थान में होने के कारण पत्रकार जगत में कीर्ति मिलेगी।

वीर जुगराज बोहरा

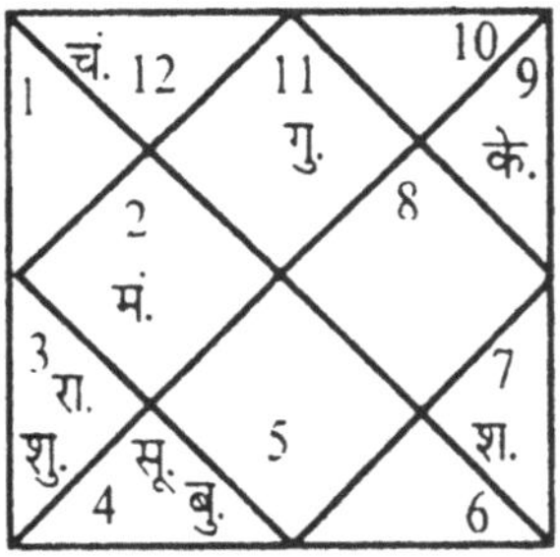

जन्म तिथि-30.7.1926, जन्म समय-21.00, जन्म स्थान-जोधपुर। लग्न में 'बृहस्पति' ने सुन्दर शरीर दिया। लग्नेश शनि भाग्यभवन में उच्च का होनें से पुष्ट, गठोला व निरोगी शरीर दिया। सप्तमेश सूर्य छठे होने से जातक आजीवक कुंवारा रहा। सूर्य+बुध की युति से बुधादित्य योग के कारण जातक पार्षद पद पर चुना गया।

श्रीमती इन्दिरा विश्नोई

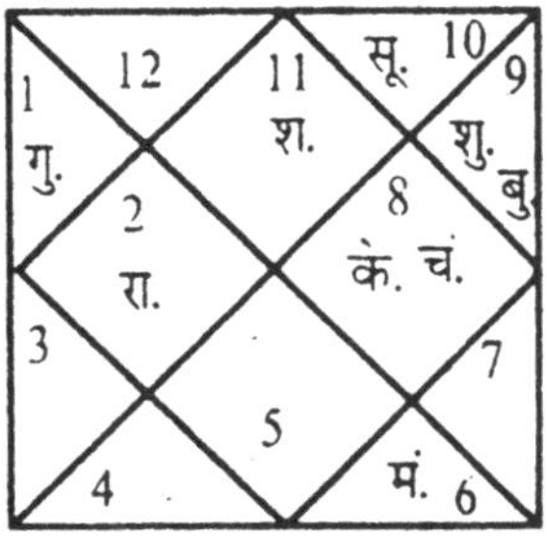

जन्म तिथि-26.1.1965, जन्म समय-9.15, जन्म स्थान-जोधपुर। लग्न में शनि स्वगृही होने से 'शशयोग' बना। सप्तमेश सूर्य बारहवें होने से विवाहसुख मध्यम। पंचमेश बुध की दृष्टि पंचम भाव पर होने से पुत्र व कन्या संतति का पूर्ण सुख है।

श्री जबरदत्त बोहरा (पार्षद)

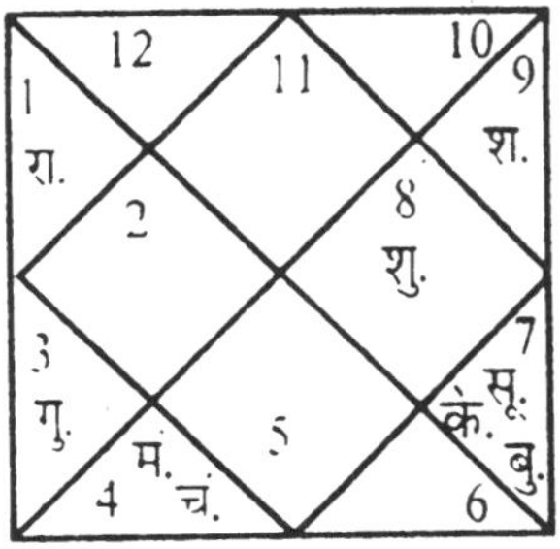

जन्म तिथि-12.11.1930, जन्म समय-13.45, जन्म स्थान-जोधपुर। केन्द्रस्थ शुक्र ने **'कुलदीपक योग'** बनाकर इन्हें पार्षद पद पर विजयी बनाया। सूर्य, बुध की युति से **'बुधादित्य योग'** बना। मंगल+चंद्र ने **'लक्ष्मीयोग'** पूर्ण बनाया।

अनिल कुमार सक्सेना (सेशन जज)

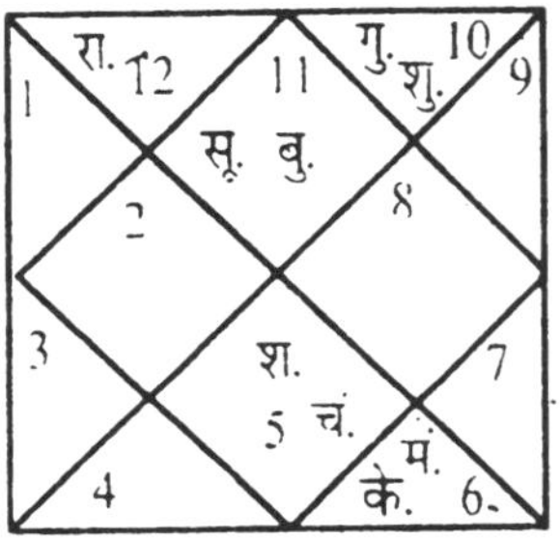

जन्म तिथि-4.3.1950, जन्म समय-5.30, जन्म स्थान-नसीराबाद (अजमेर)। सूर्य+बुध की युति से बने **'बुधादित्य योग'** ने इन्हें राजयोग दिया व सेसन जज बनाया।

श्री एम.सी. भण्डारी (अध्यक्ष भारत निर्माण)

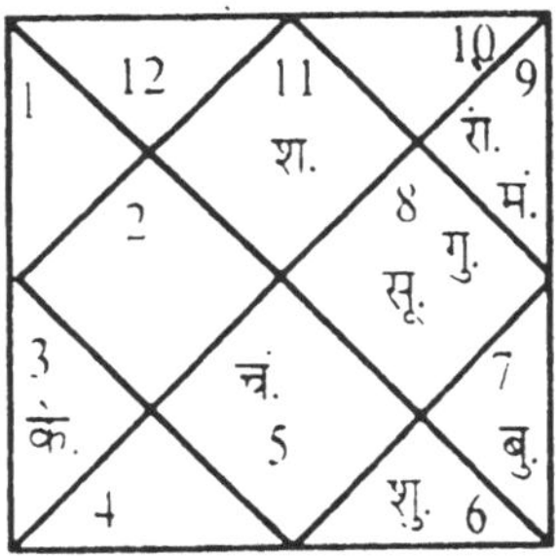

जन्म तिथि-19.11.1935, जन्म समय-12.54, जन्म स्थान-खाटू (जोधपुर)। बृहस्पति केन्द्र में होने से **'कुलद्दीपक योग'** बना। **'केसरी योग'** बना। शनि लग्नस्थ होने के कारण **'शश योग'** बना। ऐसा जातक राजातुल्य ऐश्वर्यशाली व पराक्रमी होता है। श्री एम.सी. भण्डारी ऐसे ही पराक्रमी व्यक्ति थे। उन्होंने ज्योतिष के क्षेत्र में 'भारत निर्माण' संस्था के मध्यम से बहुत कार्य किया।

□□□